鳥取県の教員採用試験過去問シリーズ❹

2025年度版

鳥取県の
社会科

過 去 問

協同教育研究会 編

協同出版

本書には，鳥取県の教員採用試験の過去問題を
収録しています。各問題ごとに，以下のように5段
階表記で，難易度，頻出度を示しています。

難 易 度

非常に難しい　☆☆☆☆☆
やや難しい　　☆☆☆☆
普通の難易度　☆☆☆
やや易しい　　☆☆
非常に易しい　☆

頻 出 度

◎　　　　ほとんど出題されない
◎◎　　　あまり出題されない
◎◎◎　　普通の頻出度
◎◎◎◎　よく出題される
◎◎◎◎◎　非常によく出題される

はじめに～「過去問」シリーズ利用に際して～

　教育を取り巻く環境は変化しつつあり，日本の公教育そのものも，教員免許更新制の廃止やGIGAスクール構想の実現などの改革が進められています。また，現行の学習指導要領では「主体的・対話的で深い学び」を実現するため，指導方法や指導体制の工夫改善により，「個に応じた指導」の充実を図るとともに，コンピュータや情報通信ネットワーク等の情報手段を活用するために必要な環境を整えることが示されています。

　一方で，いじめや体罰，不登校，暴力行為など，教育現場の問題もあいかわらず取り沙汰されており，教員に求められるスキルは，今後さらに高いものになっていくことが予想されます。

　本書の基本構成としては，出題傾向と対策，過去5年間の出題傾向分析表，過去問題，解答および解説を掲載しています。各自治体や教科によって掲載年数をはじめ，「チェックテスト」や「問題演習」を掲載するなど，内容が異なります。

　また原則的には一般受験を対象としております。特別選考等については対応していない場合があります。なお，実際に配布された問題の順番や構成を，編集の都合上，変更している場合があります。あらかじめご了承ください。

　最後に，この「過去問」シリーズは，「参考書」シリーズとの併用を前提に編集されております。参考書で要点整理を行い，過去問で実力試しを行う，セットでの活用をおすすめいたします。

　みなさまが，この書籍を徹底的に活用し，教員採用試験の合格を勝ち取って，教壇に立っていただければ，それはわたくしたちにとって最上の喜びです。

協同教育研究会

C O N T E N T S

第1部

鳥取県の
社会科
出題傾向分析

鳥取県の社会科　傾向と対策

　鳥取県では，少なくともここ6年，高校社会科については高校地理歴史科のみの募集が続いている。募集が始まったら募集教科の確認を必ず行おう。

＜中学社会＞

　中学社会では，例年大問1で，教員として必要な資質を問う問題(教職教養に分類される問題)が出題されている。2024年度は地方公務員法の服務に関する条文についての正誤問題，中教審答申の総論の空欄補充問題，そして学習指導要領に関する問題が出題された。学習指導要領については，本文の「目標」や「指導計画の作成と内容の取扱い」などからの空欄補充問題が頻出であるため，そのことを意識しながら学習指導要領を読んでおきたい。出題形式は記述式と記号選択式の両方で出題され，2024年度は記述式の方が若干多い程度で，論述問題はみられなかった。

　地理分野では，世界地誌や日本地誌の出題を中心に，その中で系統地理的知識も問うてくるようなパターンが多い。世界地誌と日本地誌の出題バランスは年度ごとに異なるので，そのどちらにも対応できるようにしておこう。地図やグラフ・図表などの資料からの出題が多いため，文字の暗記だけでなく，資料集や教科書掲載の資料について，何を示している資料なのかよく確認しておくことが有効である。

　歴史分野では，2022年度は世界史からの出題はほとんどなかったが，2023年度・2024年度は1つの大問を使って世界史の問題が出題された。また，日本と他国との関わりを通史的に問う問題も2年続けて出題されている。時代的には，古代から現代まで偏りなく出されることが多い。難易度はそれほど高くないので，基礎知識をしっかり固めておこう。

　公民分野では，2024年度は政治・経済・国際社会の3つの大問で出題された。日本国憲法や政治システム，地球環境などは頻出であるため，確実に得点できるようにしよう。また，2022年度はSDGsやオリンピック・パラリンピック，2023年度は岸田内閣総理大臣施政方針演説，2024

年度は円安と関連付けた問題が出題された。最新のニュースや新聞なども確認し、時事的な問題に対応できるようにしよう。

　全体的な傾向として、基礎的な知識が問われているといえる。教科書、参考書レベルの内容を正しく理解し、確実に得点していくことが高得点を狙うカギとなる。基礎的・基本的な知識の習得から、しっかりとした土台をつくり、学習を進めていくことが求められる。

<高校地理歴史>

　高校地理歴史は、共通問題と各科目の専門問題で構成されている。2024年度の配点内訳は200点満点中、共通問題50点、専門問題150点だった。共通問題は学習指導要領に関する問題を除くほとんどが選択式であり、地理・日本史・世界史すべての範囲から出題されている。2024年度の日本史は江戸時代以降、世界史は市民革命以降からの出題だった。各科目の専門問題は、共通問題と比べて専門性が問われる内容となっている。論述式の出題も多く、対策が必要であろう。また、最後の大問は板書計画などの指導法を問う問題となっていた。知識の獲得・確認と並行して、それをどのように生徒に伝えるかを考察する習慣をつけることが有効である。以下に各科目の専門問題について述べる。

▶高校世界史専門問題

　世界史は広い時代・地域から出題され、難易度も高い。問題数も多く、2024年度は200字を超える論述問題も4問ほど出題された。教科書だけでなく、受験用参考書を1冊制覇するつもりで知識を確認しよう。地域ごとの歴史の知識だけでは得点できない「～と同時代の出来事を選べ」というような問題もみられるので、参考書である地域の歴史を学習するときも、常に歴史年表を横に置き、同時代に他の地域ではどのような歴史が展開し、その地域との関係性はどうなっていたのかを確認する習慣をつけよう。また、いくら知識を豊富にしても、最後まで解ききれなければ宝の持ち腐れである。時間を測って過去問にとり組むことで、時間内に終わらせるコツをつかんでおこう。

▶高校日本史専門問題

　古代から現代まで幅広く出題される。記述式と記号選択式が半々程度で，論述問題も2題出題された(200字・100字)。年代順に並び変えさせる問題も目立つので，歴史の流れをしっかりと理解することが特に重要である。史資料からの出題も頻出なので，主要なものは教科書や史資料集を活用して確認しておこう。

▶高校地理専門問題

　地誌的な問題の中で，系統地理の知識を問われるパターンが多い。系統地理的知識を確実にした上で，世界各州の特徴を把握しておきたい。日本地誌についてはここ4年間出題されていないため，世界地誌中心の対策が得策である。地図や地形，気候，人口，農牧業，鉱工業，貿易，国家と民族，村落と都市，世界地誌などはほぼ毎年出題されるので，知識を確実にし，資料の読み取りにも対応できるようにしておきたい。2024年度はEUや読図についてかなり詳しく問われた。読図では地図上の2点間の勾配を，関数表を参照して答えさせる問題が出題された。全体的に地図や統計などの資料を使った問題が多いので，資料集とともに学習することが有効である。

過去5年間の出題傾向分析

大分類	中分類（小分類）	主な出題事項	2020年度	2021年度	2022年度	2023年度	2024年度
中学地理	地図	縮尺, 図法, 地図の種類・利用, 地域調査	●	●		●	●
	地形	山地, 平野, 海岸, 特殊な地形, 海水・陸水			●	●	
	気候	気候区分, 植生, 土壌, 日本の気候	●				
	人口	人口分布, 人口構成, 人口問題, 過疎・過密		●			
	産業・資源(農牧業)	農牧業の発達・条件, 生産, 世界の農牧業地域	●	●	●		
	産業・資源(林業・水産業)	林産資源の分布, 水産業の発達・形態, 世界の主要漁場					
	産業・資源(鉱工業)	資源の種類・開発, エネルギーの種類・利用, 輸出入	●			●	●
	産業・資源(第3次産業)	商業, サービス業など				●	
	貿易	貿易の動向, 貿易地域, 世界・日本の貿易	●				●
	交通・通信	各交通の発達・状況, 情報・通信の発達					
	国家・民族	国家の領域, 国境問題, 人種, 民族, 宗教	●				●
	村落・都市	村落・都市の立地・形態, 都市計画, 都市問題			●		
	世界の地誌(アジア)	自然・産業・資源などの地域的特徴	●				●
	世界の地誌(アフリカ)	自然・産業・資源などの地域的特徴	●				
	世界の地誌(ヨーロッパ)	自然・産業・資源などの地域的特徴				●	
	世界の地誌(南北アメリカ)	自然・産業・資源などの地域的特徴	●				●
	世界の地誌(オセアニア・南極)	自然・産業・資源などの地域的特徴					●
	世界の地誌(その他)	自然・産業・資源などの地域的特徴					
	日本の地誌	地形, 気候, 人口, 産業, 資源, 地域開発	●	●	●	●	●
	環境問題	自然環境, 社会環境, 災害, 環境保護			●		
	その他	地域の経済統合, 世界のボーダレス化, 国際紛争	●			●	
	指導法	指導計画, 学習指導, 教科教育					
	学習指導要領	内容理解, 空欄補充, 正誤選択	●	●	●	●	●
中学歴史	原始	縄文時代, 弥生時代, 奴国, 邪馬台国					●
	古代	大和時代, 飛鳥時代, 奈良時代, 平安時代	●	●			●
	古代の文化	古墳文化, 飛鳥文化, 天平文化, 国風文化	●		●		
	中世	鎌倉時代, 室町時代, 戦国時代	●		●	●	●
	中世の文化	鎌倉文化, 鎌倉新仏教, 室町文化	●				
	近世	安土桃山時代, 江戸時代	●	●	●	●	
	近世の文化	桃山文化, 元禄文化, 化政文化	●				●
	近代	明治時代, 大正時代, 昭和戦前期(〜太平洋戦争)	●	●	●	●	●
	近代の文化	明治文化, 大正文化	●		●	●	

大分類	中分類（小分類）	主な出題事項	2020年度	2021年度	2022年度	2023年度	2024年度
中学歴史	現代	昭和戦後期, 平成時代, 昭和・平成の経済・文化		●		●	●
	その他の日本の歴史	日本仏教史, 日本外交史, 日本の世界遺産		●		●	●
	先史・四大文明	オリエント, インダス文明, 黄河文明					
	古代地中海世界	古代ギリシア, 古代ローマ, ヘレニズム世界					
	中国史	春秋戦国, 秦, 漢, 六朝, 隋, 唐, 宋, 元, 明, 清				●	●
	中国以外のアジアの歴史	東南アジア, 南アジア, 西アジア, 中央アジア		●			
	ヨーロッパ史	古代・中世ヨーロッパ, 絶対主義, 市民革命		●			
	南北アメリカ史	アメリカ古文明, アメリカ独立革命, ラテンアメリカ諸国		●			
	二度の大戦	第一次世界大戦, 第二次世界大戦					●
	現代史	冷戦, 中東問題, アジア・アフリカの独立, 軍縮問題					●
	その他の世界の歴史	歴史上の人物, 民族史, 東西交渉史, 国際政治史					
	指導法	指導計画, 学習指導, 教科教育					
	学習指導要領	内容理解, 空欄補充, 正誤選択	●	●	●	●	●
中学公民	政治の基本原理	民主政治の発達, 法の支配, 人権思想, 三権分立				●	
	日本国憲法	成立, 基本原理, 基本的人権, 平和主義, 新しい人権	●	●	●	●	●
	日本の政治機構	立法, 行政, 司法, 地方自治	●	●	●	●	●
	日本の政治制度	選挙制度の仕組み・課題, 政党政治, 世論, 圧力団体		●			
	国際政治	国際法, 国際平和機構, 国際紛争, 戦後の国際政治		●			
	経済理論	経済学の学派・学説, 経済史, 資本主義経済	●		●		
	貨幣・金融	通貨制度, 中央銀行（日本銀行）, 金融政策	●				●
	財政・租税	財政の仕組み, 租税の役割, 財政政策		●			
	労働	労働法, 労働運動, 労働者の権利, 雇用問題					
	戦後の日本経済	高度経済成長, 石油危機, バブル景気, 産業構造の変化					
	国際経済	為替相場, 貿易, 国際収支, グローバル化, 日本の役割				●	●
	現代社会の特質と課題	高度情報化社会, 少子高齢化, 社会保障, 食料問題		●			
	地球環境	温暖化問題, エネルギー・資源問題, 国際的な取り組み	●		●	●	●
	哲学と宗教	ギリシア・西洋・中国・日本の諸思想, 三大宗教と民族宗教					
	その他	最近の出来事, 消費者問題, 地域的経済統合, 生命倫理			●	●	
	指導法	指導計画, 学習指導, 教科教育			●		
	学習指導要領	内容理解, 空欄補充, 正誤選択	●	●	●	●	●
高校地理	地図	縮尺, 図法, 地図の種類・利用, 地域調査	●	●	●	●	●
	地形	山地, 平野, 海岸, 特殊な地形, 海水・陸水	●	●	●	●	●
	気候	気候区分, 植生, 土壌, 日本の気候	●	●	●	●	●
	人口	人口分布, 人口構成, 人口問題, 過疎・過密			●	●	●
	産業・資源（農牧業）	農牧業の発達・条件, 生産, 世界の農牧業地域	●	●	●	●	●

大分類	中分類（小分類）	主な出題事項	2020年度	2021年度	2022年度	2023年度	2024年度
高校地理	産業・資源(林業・水産業)	林産資源の分布, 水産業の発達・形態, 世界の主要漁場		●			
	産業・資源(鉱工業)	資源の種類・開発, エネルギーの種類・利用, 輸出入	●	●	●	●	●
	産業・資源(第3次産業)	商業, サービス業など					
	貿易	貿易の動向, 貿易地域, 世界・日本の貿易	●			●	
	交通・通信	各交通の発達・状況, 情報・通信の発達			●		
	国家・民族	国家の領域, 国境問題, 人種, 民族, 宗教	●	●		●	●
	村落・都市	村落・都市の立地・形態, 都市計画, 都市問題		●		●	
	世界の地誌(アジア)	自然・産業・資源などの地域的特徴					●
	世界の地誌(アフリカ)	自然・産業・資源などの地域的特徴	●		●		
	世界の地誌(ヨーロッパ)	自然・産業・資源などの地域的特徴	●		●		
	世界の地誌(南北アメリカ)	自然・産業・資源などの地域的特徴	●		●		
	世界の地誌(オセアニア・南極)	自然・産業・資源などの地域的特徴					
	世界の地誌(その他)	自然・産業・資源などの地域的特徴					●
	日本の地誌	地形, 気候, 人口, 産業, 資源, 地域開発	●				
	環境問題	自然環境, 社会環境, 災害, 環境保護				●	
	その他	地域的経済統合, 世界のボーダレス化, 国際紛争				●	●
	指導法	指導計画, 学習指導, 教科教育	●	●			
	学習指導要領	内容理解, 空欄補充, 正誤選択	●	●			
高校日本史	原始	縄文時代, 弥生時代, 奴国, 邪馬台国			●	●	
	古代(大和時代)	大和政権, 倭の五王, 『宋書』倭国伝, 氏姓制度	●			●	
	古代(飛鳥時代)	推古朝と聖徳太子, 遣隋使, 大化改新, 皇親政治	●		●		
	古代(奈良時代)	平城京, 聖武天皇, 律令制度, 土地制度	●		●		
	古代(平安時代)	平安京, 摂関政治, 国風文化, 院政, 武士台頭			●	●	
	古代の文化	古墳文化, 飛鳥文化, 白鳳文化, 天平文化, 国風文化	●	●			
	中世(鎌倉時代)	鎌倉幕府, 御成敗式目, 元寇, 守護・地頭	●	●			
	中世(室町時代)	南北朝, 室町幕府, 勘合貿易, 惣村, 一揆	●		●		
	中世(戦国時代)	戦国大名, 分国法, 貫高制, 指出検地, 町の自治				●	
	中世の文化	鎌倉文化, 鎌倉新仏教, 室町文化, 能		●	●	●	
	近世(安土桃山時代)	鉄砲伝来, 織豊政権, 楽市楽座, 太閤検地, 刀狩	●		●	●	
	近世(江戸時代)	江戸幕府, 幕藩体制, 鎖国, 三大改革, 尊王攘夷	●		●	●	
	近世の文化	桃山文化, 元禄文化, 化政文化	●	●			
	近代(明治時代)	明治維新, 大日本帝国憲法, 日清・日露戦争, 条約改正	●	●			
	近代(大正時代)	大正デモクラシー, 第一次世界大戦, 米騒動, 協調外交	●	●			
	近代(昭和戦前期)	恐慌, 軍部台頭, 満州事変, 日中戦争, 太平洋戦争	●	●			
	近代の経済	地租改正, 殖産興業, 産業革命, 貿易, 金本位制	●	●		●	●

大分類	中分類（小分類）	主な出題事項	2020年度	2021年度	2022年度	2023年度	2024年度
高校日本史	近代の文化	明治文化, 大正文化	●	●	●	●	
	現代	昭和戦後期, 平成時代	●	●	●		●
	現代の経済	高度経済成長, 為替相場, 石油危機, バブル景気	●	●	●		
	その他	地域史, 制度史, 仏教史, 外交史, 経済史				●	
	指導法	指導計画, 学習指導, 教科教育					
	学習指導要領	内容理解, 空欄補充, 正誤選択	●	●	●	●	●
高校世界史	先史・四大文明	オリエント, インダス文明, 黄河文明				●	
	古代地中海世界	古代ギリシア, 古代ローマ, ヘレニズム世界	●		●	●	●
	中国史(周～唐)	周, 春秋戦国, 諸子百家, 漢, 三国, 晋, 南北朝, 隋, 唐	●	●	●		
	中国史（五代～元）	五代, 宋, 北方諸民族, モンゴル帝国, 元		●			
	中国史(明・清・中華民国)	明, 清, 列強の進出, 辛亥革命, 中華民国		●	●	●	●
	東南アジア史	ヴェトナム, インドネシア, カンボジア, タイ, ミャンマー	●			●	●
	南アジア史	インド諸王朝, ムガル帝国, インド帝国, 独立運動	●				
	西アジア史	イスラム諸王朝, オスマン=トルコ, 列強の進出	●				
	東西交渉史	シルクロード, モンゴル帝国, 大航海時代		●			
	ヨーロッパ史（中世・近世）	封建制度, 十字軍, 海外進出, 宗教改革, 絶対主義	●		●	●	●
	ヨーロッパ史（近代）	市民革命, 産業革命, 帝国主義, ロシア革命	●		●	●	
	南北アメリカ史	アメリカ古文明, アメリカ独立革命, ラテンアメリカ諸国	●			●	
	二度の大戦	第一次世界大戦, 第二次世界大戦	●	●	●		●
	その他の地域の歴史	内陸アジア, 朝鮮, オセアニア, 両極, アフリカ	●		●	●	●
	現代史	冷戦, 中東問題, アジア・アフリカの独立, 軍縮問題	●			●	●
	宗教史	インドの諸宗教, キリスト教, イスラム教	●			●	
	文化史	古代ギリシア・ローマ文化, ルネサンス, 近代ヨーロッパ文化	●			●	
	その他	時代または地域を横断的に扱う問題, 交易の歴史, 経済史	●		●		
	指導法	指導計画, 学習指導, 教科教育	●	●			●
	学習指導要領	内容理解, 空欄補充, 正誤選択	●	●		●	●

大分類	中分類（小分類）	主な出題事項	2020年度	2021年度	2022年度	2023年度	2024年度
高校政経	政治の基本原理	民主政治の発達，法の支配，人権思想，三権分立					
	日本国憲法	成立，基本原理，基本的人権，平和主義，新しい人権					
	立法	国会の仕組み・役割，議会政治，関係条文					
	行政	内閣の仕組み・役割，議院内閣制，関係条文					
	司法	裁判所の仕組み・役割，国民審査，裁判員制度，関係条文					
	地方自治	地方自治の意義，直接請求権，組織と権限，地方分権					
	日本の政治制度	選挙制度の仕組み・課題，政党政治，世論，圧力団体					
	国際政治	国際法，国際連盟と国際連合，核・軍縮問題，国際紛争					
	戦後政治史	戦後日本の政治・外交の動き					
	経済理論	経済学説，経済史，社会主義経済の特徴					
	資本主義経済	資本主義の仕組み，市場機構，企業活動					
	貨幣・金融	貨幣の役割，金融と資金循環の仕組み，金融政策					
	財政・租税	財政の仕組み，租税の役割，財政政策					
	労働	労働法，労働運動，労働者の権利，雇用問題					
	国民経済	国民所得の諸概念，経済成長，景気の循環					
	戦後の日本経済	高度経済成長，石油危機，バブル景気，産業構造の変化					
	国際経済	為替相場，貿易，国際収支，グローバル化，日本の役割					
	地域的経済統合	各地域での経済統合の動向とその特徴					
	その他	消費者問題，公害問題，環境問題					
	指導法	指導計画，学習指導，教科教育					
	学習指導要領	内容理解，空欄補充，正誤選択					
高校現社	青年期の意義と課題	青年期の特質，精神分析，自己実現					
	現代社会の特質	高度情報化社会，消費者問題					
	人口問題	人口構造の変化，少子高齢化とその対策					
	労働問題	労働運動，労使関係，労働問題の現状					
	福祉問題	社会保障の仕組みと課題，年金制度					
	食糧問題	農業の課題，食糧自給，食品汚染					
	環境問題	公害，地球環境，地球温暖化，日本の取り組み					
	その他	行政の民主化・効率化，男女共同参画社会，日本的経営					
	指導法	指導計画，学習指導，教科教育					
	学習指導要領	内容理解，空欄補充，正誤選択					

大分類	中分類（小分類）	主な出題事項	2020年度	2021年度	2022年度	2023年度	2024年度
高校倫理	哲学と宗教	三大宗教，ユダヤ教，宗教改革					
	古代ギリシアの思想	古代ギリシアの諸思想，ヘレニズム哲学					
	中国の思想	諸子百家，儒教，朱子学，陽明学					
	ヨーロッパの思想（～近代）	ルネサンス，合理的精神，啓蒙思想，観念論					
	日本人の思考様式	日本の風土と文化，日本人の倫理観，神道					
	日本の仏教思想	奈良仏教，密教，末法思想，浄土信仰，鎌倉仏教					
	日本の思想（近世）	日本の儒学，国学，心学，民衆の思想，洋学					
	日本の思想（近代）	福沢諭吉，中江兆民，夏目漱石，内村鑑三，西田幾多郎					
	現代の思想	実存主義，プラグマティズム，構造主義，ロールズ					
	その他	青年期の特質と課題，現代社会における倫理					
	指導法	指導計画，学習指導，教科教育					
	学習指導要領	内容理解，空欄補充，正誤選択					
高校公共	青年期の意義と課題	青年期の特質，精神分析，自己実現					
	現代社会の特質	高度情報化社会，消費者問題					
	人口問題	人口構造の変化，少子高齢化とその対策					
	労働問題	労働運動，労使関係，労働問題の現状					
	福祉問題	社会保障の仕組みと課題，年金制度					
	食糧問題	農業の課題，食糧自給，食品汚染					
	環境問題	公害，地球環境，地球温暖化，日本の取り組み					
	その他	行政の民主化・効率化，男女共同参画社会，日本的経営					
	指導法	指導計画，学習指導，教科教育					
	学習指導要領	内容理解，空欄補充，正誤選択					

第2部

鳥取県の
教員採用試験
実施問題

2024年度　実施問題

中　学　社　会

【1】次の各問いに答えなさい。

(1) 次の文は，地方公務員法に規定される服務に関する条文である。①〜⑥の中で，誤っているものをすべて選び，記号で答えなさい。

① すべて職員は，全体の奉仕者として児童・生徒の利益のために勤務し，且つ，職務の遂行に当つては，全力を挙げてこれに専念しなければならない。

② 職員は，その職務を遂行するに当つて，法令，条例，地方公共団体の規則及び地方公共団体の機関の定める規程に従い，且つ，校長の職務上の命令に忠実に従わなければならない。

③ 職員は，その職の信用を傷つけ，又は職員の職全体の不名誉となるような行為をしてはならない。

④ 職員は，職務上知り得た秘密を漏らしてはならない。その職を退いた後は，その限りではない。

⑤ 職員は，法律又は条例に特別の定がある場合を除く外，その勤務時間及び職務上の注意力のすべてをその職責遂行のために用い，当該地方公共団体がなすべき責を有する職務にのみ従事しなければならない。

⑥ 職員は，政党その他の政治的団体の結成に関与し，若しくはこれらの団体の役員となつてはならず，又はこれらの団体の構成員となるように，若しくはならないように勧誘運動をしてはならない。

(2) 次の文章は，令和3年1月に中央教育審議会で取りまとめられた「『令和の日本型学校教育』の構築を目指して〜全ての子供たちの可能性を引き出す，個別最適な学びと，協働的な学びの実現〜(答申)」

における「第Ⅰ部　総論」の「3. 2020年代を通じて実現すべき『令和の日本型学校教育』の姿」に記載された内容の一部である。（　①　）〜（　③　）にあてはまる最も適切な語句を答えなさい。

第Ⅰ部　総論

> 3. 2020年代を通じて実現すべき「令和の日本型学校教育」
>   の姿

(1)　子供の学び

○　新型コロナウイルス感染症の感染拡大による臨時休業の長期化により，多様な子供一人一人が自立した学習者として学び続けていけるようになっているか，という点が改めて焦点化されたところであり，これからの学校教育においては，子供が（　①　）も活用しながら自ら学習を調整しながら学んでいくことができるよう，「個に応じた指導」を充実することが必要である。この「個に応じた指導」の在り方を，より具体的に示すと以下のとおりである。

○　全ての子供に基礎的・基本的な知識・技能を確実に習得させ，思考力・判断力・表現力等や，自ら学習を調整しながら粘り強く学習に取り組む態度等を育成するためには，教師が支援の必要な子供により重点的な指導を行うことなどで効果的な指導を実現することや，子供一人一人の特性や学習進度，学習到達度等に応じ，指導方法・教材や学習時間等の柔軟な提供・設定を行うことなどの「指導の（　②　）」が必要である。

○　基礎的・基本的な知識・技能等や，言語能力，情報活用能力，問題発見・解決能力等の学習の基盤となる資質・能力等を土台として，幼児期からの様々な場を通じての体験活動から得た子供の興味・関心・キャリア形成の方向性等に応じ，探究において課題の設定，情報の収集，整理・分析，まとめ・表現を行う等，教師が子供一人一人に応じた

> 学習活動や学習課題に取り組む機会を提供することで，子供自身が学習が最適となるよう調整する「学習の（　③　）」も必要である。
>
> ○　以上の「指導の（　②　）」と「学習の（　③　）」を教師視点から整理した概念が「個に応じた指導」であり，この「個に応じた指導」を学習者視点から整理した概念が「個別最適な学び」である。

(3)　「中学校学習指導要領(平成29年3月告示)」第2章　第2節「社会」において示された記述に関する各問いに答えなさい。

①　第1　目標について書かれた次の文の（　Ａ　），（　Ｂ　）にあてはまる語句として適切なものを以下の(ア)〜(エ)から一つ選び，記号で答えなさい。

> 第1　目標
>
> (1)，(2)　略
>
> (3)　社会的事象について，よりよい社会の実現を視野に課題を主体的に解決しようとする態度を養うとともに，多面的・多角的な考察や深い理解を通して涵養される我が国の国土や歴史に対する愛情，国民主権を担う公民として，自国を愛し，その（　Ａ　）を図ることや，他国や他国の（　Ｂ　）を尊重することの大切さについての自覚などを深める。

Ａ　(ア)　生活の向上　　　(イ)　自立と成長

　　(ウ)　平和と繁栄　　　(エ)　福祉の増大

Ｂ　(ア)　主権　　　　　　(イ)　領土

　　(ウ)　歴史　　　　　　(エ)　文化

②　第2　各分野の目標及び内容〔地理的分野〕の目標に関して書かれた次の文の（　Ｃ　）〜（　Ｅ　）にあてはまる語句の組み合わせとして適切なものを以下の(ア)〜(エ)から一つ選び，記号で答え

なさい。

> 1 目標
>   社会的事象の地理的な見方・考え方を働かせ，課題を
> (C)したり解決したりする活動を通して，(D)に立ち，
> (E)化する国際社会に主体的に生きる平和で民主的な国
> 家及び社会の形成者に必要な公民としての資質・能力の基
> 礎を次のとおり育成することを目指す。

(ア)　C　追究　　D　広い視野　　E　多様

(イ)　C　追究　　D　広い視野　　E　グローバル

(ウ)　C　分析　　D　様々な角度　E　グローバル

(エ)　C　分析　　D　様々な角度　E　多様

③　第2　各分野の目標及び内容〔歴史的分野〕の目標に関して書かれた次の文の(F)・(G)にあてはまる語句の組み合わせとして適切なものを以下の(ア)～(エ)から一つ選び，記号で答えなさい。

> 1 目標
> (1) 我が国の歴史の(F)を，世界の歴史を背景に，各時
>   代の特色を踏まえて理解するとともに，諸資料から歴史
>   に関する様々な情報を(G)に調べまとめる技能を身に
>   付けるようにする。
> (2), (3)　略

(ア)　F　人物や出来事　　G　効果的

(イ)　F　大きな流れ　　　G　効果的

(ウ)　F　人物や出来事　　G　多面的

(エ)　F　大きな流れ　　　G　多面的

④　第3　指導計画の作成と内容の取扱いに関して書かれた次の文の(H)・(I)にあてはまる語句と数字をそれぞれ答えなさい。

> 1　指導計画の作成に当たっては，次の事項に配慮するもの
> とする。
> (1)　単元など内容や時間のまとまりを見通して，その中で
> 育む資質・能力の育成に向けて，生徒の主体的・（　H　）
> で深い学びの実現を図るようにすること。
> (2)　略
> (3)　各分野の履修については，第1，第2学年を通じて地理
> 的分野及び歴史的分野を並行して学習させることを原則
> とし，第3学年において歴史的分野及び公民的分野を学習
> させること。各分野に配当する授業時数は，地理的分野
> 115単位時間，歴史的分野135単位時間，公民的分野
> （　I　）単位時間とすること。
> (4)，(5)略

(☆☆☆○○○○○)

【２】以下の各問いに答えなさい。

地図

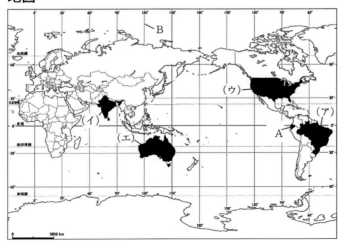

(1) 次の文章のような特色がみられるのはどこの国か，地図中の(ア)
〜(エ)から一つ選び，記号で答えなさい。

> この国では，日本の大手スーパーマーケットが直営する牧
> 場で，日本人の好みに合った肉牛が飼育されている。また，
> 先住民の文化を尊重するための努力が続けられており，特に，
> 信仰の対象である自然や生き物などを，点や線を使って抽象
> 的に描かれた絵は，その芸術性の高さからさまざまな製品の
> デザインに利用されるなど注目を集めている。

(2) 次の文章は地図中のAの国について説明したものである。文章中
[X]，[Y]にあてはまる語句の組み合わせとして正しいもの
を以下の(ア)〜(カ)から一つ選び，記号で答えなさい。

> この国では，山の急斜面を高い所まで畑にして，寒さに強
> い作物を作っている。標高が2000〜3000mくらいの所ではとう
> もろこしを作り，それよりも高く，より寒い所では[X]を
> 作っている。農業に不向きな4000m以上の所では，[Y]な
> どの放牧をしている。

(ア) X：タロいも　　　Y：ラクダ
(イ) X：じゃがいも　　Y：ラクダ
(ウ) X：タロいも　　　Y：リャマ
(エ) X：バナナ　　　　Y：ラクダ
(オ) X：バナナ　　　　Y：リャマ
(カ) X：じゃがいも　　Y：リャマ

(3) 地図中のAの国を含みチリまで続いている，6000mを超える山々
がそびえる山脈を何というか答えなさい。

(4) 地図中の経線Bは，東経120度を示している。地球上でこの経線B
を北に進み，北極点を通過してさらにまっすぐ進むと，何度の経線
上を進むことになるか答えなさい。ただし，東経・西経の語句も記
入すること。

19

(5)　次の表は南アフリカ共和国，ザンビア，チリの輸出品目の上位5品目とそれらが輸出総額に占める割合を示したものである。表の輸出品目名と①～④の組み合わせとして正しいものを以下の(ア)～(エ)の中から一つ選び，記号で答えなさい。

表　　(単位：%　統計はすべて2020年)

順位	南アフリカ共和国		ザンビア		チリ	
1位	白金族	12.6	④	75.8	④	51.9
2位	①	9.8	セメント	1.6	野菜・果実	9.8
3位	金（非貨幣用）	7.9	②	1.5	魚介類	7.2
4位	②	7.6	葉たばこ	1.4	パルプ・古紙	2.8
5位	③	7.2	電力	1.4	無機化合物	2.7

(「世界国勢図会 2022/23」より)

(ア)　①　銅・銅鉱　　②　機械類　　③　鉄鉱石
　　　④　自動車
(イ)　①　機械類　　②　自動車　　③　鉄鉱石
　　　④　銅・銅鉱
(ウ)　①　自動車　　②　機械類　　③　銅・銅鉱
　　　④　鉄鉱石
(エ)　①　自動車　　②　機械類　　③　鉄鉱石
　　　④　銅・銅鉱

(6)　ザンビアやチリを含め，アフリカや南アメリカの多くの国はある特定の農産物や鉱産資源の輸出に頼っている。このような経済を何というか答えなさい。

(7)　南アフリカ共和国では，白金族のように埋蔵量が非常に少ない金属や，純粋なものを取り出すことが技術的・経済的に難しい金属の採掘が進んでいる。このような金属の総称を何というか答えなさい。

(8)　次のグラフは，主要国の自動車生産の推移を示している。グラフ中の(ア)～(エ)のうち，中国のグラフを一つ選び，記号で答えなさい。

グラフ

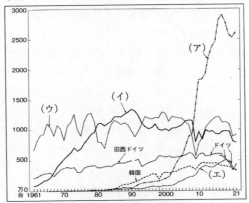

（「世界国勢図会 2023/23」より）

(9) 中国では，2013年に「陸路で中央アジア諸国とロシアを経てヨーロッパへと至る陸のシルクロード経済ベルトと，海路で中国沿岸部からヨーロッパへと至る21世紀海上シルクロードおよびその周辺一帯のインフラ建設と経済協力を促進する広域経済圏構想」が打ち出された。この構想を何というか。漢字4字で答えなさい。

(☆☆☆◎◎◎)

【3】日本の国土，自然環境や産業に関連した次の各問いに答えなさい。

(1) 次の(ア)〜(エ)の文章は，ある県の自然環境や産業について書かれたものである。(ア)〜(エ)にあてはまる県名をそれぞれ漢字で答えなさい。

(ア) 県東部の山あいにある神山町や上勝町などは，人口の流出が続く過疎地域であるが，県と市町村とが協力してインターネット環境の整備に取り組んでおり，ICT関連企業が遠隔拠点を置くようになっている。また，上勝町では日本料理にそえる木の葉や野草の「つまもの」の生産に多くの高齢者が携わり，ビジネスとして注目を集めている。

(イ)　日本有数の温泉地があり，韓国や中国などのアジア諸国から観光客が訪れるなど貴重な観光資源として，地域の経済を支えてきた。また，その地熱を利用した八丁原地熱発電所は日本最大級の発電量を誇っている。

(ウ)　新鮮な海の幸を楽しめる漁港や，なしの観光農園，日本最大級の砂丘などさまざまな観光資源がある。また，漫画に登場するキャラクターの記念館もあり，多くの観光客が訪れている。

(エ)　ガラス温室やビニールハウスを用いて，切り花やいちご，メロンなどの園芸農業が行われている。また，県西部を流れる天竜川の上流から運ばれる木材を加工するなど，その技術を生かしてピアノなどの楽器の生産がさかんになった都市がある。

(2)　次の表1は，日本の主な漁港の水揚量の上位3位の漁港名と水揚量を示したものである。表中のXの都市があるのは，上の(1)の(ア)～(エ)のいずれかの県である。Xの都市がある県を(1)の(ア)～(エ)から一つ選び，記号で答えなさい。

表1　（単位：千ｔ）

	2015年		2017年		2019年		2020年	
1位	銚子	219	銚子	281	銚子	280	銚子	272
2位	X	165	X	149	釧路	173	釧路	192
3位	釧路	115	釧路	141	X	171	X	151

（「日本国勢図会 2018～2023」より）

(3)　次の図1は，領土・領海・領空の模式図である。図1の説明文中の下線部は，図1中の①～④のどれにあたるか。①～④から一つ選び，番号で答えなさい。

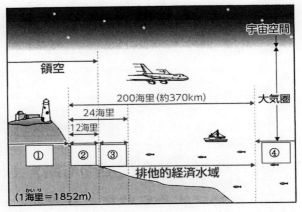

図1

図1の説明文

　「領海は，領土から一定の範囲で定められており，日本では海岸線から12海里と定められている。接続水域は領海の外側で，海岸線から24海里までの範囲である。」

(4)　次の図2は，日本における繊維製品の輸出入額を示したものである。また，表2は，日本の繊維工業の推移を示したものである。これらを参考にして，日本の繊維工業の特色を説明したものとして正しいものをあとの(ア)～(エ)から一つ選び，記号で答えなさい。

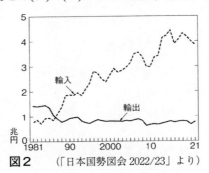

図2　（「日本国勢図会 2022/23」より）

表2

	1990 年	2000 年	2010 年	2018 年	2019 年
事業所数	129944	80278	44447	30100	28401
従業者数 （千人）	1245.4	662.4	352.9	284.2	273.0
製造品出荷額等 （億円）	129081	68364	39296	39743	38740

（「日本国勢図会 2022/23」より）

(ア)　日本の繊維工業の事業所数も従業者数も年々減少しているが，製造品出荷額は2010年から2019年にかけて微増している。

(イ)　1980年代前半までは輸出超過の状態にあったが，1980年代後半からは輸入超過となり，製造品出荷額も1990年に比べて2019年は約30％まで落ち込んでいる。

(ウ)　1980年代後半から輸入超過の状態が続き，輸入額は右肩上がりに増加している。また，製造品出荷額は1990年から2000年の10年間で約30％まで落ち込んでいる。

(エ)　日本の繊維工業は輸出超過の状態を継続しているが，事業所数は1990年から2010年の20年間で約3分の1まで落ち込んでいる。

(5)　次の(ア)〜(エ)は，「セメント工場所在地」(2021年4月)，「製紙工場所在地」(2021年7月)，「自動車工場所在地」(2021年3月)，「半導体工場分布図」(2021年)のいずれかを示している。このうち「製紙工場所在地」はどれにあたるか。(ア)〜(エ)の中から一つ選び，記号で答えなさい。

(ア)

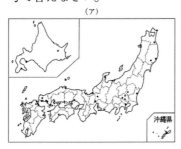

(イ)

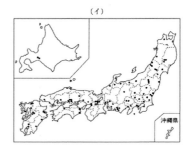

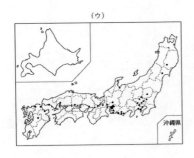

(ウ)　　　　　　　　　　　　(エ)

沖縄県　　　　　　　　沖縄県

(『日本国勢図会 2022/23』より)

(☆☆☆◎◎◎)

【4】以下の各問いに答えなさい。

> 　九州北部では，江戸時代から[　X　]炭田をはじめ，多くの炭田で石炭が採掘されていた。[　Y　]市は，この[　X　]炭田に近く，当時の鉄鉱石の輸入先だった中国にも近かったため，1901年に官営の[　Z　]が造られ，鉄鋼業を中心に発展した。

(1)　上の文章中の[　X　]，[　Y　]にあてはまる語句の組み合わせとして正しいものを次の(ア)〜(エ)から一つ選び，記号で答えなさい。

(ア)　X：天草　Y：佐世保　　　(イ)　X：天草　Y：北九州

(ウ)　X：筑豊　Y：北九州　　　(エ)　X：筑豊　Y：佐世保

(2)　上の文章中の[　Z　]にあてはまる施設名を答えなさい。

(3)　九州地方では，工業の発展に伴い水質汚濁などの公害が深刻化した1950〜1960年代にかけて，化学工場から出された廃水で，有害水銀に汚染された海で育った魚を食べた住民に神経や筋肉が侵される公害病が発生した。その名称として適切なものを次の(ア)〜(エ)から一つ選び，記号で答えなさい。

(ア)　イタイイタイ病　　　(イ)　カネミ油症　　　(ウ)　水俣病

(エ)　四日市ぜんそく

(4)　次の表の(ア)〜(エ)は，名古屋港，横浜港，博多港，関西国際空港のいずれかの主要輸出品目とそれらの輸出額，輸出総額に占める

割合を示したものである。横浜港を(ア)〜(エ)から一つ選び，記号で答えなさい。

表

(ア)			(イ)			(ウ)			(エ)		
輸出品目	億円	%	輸出品目	億円	%	輸出品目	億円	%	輸出品目	億円	%
自動車	25570	24.6	集積回路	11139	22.3	自動車	8062	28.7	自動車	9274	15.9
自動車部品	17332	16.6	科学光学機器	3114	6.2	集積回路	7559	26.9	プラスチック	2718	4.7
内燃機関	4317	4.1	電気回路用品	3091	6.2	タイヤ・チューブ	998	3.6	内燃機関	2585	4.4

（「日本国勢図会 2022/23」より）

（☆☆☆◎◎◎）

【５】古代から近世の日本と外国との関わりを説明している①〜⑤の文章を読み，以下の各問いに答えなさい。

① 　この貿易では，倭寇を禁じるために正式な貿易船に証明書を持たせた。この貿易では，中国の銅銭が多く輸入され，日本でも使用された。

② 　この貿易では，将軍から貿易を望む大名や豪商に東南アジアへの渡航許可書が発行された。その結果，多くの日本人が東南アジアに移り住み，各地に日本町ができた。

③ 　この貿易のために瀬戸内海の航路を整え，大輪田泊(神戸市)を修築した。また，この貿易での航海の安全を祈るために厳島神社が整備された。

④ 　進んだ制度や文化を取り入れるために，唐に使節を派遣した。この時，多くの留学生も唐に派遣され，阿倍仲麻呂のように，唐に残る者もいた。

⑤ 　この貿易により，多くのヨーロッパの文物がもたらされた。言葉の面では「パン」「カルタ」といったポルトガル語が日本語として使われたり，刀や屏風といった日本語がポルトガル語になったりした例もあった。

(1) 　上の①〜⑤を古い順に並べなさい。

(2) 　①中の下線部の名称を漢字2字で答えなさい。

(3) 　②の前後の時期の様子について説明した文のうち，誤ったものを次の(ア)〜(エ)から一つ選び，記号で答えなさい。

(ア) 　大名が許可なく城を作ることや，無断で婚姻を結ぶことを禁止する法律が出された。

(イ) 　この頃は中央集権の体制が固まり，将軍がすべての領地を直接支配していた。

(ウ) 　キリスト教が広まるのを防ぐために次第に貿易は制限された。

(エ) 　外国に渡った日本人の中には，現地の国王の信頼を得て，大臣と同等の地位につく者も現れた。

(4) 　③の神社を整備させた人物が武士として初めて就いた，朝廷の最高位である官職の名称を漢字で答えなさい。

(5) 　④の頃の様子について説明した文のうち，正しいものを次の(ア)〜(エ)から一つ選び，記号で答えなさい。

(ア) 　徴兵された兵士たちは防人となって都の警備にあたった。

(イ) 　米を納める「租」，特産品を納める「庸」，労役10日のかわりに布を納める「調」があった。

(ウ) 　都から地方に直線的にのびる官道や駅家を整備するために，墾田永年私財法が出された。

(エ) 　戸籍に登録された6歳以上の人々は，性別や身分に応じて口分田が与えられ，その人が死ぬと国に返すことになっていた。

(6) 　⑤の頃，日本にキリスト教を初めて伝えた人物は，キリスト教のどの宗派だったか。次の(ア)〜(ウ)から一つ選び，記号で答えなさい。

(ア)　プロテスタント　　(イ)　カトリック　　(ウ)　正教会

(7)　次の図のしくみで国が治められた時代は，①〜⑤のどれとどれの間か，「　と　の間」に合うように番号を答えなさい。

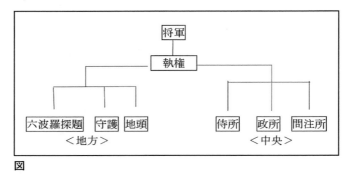

図

(8)　④の頃，現在の元号である「令和」のもととなった歌の載る歌集を編纂したといわれている者の一人で，因幡国の国司に任命された人物名を答えなさい。

(☆☆◎◎◎)

【6】近世・近代の出来事をまとめた年表を見て，以下の各問いに答えなさい。

年表

年	出来事
1685 年	生類憐みの令が出される ……………………………………… A
1716 年	享保の改革が行われる ………………………………………… B
1772 年	（　　）が老中となり、株仲間を奨励した政策を行う …… C
1841 年	天保の改革が行われる ………………………………………… D
1858 年	日米修好通商条約が結ばれる ………………………………… E
1867 年	王政復古の大号令が出される ………………………………… F

(1)　松平定信が寛政の改革を行ったのは年表中のどの出来事の後か，A〜Fから一つ選び，記号で答えなさい。

(2)　年表中Dの頃，清はイギリスに戦争で敗れ，その後の条約により，1997年に中国に返還されるまでイギリスに支配されていた都市を答えなさい。

(3) 年表中の(　　　)にあてはまるCの政策を行った老中の名前を漢字で答えなさい。

(4) 年表中Eの後にさかんになった「天皇を尊び，外国の勢力を排除する」考え方を何というか答えなさい。

(5) 年表中Fの後に起こった出来事を次の(ア)～(エ)から一つ選び，記号で答えなさい。

(ア)　生麦事件　　(イ)　安政の大獄　　(ウ)　薩英戦争

(エ)　戊辰戦争

(6) 「民撰議院設立の建白書」を政府に提出し，後に自由党が結成された際，党首にもなった人物名を答えなさい。

(7) 「日露戦争」の前後5年間で起きた出来事として誤ったものを次の(ア)～(エ)から二つ選び，記号で答えなさい。

(ア)　甲午農民戦争　　(イ)　ベルサイユ条約　　(ウ)　義和団事件

(エ)　日英同盟

(8) 全人口にしめる有権者の割合の推移をまとめた表を見て，①，②に答えなさい。

表

法改正年	1889 年	1925 年	（　A　）
全人口にしめる有権者の割合	1.1%	20.0%	48.7%

① 1925年，納税額による制限を廃止して満25歳以上の男子に選挙権を与えるよう法改正した時の総理大臣を答えなさい。

② 表中の(　A　)にあてはまる年を次の(ア)～(エ)から一つ選び，記号で答えなさい。

(ア)　1932年　　(イ)　1936年　　(ウ)　1940年　　(エ)　1945年

(9) ペスト菌を発見するなど医学の面で活躍し，肖像画が新しい千円札に採用される予定の人物名を答えなさい。

(☆☆☆◎◎◎◎)

【7】第二次世界大戦前後の時代に関する次の各問いに答えなさい。

(1) 世界恐慌への対策から，イギリス・フランスなどが関係の深い国

や地域を囲い込んで，その中だけで経済を成り立たせるしくみを成立させた。このようなしくみを何というか答えなさい。

(2)　世界恐慌に対するドイツの動きを説明した文のうち，正しいものを次の(ア)〜(エ)から一つ選び，記号で答えなさい。

(ア)　ダム建設などの公共事業をおこして失業者を助け，労働者の権利を保護するなど，ニューディール政策を実行した。

(イ)　公共事業と軍備の拡張によって景気を回復させた一方で，個人の自由や民主主義が否定される全体主義国家となった。

(ウ)　ムッソリーニ率いるナチスがユダヤ人を迫害し，共産主義者などを攻撃した。

(エ)　1928年にはじまる「五か年計画」とよばれる計画経済によって，恐慌の影響を受けることなく成長を続けた。

(3)　「朝鮮戦争」前後の様子について説明した文のうち，誤っているものを次の(ア)〜(オ)から一つ選び，記号で答えなさい。

(ア)　朝鮮戦争がはじまると，日本本土や沖縄のアメリカ軍基地が使用された。

(イ)　朝鮮戦争がはじまると，日本国内の治安維持のために警察予備隊が作られた。

(ウ)　日本はアメリカ軍向けの軍需物資を大量に生産したため，特需景気により日本の経済は活気づいた。

(エ)　1951年，日本はアメリカなど48か国とサンフランシスコ平和条約を結び，独立国としての主権を回復した。

(オ)　1949年，中国国民党の毛沢東が中華人民共和国を成立させた。

(☆◎◎◎)

【8】日本の憲法・人権・政治に関する次の各問いに答えなさい。

(1)　憲法改正の手続きを示した次の図の(ア)・(イ)にあてはまる語句を，それぞれ答えなさい。

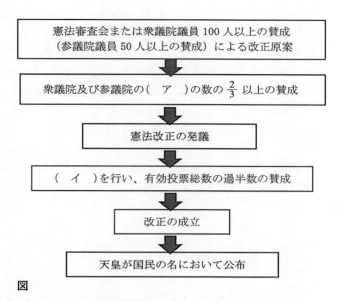

図

(2)　次の文章は，日本国憲法第9条の条文である。条文中の（　ア　）・
（　イ　）にあてはまる語句をそれぞれ答えなさい。

> 第9条　日本国民は，正義と秩序を基調とする国際平和を誠実
> に希求し，国権の発動たる戦争と，武力による威嚇又は武
> 力の行使は，（　ア　）を解決する手段としては，永久にこれ
> を放棄する。
> 2　前項の目的を達するため，陸海空軍その他の（　イ　）は，
> これを保持しない。国の交戦権は，これを認めない。

(3)　科学技術の発達や情報化の進展など，社会の急速な変化にともな
って，日本国憲法には直接的に規定されていない「新しい人権」が
認められてきた。次の(ア)〜(エ)のうち，「新しい人権」に該当しな
いものを一つ選び，記号で答えなさい。

　(ア)　国民が政治に参加し，政府の政策に対して意見を述べるため
には，政治に関する情報を手に入れる必要がある。

　　（イ）　医療分野においては，患者が治療方法などを自分で決定できるようにするため，十分に説明がされ，同意が必要とされる。

　　（ウ）　人権が侵害され，個人の力で解決することが困難な場合は，裁判所に法に基づいて公正に判断してもらう必要がある。

　　（エ）　著作権や商標，特許，意匠などに関する権利がインターネットにおいて守られるしくみを整える必要がある。

(4)　人権は本来，法律でも制限できない権利だが，他人の人権を侵害するような場合や，社会全体の利益を優先する必要がある場合には，例外的に人権の制約が認められることがある。この人権の制約を日本国憲法では何という言葉で表現しているか。5文字で答えなさい。

(5)　(4)による人権の制約の組み合わせとして正しいものを次の(ア)〜(エ)から一つ選び，記号で答えなさい。

	人権	制約の例
（ア）	表現の自由	不備な建築の禁止
（イ）	労働基本権	医師免許を持たない者の医療行為の禁止
（ウ）	居住・移転の自由	感染症による入院措置
（エ）	職業選択の自由	公務員のストライキ禁止

(6)　国会の役割ではないものを次の(ア)〜(ク)から二つ選び，記号で答えなさい。

　　（ア）　予算の審議・議決　　　（イ）　条約の締結

　　（ウ）　内閣総理大臣の指名　　（エ）　国政調査権の行使

　　（オ）　法律の制定　　　　　　（カ）　弾劾裁判所の設置

　　（キ）　内閣不信任の決議　　　（ク）　最高裁判所長官の指名

(7)　現在の日本の選挙制度について説明した文のうち誤っているものを次の(ア)〜(エ)から一つ選び，記号で答えなさい。

　　（ア）　死票は小選挙区制で多く，大選挙区制や比例代表制で少ない傾向にある。

　　（イ）　比例代表制では，それぞれの政党の得票数に応じて，ドント式により当選者が決められる。

　　（ウ）　小選挙区制では，一つの選挙区から一人の代表者が選ばれる。

 (エ) 衆議院議員選挙の比例代表制は，有権者が政党名や立候補者
  名のどちらかを書いて投票する。

(8) 司法制度改革により2009年に始まった，国民が刑事裁判に参加す
 る制度を何というか答えなさい。

(9) 公共の利益のために活動する「非営利組織」を何というか。アル
 ファベット3文字で答えなさい。

(☆☆☆☆◎)

【9】日本の財政・経済に関する次の各問いに答えなさい。

(1) 「間接税」を次の(ア)～(オ)からすべて選び，記号で答えなさい。
 (ア) 消費税 (イ) 所得税 (ウ) 法人税 (エ) 酒税
 (オ) たばこ税

(2) 間接税は，所得が低い人ほど所得にしめる税金の割合が高くなる
 (A)性という問題が生じやすい。(A)にあてはまる語句を答
 えなさい。

(3) 国の一般会計予算(歳出)の上位3項目を抜き出した表1を見て，
 (B)にあてはまる語句として正しいものを以下の(ア)～(エ)から
 一つ選び，記号で答えなさい。

 表1

項目	（ B ）	国債費	地方交付税 交付金など
割合（％）	33.3	24.1	16.0

(2017年度当初予算 財務省資料)

 (ア) 社会保障関係費 (イ) 文教および科学振興費
 (ウ) 公共事業関係費 (エ) 防衛関係費

(4) 景気の安定を図るために行う日本銀行・政府の政策をまとめた表
 2を見て，(①)～(④)にあてはまる語句の組み合わせとして
 適切なものを次の(ア)～(エ)から一つ選び，記号で答えなさい。

表2

	不景気のとき	好景気のとき
日本銀行の政策	・（　①　）。 ・銀行からの企業への資金の貸し出しを増やそうとする。	・（　②　）。 ・銀行から企業への資金の貸し出しを減らそうとする。
政府の政策	・公共投資を増やす。 ・税の額を（　③　）して企業や家庭の消費を増やそうとする。	・公共投資を減らす。 ・税の額を（　④　）して企業や家計の消費を減らそうとする。

- （ア）　①　銀行から国債を買う　　②　銀行へ国債を売る
  - ③　減ら　　④　増や
- （イ）　①　銀行へ国債を売る　　②　銀行から国債を買う
  - ③　増や　　④　減ら
- （ウ）　①　銀行から国債を買う　　②　銀行へ国債を売る
  - ③　増や　　④　減ら
- （エ）　①　銀行へ国債を売る　　②　銀行から国債を買う
  - ③　減ら　　④　増や

(5)　「円安」の説明として誤っているものを以下の(ア)～(エ)の中からすべて選び，記号で答えなさい。

- （ア）　日本の輸出による利益が少なくなる。
- （イ）　輸入品の価格が上がる。
- （ウ）　海外旅行での費用が多くかかる。
- （エ）　円安とは1ドル＝100円だったのが1ドル＝90円になることである。

(☆☆☆☆◎)

【10】国際社会に関する次の各問いに答えなさい。

(1)　2017年に国際連合で採択された，核兵器は非人道的で違法なものであると明示し，核兵器の開発や使用及び核兵器を使った威嚇行為を法的に禁じた条約名を答えなさい。

(2)　1992年の国連環境開発会議(地球サミット)において，気候変動枠組条約や生物多様性条約が調印されたことを受けて，毎年1回締約国会議が開かれている。この締約国会議の略称をアルファベット3文字で答えなさい。

(3) 2030年までに達成すべきものとして2015年の国連でSDGsが採択された。SDGsとは何か。日本語で答えなさい。

(4) 発展途上国の人々の生活を支えるため，発展途上国産の農産物や製品をその労働に見合う公正な価格で先進国が取り引きすることを何というか答えなさい。

(5) 国際連合の安全保障理事会の説明として誤ったものを次の(ア)～(エ)から二つ選び，記号で答えなさい。

(ア) 常任理事国は拒否権を持ち，重要な問題は1か国でも反対すると決定できない。

(イ) 安全保障理事会は常任理事国と総会で選出される任期2年の非常任理事国とで構成される。

(ウ) 国際連合の加盟国は安全保障理事会の決定に従う義務はない。

(エ) 安全保障理事会の常任理事国はアメリカ・ロシア・フランス・イギリス・ドイツの5か国である。

(6) 創設以来，数千万人以上の人々の生活再建を支援してきた，世界各地にいる難民の保護と支援を行う国際連合の機関である「国連難民高等弁務官事務所」の略称として正しいものを次の(ア)～(オ)から一つ選び，記号で答えなさい。

(ア) WFP (イ) UNICEF (ウ) WHO (エ) UNHCR
(オ) UNESCO

(☆☆☆☆☆◎)

地 理・歴 史

【共通問題】

【1】次の各問いに答えなさい。

(1) 次の文は，地方公務員法に規定される服務に関する条文である。①～⑥の中で，誤っているものをすべて選び，記号で答えなさい。

① すべて職員は，全体の奉仕者として児童・生徒の利益のために勤務し，且つ，職務の遂行に当つては，全力を挙げてこれに専念しなければならない。

② 職員は，その職務を遂行するに当つて，法令，条例，地方公共団体の規則及び地方公共団体の機関の定める規程に従い，且つ，校長の職務上の命令に忠実に従わなければならない。

③ 職員は，その職の信用を傷つけ，又は職員の職全体の不名誉となるような行為をしてはならない。

④ 職員は，職務上知り得た秘密を漏らしてはならない。その職を退いた後は，その限りではない。

⑤ 職員は，法律又は条例に特別の定がある場合を除く外，その勤務時間及び職務上の注意力のすべてをその職責遂行のために用い，当該地方公共団体がなすべき責を有する職務にのみ従事しなければならない。

⑥ 職員は，政党その他の政治的団体の結成に関与し，若しくはこれらの団体の役員となつてはならず，又はこれらの団体の構成員となるように，若しくはならないように勧誘運動をしてはならない。

(2) 次の文章は，令和3年1月に中央教育審議会で取りまとめられた「『令和の日本型学校教育』の構築を目指して〜全ての子供たちの可能性を引き出す，個別最適な学びと，協働的な学びの実現〜(答申)」における「第Ⅰ部　総論」の「3．2020年代を通じて実現すべき『令和の日本型学校教育』の姿」に記載された内容の一部である。(①)〜(③)にあてはまる最も適切な語句を答えなさい。

第Ⅰ部　総論

> 3. 2020年代を通じて実現すべき「令和の日本型学校教育」
>   の姿

(1)子供の学び

○　新型コロナウイルス感染症の感染拡大による臨時休業の
長期化により，多様な子供一人一人が自立した学習者とし
て学び続けていけるようになっているか，という点が改め
て焦点化されたところであり，これからの学校教育におい
ては，子供が(　①　)も活用しながら自ら学習を調整しなが
ら学んでいくことができるよう，「個に応じた指導」を充実
することが必要である。この「個に応じた指導」の在り方
を，より具体的に示すと以下のとおりである。

○　全ての子供に基礎的・基本的な知識・技能を確実に習得
させ，思考力・判断力・表現力等や，自ら学習を調整しな
がら粘り強く学習に取り組む態度等を育成するためには，
教師が支援の必要な子供により重点的な指導を行うことな
どで効果的な指導を実現することや，子供一人一人の特性
や学習進度，学習到達度等に応じ，指導方法・教材や学習
時間等の柔軟な提供・設定を行うことなどの「指導の
(　②　)」が必要である。

○　基礎的・基本的な知識・技能等や，言語能力，情報活用
能力，問題発見・解決能力等の学習の基盤となる資質・能
力等を土台として，幼児期からの様々な場を通じての体験
活動から得た子供の興味・関心・キャリア形成の方向性等
に応じ，探究において課題の設定，情報の収集，整理・分
析，まとめ・表現を行う等，教師が子供一人一人に応じた
学習活動や学習課題に取り組む機会を提供することで，子
供自身が学習が最適となるよう調整する「学習の(　③　)」
も必要である。

○　以上の「指導の(②)」と「学習の(③)」を教師視点から整理した概念が「個に応じた指導」であり，この「個に応じた指導」を学習者視点から整理した概念が「個別最適な学び」である。

(3)　「高等学校学習指導要領(平成30年3月告示)」の「第2節　地理歴史」に関する次の各問いに答えなさい。

①　次の表は，「第2款　各科目」の「2　内容」をまとめたものである。(ア)～(オ)にあてはまるものとして，適切なものを，以下のa～eからそれぞれ一つずつ選び，記号で答えなさい。

地理総合	地理探究	歴史総合	日本史探究	世界史探究
A　地図や地理情報システムで捉える現代世界	A　現代世界の系統地理的考察	A　歴史の扉	A　原始・古代の日本と東アジア	A　世界史へのまなざし
B　国際理解と国際協力	B　現代世界の地誌的考察	B　近代化と私たち	B　中世の日本と世界	B　諸地域の歴史的特質の形成
C　(ア)	C　(イ)	C　国際秩序の変化や大衆化と私たち	C　近世の日本と世界	C　諸地域の交流・再編
		D　(ウ)	D　(エ)	D　諸地域の結合・変容
				E　(オ)

a　現代世界におけるこれからの日本の国土像

b　近現代の地域・日本と世界

c　地球世界の課題

d　持続可能な地域づくりと私たち

e　グローバル化と私たち

②　次の文章は，「第2款　各科目」のうち，「地理総合」，「歴史総合」のそれぞれの「3　内容の取扱い」の一部である。(ア)～(オ)にあてはまる最も適切な語句を答えなさい。なお，同じ記号の( )には同じ語句が入る。

「地理総合」　(ア)の読図や作図，衛星画像や空中写真，景観写真の読み取りなど地理的(イ)を身に付けることができるよう系統性に留意して計画的に指導すること。その際，教科用図書「(ア)」を十分に活用するとともに，(ア)や統計などの地理情報の収集・分析には，

地理情報システムや(ウ)ネットワークなどの活用を
工夫すること。
「歴史総合」　年表や(ア)，その他の資料を積極的に活
用し，文化遺産，(エ)や公文書館，その他の資料館
などを調査・見学したりするなど，具体的に学ぶよう指
導を工夫すること。その際，歴史に関わる諸資料を整
理・保存することの意味や意義に気付くようにすること。
また，科目の内容に関係する専門家や関係諸機関などと
の円滑な連携・協働を図り，(オ)との関わりを意識
した指導を工夫すること。

③　次の文章は，「第3款　各科目にわたる指導計画の作成と内容の
取扱い」の一部である。(ア)，(イ)にあてはまる最も適
切な語句を答えなさい。

　　社会的事象については，生徒の考えが深まるよう様々な
見解を提示するよう配慮し，多様な見解のある事柄，未確
定な事柄を取り上げる場合には，有益適切な教材に基づい
て指導するとともに，特定の事柄を強調し過ぎたり，一面
的な見解を十分な配慮なく取り上げたりするなどの偏った
取扱いにより，生徒が多面的・多角的に考察したり，事実
を(ア)に捉え，(イ)に判断したりすることを妨げる
ことのないよう留意すること。

(☆☆☆☆◎◎)

【2】地理総合に関する次の各問いに答えなさい。
(1)　国家と領域に関して，国土面積と排他的経済水域の面積を比較し
た際に，排他的経済水域の面積の方が国土面積より広い国を次の①
～④から一つ選び，番号で答えなさい。なお，排他的経済水域の面
積には，領海を含む。

① アメリカ合衆国　　② オーストラリア　　③ ブラジル
④ メキシコ

(2) 次の文章は，太平洋東部で数年に1回おこるラニーニャ現象を示している。文中の（　ア　）〜（　ウ　）にあてはまる語句の組み合わせとして，最も適切なものを以下の①〜⑧から一つ選び，番号で答えなさい。

> ラニーニャ現象は，太平洋東部の熱帯域の海水温の（　ア　）である。この現象が起きると，オーストラリアでは（　イ　）傾向が強く，日本付近では冬の気温が（　ウ　）なる傾向がある。この現象は，気象災害の一因となることもある。

	①	②	③	④	⑤	⑥	⑦	⑧
ア	上昇	上昇	上昇	上昇	低下	低下	低下	低下
イ	多雨の	多雨の	乾燥する	乾燥する	多雨の	多雨の	乾燥する	乾燥する
ウ	高く	低く	高く	低く	高く	低く	高く	低く

(3) アフリカにおいて，かつてフランスの植民地だった国を次の①〜⑤から一つ選び，番号で答えなさい。
① エチオピア　　② カメルーン　　③ コンゴ民主共和国
④ スーダン　　　⑤ マリ

(4) 次の表は，大陸別の気候区の割合を示したものであり，表中の①〜⑤はアフリカ，オーストラリア，ユーラシア，北アメリカ，南アメリカのいずれかである。南アメリカに該当するものを①〜⑤から一つ選び，番号で答えなさい。

表　　　　　　　　（単位：%）

	①	②	③	④	⑤
A f	7.9	19.8	26.9	2.8	3.5
A w	9.0	18.8	36.5	2.4	3.9
B S	25.8	21.5	6.7	10.7	15.9
B W	31.4	25.2	7.3	3.7	10.2
C s	7.9	1.3	0.3	0.8	2.2
C w	6.8	13.1	6.7	2.0	9.6
C f	11.2	0.3	14.0	10.7	5.7
D f	–	–	–	43.4	25.8
D w	–	–	–	–	13.4
E T	–	–	1.6	17.3	9.8
E F	–	–	–	6.2	–

（『データブック　オブ・ザ・ワールド2023』により作成）

(5)　次の①～④の河川について，河口に形成される地形が他と異なる
　　ものを一つ選び，番号で答えなさい。

①　千代川　　②　ガロンヌ川　　③　ガンジス川

④　エーヤワディー川

(☆☆☆◎◎◎)

【3】歴史総合に関する次の各問いに答えなさい。

(1)　次のⅠ～Ⅲの出来事について，年代の古い順に正しく並べたもの
　　を次の①～⑥から一つ選び，番号で答えなさい。

Ⅰ　フランス革命　　　Ⅱ　享保の改革　　　Ⅲ　天保の改革

①　Ⅰ－Ⅱ－Ⅲ　　②　Ⅰ－Ⅲ－Ⅱ　　③　Ⅱ－Ⅰ－Ⅲ

④　Ⅱ－Ⅲ－Ⅰ　　⑤　Ⅲ－Ⅰ－Ⅱ　　⑥　Ⅲ－Ⅱ－Ⅰ

(2)　次の文章中の（　X　），（　Y　）にあてはまる語句の組み合わせと
　　して最も適切なものを以下の①～④から一つ選び，番号で答えなさ
　　い。

41

> 　　明治政府は，1871年の廃藩置県によって，（　X　）を図った。また，同じ年に岩倉具視を代表とする使節団を欧米に派遣することで，（　Y　）への参入を目指した。

①　X：中央集権化　　　Y：冊封・朝貢体制
②　X：中央集権化　　　Y：主権国家体制
③　X：地方分権化　　　Y：冊封・朝貢体制
④　X：地方分権化　　　Y：主権国家体制

(3)　1939年に締結された独ソ不可侵条約は，世界を驚かせた。この条約の締結をうけて「欧州情勢は複雑怪奇」と述べて総辞職した内閣を次の①～④から一つ選び，番号で答えなさい。

①　平沼騏一郎　　　②　広田弘毅　　　③　桂太郎　　　④　近衛文麿

(4)　次の図は，日本の貿易額の変化を示したものである。図中のⅠ～Ⅲは，生糸・綿糸・綿織物のいずれかであり，Ⅳ・Ⅴは輸出・輸入のいずれかである。Ⅰ・Ⅴに該当する語句の組み合わせとして最も適切なものを以下の①～⑥から一つ選び，番号で答えなさい。

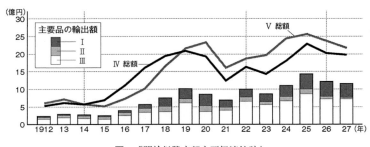

図　「明治以降本邦主要経済統計」

①　Ⅰ：生糸　　Ⅴ：輸出　　　②　Ⅰ：綿糸　　Ⅴ：輸出
③　Ⅰ：綿織物　Ⅴ：輸出　　　④　Ⅰ：生糸　　Ⅴ：輸入
⑤　Ⅰ：綿糸　　Ⅴ：輸入　　　⑥　Ⅰ：綿織物　Ⅴ：輸入

(5)　次の資料Ⅰ～Ⅲに記された内容について，年代の古い順に正しく並べたものを以下の①～⑥から一つ選び，番号で答えなさい。

Ⅰ │ 3　日本国政府ハ支那及印度支那ヨリ一切ノ陸・海・空軍
　　│ 　　兵力及警察力ヲ撤収スヘシ(省略)

Ⅱ │ 第1条　本法ハ左ノ各号ノ1ニ該当スル工場ニ之ヲ適用ス
　　│ 1　常時十五人以上ノ職工ヲ使用スルモノ(省略)

Ⅲ │ 一　広ク会議ヲ興シ，万機公論ニ決スヘシ
　　│ 一　上下心ヲ一ニシテ，盛ニ経綸ヲ行フヘシ(省略)

①　Ⅰ－Ⅱ－Ⅲ　　②　Ⅰ－Ⅲ－Ⅱ　　③　Ⅱ－Ⅰ－Ⅲ

④　Ⅱ－Ⅲ－Ⅰ　　⑤　Ⅲ－Ⅰ－Ⅱ　　⑥　Ⅲ－Ⅱ－Ⅰ

(6)　19世紀のアジアについて述べた文として，誤っているものを次の
①～④から一つ選び，番号で答えなさい。

①　中国では，光緒帝に登用された康有為を中心とする変法派が政
治改革を行った。

②　ベトナムでは，ファン＝ボイ＝チャウらがドンズー(東遊)運動
を展開した。

③　インドでは，イギリスのヴィクトリア女王がインド皇帝に即位
し，インド帝国が成立した。

④　オスマン帝国では，ミドハト＝パシャが起草したオスマン帝国
憲法(ミドハト憲法)が発布された。

(7)　19世紀後半のドイツに関する次のⅠ～Ⅳの出来事について，年代
の古い順に正しく並べたものを次の①～⑥から一つ選び，番号で答
えなさい。

Ⅰ　オーストリア，イタリアとの間に三国同盟を締結した。

Ⅱ　皇帝ヴィルヘルム1世がヴェルサイユ宮殿で戴冠式をおこなっ
た。

Ⅲ　シュレスヴィヒ・ホルシュタイン両州の管理をめぐってオース
トリアと戦った。

Ⅳ　オーストリア，ロシアとの間に三帝同盟を締結した。

①　Ⅰ－Ⅱ－Ⅳ－Ⅲ　　②　Ⅱ－Ⅰ－Ⅲ－Ⅳ　　③　Ⅱ－Ⅳ－Ⅰ－Ⅲ

④　Ⅲ−Ⅱ−Ⅳ−Ⅰ　　⑤　Ⅲ−Ⅰ−Ⅳ−Ⅱ　　⑥　Ⅳ−Ⅲ−Ⅱ−Ⅰ

(8)　次の①〜④のグラフは1867年の日本と中国の輸出入をそれぞれ示したものである。日本の輸入に該当するものを①〜④から一つ選び，番号で答えなさい。

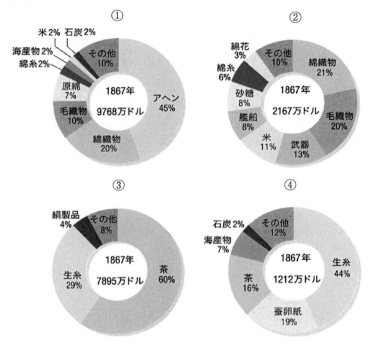

(9)　第一次世界大戦後に締結された，ヨーロッパの集団的安全保障を定めた条約を次の①〜④から一つ選び，番号で答えなさい。
①　ロカルノ条約　　　　　　　②　ヴェルサイユ条約
③　ブレスト＝リトフスク条約　④　九か国条約

(10)　次のⅠ〜Ⅳの出来事について，年代の古い順に正しく並べたものを以下の①〜⑥から一つ選び，番号で答えなさい。
Ⅰ　第1回先進国(主要国)首脳会議(サミット)の開催
Ⅱ　日中平和友好条約の締結

　Ⅲ　ニクソン大統領の訪中
　Ⅳ　第4次中東戦争の勃発
　①　Ⅰ－Ⅳ－Ⅱ－Ⅲ　　②　Ⅲ－Ⅱ－Ⅳ－Ⅰ　　③　Ⅳ－Ⅰ－Ⅲ－Ⅱ
　④　Ⅱ－Ⅲ－Ⅳ－Ⅰ　　⑤　Ⅳ－Ⅲ－Ⅰ－Ⅱ　　⑥　Ⅲ－Ⅳ－Ⅰ－Ⅱ

(☆☆☆○○○)

【日本史】

【1】次の年表を見て，各問いに答えなさい。

年	出来事	
421	倭王（　ア　），宋に遣使	↑
646	a改新の詔発布	
810	b藤原冬嗣、蔵人頭となる	A
1156	c保元の乱	↓

(1)　年表中の（　ア　）にあてはまる人物として適切なものを，次の①
　　～④から一つ選び，番号で答えなさい。
　　①　讃　　②　珍　　③　済　　④　武
(2)　次の資料は下線部aの一部である。資料中の（　ア　）～（　ウ　）に
　　あてはまる語句の組み合わせとして適切なものを，以下の①～④か
　　ら一つ選び，番号で答えなさい。

其の一に曰く，昔在の天皇等の立てたまへる（　ア　）の民，
処々の（　イ　），及び，別には臣・連・伴造・国造・村首の所
有る部曲の民，処々の（　ウ　）を罷めよ。(省略)

(『日本書紀』，原漢文)

　①　ア　名代　　イ　田荘　　ウ　屯倉
　②　ア　名代　　イ　屯倉　　ウ　田荘
　③　ア　子代　　イ　田荘　　ウ　屯倉
　④　ア　子代　　イ　屯倉　　ウ　田荘

(3)　下線部bについて，藤原冬嗣を蔵人頭に任命した天皇は誰か，答えなさい。

(4)　次の図は，下線部cの保元の乱の関係図である。図中の天皇方と上皇方との組み合わせとして適切でないものを，図中の①〜④から一つ選び，番号で答えなさい。

	①	②	③	④
天皇方	後白河	藤原頼長	平清盛	源義朝
	天皇家	**藤原氏**	**平氏**	**源氏**
上皇方	崇徳	藤原忠通	平忠正	源為義

図

(5)　年表中のAの期間に起こった次の①〜④の出来事を，年代の古い順に並べ，番号で答えなさい。

①　最澄が天台宗を開く

②　曇徴が彩色・紙・墨の技法を伝える

③　桓武天皇が長岡京に遷都する

④　藤原道長が摂政となる

(☆☆☆◎◎◎)

【２】次の年表を見て，各問いに答えなさい。

年	出来事	
a <u>1180</u>	福原京遷都	↑
1285	b <u>内管領の平頼綱が安達泰盛を滅ぼす</u>	B
1399	c <u>応永の乱</u>	
1485	d <u>山城の国一揆</u>	↓

(1)　下線部aと同じ年の出来事ではないものを，次の①〜④から一つ選び，番号で答えなさい。

①　源頼政・以仁王が挙兵　　②　侍所設置　　③　公文所設置

④　源頼朝・源義仲挙兵

(2) 下線部bの出来事を何と呼ぶか，答えなさい。

(3) 下線部cの時の将軍は誰か，答えなさい。

(4) 次の資料は下線部dの記録である。文中の（　ア　）にあてはまる語句を答えなさい。

> (文明十七年十二月十一日)今日山城（　ア　）集会す。(中略) 同じく一国中の土民等群衆す。(省略)
>
> 　　　　　　　　　　　　　　（『大乗院寺社雑事記』，原漢文）

(5) 年表中のBの期間に起こった次の①〜④の出来事を，年代の古い順に並べ，番号で答えなさい。

　① 和田合戦　　② 元弘の変　　③ 嘉吉の変　　④ 明徳の乱

　　　　　　　　　　　　　　　　　　　　　　（☆☆◎◎◎）

【3】次の年表を見て，各問いに答えなさい。

年	出来事	
1510	a 三浦の乱	
1641	b オランダ商館を出島に移す	
1715	c 新井白石、d 海舶互市新例を出す	C
1790	e 寛政異学の禁	
1839	f 蛮社の獄	

(1) 下線部aに関して，次の文の（　ア　）〜（　ウ　）にあてはまる適切な語句を答えなさい。

> 　朝鮮は，日朝貿易のため（　ア　）浦(蔚山)，（　イ　）浦(釜山)，（　ウ　）浦(薺浦)の3港を開き，これらの3港と首都の漢城に日本の使節の接待と貿易のための倭館をおいた。

(2) 下線部bにより，日本は鎖国の状態となったが，その経過に関する次の①〜④の出来事を，年代の古い順に並べ，番号で答えなさい。

① スペイン船の来航を禁止した。

② 日本人の海外渡航及び帰国を全面禁止した。

③ ポルトガル船の来航を禁止した。

④ 中国船を除く外国船の来航を平戸・長崎に制限した。

(3) (2)に関して，次の文の(ア)，(イ)にあてはまる適切な人物名を答えなさい。

> ドイツ人医師(ア)は著書『日本誌』で，日本は長崎を通してオランダとのみ交渉をもち，閉ざされた状態であることを指摘した。1801年，『日本誌』を和訳した元オランダ通詞(イ)は，この閉ざされた状態を「鎖国」と訳した。これ以後，鎖国という語句が用いられるようになった。

(4) 下線部cに関して，次の文の(ア)，(イ)にあてはまる適切な語句を答えなさい。

> 新井白石は，将軍個人の人格よりも将軍職の地位とその権威を高めるために(ア)を創設した。また，朝鮮から日本宛の国書にそれまで将軍のことを「日本国大君殿下」と記していたのを「(イ)」と改めさせた。

(5) 下線部dに関して，次の文の(ア)，(イ)にあてはまる数字の組み合わせとして適切なものを，以下の①〜④から一つ選び，番号で答えなさい。

> 長崎貿易では，多くの金・銀が流出した。新井白石は，江戸時代の初めから日本が保有する金の4分の1，銀の4分の3が貿易で海外に流出したと推計し，清船は年間(ア)隻，銀高にして(イ)貫に制限した。

① ア 30　 イ 6000　　② ア 30　 イ 3000

③ ア 2　 イ 6000　　④ ア 2　 イ 3000

(6) 下線部eに関して，「寛政の三博士」ではない人物を，次の①〜④から一つ選び，番号で答えなさい。

① 柴野栗山　　② 尾藤二洲　　③ 岡田寒泉

④ 蔦屋重三郎

(7) 下線部fに関して，『戊戌夢物語』で，幕府の対外政策を批判した人物は誰か，答えなさい。

(8) 年表中のCの期間に起こった次の①～④の出来事を，年代の古い順に並べた時，2番目と4番目になるものはどれか，番号で答えなさい。

① シャクシャインの戦い　　② 阿国歌舞伎の開始

③ 評定所に目安箱の設置　　④ 人足寄場の設置

(☆☆☆○○○)

【4】次のA・Bの文章を読み，各問いに答えなさい。

A
　　　日本列島の地震を伝える史料は数多く残っている。a『日本三代実録』貞観11(869)年5月26日癸未条には，「陸奥国，地大いに震動し，流光昼のごとく隠映す。」との記載がある。b江戸時代末期には，安政東海地震をはじめとする地震が発生し，近代になると，c明治24(1891)年に濃尾地震が，d大正12(1923)年に関東大震災がそれぞれ発生し，大きな被害を出した。

(1) 下線部aに関して，次の①～⑥の出来事のうち，平安時代に起こった出来事を4つ選んで，年代の古い順に並べ，番号で答えなさい。

① 乙巳の変　　② 承和の変　　③ 安和の変

④ 応天門の変　　⑤ 壬申の乱　　⑥ 承平・天慶の乱

(2) 下線部bに関して，安政元年に結ばれた日露和親条約によって定められた国境を示した地図として適切なものを，次の①～③から一つ選び，番号で答えなさい。

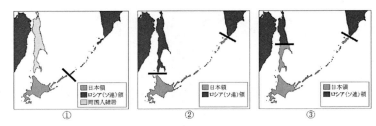

①　　　　　　　　②　　　　　　　　③

(3)　下線部cに関して，この年に起こった出来事の内容として適切なものを，次の①〜④からすべて選び，番号で答えなさい。

①　ロシア皇太子ニコライが，滋賀県で児島惟謙に刺され負傷した。

②　内村鑑三が，教育勅語に敬礼しなかったとして教職を追われた。

③　田中正造が，足尾鉱毒事件の質問書を衆議院に提出した。

④　建築家の辰野金吾が設計したニコライ堂が東京に完成した。

(4)　下線部dに関して，関東大震災当時における衆議院議員選挙の選挙人資格として最も適切なものを，次の①〜⑥から一つ選び，番号で答えなさい。

番号	年齢	性別	直接国税
①	満25歳以上	男	15円以上
②	満25歳以上	男	10円以上
③	満25歳以上	男	3円以上
④	満25歳以上	男	制限なし
⑤	満20歳以上	男女	制限なし
⑥	満18歳以上	男女	制限なし

(5)　下線部dに関して，関東大震災の翌年に発生した第二次護憲運動により成立した連立内閣の首相を漢字で答えなさい。

B

> 　19世紀の世界は，イギリスが圧倒的な経済力を背景に世界の覇権を握る中，日本はe明治維新をむかえた。f20世紀になると，第二次世界大戦終結から数年のうちに，冷戦がはじまった。これにともない，アメリカは日本のg占領政策を転換した。

(6)　下線部eに関して，征韓論を主張する西郷隆盛らの参議が一斉に下野した出来事を答えなさい。

(7)　下線部fに関して，20世紀前半における次のⅠ～Ⅲの出来事について，年代の古い順に正しく並べたものを以下の①～⑥から一つ選び，番号で答えなさい。

Ⅰ　国家総動員法が制定され，政府が労働力や物資を統制できるようにした。

Ⅱ　高橋是清蔵相は，金輸出を再禁止して管理通貨制度に移行させた。

Ⅲ　関東軍が，奉天郊外の柳条湖で南満州鉄道の線路を爆破した。

①　Ⅰ－Ⅱ－Ⅲ　　②　Ⅰ－Ⅲ－Ⅱ　　③　Ⅱ－Ⅰ－Ⅲ
④　Ⅱ－Ⅲ－Ⅰ　　⑤　Ⅲ－Ⅰ－Ⅱ　　⑥　Ⅲ－Ⅱ－Ⅰ

(8)　下線部gに関して，占領政策の転換の背景には国際情勢の変化があった。この時期の国際情勢の変化をもたらした出来事として最も適切なものを，次の①～④から一つ選び，番号で答えなさい。

①　第4次中東戦争勃発　　②　キューバ危機おこる
③　中華人民共和国成立　　④　北爆開始

(9)　下線部gと同時期に日本人としてはじめてノーベル賞を受賞した物理学者を漢字で答えなさい。

(10)　20世紀初頭に結ばれた日英同盟の成立から廃棄までの推移について，当時の国際情勢をふまえて200字以内で説明しなさい。その際，以下の語句をすべて使用すること。なお，使用した語句には下線を引くこととし，語句は何度使用してもかまわないものとする。

> 義和団　　ワシントン会議　　インド

(☆☆☆◎◎◎)

51

【5】次の資料A〜Dを読み，各問いに答えなさい。なお，出題の都合上，資料は一部改めている。

A

今般憲法発布式ヲ挙行セラレ，a大日本帝国憲法及之ニ付随スル諸法令ハ昨日ヲ以テ公布セラレタリ。(中略)然ルニ政治上ノ意見ハ人々其所説ヲ異ニシ，其説ノ合同スル者相投シテ一ノ団結ヲナシ，政党ナル者ノ社会ニ存立スルハ情勢ノ免レサル所ナリト雖，政府ハ常ニ一定ノ政策ヲ取リ，（　ア　）政党ノ外ニ立チ，至正至中ノ道ニ居ラサル可ラス。(省略)

『牧野伸顕文書』

(1)　（　ア　)にあてはまる語句を漢字で答えなさい。

(2)　下線部aに関する説明として適切なものを，次の①〜④からすべて選び，番号で答えなさい。

①　大日本帝国憲法の草案は，ドイツ人法律顧問ロエスレルの助言を得て作成された。

②　大日本帝国憲法は，欽定憲法として発布され，式典で黒田清隆首相に授けられた。

③　大日本帝国憲法では，各省の大臣は，天皇に任命されて国民に対して責任を負った。

④　大日本帝国憲法では，統帥権などの天皇大権は議会の同意のもとでのみ認められた。

(3)　資料Aの演説の翌年に召集された帝国議会について，第1回総選挙の結果をふまえ，経緯を説明しなさい。

B

彼等ハ常ニ口ヲ開ケバ直ニ忠愛ヲ唱ヘ，恰モ忠君愛国ハ自分ノ一手専売ノ如ク唱ヘテアリマスルガ，其為ストコロヲ見レバ，常ニ玉座ノ蔭ニ隠レテ，政敵ヲ狙撃スルガ如キ挙動ヲ執ッテ居ルノデアル。(拍手起ル)彼等ハ玉座ヲ以テ胸壁トナシ，詔勅ヲ以テ弾丸ニ代ヘテ政敵ヲ倒サントスルモノデハナイカ。(省略)

『帝国議会衆議院議事速記録』

(4) 資料Bの演説で弾劾された首相を漢字で答えなさい。

(5) 資料Bの演説を行った人物に関する出来事として最も適切なもの
を，次の①～④から一つ選び，番号で答えなさい。

① 文部大臣時代に，日本で共和政治が行われた場合を仮定した演
説を行い，政治問題となった。

② 立憲政友会を与党として組閣し，軍部大臣現役武官制を改正し
たが，汚職事件で退陣した。

③ 若槻内閣などで外務大臣となり，協調外交をすすめて，中国に
対し不干渉の政策を維持した。

④ 立憲政友会を与党として組閣したが，首相在任中に海軍青年将
校らによって射殺された。

C

b昨今の米価暴騰にて，困窮愈其極に達し居れるが，三日午
後七時漁師町一帯の女房連二百名は海岸に集合して三隊に分
れ，一は浜方有志，一は町有志，一は浜地の米屋及び米所有
者を襲ひ，所有米は他に売らざること及び此際義侠的に米の
廉売を嘆願し，之を聞かざれば家を焼払ひ，一家を鏖殺すべ
しと脅迫し，事態頗る穏かならず。(省略)

『東京朝日新聞』

(6) 下線部bの背景となった出来事として最も適切なものを，次の①
～④から一つ選び，番号で答えなさい。

① 西南戦争 ② 治安維持法 ③ シベリア出兵
④ 松方財政

(7) 資料Cに関して，次の図は1914年～1926年の当時の物価および賃
金の変化を示したものである。図中のⅠ～Ⅲは，東京米価，東京卸
売物価，賃金のいずれかである。Ⅰ～Ⅲに該当する語句の組合せと
して最も適切なものを，以下の①～⑥から一つ選び，番号で答えな
さい。

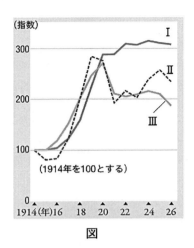

図

① Ⅰ　東京卸売物価　　Ⅱ　東京米価　　Ⅲ　賃金
② Ⅰ　東京卸売物価　　Ⅱ　賃金　　　　Ⅲ　東京米価
③ Ⅰ　賃金　　　　　　Ⅱ　東京卸売物価　Ⅲ　東京米価
④ Ⅰ　賃金　　　　　　Ⅱ　東京米価　　Ⅲ　東京卸売物価
⑤ Ⅰ　東京米価　　　　Ⅱ　東京卸売物価　Ⅲ　賃金
⑥ Ⅰ　東京米価　　　　Ⅱ　賃金　　　　Ⅲ　東京卸売物価

(8)　資料B，資料Cをきっかけに，近代の日本では民衆運動がさかん
になった。このような中，『中央公論』において民本主義をとなえ
た人物を漢字で答えなさい。

D

　　工業の全国的な再配置と知識集約化，全国新幹線と高速自
動車道の建設，情報通信網のネットワークの形成などをテコ
にして，都市と農村，表日本と裏日本の格差は必ずなくすこ
とができる。(中略)　私は産業と文化と自然とが融和した地
域社会を全国土におし広め，すべての地域の人びとが自分た
ちの_c郷里に誇りをもって生活できる日本社会の実現に全力を
傾けたい。(省略)

『（　イ　）論』

(9)　（　イ　）にあてはまる語句を漢字で答えなさい。

(10)　資料Dの著者が首相在任中におこった出来事として適切なものを，次の①～⑥からすべて選び，番号で答えなさい。

①　日中共同声明　　②　日韓基本条約

③　日ソ共同宣言　　④　公害対策基本法公布

⑤　農業基本法公布　　⑥　第1次石油危機

(11)　下線部cに関して，鳥取県にある上淀廃寺出土の壁画と並ぶ国内最古級の壁画で，1949年に焼損したことで文化財保護法制定の背景ともなった壁画を漢字で答えなさい。

(☆☆☆☆◎◎◎)

【6】飛鳥の朝廷について学習する際，1単位時間(50分)で推古朝の政治について，スライドを用いて提示することにした。次の枠をスライド1枚に見立てて記入しなさい。その際，「ねらい」(めあて)，「まとめ」とともに，当時の東アジアの国際情勢を記した地図を明記すること。

(☆☆☆◎◎)

【世界史】

【１】次のA・Bの文章を読み，各問いに答えなさい。

A　　　ヨーロッパ世界につながる古代文明は，おもに地中海東部を舞台に展開した。古代の地中海世界は，西アジアの文明の影響を受けて形成されたが，_aギリシア人は市民どうしの関係が対等なポリス社会をつくり，_b人間中心的な文化を生み出した。アフリカ北岸を含めて，地中海世界を巨大なローマ帝国に統合したローマ人もこの伝統を受け継いだ。

56

(1) 下線部aに関連して，民主政が典型的に発展したポリスであるアテネの民主政の基礎が築かれるまでの過程(紀元前7世紀から紀元前6世紀末)を説明しなさい。ただし，人物名を明記して説明すること。

(2) 下線部bに関連して，真理の主観性を主張した弁論術の教師を何と呼ぶか，答えなさい。

> B
>
> 　　西アジア世界では，7世紀初めにムハンマドがイスラーム教をとなえた。彼の死後，その信徒たちはカリフの指導のもとに ｃササン朝を滅ぼし，ビザンツ帝国からエジプト・シリアを奪い，ｄ西アジア世界全体に統一をもたらした。しかし，カリフ権をめぐってスンナ派と ｅシーア派の対立が生じ，両派の対立は今日まで続いている。

(3) 下線部cに関連して，ササン朝の崩壊に大きな影響を与えた642年の戦いの名称を答えなさい。

(4) 下線部dに関連して，アッバース朝の時代に民族の別をこえたイスラーム教徒間の平等が達成されたが，その理由を税制にふれながら説明しなさい。

(5) 下線部eに関連して，10世紀にバグダードに入城したシーア派を奉じるイラン系の軍事政権の名称を答えなさい。

(☆☆◎◎◎)

【2】次のA・Bの文章を読み，各問いに答えなさい。

> A
>
> 　　14世紀に入ると，西ヨーロッパの封建社会の仕組みは次第に衰退に向かった。ａ貨幣経済が浸透するにつれて，領主は貨幣を手に入れるため，賦役をやめて直営地を分割して農民に貸し与え，生産物や貨幣で地代をおさめさせるようになった。農民は市場で生産物を売り，地代をおさめた残りの貨幣を蓄えて経済的に力をつけていった。また ｂこの頃から領主は荘園での労働力を確保するために農民の待遇を向上させな

> ければならず，農民の身分的束縛はますますゆるめられた。
> こうして荘園にもとづく経済体制は崩れ始めた。
> 　やがて，c経済的に困窮した領主が再び農民への束縛を強め
> ようとすると，農民たちはこれに抵抗し，農奴制の廃止など
> を要求して，d各地で大規模な農民一揆をおこした。

(1) 下線部aに関連して，中世ヨーロッパに貨幣経済が広がった背景
　を説明しなさい。

(2) 下線部bに関連して，領主が農民を確保しづらくなった背景とし
　て農業人口の減少があるが，その理由を説明しなさい。

(3) 下線部cに関連して，こうした事態を何と呼ぶか，答えなさい。

(4) 下線部dに関連して，

　① このうち，1381年にイギリスで起こった農民一揆を何というか，
　　答えなさい。

　② ①の思想的指導者であり，「アダムが耕しイヴが紡いだ時，だ
　　れが貴族であったか」と説教し，身分制度を批判したのは誰か，
　　答えなさい。

B

> 　安徽省の貧農の子として生まれた朱元璋(洪武帝)は，紅巾
> の乱で頭角をあらわして指導者の一人となり，各地の実力者
> の支持を得て，1368年に明を建てた。元の首都であった大都
> を明が支配下に置くと，元はモンゴル高原に移動したが，以
> 後も勢力を保ち，e明と対峙した。
> 　明は，農村では(　ア　)のもとに民戸を組織して治安維持
> と徴税を担わせ，f土地台帳や戸籍・租税台帳を作成して財
> 政の基盤とした。また民衆の教化のために儒教にもとづく
> (　イ　)を定めた。
> 　政治体制は元の制度を改めつつ部分的に継承したものだっ
> た。中央政府では，g皇帝権力が強化された。軍事面では，

軍役に従事する軍戸をもって軍隊を編成する(ウ)を設けた。

　洪武帝の後をついだ第2代皇帝の建文帝が北方の諸王への統制を強めると，h1399年，北平(北京)の燕王が挙兵し，南京を占領して帝位につき，永楽帝と称した。i永楽帝は(エ)に皇帝の政務を補佐させ，大運河を修復して華北と江南を結んで漕運を整え，そのうえで1421年に北京に都を移した。対外関係では，積極政策を採用し，jムスリムの宦官である鄭和に大艦隊を率いさせ，東南アジアからインド洋に前後7回にわたり派遣した。

(5)　B中の(ア)～(エ)に入る適切な語句を答えなさい。

(6)　下線部eに関連して，この国の名称を答えなさい。

(7)　下線部fに関連して，次の図の台帳を何というか，答えなさい。

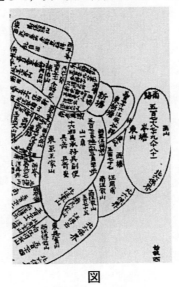

図

(8)　下線部gに関連して，中央官制がどのように変更されたか説明しなさい。

(9)　下線部hに関連して，この出来事の名称を答えなさい。

(10)　下線部iに関連して，永楽帝の治世と同じ時代の出来事として誤っているものを次の①～⑥からすべて選び，番号で答えなさい。

①　室町幕府第3代将軍足利義満の治世に，明との勘合貿易が始まった。

②　ジャワ島東部を中心にイスラーム教国であるマジャパヒト王国が栄えた。

③　オスマン帝国のバヤジット1世は，アンカラの戦いでティムールに敗れた。

④　朝鮮王朝では，後に訓民正音(ハングル)を制定する世宗の治世が始まった。

⑤　百年戦争後のイギリスでは，ランカスター家とヨーク家による王位継承の内乱であるバラ戦争が起こった。

⑥　教会分裂を解消するためコンスタンツ公会議が開催された。

(11)　下線部jに関連して，この遠征の目的を答えなさい。

(☆☆☆◎◎◎)

【3】次のA・Bの文章を読み，各問いに答えなさい。

A　　　フランス革命とナポレオン戦争によって生じた混乱を収拾し，ヨーロッパに新たな秩序をうちたてるため，1814年9月，各国の代表がウィーンに集まった。オーストリアの外相(のちの宰相)(　ア　)が主宰したこのaウィーン会議は，各国の利害対立により難航したものの，エルバ島を脱出したナポレオンが帝位に復帰した危機感から，1815年6月にbウィーン議定書が調印された。こうして，ウィーン体制とよばれる，19世紀前半の新しい国際秩序が築かれた。

　　　ウィーン体制下のヨーロッパでは，復古的な風潮が強まった。ヨーロッパの諸国民は，復古的，反動的なウィーン体制に不満を持ち，各地で個人の自由・平等を求める自由主義と

60

> 国民国家の建設をめざすナショナリズムの運動をおこした。
>
> 　オスマン帝国の支配下にあった（　イ　）では，1821年に独立戦争がはじまり，1830年のロンドン会議で（　イ　）の独立が国際的に承認された。同じころ，cラテンアメリカ諸国の独立もすすみ，ウィーン体制は大きく動揺することになった。

(1)　A中の（　ア　），（　イ　）に入る適切な語句を答えなさい。

(2)　下線部aに関連して，この会議の基本原則を何主義というか，答えなさい。

(3)　下線部bに関連して，この議定書の内容を領土変更を中心に説明しなさい。

(4)　下線部cに関連して，ラテンアメリカ諸国の独立について述べた文として最も適切なものを，次の①〜④から一つ選び，番号で答えなさい。

　①　シモン＝ボリバルの指導のもとにベネズエラやチリが独立した。

　②　サン＝マルティンの指導のもとにアルゼンチン，ペルー，コロンビアが独立した。

　③　スペイン植民地のブラジルは，スペイン亡命王室を利用して1822年に独立を宣言した。

　④　ハイチは1804年に世界初の黒人共和国として独立した。

(5)　ラテンアメリカの独立に際して，ヨーロッパ列強による武力干渉が計画された。これに対するアメリカとイギリスの態度について説明した次の文章の（　ウ　），（　エ　）に入る適切な語句を答えなさい。

　「アメリカは（　ウ　）によって干渉に反対した。イギリス外相（　エ　）も，ラテンアメリカへの経済的進出をはかって，諸国の独立を支持した。」

B

> 　短期決着と想定されてはじまった第一次世界大戦は，人々の予想に反して長期化した。戦争の長期化は，かつては考えも及ばなかった物量戦・消耗戦をもたらした。そのため，銃後の女性や植民地の住民を含めた_d総力戦体制をきずくことが勝敗を決する鍵となった。

(6)　下線部dに関連して，長期の総力戦となるなかで，イギリスが展開した外交はその後の中東における紛争の原因となった。この外交の具体について，各名称と西暦年，内容を明らかにしながら説明しなさい。

(7)　第一次世界大戦が長期の総力戦となるなかで，1915年日本が中国における利権の拡大を目的として，袁世凱政権につきつけたものは何か，答えなさい。

(☆☆☆◎◎◎)

【４】次の各問いに答えなさい。

(1)　次の図3のグラフは，「奴隷の総移入量の推移」と「地域別奴隷輸入割合」を示している。奴隷貿易は，16世紀以降，ポルトガル・スペインなどが中心となっていたが，18世紀にイギリスが加わり，重要な貿易部門となった。奴隷貿易がイギリス，北アメリカ植民地，西インド諸島，アフリカにそれぞれどのような影響を与えたか説明しなさい。

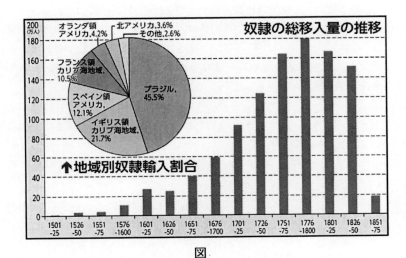

図

(2) 次の写真は，ある協定の調印式の様子である。このとき結ばれた
協定の名称を答えなさい。

(☆☆◎◎◎)

【５】第一次世界大戦後の世界について授業を行うことにした。ホワイトボードへの記入とみなし，アメリカ大統領ウィルソンの十四カ条が世界全体やヨーロッパ，アジア・アフリカ各地域にどのような影響を与えたか，地域による違いにも触れながらまとめなさい。ただし，次の条件を満たすこと。

[条件]

・十四カ条のうち，[軍備の縮小]，[国際平和機構の設立]，[民族自決]について整理すること。

・[民族自決]は，ヨーロッパ，アジア・アフリカに分けて整理すること。

(☆☆◎◎◎)

【地理】

【１】自然環境，産業に関する次の各問いに答えなさい。

(1) 次の表1は，緯度帯別(10度ごと)の海と陸の面積とその割合を示したものであり，表1中のX～Zは，北緯60度～北緯70度，北緯40度～北緯50度，南緯40度～南緯50度のいずれかである。X～Zに該当する緯度帯の組み合わせとして，最も適切なものを以下のア～カから一つ選び，記号で答えなさい。

表1

緯度	陸地（10^6 km²）	海洋（10^6 km²）	陸地（％）	海洋（％）
X	16.457	15.046	52	48
Y	0.991	30.512	3	97
Z	13.352	5.558	71	29

(『データブック　オブ・ザ・ワールド 2023』により作成)

	ア	イ	ウ	エ	オ	カ
北緯 60 度～北緯 70 度	X	X	Y	Y	Z	Z
北緯 40 度～北緯 50 度	Y	Z	X	Z	X	Y
南緯 40 度～南緯 50 度	Z	Y	Z	X	Y	X

(2) 次の表2は，河川の長さと流域面積を示したものである。以下の各問いに答えなさい。

表2

河川名	長さ（km）	流域面積（千km²）
アマゾン川	6,516	7,050
P	2,850	815
Q	4,425	810
R	1,233	199

（『データブック　オブ・ザ・ワールド2023』により作成）

① 表2中に示された，P～Rは，ドナウ川，メコン川，ライン川の
いずれかである。P～Rに該当する河川の組み合わせとして最も適
切なものを次のア～カから一つ選び，記号で答えなさい。

	ア	イ	ウ	エ	オ	カ
ドナウ川	P	P	Q	Q	R	R
メコン川	Q	R	P	R	P	Q
ライン川	R	Q	R	P	Q	P

② 表2中に示された河川は，2か国以上の領域を流れ，条約により
外国船舶の自由航行が認められているが，このような河川のこと
を何というか，答えなさい。

③ ヨーロッパは，内陸水路交通が発達している。この理由につい
て述べた以下の文章の空欄に該当する内容を，次の条件に従って
答えなさい。

[条件] （ア） Aは地形の特色や気候的特徴に触れ，それらが河川
に与える影響を踏まえて答えなさい。

（イ） Aは60字以内，Bは15字以内で答えなさい。

> ヨーロッパでは，大部分が（　A　）ため，内陸水路交通が
> 盛んである。また，河川が（　B　）ため，内陸水路網が形成
> され，ヨーロッパ域内の航路は大幅に短縮された。貨物船
> などの船舶による物資の輸送だけでなく，観光目的で利用
> されることも多い。

(3) ニジェール川の流路には，様々な気候区分が分布している。ニジ
ェール川を上流から下流へ移動した際，河川の流域に分布している

気候区分について，次の（　ア　）〜（　エ　）に該当する気候区分を，ケッペンの気候区分による記号でそれぞれ答えなさい。なお，最も上流に分布する気候区分を（　ア　）とし，同じ記号の（　　）には同じ気候区分が入るものとする。

> （　ア　）→（　イ　）→（　ウ　）→（　イ　）→（　ア　）→（　エ　）

(4)　次の図1で示した都市に関する各問いに答えなさい。

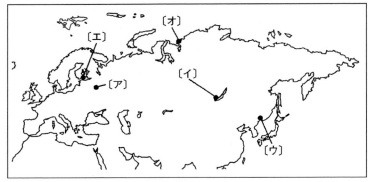

図1

①　次の表3は，図1中の〔ア〕〜〔オ〕のいずれかの都市の最暖月平均気温と最寒月平均気温，および年降水量を示したものである。表4中Ⅰ〜Ⅴに該当する都市を〔ア〕〜〔オ〕からそれぞれ一つずつ選び，記号で答えなさい。

表3

	最暖月平均気温（℃）	最寒月平均気温（℃）	年降水量（㎜）
Ⅰ	20.0	− 11.9	855.9
Ⅱ	18.2	− 4.8	673.4
Ⅲ	19.0	− 17.6	471.8
Ⅳ	6.0	− 24.1	389.6
Ⅴ	19.7	− 6.2	713.0

（『理科年表2023』により作成）

②　次の文章A〜Cは図1中の〔ア〕〜〔ウ〕のいずれかの都市の産

業的特色を示したものである。A～Cの説明に該当する都市として最も適切なものを〔ア〕～〔ウ〕からそれぞれ一つずつ選び，記号で答えなさい。また，都市名も答えなさい。

A：製鉄・アルミニウム・機械・木材加工などの工業が発達した工業都市である。

B：水産・食品加工が盛んなほか，造船・機械工業も発達した。かつては外国人の立ち入りが禁止されていたが，現在は自由港となっている。

C：鉄道などの交通の要地で，機械・化学・繊維など総合工業が発達している。金融機関も集積している。

(5) 河川が海や湖に流入するところに形成された三角州について，ミシシッピ川とテヴェレ川に形成されている三角州の違いを，次の条件に従って説明しなさい。

[条件]　①　それぞれの河川に形成された三角州の名称を明確に示すこと。

　　　　②　「河川営力」，「沿岸流」の語句を使用すること。

　　　　③　「ミシシッピ川の三角州は，」の書き出しに続けて答えること。

(6)　次の農産物のうち，地中海農耕文化に該当するものをすべて答えなさい。

米	小麦	大麦	とうもろこし
さとうきび	てんさい	カカオ	コーヒー
じゃがいも	ひょうたん	ごま	かぼちゃ
バナナ	天然ゴム		

(☆☆☆◎◎◎)

67

【2】次の各問いに答えなさい。

(1) 次の表1は，アメリカ合衆国のカリフォルニア州，テキサス州，ニューヨーク州，ミズーリ州の人口増加率(2020～21年)，人種構成(2021年)，ヒスパニックの割合(2021年)を示したものである。このうち，カリフォルニア州とテキサス州に該当するものを①～④からそれぞれ一つずつ選び，番号で答えなさい。

表1

| | 人口増加率（‰） | 人種構成（%） | | | | ヒスパニック（%） |
		白人	黒人	アジア系	その他	
①	− 18.1	69.1	17.6	9.3	3.9	19.5
②	13.1	77.9	13.2	5.5	3.4	40.2
③	2.2	82.6	11.8	2.2	3.3	4.7
④	− 7.6	71.1	6.5	15.9	6.5	40.2

（『データブック　オブ・ザ・ワールド2023』により作成）

(2) 次の表2は，ある国(X国)の情報を示したものである。以下の各問いに答えなさい。

表2

人口	3,815.5万人（2021年）
首都の位置	(ア)北緯45度25分　西経75度40分
(イ)首都の人口	97.3万人（2016年）
一人当たり国民総所得	43,540ドル（2020年）
(ウ)言語	英語（公用語）56.9%・フランス語（公用語）21.3%・パンジャービ語1.3% 中国語1.3%・スペイン語1.2%・ドイツ語1.2%・イタリア語1.2%（2011年）
宗教	キリスト教70.3%・イスラム教1.9%（2001年）

（『データブック　オブ・ザ・ワールド2023』により作成）

① 下線部(ア)に関して，X国の首都の位置の対蹠点の緯度と経度を答えなさい。(なお「分(′)」まで答えること。)

② 下線部(イ)に関して，次の文章Ⅰ～Ⅲは，首都が人口最大都市となっていない国の，人口最大都市について述べたものである。Ⅰ～Ⅲに該当する国名と人口最大都市を答えなさい。

＊市域人口は都市の固有地域の人口，都市的地域人口は都市とその周辺の衛星都市などを含む都市域の人口による。

（『データブック　オブ・ザ・ワールド2023』による）

Ⅰ 市域人口は1203.8万人(2016年)である。高原上に位置し，日系人人口も多い。外港を持つ国内最大の商工業都市となっている。

Ⅱ 都市的地域人口は729.7万人(2015年)である。デルタの中心に位置し，水陸交通の便に恵まれ，農産物の集散地として発展した。

Ⅲ 都市的地域人口は1465.7万人(2015年)である。海峡に面する港湾・商工業都市。旧市街地全体が世界文化遺産に指定され，観光都市でもある。

③ 下線部(ウ)に関して，次の表3は，多民族国家であるX国の州別にみた使用言語の割合を示したものであり，表3中の①～③は，アルバータ州，オンタリオ州，ケベック州のいずれかである。①～③に該当する州の組み合わせとして最も適切なものを以下のア～カから一つ選び，記号で答えなさい。なお，人口は2016年国勢調査，使用言語は2011年による。

表3

州名	人口（万人）	使用言語の割合		
		イギリス系	フランス系	その他
①	1,344.8	68.2%	3.9%	27.9%
②	816.4	7.7%	78.1%	14.2%
③	406.7	77.0%	1.9%	21.1%

(『新編地理資料 2022』により作成)

	ア	イ	ウ	エ	オ	カ
アルバータ州	①	①	②	②	③	③
オンタリオ州	②	③	①	③	①	②
ケベック州	③	②	③	①	②	①

(☆☆☆◎◎◎)

69

【3】ヨーロッパに関する次の各問いに答えなさい。

(1)　図1中の $\boxed{X}$ が示す本初子午線が通過するアフリカの国として該当しない国を，次の①〜⑥からすべて選び，番号で答えなさい。

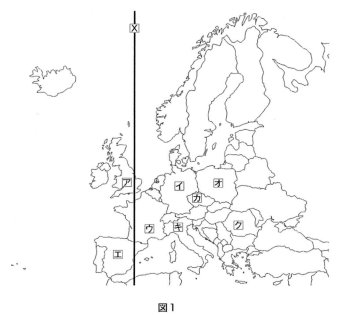

図1

①　アルジェリア　　　②　ガーナ　　　　　③　ナイジェリア
④　ベナン　　　　　　⑤　ブルキナファソ　⑥　マリ

(2)　次の図2中の①〜④は，図1中の $\boxed{ア}$ 〜 $\boxed{エ}$ のそれぞれの国における牛，豚，羊の家畜頭数(2020年)の割合を示したものである。$\boxed{ウ}$ に該当するものとして最も適切なものを①〜④から一つ選び，番号で答えなさい。

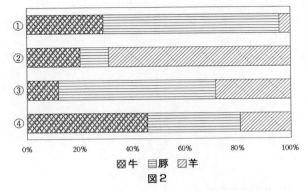

図2

（『世界国勢図会 2022／23』により作成）

(3) 図1中の オ ～ ク のそれぞれの国の主な民族・宗教の組み合わせと
して最も適切なものを次の①～④から一つ選び，番号で答えなさい。

	国	主な民族	主な宗教
①	オ	スラブ系	正教会
②	カ	ラテン系	カトリック
③	キ	スラブ系	カトリック
④	ク	ラテン系	正教会

(4) ヨーロッパの工業と貿易に関する次の各問いに答えなさい。

① 次のA～Cの文は，ヨーロッパの主な工業地域について説明し
たものである。それぞれの工業地域が何と呼ばれているか答えな
さい。

A 西ヨーロッパの経済成長を支えた，北フランスとドイツのル
ール地方，フランスのロレーヌ地方の一帯。

B 飛行機産業などのハイテク産業が発達する，イタリア中部か
らフランス南部を経てスペインの中部に至る地中海沿岸地域。

C 現在，ヨーロッパで最も工業が発達する，イギリス南部から
ドイツ西部やフランス東部を経て北イタリアに至る地域。

② 次の図3は，アメリカ合衆国，中華人民共和国，日本，EU*間
における貿易額(2018年)の様子を示している。Ⅰ～Ⅲに該当する

国・経済圏の組み合わせとして最も適切なものを以下のア～カから一つ選び，記号で答えなさい。

　　＊EUは28か国。

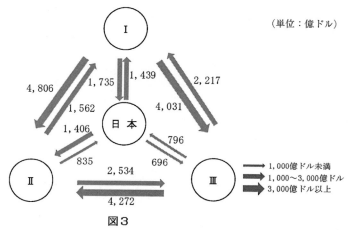

図３

（『世界国勢図会2020／21』により作成）

	ア	イ	ウ	エ	オ	カ
Ⅰ	アメリカ合衆国	アメリカ合衆国	中華人民共和国	中華人民共和国	ＥＵ	ＥＵ
Ⅱ	中華人民共和国	ＥＵ	アメリカ合衆国	ＥＵ	アメリカ合衆国	中華人民共和国
Ⅲ	ＥＵ	中華人民共和国	ＥＵ	アメリカ合衆国	中華人民共和国	アメリカ合衆国

(5)　次の表は，ヨーロッパの統合の歩みを表したものである。以下の各問いに答えなさい。

表

年	事　　項
1948	ベネルクス三国関税同盟発足
1952	ヨーロッパ石炭鉄鋼共同体発足
1958	㋐ヨーロッパ経済共同体，㋑ヨーロッパ原子力共同体発足
1967	ヨーロッパ共同体発足
1973	イギリス，アイルランド，（　A　）加盟
1981	ギリシャ加盟
1986	スペイン，ポルトガル加盟
1992	マーストリヒト条約調印
1993	㋒ヨーロッパ連合発足
1995	スウェーデン，フィンランド，（　B　）加盟
	（　C　）協定の施行
1999	単一通貨ユーロの導入
2002	ユーロ紙幣・硬貨流通開始
2004	㋓東ヨーロッパを中心とした国々加盟
2007	ブルガリア，ルーマニア加盟
2009	リスボン条約発効
2013	クロアチア加盟
2020	イギリスがヨーロッパ連合を正式に離脱

① 下線部㋐・㋑に関して，この組織の略称をそれぞれアルファベットで答えなさい。

② 表中の（　A　），（　B　）に該当する国名と（　C　）に該当する協定名を答えなさい。

③ 下線部㋒に関して，ヨーロッパ連合について述べた次の(ア)～(エ)の文のうち，誤っているものを一つ選び，記号で答えなさい。

(ア)　加盟国を中心に国境管理が廃止され，国境をこえて買い物や通勤する人や旅行する人が増えている。

(イ)　協定非参加国の人が複数の参加国を通過する時，国ごとに

　　　　入国審査を受ける。

　（ウ）　ヨーロッパ連合域内の国同士での貿易にかかる関税は無税
　　　　で，域内での輸出入は活発である。

　（エ）　2022年7月現在，ユーロ導入国は19か国で，非導入国はヨー
　　　　ロッパ連合加盟国中8か国になった。

④　下線部㋑に関して，この年に加盟した東ヨーロッパの国の組み
　合わせとして最も適当なものを次の(ア)～(エ)から一つ選び，記
　号で答えなさい(ただし，キプロスとマルタは除く。)。

（ア）　　　　　　　　　　　　　（イ）

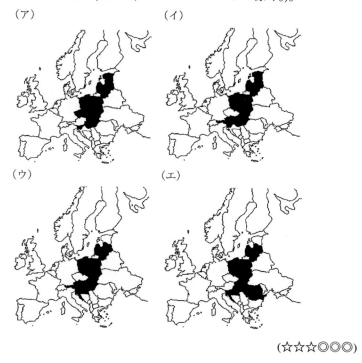

（ウ）　　　　　　　　　　　　　（エ）

　　　　　　　　　　　　　　　　　　　　　　　　　（☆☆☆◎◎◎）

【4】「国境」について授業を行うことにした。国家と国家との境界線で
　ある国境について，次の白地図を用いて板書例を書きなさい。ただし，
　以下の【条件】に従って描図すること。

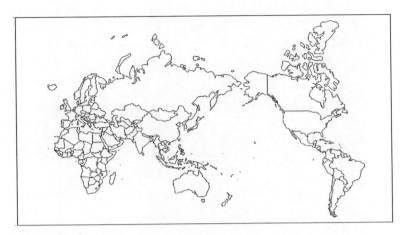

【条件】

(1) 一つの国境につき，次の内容を白地図に記入すること。

① 国境の部分は国境線を太くなぞること。

② 国境に接する国名をそれぞれ記入すること。なお，正式名称でなく，通称でもよい。

③ 自然的国境は，境界として利用されている自然物の名称を明記すること。ただし，海洋と砂漠は除く。

④ 人為的(数理的)国境は，境界として利用されている人工的な障壁の名称や経緯線の数値を明記すること。

(2) 記入は最大20箇所までとする。

(☆☆☆◎◎◎)

【5】地図に関する設問に答えよ。

(1)　次の図1中の三角点(標高394.3m)と点Aの勾配は何度になるか，以下の関数表を参照して答えなさい。ただし，図6中の三角点と点Aの地図上の長さは2cmである。

図1　　「大山」平成７年発行

関数表

角	tan
0°	0.0000
1°	0.0175
2°	0.0349
3°	0.0524
4°	0.0699
5°	0.0875
6°	0.1051
7°	0.1228
8°	0.1405
9°	0.1584
10°	0.1763
11°	0.1944
12°	0.2126
13°	0.2309
14°	0.2493
15°	0.2679
16°	0.2867
17°	0.3057
18°	0.3249
19°	0.3443
20°	0.3640

(2) 次の図2中に示した地点P〜Sのうち，図2中の「地点★」の集水域に含まれないものを一つ選び，記号で答えなさい。

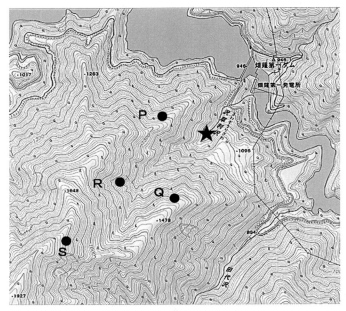

図２　　　　　（『地理院地図』により作成）

(3)　次の図3中の「国道444号線」を境に東側と西側では，成立時期の異なる村落が形成されている。成立時期と村落の組み合わせとして最も適切なものを以下の①〜⑦からそれぞれ一つずつ選び，番号で答えなさい。また，そのように判断した理由も述べなさい。

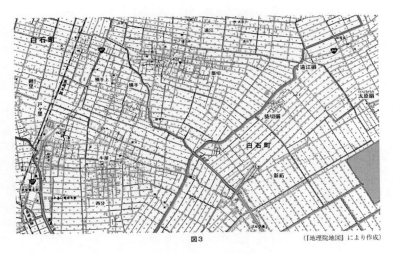

図3　　　　　　　　　　　　　　（『地理院地図』により作成）

① 古代－条里集落　　② 古代－環濠集落
③ 中世－豪族屋敷村　④ 中世－隠田百姓村
⑤ 中世－名田百姓村　⑥ 近世－新田集落
⑦ 近代－屯田兵村

(4) 図3中の「新拓」地域に見られる集落形態を何というか答えなさい。

(☆☆☆◎◎◎)

解答・解説

中 学 社 会

【1】(1) ①，②，④　　(2) ① ICT　　② 個別化　　③ 個性化
(3) ① A（ウ）　　B（エ）　　②（イ）　　③（イ）　　④ H 対
話的　　I 100

〈解説〉(1), (2)　解答参照。　　(3)　①　今回の「学習指導要領」の改訂では，教科や科目，各分野等の「目標」について，まず「柱書」で全体に関わる目標を記し，続いて(1)知識及び技能，(2)思考力，判断力，表現力等，(3)学びに向かう力，人間性等，に関わる目標を記すという構成になっている。本問の空欄補充の文章は，中学校社会科で育成すべき「学びに向かう力，人間性等」に関わる目標について記したものである。　　②　本問の文章は，地理的分野の「目標」の柱書として記されたものである。「グローバル化」とは，従来の国境を越えた規模で，政治・経済・国民生活など様々な分野での交流が進んでいる状態のことである。　　③　本問の空欄補充の文章は，歴史的分野の目標のうち，「(1)知識及び技能」に関わる目標について記したものである。「我が国の歴史の大きな流れ」の理解は，前回の平成20年の改訂の趣旨と同様に，中学社会の歴史的分野の学習の中心となっている。④　H　「主体的・対話的で深い学びの実現」に向けた授業改善の実現の推進は，平成28年に示された「中央教育審議会答申」を踏まえて行われたとされる今回の改訂の基本方針の一つである。　　I　第1・2学年を通じて地理と歴史を並行して学ばせ，第3学年で歴史及び公民を学ばせるとあるので，実際には，地理を第1・2学年あわせて115単位時間，歴史を第1・2学年合わせて95単位時間と第3学年の最初で40単位時間学ばせ，その上で，公民を100単位時間学ばせることになる。

【２】(1)　(エ)　　　(2)　(カ)　　　(3)　アンデス(山脈)　　　(4)　西経60(度)
(5)　(エ)　　　(6)　モノカルチャー経済　　　(7)　レアメタル
(8)　(ア)　　　(9)　一帯一路

〈解説〉(1)　文章の中に，肉牛の飼育とあることから牛肉の生産と輸出が盛んな国であることがわかる。また，「先住民の文化を尊重するための努力」，「点や線を使って抽象的に描かれた絵」からアボリジニーのことだと判断できるため，オーストラリアの(エ)が該当する。
(2)　Aはエクアドルで，標高2000m〜3000m付近は冷涼な気候になる。そのためじゃがいも栽培している。その地点よりも標高が高いところ

では農業に不向きなためリャマやアルパカの放牧が行われる。

(3)　アンデス山脈は南アメリカ大陸の新期造山帯に属する山脈である。　(4)　本初子午線である0度を北上し，北極点を越えると，地球の反対側である180度の経線上を進むことになる。経線Bである東経120度を北上し，北極点を超えると，地球の反対側である西経60度線上を進むことになる。　(5)　ザンビアやチリでは銅の生産や輸出が盛んであるため④は銅・銅鉱が該当する。②はザンビアの3位で，自動車の生産は一部の先進国や工業国に限られるためそこには当てはまらないと考え，②を機械類と判断する。また，南アフリカ共和国はアフリカのなかでも工業化が進んでいることを考えると①に自動車と考えることができる。　(6)　モノカルチャー経済は，特定の農産物や鉱産資源に依存しているため，国際価格の変動に国の経済が左右されることで，安定しないという課題がある。　(7)　レアメタルは特定の国でしか採掘されないため，国際的な問題が起きたときに禁輸政策をとられることで供給が止まることがあり，輸入国は対応を迫られるときがある。　(8)　(ア)　2010年頃から大幅に生産量が上昇しているので中国と判断できる。　(9)　一帯一路は，中国とヨーロッパをつなぐ現代版シルクロードと呼ばれる。

【3】(1)　(ア)　徳島(県)　　(イ)　大分(県)　　(ウ)　鳥取(県)　(エ)　静岡(県)　　(2)　(エ)　　(3)　③　　(4)　(イ)　　(5)　(エ)
〈解説〉(1)　(ア)　徳島県の上勝町は「つまもの」の生産が盛んで，「葉っぱビジネス」として注目されている。　(イ)　大分県は日本有数の温泉地であり，地熱発電も盛んに行われている。　(ウ)　鳥取県は日本最大級の砂丘である鳥取砂丘を観光地として活用している。
(エ)　静岡県の西部には天竜川が流れており，浜松市はピアノの生産が盛んである。　(2)　Xは静岡県の焼津で，焼津漁港はしばしば水揚量トップ3にランクインする。　(3)　領土から12海里の図中の②が領海にあたる。接続水域は領海の外側と図1の説明文にあるため，③が接続水域とわかる。　(4)　(ア)　微減している。　(ウ)　約50％まで

落ち込んでいる。　（エ）　輸入超過である。　（5）　（ア）　山口県や福岡県といった原料の石灰岩の産出が盛んな都道府県に工場がみられるため，セメント工場である。両県は石灰岩の溶食によってできたカルスト地形がみられる。　（イ）　九州地方や東北地方に工場が比較的多いため半導体工場である。九州地方はシリコンアイランド，東北自動車道沿いはシリコンロードと呼ばれる。　（ウ）　トヨタの本拠地である愛知県に工場が集積しているため自動車工場である。　（エ）　木材生産が盛んな北海道に工場の分布が多いため製紙工場である。

【４】（1）　（ウ）　　（2）　八幡製鉄所　　（3）　（ウ）　　（4）　（エ）

〈解説〉（1）　筑豊炭田は，九州北部でみられ，産出された石炭は北九州市の八幡製鉄所での鉄鋼生産に利用された。　（2）　八幡製鉄所は1901年に官営模範工場として操業を開始した。　（3）　熊本県の水俣市で起きた公害病を水俣病と呼ぶ。　（4）　（ア）　自動車の輸出額が2兆円を超え，多額であるためトヨタの本拠地が近い名古屋港。　（イ）　小さくて高付加価値の集積回路の輸出が盛んであるため，航空輸送の行われる関西国際空港。　（ウ）　集積回路の輸出額が多いため博多港である。九州は半導体工場が多く立地し，シリコンアイランドと呼ばれる。（エ）　プラスチックの輸出がみられるため石油化学工業が行われる神奈川県に位置する横浜港である。

【５】（1）　④→③→①→⑤→②　　（2）　勘合　　（3）　（イ）　　（4）　太政大臣　　（5）　（エ）　　（6）　（イ）　　（7）　③と①の間（①と③の間）　（8）　大伴家持（おおとものやかもち）

〈解説〉（1）　④　630年第1回の遣唐使派遣〜894年の菅原道真の建議で廃止。　③　平安時代末期，平清盛が大輪田泊で日宋貿易を行う。①　室町時代，足利義満が日明貿易（勘合貿易）を始める。　⑤　桃山時代の1584年，スペインの貿易船が来航し南蛮貿易が始まる。②　桃山時代の1592年，豊臣秀吉が朱印船貿易を始める。　（2）　当時明は倭寇の被害に苦しんでおり，太祖洪武帝は3代将軍足利義満に倭

寇の取り締まりと朝貢を求めてきた。義満はそれに応じ貿易が開始された。倭寇と区別するために「勘合」という証票を用いたので，勘合貿易とも呼ばれる。　(3)　朱印船貿易を始めたのは豊臣秀吉といわれ，それは江戸時代に入っても，徳川家康が継続し全盛期を迎え，鎖国まで続いた。豊臣政権も江戸幕府もその支配体制は中央集権制ではなく，豊臣家や徳川家は直轄領を統治し，大名はそれぞれの領地を統治し，豊臣家や徳川家は大名を統制下に置くという支配体制だった。

(4)　厳島神社を整備させたのは平清盛である。保元の乱・平治の乱を勝ち抜き後白河上皇と提携した清盛は，令の最高官職である太政大臣となった。　(5)　(ア)　都の警備にあたったのは衛士で，防人は北九州の沿岸防備にあたった。　(イ)　特産品を納めるのが調で，労役10日のかわりに布を納めるのが庸である。　(ウ)　墾田永年私財法は開墾田の永久私有と売買を認める法律である。　(6)　日本に初めてキリスト教を伝えた人物はフランシスコ＝ザビエルである。ザビエルはプロテスタントに対抗してカトリックの発展をはかろうとしたイエズス会の創立者の一人であった。　(7)　図のしくみで国が治められた時代は鎌倉時代である。鎌倉時代は③の平安時代と①の室町時代の間である。　(8)　「令和」の出典は，『万葉集』第五巻にある，大友旅人邸で催された梅花の宴で詠まれた歌の詞書といわれる。『万葉集』は日本最古の歌集で，編者は大伴旅人の子の大伴家持らとされている。

【6】(1)　C　(2)　香港(ホンコン)　(3)　田沼意次　(4)　尊王(皇)攘夷(そんのうじょうい)　(5)　(エ)　(6)　板垣退助(いたがきたいすけ)　(7)　(ア)，(イ)　(8)　①　加藤高明　②　(エ)
(9)　北里柴三郎(きたさとしばさぶろう)
〈解説〉(1)　1787年，老中首座となった松平定信は寛政の改革を断行し，旧里帰農令，囲米，七分積金，人足寄場，棄捐令，異学の禁，言論出版の統制などの政策を行った。　(2)　清はイギリスとのアヘン戦争(1840～42年)に敗れ，1842年に南京条約を結ばされた。その内容は，香港の割譲，5港の開港，公行の廃止，賠償金の支払いなどである。

(3)　江戸時代の三大幕政改革が農村再建を柱とする封建再建策であったのに対し，田沼意次は，商業資本を利用した封建修正策を行い，株仲間の大幅認可，専売制の実施，印旛沼・手賀沼の干拓などを行った。
(4)　尊王攘夷論とは，幕末の外圧と幕藩体制の動揺という危機に際して，尊王論(天皇尊崇思想)と攘夷論(外国人排斥思想)が結びついて形成された思想であり，開国による物価高騰が下級武士や民衆の生活を苦しくし，攘夷運動を激化させることになった。　(5)　将軍徳川慶喜が名を捨てて実をとる作戦をとって大政奉還の上表を提出すると，武力倒幕の大義名分を失った討幕派は小御所会議において王政復古の大号令を発せさせた。この挑発に乗った旧幕府側と王政復古によって樹立された新政府軍の間で，1968～69年の間戊辰戦争が繰り広げられ，結果は新政府軍の勝利となった。　(6)　征韓論政変で敗れて下野した板垣退助は，後藤象二郎らとともに，1874年民撰議院設立建白書を提出し，自由民権運動のスタートを切った。そして，1881年，明治十四年の政変で政府が国会開設の勅諭を出すと，自由党を結成しその総理となった。　(7)　日露戦争は1904年に勃発し，1905年にポーツマス講和条約が結ばれて終了した。甲午農民戦争(1894年)は東学の乱ともいわれ，日清戦争の契機となったものである。ヴェルサイユ条約(1919年)は第一次世界大戦についての連合国とドイツとの講和条約である。
(8)　①　1925年，護憲三派の加藤高明内閣は，満25歳以上の男子全員に選挙資格を与える普通選挙法を成立させた。また，これと同時に，国体の変革や私有財産制度の否定を目的とする結社やその加入者を取り締まるための治安維持法も成立させた。　②　日本は太平洋戦争に敗北して連合国軍の占領管理下に置かれ，GHQ(連合国軍最高司令官総司令部)の指導下で民主化政策が行われた。無条件降伏から4か月後の1945年12月には選挙法が改正され，男女平等の普通選挙制(選挙権は満20歳以上)が実現した。　(9)　北里柴三郎は1890年に破傷風の血清療法を発見し，そして1894年にはペスト菌を発見した。

【7】(1)　ブロック経済　　(2)　(イ)　　(3)　(オ)

〈解説〉(1)　1929年に世界恐慌が生じると，資本主義諸国はブロック経済と呼ばれる排他的な経済圏を確保することで乗り切ろうとした。代表的なブロック経済には，イギリスによるスターリング＝ブロック，フランスによるフラン＝ブロックや北欧諸国とベネルクス3国によるオスロ＝ブロックがある。またドイツも中欧にマルク＝ブロックを形成している。　(2)　(ア)　ニューディール政策はアメリカ合衆国である。フランクリン＝ローズヴェルト大統領によって1930年代前半に実施された。　(ウ)　ムッソリーニではなくヒトラーである。ムッソリーニはイタリアのファシスト党党首・首相である。　(エ)　「五か年計画」はソ連邦であるので誤り。1928年からの第1次五カ年計画で重工業化と農業集団化が推進された。　(3)　(オ)　中国共産党が正しい。中国国民党は蔣介石に率いられて，1928年の北伐成功で中国を統一したが，中国共産党との国共内戦に敗れ，1949年に台湾に逃れた。

【8】(1)　ア　総議員　イ　国民投票　(2)　ア　国際紛争
イ　戦力　(3)　(ウ)　(4)　公共の福祉　(5)　(ウ)
(6)　(イ)・(ク)　(7)　(エ)　(8)　裁判員制度　(9)　NPO
〈解説〉(1)　日本国憲法第96条は，「第96条　この憲法の改正は，各議院の総議員の三分の二以上の賛成で，国会が，これを発議し，国民に提案してその承認を経なければならない。この承認には，特別の国民投票又は国会の定める選挙の際行はれる投票において，その過半数の賛成を必要とする」となっている。　(2)　日本国憲法第2章戦争の放棄の第9条は暗記していなければならない。「第9条　日本国民は，正義と秩序を基調とする国際平和を誠実に希求し，国権の発動たる戦争と，武力による威嚇又は武力の行使は，国際紛争を解決する手段としては，永久にこれを放棄する。　2　前項の目的を達するため，陸海空軍その他の戦力は，これを保持しない。国の交戦権は，これを認めない」。
(3)　(ア)「知る権利」で第21条「表現の自由」の側面として保障。
(イ)「自己決定権」として第13条「幸福追求権」に含まれるインフォームド・コンセントと呼ばれるもの。　(エ)　権利としての名称は

「知的財産権」(したがって第29条の財産権の一部)ともよばれ，東京高等裁判所の特別支部として知的財産特別高等裁判所が2005年に設置されている。　（ウ）　裁判を受ける権利(第32条)であり，大切な人権ではあるが新しい人権ではない。　（4）　公共の福祉については，学説上争いがあるも，社会生活における個人の共通の利益と考えておくのがよい。　（5）　他人の人権や社会全体の利益と，ある人権が衝突したときの統制機能を「公共の福祉」という。個別・具体的な事案について，その調整をするのが裁判所の大切な仕事である。　（ア）「不備な建設の禁止」は建築基準法による制限をさすものと思われる。自分の敷地内なら原則どのような建築物を作ろうと憲法第29条・財産権に守れている。しかし周囲の安全が脅かさせる建築物は，公共の福祉に反すると考えられる。したがって，該当する人権は「表現の自由」ではない。（イ）　医師を目指すことは，第22条の職業選択の自由と関わるので，「労働基本権」ではない。　（エ）　憲法28条の労働基本権の中にストライキ権は含まれる。したがって「職業選択の自由」ではない。
(6)　（イ）　条約の締結は内閣の仕事(第73条)。　（ク）　最高裁判所長官の指名も内閣の仕事(第6条第2項)その他は国会の仕事(憲法第4章・第41〜第64条)。　（7）　（エ）　参議院議員選挙の内容である。　（8）　裁判員制度は，2009年5月21日に始まった。国民の中から選ばれる裁判員が刑事裁判に参加する。裁判員は，法廷で行われる審理に立ち会い，裁判官とともに被告人が有罪か無罪か，有罪の場合にはどのような刑にするのかを判断する。　（9）　Non-Profit OrganizationまたはNot-for-Profit Organizationの略。寄付金や会費を財源として営利を目的としない社会活動を行う民間団体のこと。

【9】(1)　（ア）・（エ）・（オ）　　(2)　逆進　　(3)　（ア）　　(4)　（ア）
(5)　（ア）・（エ）
〈解説〉(1)　間接税とは納税者と担税者が異なる租税。消費税がその代表。したがって，酒税やたばこ税がそれに該当する。所得税は所得を得た個人が，法人税は法人が担税者で納税者。これらを直接税という。

(2)　間接税は，低所得者にとって収入に対する負担の割合が高くなり，それを逆進性の問題という。　(3)　表1は国の一般会計予算の上位3項目である。もっとも割合が高いのは社会保障関係費で，一般会計の約3割を占めている。国の歳出・歳入の表は，HPでも最新のものが見られるので，一度は目を通しておこう。　(4)　日本銀行の政策を金融政策，政府の政策を財政政策という。不景気のとき，金融政策としては，企業も家計もお金を借りやすくするために金利が下がるように誘導する。そうすれば，銀行からの企業への資金の貸し出しが増えるからである。そのために国債を市中銀行から買って，市中の貨幣量を増やす政策を行う。また，政府は減税をして，家計のお金を増やす。両者によって，企業は投資を家計は消費を増やせば，景気は上向く。好景気のときは反対の政策を行う。　(5)　円安とは，外国の通貨に対して日本の通貨である「円」の価値が低くなることをいう。そのため，円安になると，外国製品に対して日本の製品は割安になるので輸出が伸びる。輸出産業にとっては利益が増える。

【10】(1)　核兵器禁止条約　　(2)　COP　　(3)　持続可能な開発目標
(4)　フェアトレード　　(5)　(ウ)・(エ)　　(6)　(エ)
〈解説〉(1)　2017年に国際連合で核兵器を非合法化し，廃絶を目差して核兵器禁止条約が採択された。実際は，日本もアメリカの所謂「核の傘」に守られているため参加していない。また，安全保障理事会の常任理事国5カ国はいずれも参加していない。　(2)　国連気候変動枠組み条約締約国会議Conference of the Partiesの略称をCOP(コップ)という。1992年に採択され，同じ年にブラジル・リオデジャネイロで開かれた国連開発環境会議(地球サミット)で署名が始まった。　(3)　SDGsとは，Sustainable Development Goalsの略で，日本語では「持続可能な開発目標」という。　(4)　発展途上国でつくられた農作物や製品を適正な価格で継続的に取引することにより，生産者の生活を支える貿易のありかたをフェアトレード(Fair Trade：公平貿易)という。消費者が日常生活でコーヒーやバナナ，チョコレートなど，商品の購入から生産者の

生活を支えられる取り組みで，貧困課題の解決策のひとつである。
(5)　（ウ）　国際連合の6つの主要機関の中で最も大きな権限を持ち，法的に国連加盟国に拘束力を持つ決議を行うことが可能。　（エ）　常任理事国は，第二次世界大戦の五大戦勝国で，アメリカ，ロシア，フランス，イギリスとドイツではなく中国。　(6)　国連難民高等弁務官事務所The Office of the United Nations High Commissioner for Refugeesで，略称: UNHCR。難民を保護するための国連の機関で1950年に設立された。

地　理・歴　史

【共通問題】

【１】(1)　①，②，④　　(2)　①　ICT　　②　個別化　　③　個性化
(3)　①　ア　d　イ　a　ウ　e　エ　b　オ　c
②　ア　地図　イ　技能　ウ　情報通信　エ　博物館
オ　社会　③　ア　客観的　イ　公正
〈解説〉(1), (2)　解答参照。　(3)　①　ア　「地理総合」の最後の大項目は，国内外の防災や生活圏の地理的な課題を主な学習対象とし，地域性を踏まえた課題解決に向けた取組の在り方を構想する学習などを通して，持続可能な地域づくりを展開することを主なねらいとしている。イ　「地理探求」の最後の大項目は，現代世界における日本の国土を主な学習対象とし，我が国が抱える地理的な諸課題の解決の方向性や将来の国土の在り方を構想する学習などを通して，持続可能な国土像を探求することを主なねらいとしている。　ウ　「歴史総合」の最後の大項目は，科学技術の革新を背景に，人・商品・資本・情報等が国境を越えて一層流動するようになり，人々の生活と社会の在り方が変化したことを扱い，世界とその中における日本を広く相互的な視野から捉えて考察し，現代的な諸課題の形成に関わるグローバル化の歴史を理解することができるようにするとともに，考察・構想して探究し，現

代的な諸課題を理解できるようにすることをねらいとしている。

エ「日本史探究」の最後の大項目では近世の幕末から現代までを扱い，世界の情勢の変化とその中における日本の相互の関係や，日本の近現代の歴史を，多面的・多角的に考察し理解すること，それらを踏まえて，現代の日本の課題を考察，構想することをねらいとしている。
オ「世界史探求」の最後の大項目では，諸資料を比較したり，関連付けたりして読み解き，探求する活動を通して，歴史的に形成された地球世界の課題を理解することをねらいとしている。　②　情報通信ネットワークとは，インターネットに代表されるような光ファイバーなどの様々な通信手段によって張りめぐらされた情報のネットワークのことである。　③　本問の文章は，「第3款　各科目にわたる指導計画の作成と内容の取扱い」の中の「2　内容の取扱いについての配慮事項」の3番目にあるもので，各科目の指導において，社会的事象について多面的・多角的に考察したり，事実を客観的に捉え，公正に判断する生徒の育成を目指す際の留意点を示したものである。

【2】(1) ④　　(2) ⑥　　(3) ⑤　　(4) ③　　(5) ②
〈解説〉(1)　メキシコはこの中で最も面積が小さい国である。他に日本，ニュージーランド，チリ，インドネシアなどがある。　(2)　ラニーニャ現象は貿易風が強く吹き高温の海水が西側に集まることで起こると考えられており，太平洋の西側で上昇気流が活発となり，降水量が多くなる。日本付近では冬は西高東低の気圧配置が高まり，気温が低くなる傾向がある。　(3)　アフリカの旧フランス植民地はギニア湾や一部の例外を除き，アフリカ大陸の西部に多い。　(4)　南アメリカ大陸は熱帯の割合が高いため，AfとAwの割合が高い③。オーストラリア大陸は乾燥帯の割合が高いため，BSとBWの割合が最も高い①。アフリカ大陸は熱帯と乾燥帯どちらも広く分布しているため，Af・Aw・BS・BWの割合が高い②。ユーラシア大陸は唯一Dwがみられる大陸であるため，⑤。残った北アメリカ大陸は④である。　(5)　ガロンヌ川の河口部ではエスチュアリ(三角江)が形成される。エスチュアリは土

砂の運搬作用が小さい河川でみられるため，起伏の小さいヨーロッパでみられやすい。それに対して，千代川・ガンジス川・エーヤワディーの河口部ではデルタ(三角州)が形成される。デルタは土砂の運搬作用が大きい河川でみられるため，起伏の大きい日本などでみられやすい。

【３】(1)　③　　(2)　②　　(3)　①　　(4)　⑥　　(5)　⑥　　(6)　②
(7)　④　　(8)　②　　(9)　①　　(10)　⑥

〈解説〉(1)　Ⅰのフランス革命は1789年に勃発，Ⅱの享保の改革は1716〜45年，Ⅲの天保の改革は1841〜43年。　(2)　X　廃藩置県は幕藩体制の旧態を解体し，全国を政府の直轄地とする目的で実施された。Y　岩倉遣外使節の目的は不平等条約改正に向けた予備交渉，各国の制度・文物の視察・調査であった。日本が不平等条約の改正を実現するためにはヨーロッパ列強に近代国家の一員として認められることが必要で，そのためには主権国家体制の構築が急務であった。　(3)　独ソ不可侵条約は1939年8月のこと。　②　広田弘毅内閣は1936〜1937年で二・二六事件後に組閣した。　③　桂太郎は明治時代に2度にわたって内閣総理大臣をつとめ，1912年に第3次桂内閣を組閣するも，第一次護憲運動が起こり，53日で崩壊した(大正政変)。　④　近衛文麿は1937年に初めて組閣し，1939年1月に退陣した。　(4)　1915〜18年の大戦景気ではアジア市場へ綿織物，アメリカ市場へ生糸などを輸出したことで，貿易は大幅な輸出超過となった。しかし，ヨーロッパ諸国が復興を遂げ，アジア市場へ再登場すると，1919年には貿易が輸入超過へと転じた。このことから図のⅣは輸出，Ⅴが輸入を示すことが分かる。また，日本の輸出品の第1位は幕末から大正まで生糸であることから，Ⅲが生糸を示す。大戦景気で綿織物の輸出が伸びたことからⅠが綿織物となり，Ⅱが綿糸となる。　(5)　Ⅰ　1941年にアメリカの国務長官ハルが日本に示したもの。　Ⅱ　1911年に公布された工場法である。　Ⅲ　1868年に発表された五箇条の御誓文である。
(6)　②　ドンズー(東遊)運動は20世紀である。ファン＝ボイ＝チャウ

は，1904年に維新会を設立して，日本に留学生を送るドンズー運動を組織した。1907年の日仏協約に基づいた日本政府の弾圧で運動は失敗した。①は1898年，③は1877年，④は1876年。 (7) Ⅰ 三国同盟の結成は1882年。 Ⅱ ヴィルヘルム1世の戴冠は1871年。 Ⅲ プロイセン＝オーストリア(普墺)戦争は1866年。 Ⅳ 三帝同盟の結成は1873年。 (8) ① 中国の輸入グラフである。1858年の天津条約でアヘンは「洋薬」という名で中国への輸入が合法化された。 ③ 中国の輸出グラフである。アジア三角貿易の主要輸出品であった茶，「シルクロード」の名称でも有名な生糸は中国の主要な産物である。④ 日本の輸出グラフである。蚕卵紙は養蚕農家向けに生産されていた，蚕の卵を産み付けさせた紙で，幕末以来の日本の重要な輸出品である。 (9) ② ヴェルサイユ条約は1919年6月に締結された，第一次世界大戦の対ドイツ講和条約である。 ③ ブレスト＝リトフスク条約は1918年3月に締結された，同盟国とロシア＝ソヴィエト政権との間の講和条約である。ドイツの敗戦で破棄された。 ④ 九か国条約は1922年2月に締結された，中国に関する条約である。中国の主権と独立の尊重，領土の保全や門戸開放と機会均等の原則を，アメリカ合衆国・ベルギー・イギリス・中国・フランス・イタリア・日本・オランダ・ポルトガルが約した。 (10) Ⅰ 第1回先進国(主要国)首脳会議(サミット)の開催は1975年である。 Ⅱ 日中平和友好条約の締結は1978年である。 Ⅲ ニクソン大統領の訪中は1972年である。 Ⅳ 第4次中東戦争の勃発は1973年である。

【日本史】

【1】(1) ① (2) ④ (3) 嵯峨天皇 (4) ② (5) ②→③→①→④

〈解説〉(1) 421〜502年に五人の倭王(讃・珍・済・興・武)が宋などの南朝と13回通交した記事が『宋書』にある。 (2) ヤマト政権において大王家の直轄民を子代・名代，大王家の直轄領を屯倉，有力な豪族の私有地を田荘と呼んだ。資料では皇室の屯倉・子代の民や豪族の田荘

や部曲を廃し，公地公民とすることが打ち出された。　(3)　蔵人頭は嵯峨天皇が平城太上天皇と対立した薬子の変の際に，天皇の命令をすみやかに太政官組織に伝えるために，秘書官長として設けられた。(4)　保元の乱は1156年，崇徳上皇と後白河天皇の間でおこった。崇徳上皇は，摂関家の継承をめざして兄の関白藤原忠通と争っていた左大臣藤原頼長と結んで，源為義・平忠正らの武士を集めた。　(5)　①の天台宗開宗は806年，②の曇徴の来日は610年，③の長岡京遷都は784年，④の藤原道長の摂政就任は1016年。

【2】(1)　③　　(2)　霜月騒動　　(3)　足利義持　　(4)　国人
(5)　①→②→④→③
〈解説〉(1)　公文所の設置は1184年。　(2)　内管領とは得宗の家臣である御内人の代表である。得宗の権力が強大となるとともに，御内人と御家人の対立が激しくなり，1285年に霜月騒動が起こった。以後，内管領の専権が強まり，貞時時代に得宗専制政治が確立した。　(3)　足利義持は1394〜1423年に在任であった。応永の乱は大内義弘が幕府の圧迫に反抗し，堺で反乱を起こしたが，足利義満の討伐を受けて敗死した事件。足利義満は将軍を辞して太政大臣にのぼり，出家して北山に移ったのちも，幕府や朝廷に対し権勢を奮い続けた。　(4)　山城の国一揆は，南山城で両派に分かれて争っていた畠山氏の軍を国人・土民らが国外に退去させた事件。　(5)　①の和田合戦は1213年，②の元弘の変は1331年，③の嘉吉の変は1441年，④の明徳の乱は1391年。

【3】(1)　ア　塩　　イ　富山　　ウ　乃而　　(2)　④→①→②→③
(3)　ア　ケンペル　　イ　志筑忠雄　　(4)　ア　閑院宮家
イ　日本国王　(5)　①　　(6)　④　　(7)　高野長英　　(8)　2番目
…①　　4番目…④
〈解説〉(1)　三浦は日本人が居留・貿易した朝鮮南部に開かれた港である。現在の釜山にあたる富山浦，蔚山にあたる塩浦，熊川にあたり薺浦とも呼ばれた乃而浦の3つを指す。　(2)　①　スペイン船の来航の

禁止は1624年。 ② 日本人の海外渡航及び帰国を全面禁止したのは1635年。 ③ ポルトガル船の来航の禁止は1639年。 ④ 中国船を除く外国船の来航を平戸・長崎に制限したのは1616年。 (3) 江戸時代の外交・貿易政策の特徴を示す言葉として鎖国という言葉が使われてきたが，鎖国という言葉は江戸初期から存在した言葉でも，幕府が正式に使用したものでもない。 (4) 新井白石は短命・幼児の将軍が続く中，将軍職の地位と権威を高めることに重点を置いた。皇室を安定させ，天皇の権威を尊重することによって，天皇と全国統治の権限と権威を分かち合っている将軍の権威を媒介的に高めようとした。当時，宮家は3つしかなかったため，幕府より宮家創設の費用を献上し，閑院宮家を創設した。また，朝鮮通信使への待遇が丁重すぎたとして簡素化し，日本宛の国書を「日本国王」と改めさせることで，一国を代表する権力者としての将軍の地位を明確にした。 (5) 新井白石は1715年に海舶互市新例(長崎新例)を発して貿易額を制限した。この法令では年間で清船30隻・銀6000貫，オランダ船2隻・銀3000貫に制限し，金銀流出を防止し，銅の支払額も抑えた。 (6) 寛政の三博士とは柴野栗山・尾藤二洲・岡田寒泉(のち古賀精里にかわる)の3人の朱子学者。昌平坂学問所の教官，寛政異学の禁の時に活躍し，朱子学振興に努めた。蔦屋重三郎は出版業者で，寛政の改革において山東京伝の作品を出版したとして弾圧された。 (7) 高野長英がモリソン号事件の無謀さを，夢の中での知識人の討議の形で批判したもの。 (8) ①のシャクシャインの戦いは1669年，②の阿国歌舞伎の開始は1603年，③の目安箱の設置は1721年，④の人足寄場の設置は1790年。

【4】(1) ②→④→⑥→③ (2) ① (3) ②, ③ (4) ③
(5) 加藤高明 (6) 明治六年の政変 (7) ⑥ (8) ③
(9) 湯川秀樹 (10) 義和団戦争を機に満州を占領したロシアに対して，日本は極東での権益確保を目的に日英同盟協約を結び，日露戦争を戦った。第2次日英同盟協約は，韓国保護国化とともに適用地域

をインドまで拡大し軍事同盟に深化したが，第3次日英同盟協約で，アメリカを適用対象外とした。第一次世界大戦で，日英同盟を理由に参戦した日本の中国進出は，英米から警戒された。このため，ワシントン会議で四カ国条約が結ばれ，同協約は廃棄された。(200字)

〈解説〉(1)　①　乙巳の変は645年で飛鳥時代。　②　承和の変は842年。　③　安和の変は969年。　④　応天門の変は866年で平安時代。　⑤　壬申の乱は671年で飛鳥時代。　⑥　承平・天慶の乱は939～941年で平安時代。　(2)　日露和親条約は1854年に締結された。この条約では択捉島以南を日本領，得撫島以北をロシア領，樺太は国境を定めない雑居地とした。　②　樺太がロシア領，千島全島が日本領となっていることから1875年に結ばれた樺太・千島交換条約による国境である。　③　樺太の南半分が日本領となっていることから，1905年のポーツマス条約によって南樺太を獲得した時の国境である。

(3)　①　1891年に起きた大津事件はロシア皇太子ニコライが，滋賀県で警備巡査の津田三蔵に切りつけられ負傷した事件。児島惟謙はこの事件を担当した大審院長。　④　ニコライ堂の建築設計はロシアの美術家シチュールポフが担当し，帝国ホテルなどの建築を手がけたコンドルが修正して完成させたもので，辰野金吾は誤り。　(4)　1925年の普通選挙法の改正で参政権は満25歳以上の男性になり，納税資格が撤廃された。それ以前の選挙法改正では，1919年の選挙法改正で納税資格が3円以上に引き下げられている。よって1923年当時は③が正しいことになる。なお，選挙権の拡大については以下の表を参照。

公布年	公布時の内閣	選挙人		
		直接国税	性別年齢（歳以上）	全人口比
1889	黒田	15 円以上	男性 25	1.1
1900	山県	10 円以上	〃	2.2
1919	原	3 円以上	〃	5.5
1925	加藤（高）	制限なし	〃	20.8
1945	幣原	〃	男女 20	50.4

(5)　第二次護憲運動では憲政会・立憲政友会・革新倶楽部の3党が中

心となり，清浦奎吾内閣の打倒，普選断行，貴族院・枢密院改革など
を掲げて運動を起こした。総選挙の結果，衆議院第一党の憲政会総裁
であった加藤高明が連立内閣を組織した。　(6)　1873年征韓論争によ
り政府内部が分裂した事件。西郷隆盛・板垣退助らが唱えた征韓論は，
欧米から帰国した大久保利通・木戸孝允らの内治優先論派の反対で実
現せず，征韓派が一斉に下野した。　(7)　Ⅰは1938年に第一次近衛内
閣が公布，Ⅱは1931年12月で犬養毅内閣，Ⅲは1931年9月で第2次若槻
礼次郎内閣。　(8)　アメリカの占領政策の転換は，中国内戦で共産党
の優勢が明らかになった1948年以降で，1948年1月のロイヤル陸軍長
官の演説で表明された。アメリカは日本を西側陣営に組み入れ，東ア
ジアにおける主要友好国とする政策を採用した。①の第4次中東戦争
開始は1973年，②のキューバ危機は1962年，③の中華人民共和国の成
立は1949年，④の北爆開始は1965年。　(9)　理論物理学者である湯川
秀樹は中間子理論を発表し，1949年に日本人最初のノーベル物理学賞
を受賞した。　(10)　まず日英同盟の推移1902年に結ばれ，1923年に
四か国条約が結ばれたことで廃棄されたことを抑えておく。次に，日
英同盟を締結するに至った国際情勢にロシアの東アジア進出があるこ
とを理解しておく。ロシアの南下政策を警戒していたイギリスが日本
に接近し，ロシアに対抗しようとした。また，日本も義和団以降のロ
シアの満州進出など対ロシアへの敵対感情が高まっており，両者の思
惑が一致したことで日英同盟は成立した。しかし，日露戦争と第一次
世界大戦を経て，日本はアメリカを中心とする国際社会で警戒される
国になり，イギリスとの引き離しが図られた。その結果が，ワシント
ン会議における四カ国条約の締結である。解答の際には，「ロシアへ
の警戒」「日本の強大化への懸念」という2つの国際情勢を踏まえた内
容が求められる。

【5】(1)　超然　　(2)　①，②　　(3)　立憲自由党と立憲改進党の民党
　　が衆議院の過半数を占めた。第一議会では，陸・海軍経費増強の予算
　　編成に臨んだ第一次山県内閣と，「政費節減・民力休養」を主張する

95

民党が対立したが，民党の一部が妥協して予算が成立した。

(4)　桂太郎　　　(5)　①　　　(6)　③　　　(7)　④　　　(8)　吉野作造

(9)　日本列島改造　　(10)　①，⑥　　　(11)　法隆寺金堂壁画

〈解説〉(1)　資料Aは大日本帝国憲法発布の翌日，黒田清隆首相が行った演説。黒田首相は政党の動向に左右されず，「超然」として公正な政策を行うとする政府の政治姿勢として「超然主義」を表明した。

(2)　③　各国務大臣は国民に対して責任を負うのではなく，天皇に対してのみ責任を負うものとされた。　④　天皇大権は統治権の総攬者として天皇が議会の協力なしに行使できる権限。　(3)　総選挙の結果，旧民権派が大勝し，議会においても過半数を占めたこと，争点となった予算編成において立憲自由党の一部を切り崩して軍備拡張予算を成立させた点を述べることが必要である。　(4)　資料Bは第一次護憲運動の中心となった立憲政友会の尾崎行雄によって行われ，1913年に桂太郎内閣不信任案が提出された際の弾劾演説である。これを支持する民衆が議会を包囲したため，桂太郎内閣は50日余りで退陣した(大正政変)。　(5)　②は山本権兵衛，③は幣原喜重郎，④は犬養毅の関する内容。　(6)　資料Cは1918年の米騒動についての内容である。これはシベリア出兵を当て込んだ米の投機的買占めが横行して米価が急騰したことに起因する。　(7)　日本は第一次世界大戦によって1915年頃から大戦景気を迎え，貿易も大幅な輸出超過となった。そのため，国内では物価が高騰したが，1919年頃から戦後恐慌となり，物価は下落した。大戦景気による物価上昇に加え，1918年には米騒動によって米価は急騰することになった。　(8)　民本主義は吉野作造が提唱したデモクラシー思想。主権在民の民主主義とは一線を画し，主権在君の明治憲法のもとで，民衆の政治参加を主張した。　(9)　田中角栄は「日本列島改造論」を掲げて内閣を組織した。工業の地方分散，新幹線と高速道路による高速交通ネットワークの整備などを提唱したものであった。　(10)　田中角栄は1972〜1974年に首相を務めた。①の日中共同声明は1972年，⑥の第1次石油危機は1973年で任期中の出来事。②の日韓基本条約は1965年の佐藤栄作内閣，③の日ソ共同宣言は1956

年の鳩山一郎内閣，④の公害対策基本法は1967年の佐藤内閣，⑤の農業基本法は1961年の池田勇人内閣でのこと。　(11)　法隆寺金堂壁画は白鳳時代の仏教壁画だが，1949年に焼損。これを機に1950年に公布された文化財保護法制定し，国宝そのほか芸能などの国家的保護を行うことになった。

【6】

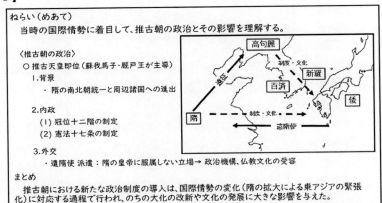

〈解説〉推古朝時代のポイントを整理することが必要になる。「国際情勢」＝中国で隋が南北朝を統一，高句麗など周辺地域に進出しはじめた。「国内情勢」＝蘇我氏が物部氏を滅ぼし，さらに崇峻天皇を暗殺して政治権力を握った。国際的緊張のもとで，蘇我馬子と厩戸王らが協力して国家組織の形成を進めた。その中身として「冠位十二階の制定」「憲法十七条」があり，外交政策としては「遣隋使の派遣」がある。スライドにまとめる際にはこれらの要素が組み込まれなければならない。当時の東アジア情勢としては，地図に隋・朝鮮半島(三国時代)・日本の明記は必要不可欠である。そして，それぞれの国が相互にどのように繋がっているか記すことで，推古朝への影響が見えてくる。

【世界史】

【１】(1)　前7世紀にドラコンが慣習法を成文化した。前6世紀にはソロンが負債を帳消しにして平民の債務奴隷化を防止し，財産額の多少に応じて権利義務を定めた財産政治を行った。前6世紀なかば，僭主であったペイシストラトスは中小農民を保護する政策を実施した。僭主政治の崩壊後，クレイステネスは新しい部族制を定め，僭主の出現を防止する陶片追放(オストラキスモス)の制度を創設し民主政の基礎を固めた。　　(2)　ソフィスト　　(3)　ニハーヴァンドの戦い

(4)　イスラーム教徒であれば民族の別なくジズヤ(人頭税)が免除されたため。　　(5)　ブワイフ朝

〈解説〉(1)　紀元前7世紀から紀元前6世紀末という限定があるので，前7世紀後半のドラコンの立法から起筆して，ソロンの改革とペイシストラトスの僭主政治を経て，前6世紀末のクレイステネスの改革までを説明すれば良い。アテネでは前8世紀頃から馬や武具などを所持していた貴族が政治を運営していたが，商工業の発達によって富裕化した市民の一部も国防を担う重装歩兵として活躍するようになり，政治参加を要求するようになった。前7世紀後半にドラコンが慣習法を成文化して，貴族による法の独占を打破した。前594年にソロンが財産政治を開始して，血統に基づいた貴族による政治の独占を否定し，債務奴隷の禁止を通じて市民の没落を防いだ。前6世紀半ばに現れたペイシストラトスは，貧富の差の拡大に不満を持つ市民層の支持を得て，非合法に権力を握り僭主となった。ラウレイオン銀山の開発や中小農民を保護する経済政策を実施した。前508年にクレイステネスは陶片追放(オストラキスモス)を導入することで，非合法な権力奪取に歯止めをかけた。また血統に基づいた4部族制を，デーモス(区)という地縁に基づいた10部族制に改めるとともに，民会の予備審査を担当する500人評議会を設置した。　　(2)　ソフィストは知恵者という意味である。直接民主政のアテネでは，相手を説得する能力が政治や裁判の場で必須となった。そのため，弁論術を教えるソフィストが活躍した。反面，説得に重点を置くため弁論内容の真理性や道徳性は重視されず，

詭弁に堕することも多かった。　(3)　ササン朝は，国王のヤズデギルド3世が642年のニハーヴァンドの戦いで第2代正統カリフのウマルが派遣したイスラーム軍に完敗した。ヤズデギルド3世は逃亡先のメルヴで暗殺されて，651年にササン朝は滅亡した。　(4)「アラブ帝国」と呼ばれたウマイヤ朝から「イスラーム帝国」と呼ばれたアッバース朝への転換を，アッバース朝に限定した上で税制面から説明すれば良い。ウマイヤ朝では，アラブ人ムスリムが優遇され，非アラブ人ムスリム(マワーリー)にはハラージュ(地租)とジズヤ(人頭税)が課せられていた。アッバース朝時代には，アラブ人ムスリムにもハラージュが課せられた上で，ジズヤは民族の区別なく全てのムスリムが免除された。この結果，民族による差別待遇が消滅して，ムスリムの間の平等な税制が確立された。　(5)　ブワイフ朝は932年にイラン系のブワイフ家によってカスピ海南西岸に建国された，シーア派のイスラーム王朝である。945年末にバグダードに入城したアフマドが，翌946年に第22代アッバース朝カリフであるムスタクフィーから大アミールの称号を与えられて軍事・行政権を掌握した。現金支給によるアター制に代わって，国家所有の分与地での徴税権を給与として官僚・軍人に与えるイクター制を開始した。

【2】(1)　農業生産の増大による余剰物資の発生，商業・都市の発展，十字軍運動による遠隔地商業の発達などにより，次第に貨幣経済が普及した。　(2)　気候が寒冷化し，凶作や飢饉，黒死病(ペスト)が流行，あいつぐ戦乱などのため。　(3)　封建反動　(4)　①　ワット=タイラーの乱　②　ジョン=ボール　(5)　ア　里甲制　イ　六諭　ウ　衛所制　エ　内閣大学士　(6)　北元　(7)　魚鱗図冊　(8)　中書省が廃止され，中央政策執行機関である六部を皇帝に直属させた。　(9)　靖難の役(靖難の変)　(10)　②・⑤　(11)　明への朝貢を促すため。

〈解説〉(1)　三圃制，鉄製農具や重量有輪犂の普及などによって11世紀以降にヨーロッパでの農業生産は向上した。余剰生産物を農民は都市

に持ち込んで売却することで蓄財を可能とした。また都市の発達を背景に，11世紀末から始まった十字軍は遠隔地への輸送を端緒に「商業の復活」をもたらした。東方貿易(レヴァント貿易)や北海・バルト海貿易の振興は貨幣経済をヨーロッパ全体へと普及させていった。

(2)　「14世紀の危機」について説明すれば良い。14世紀初頭から北半球では気候の寒冷化が生じて，凶作や飢饉を発生させた。さらに1348年頃から黒死病(ペスト)がヨーロッパで猛威を振るって人口の3分の1を失わせた。また1339年に開戦した百年戦争，1358年の北フランスのジャックリーの乱，1368年の南フランスのトゥシャンの乱や1381年のイギリスのワット＝タイラーの乱などの戦乱も人口減少を促した。

(3)　減少した労働人口を確保するために，荘園領主は貨幣地代への転換，領主裁判権の撤廃や諸税の廃止という農奴解放に取り組まざるを得なかった。自営農民の台頭と，自給自足に基づく荘園制が貨幣経済の浸透によって崩壊していくと，困窮した領主は賦役の復活などの封建的権利の再確保に乗り出した。　(4)　①　ワット＝タイラーの乱は百年戦争の戦費調達のために課せられた人頭税が反乱の原因となった農民反乱である。国王リチャード2世に要求を認めさせたが，ワット＝タイラーが殺害されると，乱は終息した。　②　ジョン＝ボールは1381年にイギリスで生じた農民反乱であるワット＝タイラーの乱において，「アダムが耕しイヴが紡いだとき，だれが貴族であったか」と主張して，反乱を正当化した。反乱鎮圧後の1381年に逮捕され処刑された。　(5)　ア　1381年に明で実施された村落制度であり，110戸で1里を構成させて，富農10戸を里長戸，残り100戸を10甲に分けて甲首戸を置いて，徴税や戸籍などの責任を負わせた。明後半の一条鞭法では課税単位が州・県となることで，村落での戸毎の把握の必要性が減じて里甲制の重要度は低下した。　イ　1397年に民衆教化のために洪武帝が発布した6か条の儒教道徳の教えであり，里老人が毎月6回唱えて廻った。この解説書である『六諭衍義』は琉球を介して日本にも伝わり，将軍の徳川吉宗が荻生徂徠に命じて訓点を加えて刊行させた。ウ　唐の府兵制を模範に導入された兵制であり，軍戸112名で百戸所，

10百戸所で千戸所，5千戸所で1衛とされた。中央の五軍都督府に属する，地方の指揮司の管轄下に置かれた。　エ　洪武帝が設置して永楽帝が整備した。従来の中書省とその長官である丞相が廃止され皇帝専制が強化されたが，皇帝の職務を補佐する機関として内閣大学士が設置された。清にも受け継がれたが，1729年に雍正帝が軍機処を設置すると重要性は低下した。　(6)　1368年に大都から敗走した元の最後の皇帝である順帝が建てた。次代の昭宗はカラコルムに遷都するが，1388年に末主が暗殺されて北元は崩壊した。ただ末裔チャハル部は，元の玉璽を保持し続けて，1635年に後金のホンタイジ(太宗)に降伏して玉璽を譲渡した。　(7)　宋代に始まり，明代に整備された土地台帳である。台帳の最初に置かれた区画図が魚の鱗のように見えることに由来する。戸籍・租税台帳である賦役黄冊との混同に注意。

(8)　1380年に洪武帝は中書省の長官である丞相と，中書省を含む三省を廃止した。これにより行政執行の実務機関である六部を皇帝の直轄下に置き，皇帝独裁を強化した。しかし永楽帝によって設置された内閣大学士が六部を管掌することで，事実上の丞相の復活となった。

(9)　建文帝が推進した諸王削減政策に反発して，北平(北京)に封じられていた燕王の朱棣が1399年に反乱を起こした。1402年に南京を落として，朱棣は永楽帝として即位した。　(10)　永楽帝の治世は1402〜1424年である。　①　勘合貿易の開始は1404年である。　②　マジャパヒト王国は1293〜1520年頃に存在したが，イスラーム教ではなくヒンドゥー教の国家である。　③　アンカラの戦いは1402年である。④　世宗の治世は1418〜1450年である。　⑤　バラ戦争の勃発は1455年である。　⑥　コンスタンツ公会議は1414〜1418年である。

(11)　明は民間貿易などを禁止する海禁政策を採用し，貿易量や旅程を厳しく規制した朝貢貿易のみを許可した。永楽帝は1405年から7回にわたって鄭和に南海諸国遠征を行わせて，朝貢の活性化を促した。16世紀後半になると海禁政策に反発して後期倭寇が活発化したため，明は海禁政策を緩和した。

【3】(1)　ア　メッテルニヒ　　イ　ギリシア　　(2)　正統主義

(3)　ドイツでは神聖ローマ帝国は復活せず，プロイセンやオーストリアを含む35か国と4自由都市が新たにドイツ連邦をつくった。連邦議長国のオーストリアには，南ネーデルラント(のちのベルギー)をオランダにゆずるかわりに北イタリア(ロンバルディア・ヴェネツィア)に領土を広げ，プロイセンもライン地方とザクセン北部に領土を拡大した。ロシア皇帝はポーランド王を兼ね，フィンランドも獲得した。イギリスは，旧オランダ領のスリランカやケープ植民地などを領有した。

(4)　④　　(5)　ウ　モンロー宣言(モンロー教書，モンロー主義)
エ　カニング　　(6)　イギリスはオスマン帝国の背後を攪乱するためにアラブ民族運動を利用し，メッカの太守のフサインとの間にアラブ地域の独立を約束するフサイン・マクマホン協定を1915年に結んだ。しかし，イギリスにはそれを遵守する意思はなく，翌年(1916年)にフランス，ロシアとの間でオスマン帝国の領土を分割するサイクス・ピコ協定を結び，1917年には外相バルフォアがユダヤ人の協力を得るため，アラブ人の住むパレスチナにユダヤ人の民族的郷土を設定することを認めるバルフォア宣言を出した。　　(7)　二十一か条の要求

〈解説〉(1)　ア　メッテルニヒは外交官出身のオーストリアの政治家であり，元宰相カウニッツの孫娘との婚姻を通じて台頭した。1809年に外相となり，1814〜1815年のウィーン会議を主催した。保守反動的なウィーン体制を取り仕切ったが，1848年の三月革命を機に失脚してイギリスへ亡命した。　　イ　1821年にギリシア独立戦争が始まり，1822年に国民議会が独立を宣言した。1825年にオスマン帝国はムハンマド＝アリー朝に介入を要請すると，英仏露の3国はギリシアを支援して，1829年のアドリアノープル条約でギリシア独立が達成された。

(2)　フランス革命前の王朝と体制を正統とする理念である。フランス外相タレーランが唱えて，ブルボン朝の復古王政に貢献するとともに，フランスの戦争責任回避の道具ともなった。他方で，神聖ローマ帝国が復活しなかった様に，すべてがフランス革命前へと復帰した訳ではない。　　(3)　神聖ローマ帝国は復活せず，オーストリアを議長国とす

るドイツ連邦が，35君主国と4自由市によって形成された。ロシアはフィンランドとベッサラビアを獲得する一方，新設されたポーランド王国の国王を兼ねた。オーストリアは北イタリアのロンバルディアとヴェネツィアを獲得する一方，南ネーデルラントをオランダに割譲した。プロイセンはザクセン北部，ラインラントや西ポンメルンを獲得した。スウェーデンはフィンランドをロシア，西ポンメルンをプロイセンに割譲する一方，ノルウェーと同君連合を形成した。イギリスはマルタ島を獲得する一方，オランダからケープ植民地やスリランカも獲得した。　(4)　①　チリはサン＝マルティンの指導で独立した。②　コロンビアはシモン＝ボリバルの指導で独立した。　③　ブラジルはポルトガル植民地であり，ポルトガル亡命王室を利用して独立した。　(5)　ウ　アメリカ合衆国大統領であるモンローが1823年に発表した年頭教書である。この教書によって展開されたアメリカの孤立主義的外交政策は，モンロー主義と呼ばれる。ラテンアメリカ諸国独立へのヨーロッパからの干渉や，1821年にアラスカ領有を宣言したロシアの北米への干渉を排除しようとした。　エ　イギリスのリヴァプール内閣で1822〜1827年に外相を務め，1822年の五国同盟ヴェローナ会議でラテンアメリカ諸国への干渉に反対した。イギリスの輸出品市場としてラテンアメリカ諸国市場を合法的に確保するために，貿易を制限していたスペインやポルトガルによる支配よりも，クリオーリョによる独立運動を支援した。　(6)　1915年に締結されたフサイン・マクマホン協定(書簡)は，オスマン帝国への反乱を条件にメッカ太守フサインにアラブ国家樹立をイギリスが承認したもの。1916年に英仏露の間で締結されたサイクス・ピコ協定は，戦後のオスマン帝国領土の分割を決めた秘密協定である。1917年に外相バルフォアが出したバルフォア宣言は，ユダヤ人からの資金援助を目的として，戦後のパレスチナにユダヤ人が民族的郷土を建設することへの好意的対応を約束した。相互に矛盾する内容がパレスチナ問題の遠因となった。　(7)　日英同盟に基づいて日本は，第一次世界大戦に参戦してドイツ権益があった山東省を占領した。大隈重信内閣は，1915年に山東省の旧ドイツ

権益の日本への譲渡，南満州での日本権益の拡大や日本人の中国政府顧問への任命などを袁世凱政府に要求した。

【４】（1）　イギリスでは大西洋三角貿易による莫大な利益が産業革命を支えた。リヴァプールやブリストルは貿易港として発展した。北アメリカ植民地では，タバコや綿花のプランテーションで黒人奴隷が労働力となった。西インド諸島では，砂糖などのモノカルチャー経済が広まり，経済的にヨーロッパに従属した。アフリカでは1000万人以上の黒人が奴隷としてアメリカ大陸に送られたため，人口が停滞し経済成長がはばまれた。　　　（2）　パレスチナ暫定自治協定(オスロ合意)

〈解説〉（1）　黒人奴隷貿易の影響として，イギリスには資本蓄積による産業革命の準備，北アメリカ植民地と西インド諸島にはプランテーションの形成による周辺化，アフリカには人口流出による経済的停滞を挙げて論じれば良い。アフリカから北アメリカ植民地や西インド諸島に黒人奴隷が送り込まれた背景は，両地域におけるプランテーションでの労働力を確保するためである。両地域のプランテーションではヨーロッパ向けの商品作物が栽培され，ヨーロッパ市場に動向が左右される周辺地域へと転落した。北アメリカ植民地では特にタバコや綿花，西インド諸島ではサトウキビが栽培された。これらプランテーションへの黒人奴隷供給を通じて莫大な富を獲得したイギリスでは，リヴァプールやブリストルなどの海港都市が繁栄する一方，資本蓄積が進むことで18世紀後半に始まる産業革命の経済的基盤が準備された。他方で，図が示す様に，膨大な人口が奴隷として送り出されることになったアフリカは経済的な停滞に苦しむことになった。　　（2）　1993年9月に写真中央のアメリカ合衆国大統領クリントンの仲介で，写真左のイスラエル首相ラビンと写真右のパレスチナ解放機構(PLO)議長アラファトがパレスチナ暫定自治協定(オスロ合意)に調印した。これにより1994年5月にガザ地区とイェリコでパレスチナ自治政府による自治が開始された。しかし1995年11月のラビン首相の暗殺後にはイスラエルとPLOは武力対決路線へと回帰した。

【5】

ウィルソン「十四か条」

〈内　容〉　　　　　　〈影　響〉
・軍備の縮小　　　⇒ ワシントン会議の開催－海軍軍備制限条約
・国際平和機構の設立 ⇒ 国際連盟設立
　　　　　　　　　　　　・大国（アメリカ，ロシア，ドイツ）の不参加
　　　　　　　　　　　　・経済制裁のみ可能
・民族自決　　　　⇒ ヨーロッパ：民族自決の適用あり

> 独立国の誕生
> フィンランド，バルト三国，ポーランド，
> チェコスロヴァキア，ハンガリー，
> ユーゴスラヴィア

アジア・アフリカ：民族自決適用なし

> 旧オスマン帝国領，旧ドイツ領南太平洋は
> 委任統治領として戦勝国に分配

> 抵抗や反発
> 　　中国：五四運動
> 　　朝鮮：三一独立運動

〈解説〉[軍備の縮小]については，1922年2月に調印されたワシントン海軍軍備制限条約を挙げる。米英日仏伊の五大国による建艦競争に歯止めをかけ，ヨーロッパ・アジア地域における国際協調主義を導いた。この他に，ヴェルサイユ条約によるドイツの軍備制限やラインラント非武装地帯の創出，クーリッジ大統領の国務長官ケロッグらが中心となって1928年8月に調印された不戦条約，1925年12月に本調印されたロカルノ条約による集団安全保障体制に触れても良い。[国際平和機構の設立]については，1920年1月に42ヵ国の参加で発足した国際連盟を挙げる。敗戦国ドイツや社会主義国家のロシア＝ソヴィエト政権(1922年12月以降はソ連邦)の排除やアメリカ合衆国の不参加，全会一致原則による総会の機能不全や経済制裁のみによる平和維持機能の限界などの問題点も指摘する。[民族自決]については，ヨーロッパとアジア・アフリカに分けて整理することが求められているので，前者では適用，

後者では不適用を基軸に説明する。ヨーロッパでは民族自決が適用されて，1917年11月にフィンランド共和国，1918年2月にエストニア共和国，11月にハンガリー共和国，チェコスロヴァキア共和国，ポーランド共和国とラトヴィア共和国，12月にセルブ＝クロアート＝スロヴェーン王国(1929年10月以降はユーゴスラヴィア王国)とリトアニア共和国が独立を宣言した。他方で，アジア・アフリカには欧米列強の植民地が広がり，民族自決の原則は適用されなかった。オスマン帝国領はフランスがシリア，イギリスがイラク，パレスチナとトランスヨルダンを委任統治領として得た。またマリアナ諸島・カロリン諸島・マーシャル諸島のドイツ領南洋諸島は日本，ビスマルク諸島とニューギニアはオーストラリア，サモア諸島はニュージーランドに委任統治が託された。アフリカではドイツ領南西アフリカ植民地が南アフリカ連邦，ドイツ領東アフリカ植民地がイギリス，カメルーンが英仏，ルワンダがベルギーなどに委任統治された。山東半島の旧ドイツ権益の日本への譲渡を認めた二十一カ条の要求の撤回がパリ講和会議で拒否されたことで，中国では1919年5月に五・四運動，民族自決思想を背景に朝鮮では1919年3月に三・一独立運動，その他，第一次世界大戦中の1917年8月のインド相モンタギューによる自治約束に遠い内容の1919年インド統治法に対する反対運動，アフリカの漸進的・段階的自治の推進などを決議した1919年2月のパン＝アフリカ会議の開催などを挙げたい。ただ1919年5月のアフガニスタンと1921年7月のモンゴルの独立を挙げて，アジアでの独立の成功の理由を探究する授業を展開しても良い。

【地理】

【1】(1)　オ　　(2)　①　ア　　②　国際河川　　③　A　平坦でなだらかなため，河川の勾配が緩やかになっており，年間の降水量の季節変化が少ないことで，河川の流量の変化も少ない　　B　運河によって結ばれている　　(3)　ア　Aw　　イ　BS　　ウ　BW　　エ　Af　(4)　①　Ⅰ〔ウ〕　　Ⅱ〔エ〕　　Ⅲ〔イ〕　　Ⅳ〔オ〕　　Ⅴ〔ア〕

② A 記号…イ　都市名…イルクーツク　B 記号…ウ　都市名…ウラジオストク　C 記号…〔ア〕　都市名…モスクワ

(5) （ミシシッピ川の三角州は，）河川営力が大きな鳥趾状三角州であり，テヴェレ川の三角州は，沿岸流の影響が強いカスプ状三角州である。

(6) 小麦，大麦，てんさい

〈解説〉(1)　南半球は比較的陸地面積が小さく，特に南緯40度以南から南緯70度までは陸地がほとんどみられない。よって，南緯40度〜南緯50度は，陸地面積の割合が非常に小さいYとなる。北緯60度〜北緯70度は北欧やロシア北部，カナダ北部があり，陸地面積の割合が非常に高い。よって，陸地面積の割合が高いZが該当する。残った北緯40度〜北緯50度がXとなる。北緯40度線は，日本の岩手県，中国の北京周辺，カスピ海南部，トルコのアンカラ周辺，イタリア南部，スペインのマドリード周辺，アメリカ合衆国のニューヨークの南側といった地点を通る線で，把握しておくとよい。　(2)　①　メコン川はチベット高原から最終的にベトナムを通り南シナ海に注ぐ河川で長さは4000kmを超えるため，Qに該当する。ドナウ川はドイツ南部から最終的にルーマニアを通り黒海に注ぐ河川で，ライン川よりも長いためPに該当する。残ったRはライン川で，スイスから最終的にオランダを通り北海に注ぐ河川である。　②　いずれの河川も国際河川として物流などを担っている。　③　ヨーロッパの大部分は安定陸塊に属し平原が多い。また，気候は年中湿潤な西岸海洋性気候が広くみられる。そして，運河が網目状にみられ，物や人の移動に利用されている。　(3)　ニジェール川は，西アフリカからギニア湾へ流れる河川で，サバナ気候区がみられるギニアの山地から，乾燥帯がみられる北東方面に流れて，熱帯がみられる南東方向へ流れていく。　(4)　①　Ⅳは最暖月平均気温が10度を下回っていることから寒帯地域とわかるので，北極海に面している〔オ〕である。Ⅲは降水量が少なく年較差が大きいため，内陸に位置している〔イ〕である。Ⅰは降水量が多く年較差が大きいため，大陸東部で季節風の影響を受ける〔ウ〕である。ⅤはⅡに対して年較差が大きいため，内陸の〔ア〕である。残ったⅡが〔エ〕である。

〔エ〕は暖流の影響をうけるため，最寒月平均気温が高緯度のわりに高い。　②　Bは水産や造船とあるので，海に面している〔ウ〕のウラジオストクである。Cは金融機関の集積があるので，首都のモスクワと判断し，〔ア〕である。残ったAは〔イ〕のイルクーツクである。(5)　河川営力と沿岸流の影響の大きさによって，鳥趾状三角州，円弧状三角州，カスプ状三角州と三角州の形が異なる。　(6)　地中海農耕文化として，地中海沿岸や西アジアでは，麦やエンドウ，てんさいなどが生産された。

【2】(1)　カリフォルニア州…④　　テキサス州…②　　(2)　①　南緯45度25分，東経104度20分　　②　Ⅰ　国名…ブラジル　都市名…サンパウロ　　Ⅱ　国名…ベトナム　都市名…ホーチミン　Ⅲ　国名…トルコ　　都市名…イスタンブール　　③　オ
〈解説〉(1)　ヒスパニックの割合が高い②と④は南部であると判断する。④はアジア系の割合が高いため太平洋岸と判断し，カリフォルニア州が該当し，②はテキサス州となる。①は多様な人種がみられるためニューヨーク州で，③がミズーリ州となる。　(2)　①　対蹠点の緯度は，北緯と南緯が逆になるだけであるため，南緯45度25分である。対蹠点の経度は，180度から引き算をすると答えが出る。　②　Ⅰ　ブラジルのサンパウロで，首都ブラジリアよりも人口が多く，南半球で最も人口が多い都市である。　Ⅱ　ベトナムのホーチミンで，首都ハノイよりも人口が多い。　Ⅲ　トルコのイスタンブールで，首都アンカラよりも人口が多い。　③　Ｘ国はカナダである。ケベック州はフランス系の割合が8割弱の高さをほこるので②である。①は人口が多いため，カナダで最も人口の多いオンタリオ州である。残った③がアルバータ州である。

【3】(1)　③・④　　(2)　④　　(3)　④　　(4)　①　A　重工業三角地帯　　B　ヨーロッパのサンベルト　　C　青いバナナ(ブルーバナナ)　②　ウ　　(5)　①　⑦　EEC　　⑦　EURATOM　　②　A　デンマ

　ーク　　B　オーストリア　　C　シェンゲン　　③　（イ）
④　（ア）

〈解説〉(1)　アフリカは緯度0度と経度0度が通る地域があるため，地図
帳で緯度と経度の位置関係を把握しておこう。　　(2)　②は羊の割合が
高いため，古くから羊毛製品の生産が盛んなイギリスである。③は豚
と羊の割合が高いため，スペインである。中央部の高原地帯では羊の
飼育が多い。④は牛の割合が高いため，広く商業的混合農業がおこな
われているフランスで，家畜の中では肉が高く売れる牛の飼育が盛ん
である。残った①はドイツである。　　(3)　①　ポーランドの主な宗教
はカトリックである。　　②　チェコの主な民族はスラブ系である。
③　イタリアの主な民族はラテン系である。　　④　ルーマニアは主な
民族がラテン系，主な宗教は正教会なので正しい。ルーマニアは国名
がローマ人の土地という意味で，ラテン系民族の国である。

(4)　①　A　重工業三角地帯は，鉄鉱山や炭田に恵まれた地域に工場
が立地した地帯である。　　B　ヨーロッパのエアバス社の飛行機の組
み立ては，フランス南部のトゥールーズで行われている。　　C　青い
バナナはヨーロッパの核心地域となっている。　　②　Ⅰ　どこに対し
ても輸出超過であるため，中華人民共和国である。　　Ⅱ　どこに対し
ても輸入超過であるため，貿易赤字となっているアメリカ合衆国であ
る。　　(5)　①　EEC(ヨーロッパ経済共同体)では加盟国で域内共通関
税を撤廃し，域外共通関税を設定することで，共同市場の形成を目指
した。EURATOM(ヨーロッパ原子力共同体)では，加盟国で原子力の
利用と開発を共同で進めた。　　②　ECに1973年，北部のイギリス，ア
イルランド，デンマークが加盟した。EUに1995年，北欧のスウェーデ
ン，フィンランド，中立国であったオーストリアが加盟した。シェン
ゲン協定は，国境検査なしで人が行き来できる協定である。
③　日本国籍の人がドイツからフランスへ行き，スペインに行くとき
にいちいち入国審査を受ける必要はない。　　④　(イ)と(ウ)はオースト
リアが入っているため誤りである。オーストリアは1995年に加盟して
いる。(エ)はエストニアが入っていないため誤りである。バルト3国は

3つとも同時に加盟している。また，ルーマニアが入っているところも誤りである。ルーマニアは2007年の加盟である。よって(ア)が正解となる。

【4】

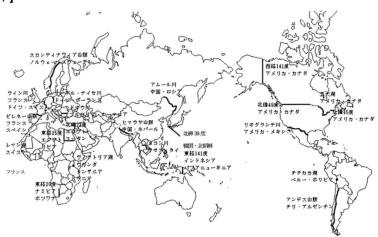

〈解説〉国境には山脈・河川・海洋などが境界となっている自然的国境と，経線や緯線や人口壁を利用して境界とする人為的国境とがある。また，経線や緯線を利用する国境のことを数理的国境という。国境では，人やモノの自由な移動は一般に許されない。また，国境をめぐり，紛争，戦争に発展する場合がある。

【5】(1)　11度　　(2)　P　　(3)　(記号／判断理由　の順)　東側…⑥／「搦」の地名や短冊状の地割　　西側…①／「廻里」，「戸ヶ里」の地名や区画，水路の形　　(4)　路村
〈解説〉(1)　5万分の1の地形図なので，主曲線は20m間隔で，計曲線は100m間隔となっている。Aの地点は標高200mで三角点とは194.3mの標高差がある。また，三角点と点Aの地図上の長さは2cmであるため，実際の長さは1000mとなる。つまり，高さが194.3mで底辺が1000mの

直角三角形の鋭角が三角点と点Aの勾配となる。タンジェントとは，直角三角形の1つの鋭角に対する，底辺と対辺の比のことで，鋭角のタンジェントは194.3m÷1000m＝0.1943と表すことができる。関数表をみると，11°が該当するので，答えは11度である。　(2)　地点Pは標高の高い尾根が東側にあり，谷が西側にあるため，降水が西側に流れていくので，地点★の集水域には含まれない。　(3)　搦は江戸期につくられた干拓地である。条里集落は日本最古の計画集落で，方形または長方形となっている。　(4)　路村は，比較的狭い街路に沿って民家が，その片側または両側に並列し，街路への依存度が少なく，主として農業集落として形成されているものである。

2023年度　実施問題

中　学　社　会

【1】次の各問いに答えなさい。

(1) 次の文は，教育基本法第2条の条文である。条文中の(　①　)～
(　④　)にあてはまる語句の組み合わせとして最も適切なものを，
以下の(ア)～(カ)から一つ選び，記号で答えなさい。

> 第2条　教育は，その目的を実現するため，(　①　)を尊重し
> つつ，次に掲げる目標を達成するよう行われるものとする。
> 1　幅広い知識と教養を身に付け，真理を求める態度を養い，
> 豊かな情操と(　②　)を培うとともに，健やかな身体を養
> うこと。
> 2　個人の価値を尊重して，その能力を伸ばし，(　③　)を培
> い，自主及び自律の精神を養うとともに，職業及び生活と
> の関連を重視し，勤労を重んずる態度を養うこと。
> 3　正義と責任，男女の平等，自他の敬愛と協力を重んずると
> ともに，公共の精神に基づき，主体的に社会の形成に参画
> し，その発展に寄与する態度を養うこと。
> 4　生命を尊び，自然を大切にし，環境の保全に寄与する態度
> を養うこと。
> 5　伝統と文化を尊重し，それらをはぐくんできた我が国と郷
> 土を愛するとともに，他国を尊重し，(　④　)の平和と発
> 展に寄与する態度を養うこと。

	①	②	③	④
(ア)	学問の自由	道徳心	創造性	自国
(イ)	表現の自由	道徳心	社会性	自国
(ウ)	学問の自由	道徳心	創造性	国際社会
(エ)	表現の自由	奉仕の心	社会性	国際社会
(オ)	学問の自由	奉仕の心	社会性	自国
(カ)	表現の自由	奉仕の心	創造性	国際社会

(2) 次の文章は，令和元年10月25日付けの文部科学省初等中等教育局長通知である「不登校児童生徒への支援の在り方について」の一部である。(　①　)・(　②　)にあてはまる最も適切な語句を答えなさい。なお，同じ番号の(　)には，同じ語句が入るものとする。

> 1　不登校児童生徒への支援に対する基本的な考え方
> (1)　支援の視点
> 　不登校児童生徒への支援は，「学校に登校する」という結果のみを目標にするのではなく，児童生徒が自らの進路を主体的に捉えて，(　①　)的に自立することを目指す必要があること。また，児童生徒によっては，不登校の時期が休養や自分を見つめ直す等の(　②　)的な意味を持つことがある一方で，学業の遅れや進路選択上の不利益や(　①　)的自立へのリスクが存在することに留意すること。

(3) 「中学校学習指導要領(平成29年3月告示)」第2章第2節社会に関連した次の各問いに答えなさい。

① 目標について書かれた次の文の(　A　)にあてはまる語句として適切なものを以下の(ア)～(エ)から一つ選び，記号で答えなさい。

> 第1　目標(1)
> 　我が国の国土と歴史，現代の政治，経済，国際関係等に関して理解するとともに，調査や諸資料から様々な情報を効果的に(　A　)技能を身に付けるようにする。

　（ア）　処理する　　　（イ）　調べまとめる　　　（ウ）　収集する

　（エ）　活用する

② 〔地理的分野〕の内容に関して書かれた次の文の（　B　）～（　E　）にあてはまる語句の組み合わせとして適切なものを以下の(ア)～(エ)から一つ選び，記号で答えなさい。

> 2　内容　C　日本の様々な地域　(2)　日本の地域的特色と地域区分
>
> 　次の①から④までの項目を取り上げ，分布や地域などに着目して，課題を追究したり解決したりする活動を通して，以下のア及びイの事項を身に付けることができるよう指導する。
>
> 　①　（　B　）　　②　（　C　）　　③　（　D　）　　④　（　E　）

　（ア）　B　自然環境　　　　　　　　　　C　人口

　　　　　D　資源・環境エネルギーと産業　E　交通・通信

　（イ）　B　自然　　　　　　　　　　　　C　過疎・過密問題

　　　　　D　持続可能な社会づくり　　　　E　交通・通信

　（ウ）　B　自然環境　　　　　　　　　　C　人口

　　　　　D　持続可能な社会づくり　　　　E　通信技術の発達

　（エ）　B　自然　　　　　　　　　　　　C　過疎・過密問題

　　　　　D　資源・環境エネルギーと産業　E　通信技術の発達

③ 〔歴史的分野〕の目標に関して書かれた次の文の（　F　）・（　G　）にあてはまる語句として適切なものを以下の(ア)～(カ)から一つ選び，記号で答えなさい。

> 1　目標　(2)
>
> 　歴史に関わる事象の意味や意義，伝統と文化の特色などを，時期や年代，推移，比較，相互の関連や現在とのつながりなどに着目して多面的・多角的に考察したり，歴史に見られる課題を把握し(　F　)や意見を踏まえて公正に選択・判断したりする力，思考・判断したことを説明したり，

　　　それらを基に(　G　)したりする力を養う。

(ア)　国際協調の立場　　(イ)　世界平和の立場

(ウ)　複数の立場　　　　(エ)　議論

(オ)　まとめて発表　　　(カ)　自らの意見を主張

④　〔公民的分野〕の内容に関して書かれた次の文の(　H　)・(　I　)
　にあてはまる語句として適切なものを以下の(ア)～(カ)から一つ
　選び, 記号で答えなさい。

> 　2　内容　B　私たちと経済　(1)　市場の働きと経済
> 　　対立と合意, 効率と公正, (　H　)と交換, (　I　)などに
> 着目して, 課題を追究したり解決したりする活動を通して,
> 次の事項を身に付けることができるよう指導する。

(ア)　分業　　　(イ)　生産　　　(ウ)　協業

(エ)　多様性　　(オ)　共通性　　(カ)　希少性

(☆☆☆○○○○)

【2】次の地図と資料を見て, 以下の各問いに答えなさい。

　地図

資料

(1) 次の文中の(ア)～(ウ)にあてはまる語句を答えなさい。

> ドイツを含めたヨーロッパ州は,(ア)大陸の西に位置し,全体的に日本より高緯度だが,大陸の東に位置する同緯度の地域と比べて冬が温暖で,年間の気温差が小さくなっている。これは,大陸の西を流れる暖流の(イ)海流と,その上空から大陸に吹く(ウ)風が寒さを和らげるためである。

(2) 地図中の北緯40度の緯線が通る日本の都道府県が2つある。その都道府県名と県庁所在地をそれぞれ漢字で答えなさい。

(3) 鳥取県のある学校で,テレビ会議システムを利用して,ドイツにある姉妹校の生徒たちと交流することになった。お互いの現地時間で午前8時から午後5時までの間にテレビ会議が可能であるとすると,日本時間で何時から何時まで交流が可能か,午前,午後をつけて答えなさい。なお,ドイツは東経15度を標準時子午線としている国である。なお,サマータイムは考えないものとする。

(4) 資料は,ドイツで行われている家畜の餌にする作物の栽培と,豚や牛などの家畜の飼育を組み合わせた農業の様子を表したものである。この農業を何というか,漢字で答えなさい。

(5)　次の(ア)〜(エ)はヨーロッパ州に属している国について説明した文である。それぞれ国名を答えなさい。

(ア)　首都はオスロ，氷河によって削られた谷に海水が深く入り込んでできた世界最大級の氷河地形であるソグネフィヨルドが見られる。

(イ)　首都はアテネ，第1回オリンピックが開催された国である。

(ウ)　首都はローマ，地中海に面し，世界遺産の登録数が最も多い国である。

(エ)　首都はウィーン，内陸国で8つもの国と国境を接している国である。

(6)　(5)の(ア)〜(エ)の国の中で，EUに加盟していない国を一つ選び，記号で答えなさい。

(☆☆☆◎◎◎)

【3】次の各問いに答えなさい。

(1)　次の(ア)〜(ウ)の文は，ある県の自然環境や農業などについて書かれたものである。(ア)〜(ウ)にあてはまる都道府県名と県庁所在地をそれぞれ漢字で答えなさい。

(ア)　日本最大の湖があり，1970年代から赤潮やプランクトンの異常発生により，水道水への影響が問題となった。そのため，周辺住民は，水質悪化の原因となるりんを含む合成洗剤の使用中止と，りんを含まない粉せっけんの使用を呼びかける運動を始めた。

(イ)　東京や横浜などの大消費地の近くで生産することで，輸送にかかる時間や費用が抑えられる利点を生かした農業を行っている。中でも，いちごの生産は全国有数でブランド品種も作られている。

(ウ)　よさこい祭りで有名なこの県では，温暖な気候を生かした野菜の生産が盛んである。夏が旬であるなすやピーマンなどの野菜を，端境期にあたる冬から春にかけて出荷するため，ビニールハウスを利用している。

(2)　日本列島の中央部には，日本アルプスとよばれる3,000m級の険しい山々がある。その山脈の組み合わせとして正しいものを(ア)～(エ)から一つ選び，記号で答えなさい。

(ア)　飛騨山脈　　木曽山脈　　赤石山脈
(イ)　木曽山脈　　奥羽山脈　　日高山脈
(ウ)　木曽山脈　　越後山脈　　赤石山脈
(エ)　飛騨山脈　　奥羽山脈　　越後山脈

(3)　次のグラフはももの都道府県別の収穫量を表したものである。グラフ中のA，Bには日本アルプスが位置する中部地方に属する県が入る。

その県名をそれぞれ漢字で答えなさい。

グラフ

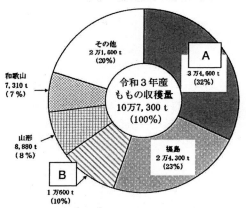

ももの都道府県別収穫量

注：　統計数値及び割合については、表示単位未満を四捨五入しているため、合計値と内訳の計が一致しない場合がある。

(☆☆☆◎◎◎)

【4】次の九州地方の資料Ⅰ～Ⅲを見て，以下の各問いに答えなさい。

資料Ⅰ

資料Ⅱ

資料Ⅲ

(1)　資料Ⅰは，火山の爆発や噴火による陥没などによって大きなくぼ地ができる様子を示したイラストである。この地形を何というか。カタカナ4字で答えなさい。

(2)　資料Ⅱは，プロ野球チームが春季キャンプを行っている写真である。九州地方は，近くに2つの暖流が流れているため，冬でも比較的温暖で，2月になると，野球やサッカーのプロチームが九州南部や南西諸島でトレーニングを行っている。その2つの暖流の名前を答えなさい。

(3)　資料Ⅲは，噴煙を上げている桜島の写真である。九州南部には，過去の大規模な火山活動の噴出物が厚く積もり，地層として広がっている。これを何というか，カタカナ3字で答えなさい。

(☆☆☆◎◎◎)

【5】次の文を読み，以下の各問いに答えなさい。

> 日本の工業は，①原料や燃料を輸入し，高い技術力で優れた工業製品を作って輸出し発展してきた。しかし，1980年代に外国製品との競争の中で，（　ア　）が生じると，日本企業はアメリカ合衆国やヨーロッパなどに進出して，（　イ　）や電気製品などを現地で生産するようになった。その後，賃金の安い労働力や新たな市場を求めて中国や東南アジアに進出先が広がり，②世界各国に販売や生産の拠点をもつ企業として世界各地で生産を行っている。今日では，価格の安い外国企業からだけではなく，日本企業の海外工場からの工業製品の輸入も増えるなど，工業のグローバル化がますます進んでいる。
>
> 　こうした変化に伴い，日本の工業にも大きな変化がみられるようになってきている。一部の工業では国内の生産が衰退し，産業の（　ウ　）とよばれる現象がみられるようになった。

(1)　文中の（　ア　）は，ある国とある国との貿易が原因で，国内の産業・社会に生じる問題のことである。この問題を何というか，漢字4字で答えなさい。

(2)　(1)によって，1980年代に輸入した日本製品がアメリカ合衆国でたくさん売れたため，アメリカ合衆国のメーカーは生産を減らさなければならなくなり，失業者が増加した。この産業はデトロイトで始まり，流れ作業を用いた大量生産方式により，成長したものである。（　イ　）にあてはまる産業は何か。漢字3字で答えなさい。

(3)　（　ウ　）にあてはまる語句を漢字3字で答えなさい。

(4)　下線部①，②をそれぞれ何というか。①は漢字4字，②は漢字5字で答えなさい。

(5)　資料Ⅳは，為替相場にもとづいた，日本製の財布1個あたりのアメリカ合衆国での価格についてまとめたものである。あみさんは，資料Ⅳを見て，為替相場についてのレポートを作成した。（　a　）〜（　c　）にあてはまる語句の組み合わせとして正しいものを，(ア)〜

(エ)から一つ選び，記号で答えなさい。

資料Ⅳ　為替相場にもとづいた日本製の財布1個当たりのアメリカ合衆国での価格

為替相場	1ドル＝100円	1ドル＝120円
日本での価格	24,000円	24,000円
アメリカ合衆国での価格	240ドル	200ドル

※日本製の財布1個の価格24,000円の例である。

あみさんのレポート

　　日本企業が外国と貿易をするとき，日本の通貨である円を，相手国の通貨と交換する必要があります。通貨と通貨の交換比率を為替相場(為替レート)といいます。例えば円とドルの場合，「1ドル＝100円」というようにあらわし，1ドル100円のとき，1個の価格が24,000円の日本製の財布のアメリカ合衆国での価格は240ドルとなり，1ドル100円から1ドル120円に変わると，この日本製の財布のアメリカ合衆国での価格は200ドルになります。この場合，ドルに対して円の価値は(　a　)がるため(　b　)となり，一般に日本企業にとっては，(　c　)が増えると考えられます。

(ア)　a　下　　b　円高　　c　輸入

(イ)　a　上　　b　円高　　c　輸出

(ウ)　a　下　　b　円安　　c　輸出

(エ)　a　上　　b　円安　　c　輸入

(☆☆☆◎◎◎)

【6】国際連合が1989年に採択した児童(子ども)の権利条約を日本は1994年に批准した。この条約について，次の各問いに答えなさい。

(1)　児童(子ども)の権利のうち，参加する権利にあたるものを(ア)～(オ)から一つ選び，記号で答えなさい。

　　(ア)　病気やけがをしたら治療を受けられること。

　　(イ)　防げる病気などで命を奪われないこと。

　　(ウ)　障がいのある子どもや少数民族の子どもなどは特別に守られること。

　　(エ)　自由に意見を表したり，集まってグループをつくったり，自由な活動を行ったりできること。

　　(オ)　教育を受け，休んだり，遊んだりできること。

(2)　児童(子ども)の権利条約はすべての(　A　)の子どもの権利を保障する条約である。(　A　)にあてはまる語句を(ア)～(エ)から一つ選び，記号で答えなさい。

　　(ア)　18歳未満　　　(イ)　18歳以下　　　(ウ)　20歳未満

　　(エ)　20歳以下

(☆☆◎◎◎)

【7】次の文は，第二百八回国会における岸田内閣総理大臣施政方針演説の一部，「気候変動問題への対応」部分を抜粋したものである。これを読み，以下の各問いに答えなさい。

　　過度の効率性重視による市場の失敗，持続可能性の欠如，富める国と富まざる国の環境格差など，資本主義の負の側面が凝縮しているのが気候変動問題であり，新しい資本主義の実現によって克服すべき最大の課題でもあります。

　　二〇二〇年，①衆参両院において，党派を超えた賛成を得て，気候非常事態宣言決議が可決されました。皆さん，子や孫の世代のためにも，共にこの困難な課題に取り組もうではありませんか。

　　同時に，この分野は，世界が注目する成長分野でもあります。(　A　)年カーボン(　B　)実現には，世界全体で，年間一兆ドルの投資を，二〇三〇年までに四兆ドルに増やすことが必要との試算があります。

　我が国においても，官民が，炭素中立型の経済社会に向けた変革の全体像を共有し，この分野への投資を早急に，少なくとも倍増させ，脱炭素の実現と，新しい時代の成長を生み出すエンジンとしていきます。

　二〇三〇年度四十六％削減，（　A　）年カーボン（　B　）の目標実現に向け，単に，エネルギー供給構造の変革だけでなく，産業構造，国民の暮らし，そして地域の在り方全般にわたる，経済社会全体の大変革に取り組みます。

　どの様な分野で，いつまでに，どういう仕掛けで，どれくらいの投資を引き出すのか。経済社会変革の道筋を，クリーンエネルギー戦略として取りまとめ，お示しします。

　送配電インフラ，蓄電池，再エネはじめ水素・アンモニア，革新原子力，核融合など非炭素電源。需要側や，<u>地域における脱炭素化</u>，ライフスタイルの転換。資金調達の在り方。カーボンプライシング。多くの論点に方向性を見出していきます。

　もう一つ重要なことは，我が国が，水素やアンモニアなど日本の技術，制度，ノウハウを活かし，世界，特にアジアの脱炭素化に貢献し，技術標準や国際的なインフラ整備をアジア各国と共に主導していくことです。

　いわば，「アジア・ゼロエミッション共同体」と呼びうるものを，アジア有志国と力を合わせて作ることを目指します。

(1)　文中（　A　）にあてはまる数字と，（　B　）にあてはまる語句(カタカナ6字)をそれぞれ答えなさい。

(2)　下線部①について，次の(ア)〜(エ)から正しいものを一つ選び，記号で答えなさい。

　(ア)　衆議院と参議院の議決が異なる場合，意見を調整するために公聴会を開くことがある。

　(イ)　すべての議決において衆議院の意志が優先されることを衆議院の優越という。

　(ウ)　衆議院は任期が3年と短く，国民のさまざまな意見や利益が政
　　　治に反映されることを期待されている。
　(エ)　両議院の会議は公開されるが，出席議員の3分の2以上の多数
　　　で議決したときは，秘密会を開くことができる。

(☆☆☆◎◎◎)

【8】次の資料はアメリカ，イギリス，ドイツ，フランスに関係の深い出
　来事をまとめたものである。これらを読み，以下の各問いに答えなさ
　い。

資料

A	現在われわれは一大**a国内戦争**のさなかにあり、…それは、これらの名誉の戦死者が、最後の全力を尽くして身命をささげた、偉大な主義に対して、われわれが一層の献身を決意するため、またこの国家をして、神のもとに、新しく自由の誕生をなさしめるため、そして人民の、人民による、人民のための政治を地上から絶滅させないため、であります。
B	いかなる自由民も、正当な裁判または国の法律によらなければ、逮捕や監禁をされたり、土地をうばわれたり、法による保護をうばわれたり、国外に追放されたり、その他の方法によって権利を侵害されたりすることはない。
C	我々は以下のことを自明の真理であると信じる。人間はみな平等に創られ、ゆずりわたすことのできない権利を神によって与えられていること、その中には、生命・自由・幸福の追求が含まれていること、である。
D	第1条　人は生まれながらに、自由で平等な権利を持つ。社会的な区別はただ公共の利益に関係のある場合にしか設けられてはならない。
E	着目すべき点は、プロイセンの自由主義ではなく、その軍備であります。プロイセンの現在の国境は健全な国家にふさわしくありません。言論や多数決によってでは今ある大問題は解決されないのです。この問題は、鉄（軍備）と血（犠牲）によってこそ解決されるのです。
F	第1条　議会の同意なしに、国王の権限によって法律とその効力を停止することは違法である。 第4条　国王大権と称して、議会の承認なく、国王の統治のために税金を課すことは、違法である。

年	出来事	
1215	B	⎫ X
1628	権利の請願が出される	⎭
1640	ピューリタン革命がおこる	⎫ Y
1685	ジェームス2世即位→議会と対立	⎭
1689	F	⎫ Z
1775	アメリカ独立戦争がおこる	⎭
1776	C	
1787	アメリカ合衆国憲法が制定される	
1789	D	
1804	ナポレオンが皇帝となる	
1862	E	
1863	A	

(1) 資料Aの下線部aの戦争について説明した次の(ア)～(エ)のうち，誤っているものを一つ選び，記号で答えなさい。

(ア) 北部の中心産業は商工業で，南部は綿花など農業が中心であった。

(イ) 奴隷制については，北部では反対，南部では賛成の立場であった。

(ウ) 貿易については，北部では自由貿易，南部では保護貿易であった。

(エ) リンカンは奴隷解放宣言を発表し，合衆国のいかなる州においても，永久に自由人となるとし，人々の自由を承認した。

(2) 資料Bはマグナ・カルタである。次の(ア)～(エ)のうち，このマグナ・カルタが出されたころに最も近い日本の出来事を一つ選び，記号で答えなさい。

(ア) 平将門の乱　　(イ) 承久の乱　　(ウ) 藤原純友の乱

(エ) 前九年合戦

(3) 資料Cについて，次の(ア)～(エ)のうち，関係のないものを一つ選び，記号で答えなさい。

(ア) ボストン茶会事件　　　　(イ) 代表なくして課税なし

(ウ) 初代大統領ワシントン　　(エ) ゲティスバーグの戦い

(4)　資料Dが出された国の政治について，次の(ア)～(ウ)を古い順に並べなさい。

(ア)　立憲君主制　　(イ)　共和制　　(ウ)　絶対王政

(5)　資料Eは鉄血演説といわれている。この演説をした人物名を答えなさい。

(6)　資料Fは，名誉革命後に定められたが，これを何というか，答えなさい。

(7)　次の①，②に答えなさい。

①　宗教改革に関連した次の文のうち，誤っているものを次の(ア)～(エ)から一つ選び，記号で答えなさい。

(ア)　免罪符の販売への抗議からルターの支持者をプロテスタントとよぶ。

(イ)　カトリックでも教会腐敗への反省が起こり，イエズス会創立の動きにつながっていった。

(ウ)　イエズス会はザビエルなどの宣教師をアジアやアメリカ大陸へ派遣し布教を行った。

(エ)　ルターは教会での信仰を重んじ，ミサなどの儀式を大切にした。

②　宗教改革は上の年表中のX～Zのうちどの時期に当たるか，一つ選び，記号で答えなさい。

(8)　ナポレオンが皇帝になった19世紀前半，日本では小林一茶や十返舎一九らが江戸を中心に活躍していた。この頃の文化を何というか，答えなさい。

(9)　資料A～Fには，後に日清戦争で勝利した日本に対して，遼東半島返還を求める三国干渉を行った国に関するものが含まれている。その資料をA～Fの中からすべて選び，記号で答えなさい。

(10)　19世紀のヨーロッパの様子について正しいものを次の(ア)～(エ)から一つ選び，記号で答えなさい。

(ア)　ナポレオン3世は大統領，さらに皇帝となり，ドイツとの戦いに勝利し，共和制のもと領土を拡大した。

(イ)　イギリスの首都ロンドンは，世界最大の都市に成長した。国王の権力が増し，男性の労働者にも選挙権が与えられ政党政治が発達した。

(ウ)　小国に分裂していたイタリアは，オーストリアとの戦争に勝利し，統一と独立を達成し，イタリア王国が成立した。

(エ)　スペインは世界各地に広大な植民地を有し，キリスト教を布教し，アジアの香辛料を手にした。

(☆☆◎◎◎)

【9】次の年表を見て，以下の各問いに答えなさい。

年表

年	日本	清	イギリス	インド
1840 年		1840 アヘン戦争		
	1841 ～ 1843（**A**）			
1850 年		1851 ～ 1864（**B**）		
	1854 日米和親条約		1857 ～ 1859（**C**）	
1860 年	1858 日米修好通商条約			

(1)　アヘン戦争が起こったころの日本では（　A　）の改革が行われていた。この改革の政策として正しいものを次の(ア)〜(エ)の中から一つ選び，記号で答えなさい。

(ア)　朱子学以外の学問を禁止した。

(イ)　株仲間を解散した。

(ウ)　長崎貿易の輸出を奨励した。

(エ)　参勤交代を緩和して，大名に米の献上を命じた。

(2)　次のグラフは，清のアヘン密輸入額とあるものの流出額の推移を表したものである。
　　　グラフ中の□にあてはまる語句を答えなさい。

グラフ

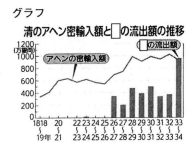

清のアヘン密輸入額と□の流出額の推移

(3)　年表中の(**B**)について正しく説明しているものを次の(ア)～
(エ)から一つ選び，記号で答えなさい。

(ア)　この戦いにより上海他5港を開港し，台湾をイギリスに譲り渡
した。

(イ)　清は賠償金支払いのため，人々に重税を課した。これに反発
した農民たちが洪秀全を指導者として反乱を起こした。

(ウ)　東学を信仰する農民たちが，政府の汚職や税の負担への不満，
外国勢力の排除を求めて反乱を起こした。

(エ)　「清朝を助け外国人を滅ぼせ」というスローガンのもと義和
団が反乱を起こした。

(4)　年表中の(**C**)について，正しく述べているものを次の(ア)～
(エ)から一つ選び，記号で答えなさい。

(ア)　この反乱を鎮圧したイギリスは，ムガル皇帝を退位させ，イ
ギリス国王を皇帝とするインド帝国を造り，植民地支配の拠点と
した。

(イ)　ガンディーの指導によって，暴力的な手段には訴えないが，
イギリスの支配には従わないという，非暴力・不服従の抵抗運動
が高まった。

(ウ)　イギリスの安い絹織物が大量に流入し，伝統的な絹織物産業
は打撃を受けた。これがきっかけとなり各地でインド人兵士のイ
ギリス上官に対する反乱が起きた。

(エ)　ヒンドゥー教徒にとって神聖な動物である豚の脂が新式ライ

フルの薬きょうの包み紙に使用されているといううわさから，東インド会社の傭兵が立ち上がった反乱であった。

(5) この年表の期間中のロシアと日本とのかかわりについて正しく述べているものを次の(ア)～(エ)から一つ選び，記号で答えなさい。

(ア) ゴローウニンが国後で幕府の役人に逮捕される。

(イ) ラクスマンが日本人漂流民の大黒屋光太夫らを送り届け通商を要求した。

(ウ) プチャーチンが極東艦隊司令長官として長崎に来航し，条約の締結を要求した。

(エ) レザノフが長崎に来航し，通商を要求した。

(☆☆☆◎◎◎)

【10】 はるなさんは歴史の学習のまとめとして戦い(乱)について，マインドマップを使ってまとめようとしている。作成中のマインドマップを見て，以下の各問いに答えなさい。

マインドマップ

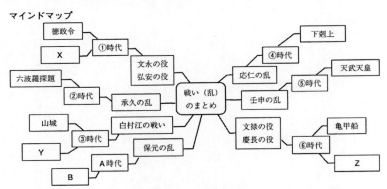

(1) 同じ時代の組み合わせとして正しいものを次の(ア)～(カ)からすべて選び，記号で答えなさい。

(ア) ①，②　　(イ) ①，④　　(ウ) ③，⑤　　(エ) ④，⑥

(オ) ①，③　　(カ) ①，⑥

(2) このマインドマップに，戦いの拠点として築かれた次の絵の「名

129

護屋城」を書き加えたい。マインドマップ中のX～Zのうちあてはまるものを一つ選び，記号で答えなさい。

絵

(3) 保元の乱について，A・Bにあてはまる語句を次の語群からそれぞれ選びなさい。

語群　A：〔　平安　鎌倉　室町　〕
　　　B：〔　平清盛　坂上田村麻呂　足利尊氏　〕

(4) マインドマップ中の承久の乱が起こった場所を地図中あ～えから一つ選び，記号で答えなさい。

地図

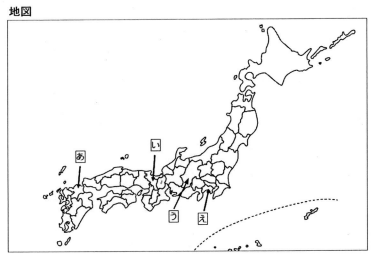

（☆☆☆◎◎◎）

130

【11】 たかし君とはるかさんが2022年の正月に，今年，節目となる出来事
について話している。この会話文を読んで以下の各問いに答えなさい。

> たかし：今年は，a中国との間で日中国交正常化や，b沖縄復帰
> から50年みたいだよ。
>
> はるか：日中国交正常化といえば，当時の内閣総理大臣の（　A　）
> のとき日中共同声明で国交を正常化したんだったね。
> そして，沖縄復帰が実現できたのは（　B　）が内閣総理
> 大臣のときだったよね。
>
> たかし：北朝鮮拉致被害者が日本に帰国から20年の節目になる
> ようだね。
>
> はるか：内閣総理大臣の（　C　）が北朝鮮を訪れた際，金正日総
> 書記が口頭で拉致問題に対して謝罪をしたんだったね。
> これについては現在も全面解決へ向けた努力が続いて
> るね。
>
> たかし：c東北新幹線が開通して40年になるみたいだね。
>
> はるか：他にも調べてみると，d五・一五事件から90年，ミッド
> ウェー海戦から80年，キューバ危機から60年など歴史
> 的な出来事が多かったよ。
>
> たかし：そういえば，今年はe参議院議員選挙が予定されている
> ね。政治についても調べてみようかな。

(1)　会話文中のA～Cにあてはまる人物名を次の語群から選び，それ
ぞれ答えなさい。

語群〔　佐藤栄作　田中角栄　岸信介　池田勇人　小泉純一郎　〕

(2)　下線部aについて，次のグラフⅠは日本と下線部aの中国，アメリ
カ合衆国，ドイツ，フランス，ブラジルの発電量の内訳を示したも
のである。グラフⅠの(ア)～(オ)からフランスのグラフを一つ選び，
記号で答えなさい。

グラフⅠ

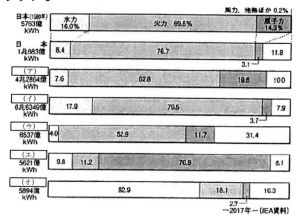

(3)　下線部bの沖縄県について，次の各問いに答えなさい。

①　次の文中の(　　　)にあてはまる語句をカタカナで答えなさい。

> 沖縄県の観光産業では，環境に配慮した取り組みが行われ
> ている。例えば，旅行者に地域の自然環境や文化について
> わかりやすく解説し，それらを守る意識を高めてもらう
> (　　　)が沖縄各地でさかんになってきている。

②　次のグラフⅡはパイナップルとある花の出荷量の推移を表した
ものである。夜に電灯を当て日照時間を調整して栽培しており，
近年出荷量が伸びている。この花の名前を答えなさい。

グラフⅡ

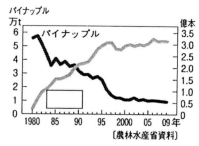

(4) 下線部cについて，東北地方について正しく述べているものを次の(ア)～(エ)から一つ選び，記号で答えなさい。

(ア) 東北新幹線や東北自動車道など交通網の整備に伴い，工業団地が造られ，また臨海部に製鉄所や石油化学コンビナートが立地し，工業地域が形成された。

(イ) 高速道路沿いに工業団地が造られたことにより，労働力を必要とする電気機械工業などが誘致されるようになり，働く場所が増えたことで出稼ぎはほぼなくなった。

(ウ) 東北地方には様々な伝統的工芸品があり，地元でとれる材料を使い，冬の間の農家の副業として発展した。特に青森県の南部鉄器は有名で海外でも人気である。

(エ) 東日本大震災により，多くの自動車工場が被害を受けたため，撤退が続き，現在では医療機器などの製造に力を入れている。

(5) 下線部dについて，次の①，②に答えなさい。

① 五・一五事件で暗殺された次の写真の人物名を漢字で答えなさい。

写真

② このころ起こった次の出来事を古い順に並べなさい。

(ア) 二・二六事件 (イ) 満州事変 (ウ) 日中戦争

(6) 下線部eについて，参議院について正しく述べているものを次の(ア)～(エ)から一つ選び，記号で答えなさい。

(ア) 参議院の任期は6年で被選挙権は25歳である。

(イ) 衆議院が解散されている間に緊急の事態が起こったときは内

閣の求めによって，参議院の緊急集会が開かれることがある。

(ウ)　証人喚問や政府に対する記録の提出を求める権限を持つのは衆議院で，参議院は持っていない。

(エ)　定期的に行われる参議院議員選挙の際，最高裁判所裁判官に対する国民審査が行われる。今回の選挙は満18歳以上の国民によって審査される。

(☆☆☆◎◎◎)

地 理・歴 史

【共通問題】

【１】次の各問いに答えなさい。

(1)　次の文は，学校教育法において「第6章　高等学校」にある条文の一部である。(出題の都合上，途中，省略した部分がある。) 各条文中の(①)～(④)にあてはまる語句の組み合わせとして，最も適切なものを以下の(ア)～(ク)から一つ選び，記号で答えなさい。なお，同じ番号の( )には，同じ語句が入るものとする。

> 第50条　高等学校は，中学校における教育の基礎の上に，心身の発達及び(①)に応じて，高度な普通教育及び専門教育を施すことを目的とする。
> 第51条　高等学校における教育は，前条に規定する目的を実現するため，次に掲げる目標を達成するよう行われるものとする。
> 1　義務教育として行われる普通教育の成果を更に発展拡充させて，豊かな人間性，(②)及び健やかな身体を養い，国家及び社会の形成者として必要な資質を養うこと。
> 2　社会において果たさなければならない使命の自覚に基づき，個性に応じて将来の(①)を決定させ，一般的な教養を高め，専門的な知識，技術及び技能を習得させること。

3 個性の確立に努めるとともに，社会について，広く深い理解と
健全な(③)を養い，社会の発展に寄与する態度を養うこと。
第52条 高等学校の学科及び教育課程に関する事項は，(中略)，
(④)が定める。

	①	②	③	④
(ア)	学力	自立性	批判力	文部科学大臣
(イ)	進路	創造性	批判力	教育長
(ウ)	学力	創造性	貢献力	文部科学大臣
(エ)	進路	自立性	貢献力	地方公共団体の長
(オ)	学力	自立性	貢献力	教育長
(カ)	進路	自立性	貢献力	文部科学大臣
(キ)	学力	創造性	批判力	地方公共団体の長
(ク)	進路	創造性	批判力	文部科学大臣

(2) 次の文章は，「高等学校学習指導要領(平成30年3月告示)」におい
て「第1章 総則」に記載された，道徳教育に関する内容の一部で
ある。(出題の都合上，途中，省略した部分がある。)(①)～(③)
にあてはまる，最も適切な語句を答えなさい。なお，同じ番号の
( )には，同じ語句が入るものとする。

第1款 高等学校教育の基本と教育課程の役割
道徳教育や体験活動，多様な表現や鑑賞の活動等を通して，
豊かな心や創造性の涵養を目指した教育の充実に努めること。
学校における道徳教育は，(①)に関する教育を学校の教
育活動全体を通じて行うことによりその充実を図るものとし，
各教科に属する科目(以下「各教科・科目」という。)，総合的
な探究の時間及び特別活動(以下「各教科・科目等」という。)
のそれぞれの特質に応じて，適切な指導を行うこと。
道徳教育は，教育基本法及び学校教育法に定められた教育
の根本精神に基づき，生徒が自己探求と自己実現に努め国
家・社会の一員としての自覚に基づき行為しうる発達の段階

にあることを考慮し，（　①　）を考え，主体的な判断の下に行動し，自立した人間として他者と共によりよく生きるための基盤となる道徳性を養うことを目標とすること。

第7款　道徳教育に関する配慮事項
　　道徳教育を進めるに当たっては，道徳教育の特質を踏まえ，第6款までに示す事項に加え，次の事項に配慮するものとする。
1　各学校においては，（　中略　）道徳教育の目標を踏まえ，道徳教育の全体計画を作成し，校長の方針の下に，道徳教育の推進を主に担当する教師(「（　②　）」という。)を中心に，全教師が協力して道徳教育を展開すること。なお，道徳教育の全体計画の作成に当たっては，生徒や学校の実態に応じ，指導の方針や重点を明らかにして，各教科・科目等との関係を明らかにすること。その際，公民科の「公共」及び「倫理」並びに（　③　）が，（　①　）に関する中核的な指導の場面であることに配慮すること。

(3)　高等学校学習指導要領(平成30年3月告示)に関する次の各問いに答えなさい。
　①　次の文は，地理歴史科の履修について書いたものである。次の（　ア　）～（　オ　）にあてはまる科目名として，正しいものを答えなさい。ただし，文中の同じ記号には同じ語句が入る。

　　　地理歴史科において，全ての生徒に履修させる科目(必履修科目)は，（　ア　），（　イ　）である。なお，各学校においては，必履修科目である（　ア　）を履修した後に選択科目である（　ウ　）を，同じく必履修科目である（　イ　）を履修した後に選択科目である（　エ　），（　オ　）を履修できるというこの教科の基本的な構造に留意したうえで，適切な指導計画を作成することが求められている。

② 次の文は，地理歴史科の目標の一部である。次の(ア)～(オ)にあてはまる正しい語句を答えなさい。ただし，同じ記号には同じ語句が入る。

> (1) 現代世界の地域的特色と日本及び世界の歴史の展開に関して理解するとともに，調査や諸資料から様々な情報を適切かつ効果的に調べまとめる(ア)を身に付けるようにする。
>
> (2) 地理や歴史に関わる事象の意味や意義，特色や相互の関連を，概念などを活用して(イ)・(ウ)に考察したり，社会に見られる課題の解決に向けて構想したりする力や，考察，構想したことを効果的に説明したり，それらを基に議論したりする力を養う。
>
> (3) 地理や歴史に関わる諸事象について，よりよい社会の実現を視野に課題を(エ)に解決しようとする態度を養うとともに，(イ)・(ウ)な考察や深い理解を通して涵養される日本国民としての(オ)，我が国の国土や歴史に対する愛情，他国や他国の文化を尊重することの大切さについての(オ)などを深める。

③ 次の文は，地理歴史科の各科目にわたる指導計画の作成と内容の取扱いの一部である。次の(ア)，(イ)にあてはまる正しい語句を答えなさい。

> 内容の指導に当たっては，教育基本法第14条及び第15条の規定に基づき，適切に行うよう特に慎重に配慮して，(ア)及び(イ)に関する教育を行うものとする。

(☆☆○○○○○)

【2】地理総合に関する次の各問いに答えなさい。
 (1) シベリア鉄道でモスクワからウラジオストクまでの所要時間は，144時間22分である。次の図を参考にして，モスクワ駅を12月10日

の23：45(モスクワ時間)に出発する列車がウラジオストクに到達する時間(ウラジオストク時間)として，最も正しいものを以下の①〜④から一つ選び，番号で答えなさい。

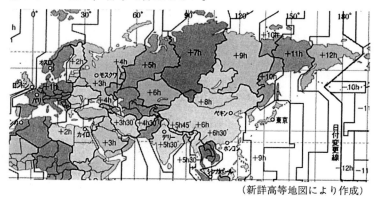

（新詳高等地図により作成）

- ①　12月16日午後4時7分
- ②　12月16日午後5時7分
- ③　12月17日午前6時7分
- ④　12月17日午前7時7分

(2)　国家間の結びつきに関して，最も加盟国・地域数(準加盟国を含む)の多い組織を次の①〜⑤から一つ選び，番号で答えなさい。

- ①　USMCA
- ②　MERCOSUR
- ③　APEC
- ④　RCEP
- ⑤　OECD

(3)　尖閣諸島に関して，高等学校学習指導要領(平成30年3月告示)「内容の取扱い」に記述されているものとして，正しいものを次の①〜④から一つ選び，番号で答えなさい。

- ①　我が国の固有の領土であり，領土問題は存在しない
- ②　我が国の固有の領土であり，他の国によって不法に占拠されている
- ③　我が国の固有の領土であり，他の国に対して返還を求めている
- ④　我が国の固有の領土であり，他の国に対して累次にわたり抗議している

(4)　次の民族構成はある国のものであり，この国で使用されている主な言語は，次のとおりである。これらの言語のうち，使用人口が最

大と考えられる語族・語派として，最も適当なものを以下の①～④から一つ選び，番号で答えなさい。

[ある国の民族構成]

　ウクライナ人77.8％　ロシア人17.3％　ベラルーシ人0.6％

　モルドバ人0.5％　　　クリミア＝タタール人0.5％

[言語]

　ウクライナ語　ロシア語　ベラルーシ語　ハンガリー語

　ルーマニア語　タタール語

　（『データブック　オブ・ザ・ワールド2022年版』などにより作成）

① アルタイ語族

② インド＝ヨーロッパ語族スラブ語派

③ インド＝ヨーロッパ語族ゲルマン語派

④ インド＝ヨーロッパ語族ラテン語派

(5) 宗教と食の関係についてまとめた次の表中のXとYに該当するものとして，正しい組合せをあとの①～④から一つ選び，番号で答えなさい。

宗教	主な忌避食物	食べてもよいもの
ヒンドゥー教		Y
仏教	動物全般（不殺生）	
ユダヤ教	X	

※出題の関係上、表中にすべての項目を示していない。

ア　ひづめが割れていて，反芻する動物

イ　ひづめが完全に割れていない，反芻しない動物

ウ　牛から得られる乳，ヨーグルト，バター

エ　牛から得られる肉

① X：ア　Y：ウ　　② X：ア　Y：エ　　③ X：イ　Y：ウ

④ X：イ　Y：エ

(6) 危機にさらされている世界遺産(危機遺産)のうち，都市再開発の影響を理由に，世界遺産としての価値が危機的な状況にあるものを，次の①～④から一つ選び，番号で答えなさい。

① バーミヤン渓谷の文化的景観と古代遺跡群

　　② コソヴォの中世建造物群

　　③ ウィーン歴史地区

　　④ ナン・マトール：東ミクロネシアの儀式の中心地

(7)　移民・難民問題に関して，次の①〜④のうち，最も多くの移民・
　　難民を生じさせたものを一つ選び，番号で答えなさい。

　　① 2018年に中南米からアメリカを目指して移動した移民問題

　　② 2011年のシリア内戦により発生した難民問題

　　③ 2017年にミャンマーからバングラデシュへ避難したロヒンギャ
　　難民問題

　　④ 2013年の武力衝突による内戦により発生した南スーダン難民問
　　題

(8)　日本列島周辺で接し合っているプレートの組合せとして適当でな
　　いものを，次の①〜④から一つ選び，番号で答えなさい。

　　① 北アメリカプレートとフィリピン海プレート

　　② 北アメリカプレートと太平洋プレート

　　③ ユーラシアプレートとフィリピン海プレート

　　④ ユーラシアプレートと太平洋プレート

(9)　次の図は，岐阜県多治見市で平成23年に起こった浸水被害を示し
　　たものである。図中の地点Pで発生した災害を説明した文として最
　　も適当なものを，以下の①〜④から一つ選び，番号で答えなさい。

（国土地理院ホームページにより作成）

140

① 土岐川の右岸で外水氾濫が発生した

② 土岐川の右岸で内水氾濫が発生した

③ 土岐川の左岸で外水氾濫が発生した

④ 土岐川の左岸で内水氾濫が発生した

(10) 火山監視・警報センターが常時観測している50の活火山が分布していない都道府県として正しいものを次の①～④から一つ選び，番号で答えなさい。

① 長野県　　② 東京都　　③ 高知県　　④ 鹿児島県

(☆☆☆◎◎◎)

【3】歴史総合に関する次の各問いに答えなさい。

(1) 次の図は，日本人移民の渡航先の変遷を示したものであり，図中の①～④は，中国東北地域，中南米，東南アジア，北米の4つの地域のいずれかである。中南米に該当するものを，次の①～④から一つ選び，番号で答えなさい。

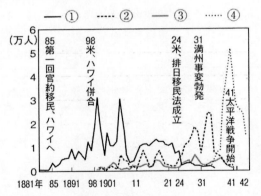

(2) 日本の産業革命期の劣悪な労働環境を記した農商務省が刊行したものとして，正しいものを次の①～④から一つ選び，番号で答えなさい。

① 『職工事情』　　② 『太陽のない街』　　③ 『あゝ野麦峠』

④ 『日本之下層社会』

141

(3)　世界的に参政権の拡大機運が高まる中，日本で起こった民衆運動による初の政権交代で退陣した首相として，正しいものを次の①〜④から一つ選び，番号で答えなさい。

①　清浦奎吾　　②　寺内正毅　　③　桂太郎　　④　松方正義

(4)　次のⅠ〜Ⅲの出来事について，年代の古い順に正しく並べたものを以下の①〜⑥から一つ選び，番号で答えなさい。

Ⅰ　日独伊三国同盟成立　　Ⅱ　国家総動員法制定

Ⅲ　西安事件おこる

①　Ⅰ−Ⅱ−Ⅲ　　②　Ⅰ−Ⅲ−Ⅱ　　③　Ⅱ−Ⅰ−Ⅲ

④　Ⅱ−Ⅲ−Ⅰ　　⑤　Ⅲ−Ⅰ−Ⅱ　　⑥　Ⅲ−Ⅱ−Ⅰ

(5)　次の資料Ⅰ〜Ⅲに書かれている出来事について，年代の古い順に正しく並べたものを以下の①〜⑥から一つ選び，番号で答えなさい。

Ⅰ

> 第二号　日本国政府及支那国政府ハ，支那国政府ガ南満州及東部内蒙古ニ於ケル日本国ノ優越ナル地位ヲ承認スルニヨリ，茲ニ左ノ条款ヲ締約セリ
>
> 第五号　一，中央政府ニ政治財政及軍事顧問トシテ有力ナル日本人ヲ傭聘セシムルコト
>
> 　　　　　　　　　　　　　　　　『日本外交年表竝主要文書』

Ⅱ

> 　日中両国間の国交正常化は，第三国に対するものではない。両国のいずれも，アジア・太平洋地域において覇権を求めるべきではなく，このような覇権を確立しようとする他のいかなる国あるいは国の集団による試みにも反対する。
>
> 　　　　　　　　　　　　　　　　　　　　『わが外交の近況』

Ⅲ

> 国家独立自営ノ道ニ二途アリ。第一ニ主権線ヲ守護スルコト，第二ニハ利益線ヲ保護スルコトデアル。
>
> 　　　　　　　　　　　　　　　　　　　　　　　　『官報』

① Ⅰ－Ⅱ－Ⅲ　②　Ⅰ－Ⅲ－Ⅱ　③　Ⅱ－Ⅰ－Ⅲ
④ Ⅱ－Ⅲ－Ⅰ　⑤　Ⅲ－Ⅰ－Ⅱ　⑥　Ⅲ－Ⅱ－Ⅰ

(6)　フランス革命とナポレオン戦争について述べた文として，正しいものを次の①～④から一つ選び，番号で答えなさい。

①　18世紀のフランスでは，国王が専制政治を行っており，王政をささえていた聖職者のみ特権身分として税が免除されていた。

②　国民議会では，革命の理念を徹底しようとするジャコバン派が台頭し，ロベスピエールは反対派を次々と処刑する恐怖政治をおこなった。

③　ナポレオン法典(フランス民法典)では，人権宣言が掲げた自由・平等といった理念に基づき，男性と女性が法的に同位におかれた。

④　ナポレオンは，ヨーロッパ各地で当初はフランス革命の成果をもたらす解放者としてむかえられたが，やがて征服者・抑圧者として反発を受けるようになった。

(7)　19世紀のアメリカ合衆国の歴史について述べた文として，誤っているものを次の①～④から一つ選び，番号で答えなさい。

①　1840年代以降，合衆国の領土拡張は「明白なる天命」として正当化された。

②　南北の対立が表面化し，南部が自由貿易を主張したのに対し，北部は保護貿易を主張した。

③　共和党のリンカンが大統領に当選すると，翌年，北部諸州が合衆国を離れ，南北戦争がはじまった。

④　南北戦争後の憲法の修正によって，奴隷は解放され，市民権と参政権を得た。

(8)　18～19世紀の欧米諸国のアフリカ・アジア地域への進出とそれらの地域の動揺について述べた文として，誤っているものを次の①～④から一つ選び，番号で答えなさい。

①　エジプトでは，ナポレオンらフランス軍撤退後には軍人ムハンマド＝アリーが実権を握った。

② オスマン帝国では，1839年からタンジマートとよばれる近代化改革が行われたが，憲法制定にはいたらなかった。

③ 19世紀，アフガーニーはムスリムの一体化を目指すパン＝イスラーム主義を説いた。

④ イランでは，サファヴィー朝からカージャール朝に替わり，ロシアやイギリスの圧力にさらされた。

(9) ヨーロッパによる南アジア・東南アジアの植民地化と中国進出について述べた文として，正しいものを次の①〜④から一つ選び，番号で答えなさい。

① イギリスはインド大反乱を鎮圧したのちも，ムガル帝国による間接統治を続けた。

② フランスは清との戦争の結果，ベトナムを植民地とし，カンボジアとラオスを合わせてフランス領インドシナ連邦とした。

③ アロー戦争で敗北した清では，洪秀全が挙兵し，太平天国を建てた。

④ アヘン戦争の結果結ばれた北京条約では，広州以外の開港や香港割譲が定められた。

(10) 第二次世界大戦後の世界について述べた文として，誤っているものを次の①〜④から一つ選び，番号で答えなさい。

① ソ連は，マーシャル＝プランに対抗し，国際共産党組織コミンテルンを結成した。

② ティトーが率いるユーゴスラヴィアは，自主性が強くソ連の圧力を批判した。

③ 毛沢東の指導により中華人民共和国が成立し，蔣介石の率いる国民政府は台湾に逃れた。

④ ユダヤ人がイスラエル建国を宣言すると，第1次中東戦争(パレスチナ戦争)が勃発し，イスラエルが勝利した。

(☆☆☆☆◎◎◎)

【日本史】

【1】次の年表を見て，各問いに答えなさい。

年	出来事
a <u>239</u>	卑弥呼、親魏倭王の称号を受ける
b <u>527</u>	筑紫国造磐井の反乱
c <u>757</u>	養老律令を施行
	↕ A
1177	d <u>鹿ヶ谷の陰謀</u>

(1) 下線部aに関連して，次の文の（　ア　）～（　ウ　）にあてはまる正しい数字を答えなさい。ただし，同じ記号には同じ語句が入る。

> 239年は（　ア　）世紀で，（　ア　）世紀は，西暦（　イ　）年から西暦（　ウ　）年までである。

(2) 下線部bの頃，ヤマト政権は氏姓制度と呼ばれる支配の仕組みをつくり上げていった。氏姓制度のうち，姓(カバネ)について説明した次の文の（　ア　）～（　ウ　）にあてはまる語句の組み合わせとして，正しいものを以下の①～⑥から一つ選び，番号で答えなさい。

> 地名を氏の名とした近畿の葛城・平群・蘇我などの有力豪族に臣，職掌を氏の名とした大伴・物部などの有力豪族に（　ア　），有力地方族に（　イ　），地方豪族に（　ウ　）を与えた。

①　ア　直　イ　君　ウ　連　　②　ア　直　イ　連　ウ　君
③　ア　君　イ　直　ウ　連　　④　ア　君　イ　連　ウ　直
⑤　ア　連　イ　直　ウ　君　　⑥　ア　連　イ　君　ウ　直

(3) 下線部cに最も近い時期に著わされたものとして，正しいものを次の①～④から一つ選び，番号で答えなさい。

①　『懐風藻』　　②　『竹取物語』　　③　『往生要集』
④　『大鏡』

(4) 下線部dについて説明した文として，正しいものを次の①～④から一つ選び，番号で答えなさい。

① 以仁王と源頼政らが，平氏打倒の兵をあげたもの

② 藤原信頼や源義朝らが，藤原通憲を自殺に追い込んだもの

③ 藤原成親や俊寛らが，平氏打倒をはかったもの

④ 藤原純友が瀬戸内海の海賊らと大宰府を攻め落としたもの

(5) Aの期間に起こった次の①～④の出来事を，年代の古い順に並べ，番号で答えなさい。

① 延喜の荘園整理令　　② 承和の変

③ 中尊寺金色堂建立　　④ 遣唐使派遣中止

(☆☆☆☆◎◎◎)

【2】次の年表を見て，各問いに答えなさい。

年	出来事
a 1224	北条泰時、執権となる
1338	b 足利尊氏、征夷大将軍となる
1438	c 永享の乱
	↕ A
1598	d 豊臣秀吉、死去

(1) 下線部aと同じ年に親鸞が著わした書物の名称を答えなさい。

(2) 下線部bの執事高師直らと，下線部bの弟を支持する勢力との1350年に始まった武力対決を何というか，答えなさい。

(3) 下線部cの時の将軍は誰か，答えなさい。

(4) 下線部dに関連して，太閤検地では，検地と並行して村の境界を画定した。この村の境界を定めたことを何というか，答えなさい。

(5) Aの期間に起こった次の①～④の出来事を，年代の古い順に並べ，番号で答えなさい。

① 姉川の戦い　　② サン＝フェリペ号事件　　③ 寧波の乱

④ 加賀の一向一揆

(☆☆☆☆◎◎◎)

【3】 次の年表を見て，各問いに答えなさい。

年	出来事
1604	a 糸割符制度始まる
1702	b 赤穂浪士大石良雄ら、吉良義央を討つ
1804	c レザノフ、長崎に来航し通商を要求する
	↕ A
1846	ビッドル、d 浦賀に来航し通商を要求する

(1) 下線部aについて説明した次の文章の(ア)～(オ)にあてはまる正しい語句と(カ)にあてはまる文を答えなさい。ただし，同じ記号には同じ語句が入る。

> 当時，ポルトガル商人は，(ア)を根拠地に中国産の(イ)を長崎に運んでいた。幕府は，京都・堺・長崎の特定の商人らに(ウ)をつくらせ，彼らが毎年春に輸入(イ)の価格を決定し，その価格で輸入(イ)を一括購入して，これを分配した。のちに，(エ)・大坂の商人が加わり，(オ)と呼ばれた。この糸割符制度により，幕府は(カ)を排除した。

(2) 下線部bの時の将軍は誰か，答えなさい。

(3) 下線部cに最も近い時期の出来事として，正しいものを次の①～④から一つ選び，番号で答えなさい。

① 貞享暦の採用　　② 蛮書和解御用の設置
③ 太陽暦の採用　　④ キリシタン書籍の輸入禁止

(4) 下線部dが位置する現在の都道府県名を答えなさい。

(5) Aの期間に起こった次の①～④の出来事を，年代の古い順に並べ，番号で答えなさい。

① 蛮社の獄　　　　② モリソン号事件
③ フェートン号事件　④ 人返しの法

(☆☆☆☆◎◎◎)

【4】次のA～Cの文章を読み，各問いに答えなさい。

A

> 明治時代には，国民の参政権を確立することをめざした_a自由民権運動が急速に高まっていった。大正時代には，デモクラシーがとなえられて，いわゆる_b「憲政の常道」が実現した。

(1) 下線部aに関して，自由民権運動について述べた次の①～④の出来事のうち，正しいものをすべて選び，番号で答えなさい。

① 政府は，漸次立憲政体樹立の詔を出した同じ年に集会条例を制定し，民権運動を取り締まった。

② 立志社の片岡健吉は，建白書を提出して，国会の開設や地租の軽減，条約の改正を要求した。

③ 福島では，県令・河野広中が三島通庸らを，反乱をくわだてたとして逮捕する事件が起こった。

④ 植木枝盛が起草した「東洋大日本国国憲按」は，一院制議会や抵抗権・革命権を備えた内容であった。

(2) 下線部bに関して，1935年に美濃部達吉の憲法学説を否認する声明をだした首相は誰か。

(3) 下線部bについて，次の①～⑥の出来事のうち，この時期に起こった出来事を4つ選んで，年代の古い順に並べ，番号で答えなさい。

① 世界恐慌がはじまる　　② 治安維持法公布

③ 秩父事件　　④ ロンドン海軍軍縮条約調印

⑤ 盧溝橋事件　　⑥ 血盟団事件

B

> _c第一次世界大戦以降，日本の政治や社会にはさまざまな変化が現れることになった。_d近代教育をうけた世代が活躍するとともに，_e社会運動が活発となった。

(4) 下線部cについて，次の資料①・②の意見を述べた人物をそれぞれ漢字で答えなさい。

① 今回欧州ノ大禍乱ハ，日本国運ノ発展ニ対スル大正新時代ノ天佑ニシテ，日本国ハ直ニ挙国一致ノ団結ヲ以テ，此天佑ヲ享受セ

ザルベカラズ。

② 亜細亜大陸に領土を拡張すべからず，満州も宜く早きに迫んで之れを放棄すべし，とは是れ吾輩の宿論なり。

(5) 下線部dに関して，日本美術を高く評価して，岡倉天心と東京美術学校の設立に尽力したアメリカ人は誰か，答えなさい。

(6) 下線部eに関して，次の資料中の（ ア ）に適当な語句を入れなさい。

> 国体ヲ変革シ，又ハ（ ア ）ヲ否認スルコトヲ目的トシテ結社ヲ組織シ，又ハ情ヲ知リテ之ニ加入シタル者ハ，十年以下ノ懲役又ハ禁錮ニ処ス

C

> 「神武景気」を迎えた日本では，経済企画庁が1956年度の『経済白書』で「fもはや戦後ではない」と記した。g日本経済は復興から技術革新による急速な成長を開始した。

(7) 下線部fに関して，戦後のインフレーション対策として預金封鎖などを行うために1946年に出された法令を答えなさい。

(8) 下線部gに関して，1985年の5か国蔵相・中央銀行総裁会議によって話し合われたドル安とマルク高・円高への為替協調介入を何と呼ぶか，答えなさい。

(9) 日本経済について，1980年代後半の株価(日経平均株価)が上昇した経緯について，(8)をふまえて説明しなさい。

（☆☆☆☆○○○）

【5】次の資料A〜Dを読み，各問いに答えなさい。出題の都合上，資料は一部改めている。

A

> （略）その当時，わたしの目は，たえず増大しつづける西洋の工業製品のために新しい市場を提供するらしくみえる日本にそそがれていた。(略)アメリカ合衆国は，a1854(嘉永7)年と1858(安政5)年の二つの条約で，その先鞭をつけていた。bイギリス，フランス・ロシアという旧世界最大の海軍国や陸軍国がこれにつづいた。（略）
>
> 『大君の都』

(1) 下線部aについて，1854(嘉永7)年の条約を調印した際の老中首座は誰か，答えなさい。

(2) 下線部bについて，次のⅠ〜Ⅲの出来事を，年代の古い順に正しく並べたものを以下の①〜⑥から一つ選び，番号で答えなさい。

Ⅰ　イギリスが清国から九竜半島・威海衛を租借した。

Ⅱ　ロシアで血の日曜日事件がおこった。

Ⅲ　フランスの援助を得た徳川慶喜が幕政改革を行った。

① Ⅰ－Ⅱ－Ⅲ　　② Ⅰ－Ⅲ－Ⅱ　　③ Ⅱ－Ⅰ－Ⅲ
④ Ⅱ－Ⅲ－Ⅰ　　⑤ Ⅲ－Ⅰ－Ⅱ　　⑥ Ⅲ－Ⅱ－Ⅰ

B

> 琉球諸島及び大東諸島に関する日本国とアメリカ合衆国との間の協定
>
> 第一条　1，アメリカ合衆国は，(略)c琉球諸島及び大東諸島に関し，1951年9月8日にdサン・フランシスコ市で署名された日本国との平和条約第三条の規定に基づくすべての権利及び利益を，この協定の効力発生の日から日本国のために放棄する。(略)

(3) 下線部cに関する事柄として正しいものを次の①〜④から一つ選び，番号で答えなさい。

① 稲作が日本列島に伝わる中，弥生文化の及ばなかった南西諸島

では，続縄文文化が続いた。

② 李成桂が建国した琉球王国は，中継貿易で繁栄したが，ポルトガル人の進出で活動はしだいに衰えた。

③ 19世紀中頃の薩摩藩では，調所広郷を登用して，琉球を通じた密貿易などによって財政再建を進めた。

④ 明治政府は，江華島事件を機に琉球に対する清の宗主権を否定し，琉球藩を廃して沖縄県を設置した。

(4) 下線部dの条約を結んだ首席全権は誰か，漢字で答えなさい。

(5) 資料Bの協定を結んだ首相の在任中の出来事として正しいものを次の①〜④から一つ選び，番号で答えなさい。

① ドッジの要求に従い赤字を許さない予算を編成し，財政支出を削減した。

② 環境庁が発足し，公害行政と環境保全施策の一本化がはかられた。

③ 「所得倍増」をスローガンに，高度成長を促進する経済政策を展開した。

④ 「戦後政治の総決算」をとなえて，行財政改革に着手した。

C

> (略)e現内閣ハ頻リニ(ア)ノ窮況ヨリ生ズル恐慌来ヲ口実トシテ，莫大ナル負担ヲ国庫ニ負ハシメントセラルルモ，今世間ノ恐慌ハ単ニ(ア)破綻ノ為ニ非ズ，現在都下ニ於テ不確実ナル銀行破綻ノ為ニ，数万ノ市民ガ悲鳴ヲ挙ゲツツアリ。(略)之等ハ決シテ独リ(ア)及鈴木商店ノ為ノミニアラズ。我対支外交ノ無方針ニシテ，居留邦人ノ保護行届カザル為，(略)
>
> 『伯爵伊東巳代治』

(6) 空欄(ア)にはすべて同じ語句が入るが，(ア)にあてはまる語句を漢字で答えなさい。

(7) 下線部eに次いで成立した内閣の時期におこった出来事として正しいものを次の①〜④から一つ選び，番号で答えなさい。

① 関東大震災　　② 張作霖爆殺事件　　③ 国際連盟脱退

④ 金輸出再禁止

D

> 歳は庚子に在り八月某夜，金風淅瀝として露白く天高きの時，一星忽焉として墜ちて声あり，嗚呼f自由党死す矣。而して其光栄ある歴史は全く抹殺されぬ。(略)
>
> 　　　　　　　　　　　　　　　　　　　　『（　イ　）』

(8) 空欄(　イ　)にあてはまる新聞を漢字で答えなさい。

(9) 下線部fについて，自由党を結成し，その党首となった人物を漢字で答えなさい。

(10) 資料Dを発表した人物が，政府から弾圧を受けて，検挙・処刑された出来事を漢字で答えなさい。

(11) 資料Dをふまえて，第二次山県有朋内閣の政策とその影響について，200字以内で説明しなさい。その際，次の3つの語句をすべて使用すること。なお，使用した語句には下線を引くこととし，語句は何度使用してもかまわないものとする。

[　共和演説事件　　地租増徴　　憲政党　]

(☆☆☆◎◎◎)

【6】条約改正の実現について学習する際，1単位時間(50分)で，1880年代以降における明治政府の不平等条約の改正についてまとめることにした。あなたが授業を行うとして，その板書計画を書きなさい。その際，「目標」「まとめ」とともに，当時の国際情勢を記した地図を明記すること。なお，以下の枠をホワイトボードに見立てて記入すること。

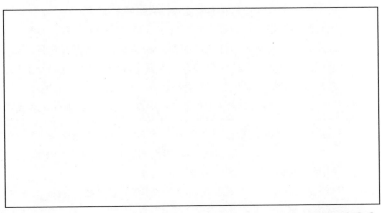

(☆☆☆☆◎◎◎)

【世界史】

【1】 次のA・Bの文章を読み，各問いに答えなさい。

A

　　サムニウム戦争に勝利したローマは，イタリア半島南端の
ギリシア人植民市(　ア　)との戦争を始めた。前272年の
(　ア　)の降伏により<u>ローマはイタリア半島の支配者となっ
た</u>。なお，この戦争にさいして北アフリカのフェニキア人植
民市カルタゴの海軍がローマを支援したことが知られている。

　　　　　　　　　　　(島田誠著，『古代ローマの市民社会』より一部改)

(1)　文中の(　ア　)に共通して入る語句を答えなさい。

(2)　文中の下線部に関連して，ローマは支配下におさめた都市相互の
連帯を禁じ，それぞれの都市や地域に応じた異なる処遇をほどこし
た。このような統治法を何というか，答えなさい。

B

　　オクタウィアヌスは，アレクサンドリア陥落の時点から，
紀元後14年8月19日，_a<u>インペラトル・カエサル・アウグス
トゥス</u>と名乗って没するまでのあいだ，ローマの市民社会と
地中海世界の支配者であった。この時代を境にローマが共和
政から実質的な君主政である_b「元首政(プリンキパートゥス)」

153

へと移行したことにかんしては，異論の余地はない。しかし，元首政の性格をどのように理解するのかについては，見解が分かれる。元首政の性格にかんするもっとも重大な意見の相違は，アウグストゥスの権力の本質を制度上の権限のなかにみるか，非制度的な社会関係のなかにみるかによって生じる。

(島田誠著，『古代ローマの市民社会』より一部改)

(3) 下線部aに関連して，アウグストゥス以降の平穏な時代はパクス＝ロマーナとたたえられた。この時代にローマの最大版図を実現した皇帝は誰か，答えなさい。

(4) 下線部bに関連して，元首政はのちに「専制君主政(ドミナトゥス)」に移行するが，その背景を説明しなさい。ただし，国内及び対外的な内容それぞれについて述べること。

(☆☆☆☆◎◎◎)

【２】次のA・Bの文章を読み，各問いに答えなさい。

A

　　西ヨーロッパが_aカール大帝のころにようやく一つの世界として自立する一方，東ヨーロッパでは_bビザンツ(東ローマ)帝国がローマ帝国のもう一つの継承者として高い権威を保っていた。西ヨーロッパでは皇帝と_c教皇という二つの権力がならびたっていたのに対して，ビザンツ皇帝は政治と宗教両面における最高の権力者として専制支配を維持した。

(1) 下線部aに関連して，カール大帝の治世のころの出来事について述べた文として最も適切なものを次の①～④から一つ選び，番号で答えなさい。

① デンマーク・スウェーデン・ノルウェーの各国がデンマーク王のもとにカルマル同盟を結成した。

② モンゴル高原では，突厥を破って建国したトルコ系のウイグルが，広大な領域を支配した。

③ 中央アジアに最初のトルコ系イスラーム王朝であるカラハン朝

が成立し，東西トルキスタンにまたがる領域を形成した。

④　クメール王国の王スールヤヴァルマン2世が，ヒンドゥー教寺院兼自分の墓として，アンコール＝ワットを建造した。

(2)　下線部aに関連して，カール大帝と騎士たちを描いたフランスを代表する武勲詩の題名を答えなさい。

(3)　下線部bに関連して，ビザンツ(東ローマ)帝国では6世紀のユスティニアヌス帝のとき，一時的に地中海のほぼ全域にローマ帝国を復活させた。このときの領土拡大について具体的に説明しなさい。

(4)　下線部bに関連して，ユスティニアヌス帝と争ったササン朝の王を答えなさい。

(5)　下線部cに関連して，6世紀末に即位した教皇で，アングロ＝サクソン人をカトリックに改宗させてカンタベリ大司教座をおくなど，ゲルマン人への布教を積極的に進め，布教の手段として聖画像の使用を認めた人物名を答えなさい。

B

> d唐末から五代の時代は，東アジアの諸政権がいっせいに交替した時期であった。10世紀の前半には唐の滅亡を皮切りに，渤海はe契丹に降伏し，雲南では（　ア　）から（　イ　）へと政権が交替するなどの変動がおこった。朝鮮では新羅にかわって王建が（　ウ　）を都としてf高麗をたてた。長期にわたりg中国の支配をうけてきたベトナムでも10世紀後半に独立国家がつくられ，11世紀の初めには（　エ　）が建国された。

(6)　文中の空欄（　ア　）～（　エ　）に入る語句を答えなさい。

(7)　下線部dに関連して，唐の僧玄奘がインドに赴いたときのインドと唐について述べた文として正しいものを次の①～⑦からすべて選び，番号で答えなさい。

①　インド東部に，仏教学院・大学であるナーランダー僧院が建立された。

②　宮廷詩人のカーリダーサが，サンスクリット文学の代表作とされる『シャクンタラー』を著した。

③　戒日王としても知られるハルシャ王がカナウジを都として，一時，北インドの大部分を統一した。

④　デカン高原を中心としたサータヴァーハナ朝がインド洋交易で栄え，仏教やバラモン文化が急速に広まった。

⑤　則天武后が夫の死後，帝位につき，科挙官僚を積極的に登用し政治の担い手とした。

⑥　科挙で詩賦が重視されたこともあって，唐詩が隆盛し，李白・杜甫・白居易らの詩人が活躍した。

⑦　太宗(李世民)の治世は「貞観の治」とよばれ，律令体制・官制など諸制度を整備して唐の基礎を築いた。

(8)　下線部eに関連して，契丹は，河北・山西の北部の農耕地帯を獲得し，宋はその地域の奪回をめざし，契丹に戦いをしかけた。河北・山西の北部の農耕地帯の地域名と，契丹がその地域を獲得した経緯を簡潔に説明しなさい。

(9)　下線部fに関連して，国家の保護のもと，仏教が盛んになった高麗で，仏教経典を集成してつくられたものは何か，漢字で答えなさい。

(10)　下線部gに関連して，前4世紀に，中国の影響をうけ，ベトナム北部を中心に次の写真の銅鼓を例とする独特の青銅器や鉄製農具をうみだした文化が発展した。この文化の名称を答えなさい。

(☆☆☆◎◎◎)

【3】 次のA・Bの文章を読み，各問いに答えなさい。

A

　　　インド洋では，モンスーン(季節風)を利用し，古代から船を交通手段として人とものが往来し，一つの世界が形づくられてきた。

　　　8世紀にアッバース朝が成立し拡大すると，aペルシア湾からインド洋をへて中国南部にいたる航路が開拓され，広州をはじめとする港町には，アラブ人やペルシア人などの居留地が生まれた。彼らは，ダウとよばれる独特の船を用いていた。

　　　12世紀以降には，中国の商船が陶磁器を積んで，東南アジアやインド西海岸まで進出し，香辛料などの産物を持ち帰った。彼らの使用する船はジャンクとよばれる大型の船で，羅針盤を備えていた。明代には，鄭和の遠征隊が東アフリカまで到達した。

　　　b16世紀には，ポルトガルがインド洋に進出し，ゴア，カリカットなどの諸港を制圧し，マラッカ王国を滅ぼし，日本へといたった。17世紀後半以降には，オランダやイギリスがムスリムやインド人の商人から貿易権を奪い，やがて内陸部をも支配した。

(1)　下線部aに関連して，ホルムズ島はペルシア湾の出入り口にある島である。戦略・貿易上の要衝であり，1515年以来ポルトガルが占領していたが，1622年にこのホルムズ島を奪取した王の名を答えなさい。

(2)　下線部bに関連して，オランダ独立戦争の原因と経緯，結果を述べるとともに，1650年までのオランダのアジア進出について，イギリス勢力と対抗した事件にふれながら説明しなさい。

B

　　　アジアの諸帝国は，17〜18世紀以降，しだいに弱体化して分裂の傾向をみせはじめた。それとともに，ヨーロッパ勢力の干渉・植民地化の動きが本格化していった。_cオスマン帝国では_d19世紀にはいってからは諸民族の独立運動とそれにともなうヨーロッパ勢力の干渉に苦しめられた。_eインドでは，ムガル帝国の衰退に乗じて18世紀半ば以降，イギリスが領土支配をすすめた。

(3)　下線部cに関連して，オスマン帝国は，バルカン半島から西アジア，北アフリカにまたがる大帝国だった。そのため，領内には，イスラーム教徒だけでなく，ユダヤ教徒のほか，キリスト教徒が多数いた。オスマン帝国によるキリスト教徒に対する統治と徴集制度について説明しなさい。

(4)　下線部dに関連して，19世紀のヨーロッパで描かれた絵画に該当するものを次の①〜④から一つ選び，番号で答えなさい。

①

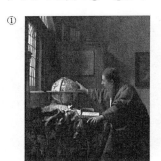

フェルメール「天文学者」

②

ベラスケス「女官たち」

ルノワール「ムーラン＝ド＝ラ＝ギャレット」　　デューラー「四人の使徒」

(5)　下線部eに関連して，イギリスがインド支配のために，おもにベンガル州で導入した地税徴収制度で，政府と農民とのあいだを仲介するものに徴税を任せ，その仲介者に私的土地所有権を与える制度とは何か，答えなさい。

(☆☆☆○○○)

【4】次の資料と写真に関する各問いに答えなさい。

(1)　次の資料①～④を古い時代から新しい時代順に並べ替えなさい。

①
> (略)ほんとうの祖国愛を身につけるのも，(略)すべて，かの，[われわれの新しい教育の力によってもりあげられる]精神である。かく教えられた祖国があってこそ，おのずと，祖国を防衛するために勇敢にたたかおうという人間も，法をまもり平和な正しい国民となろうという人間も，生まれてくるのである。(略)
> 『世界大思想全集 哲学・文芸思想編11』

② 第一条　人は，自由かつ権利において平等なものとして出生し，かつ生存する。社会的差別は，共同の利益の上にのみ設けることができる。

第十七条　所有権は，一つの神聖で不可侵の権利であるから，何人も適法に確認された公の必要性が明白にそれを要求する場合で，かつ事前の正当な補償の条件の下でなければ，これを奪われることがない。

③ われわれが領主様とよんでいる人びとは，一体どういうわけでわれわれより偉い主人なのか。彼らは誰に害を与えているか。彼らはなんの理由があってわれわれを隷属させているのか。もしわれわれがみな一人の父と一人の母，アダムとイヴから生れたものならば，どうして彼らは，自分たちがわれわれより偉い領主様であるといったり，それを証明したりすることができようか(略)　　　　『西洋史料集成』

④ 1. われわれの主にして師たるイエス＝キリストが，「なんじら悔い改めよ」というとき，信徒の全生活が，改悛であらんことを望んでいるのである。

82. もし，教皇が教会をたてるというような瑣末な理由で，いともけがらわしい金銭を集めるため，無数の霊魂を救うのならば，なぜ，あらゆることのうち，もっとも正しい目的である，いとも聖なる慈愛と霊魂の大いなる必要のために，煉獄から[霊魂]を救い出さないのであろうか。

(2)　次の写真は，マルタ会談の様子である。ソ連共産党書記長とアメリカ大統領が会談し，冷戦の終結を宣言した。1985年に就任したソ連共産党書記長の名を明らかにしながら，書記長就任から冷戦終結までの，ソ連の政治・外交政策について説明しなさい。

(☆☆☆◎◎◎)

【5】13〜17世紀の中国経済史における税制について授業を行うことにした。以下の枠をホワイトボードとみなし、王朝の名称、成立していた時期、税制をまとめなさい。税制についてはその簡単な説明も書き加えなさい。また、税制に大きな変化を生む要因となった16世紀の世界的な交易について図示しなさい。ただし、次の条件を満たすこと。

[条件]

・時期は世紀で表記すること

・16世紀の世界的な交易については、ヨーロッパ・アジア・アメリカ大陸を必ず図示すること

・16世紀の世界的な交易については、主な国・都市、交易品を記すこと

(☆☆◎◎◎)

【地理】

【１】自然環境に関する次の各問いに答えなさい。

問１　次の図1は大陸の高度別面積割合を示したものであり，表1は，大陸別の海岸線の長さと海岸線の発達度(肢節量)を示したものである。A～Cとア～ウは，アフリカ，南アメリカ，ヨーロッパのいずれかの大陸である。南アメリカに該当するものを，A～C，ア～ウのうちから一つずつ選び，記号で答えなさい。

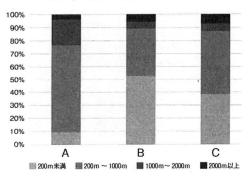

図1

注）ヨーロッパは、カフカスを除く

	海岸線の長さ（km）	海岸線の発達度
ア	37,900	3.50
イ	28,700	1.96
ウ	30,500	1.64

表1

注）海岸線の発達度は肢節量で示している。肢節量は、大陸面積と同面積の円の円周の長さに対する海岸線の長さの割合。数値が大きいほど海岸線の出入りが多い。

（『地理統計要覧2021年版』により作成）

問２　次の図2は，ある地域の年間隆起速度を示したものである。図2中のAとBのうち，年間隆起速度の速い方を選びなさい。また，この地域の隆起が進む理由を簡潔に述べなさい。

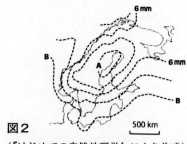

図2

（『はじめての自然地理学』により作成）

問3　堆積物について述べた文として正しいものの組合せを①〜④から一つ選び，番号で答えなさい。

（ア）　モレーンの堆積物に比べて，エスカーの堆積物は丸みを帯びている。

（イ）　エスカーの堆積物に比べて，モレーンの堆積物は丸みを帯びている。

（ウ）　扇状地の堆積物に比べて，氾濫原の堆積物は丸みを帯びている。

（エ）　氾濫原の堆積物に比べて，扇状地の堆積物は丸みを帯びている。

①　（ア）と（ウ）　　②　（ア）と（エ）　　③　（イ）と（ウ）

④　（イ）と（エ）

問4　次の図3は，地理院地図で作成したものである。この図にみられる地形と，そのように判断した理由を述べなさい。

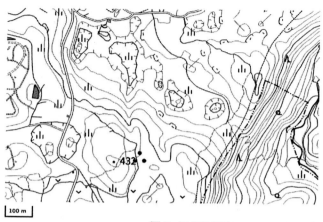

図3（地理院地図 Vector により作成）

問5　次の表2は，図4中のア〜クの8地点の平均気温と降水量および標高を示したものである。湿潤アジアは温帯や熱帯，乾燥アジアは乾燥帯と定義したとき，このデータを基に，乾燥アジアの地域だと判断できる地点をア〜クからすべて選び，記号で答えなさい。

上段：平均気温（℃）、下段：降水量（mm）、年は年平均気温と年降水量、記号の下段は標高

	1月	2月	3月	4月	5月	6月	7月	8月	9月	10月	11月	12月	年
ア	10.4	13.3	18.2	23.8	29	31.4	30	29	27.4	22.9	16.5	11.7	22
507m	51.8	102.8	115.5	55.4	46.6	90.4	294.8	296.6	133.3	34.7	19.4	29.7	1271
イ	13.9	17.6	22.9	29.1	32.7	33.3	31.5	30.4	29.6	26.2	20.5	15.6	25.3
211m	20	25.6	21.4	13	26.1	87.8	197.2	226.1	131.1	17.1	5.4	11.4	782.2
ウ	19.4	22.1	26.1	29.3	31.2	31.8	30.6	29.4	29.5	29.2	25.2	21	27.1
21m	9.5	5.8	2.8	1.3	0.2	15	59.5	70	22.8	2.6	0.7	5.9	196.1
エ	20.1	22.8	27.7	31.9	34.5	33.3	29.8	28.8	29.3	28.8	25.1	21.6	27.8
55m	1.1	0.9	1	2.5	5.5	79.3	321.3	236.9	122.6	12.1	1.9	0.7	785.8
オ	19.9	23.8	28.2	30.6	31.2	30.6	29.5	29.4	29.4	28.3	25.1	21.1	27.3
6m	11.9	23.8	37.6	55.5	129.4	279.1	387.8	369.9	319.2	177.1	34.8	6	1832.1
カ	22.8	25.4	28.8	31.4	33.2	29.7	27.2	26.8	26.2	24.1	22.2	27	
530m	8.4	9	17.2	29.6	34.2	109.6	158	205.1	147.4	119.2	21.1	3.7	862.5
キ	25.4	26.7	28.7	31	33	32.3	31	30.3	29.8	28.5	26.7	25.6	29.1
14m	19.7	5.4	3.6	22.4	49.7	75.7	104.3	141.5	142.5	291.5	381.1	189.8	1427.2
ク	27.2	27.6	28.4	28.6	28.9	28.3	28.1	28.1	27.9	27.5	27.3	27.2	27.9
7m	86.7	81.4	111.6	229.4	303.4	198.4	120.4	119.5	263.7	347.4	322.2	187.1	2371.2

表2

（気象庁データにより作成）

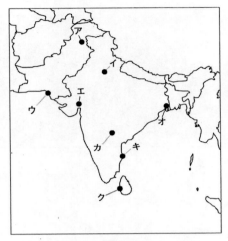

図4

問6　次の図5は，ハワイ島の気候区分を示したものである。Pの地域
　　で降水量が年間を通して少なくなる理由を簡潔に述べなさい。

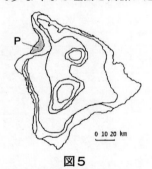

図5

（Miller. J.（1978）などにより作成）

問7　次の図6は，海洋表面の塩分分布を示したものである。同緯度地
　　域に比べて，インドシナ半島付近で塩分濃度が低くなる理由を50字
　　以内で述べなさい。

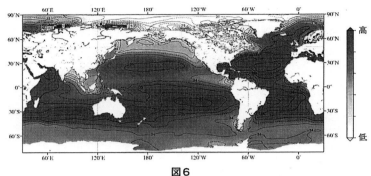

図6

（北海道大学　海洋の塩分により作成）

（☆☆☆☆☆◎）

【2】次の各問いに答えなさい。

問1　次の表は，主な国の電力構成比と発電量(2019年)を示したものであり，表中の①～⑤は，アメリカ合衆国，中国，日本，ブラジル，フランスのいずれかである。日本とブラジルに該当するものを①～⑤からそれぞれ選び，番号で答えなさい。

	①	②	③	④	⑤
火力	67.9%	71.9%	14.7%	62.5%	9.0%
水力	17.4%	8.3%	63.5%	7.1%	10.8%
原子力	4.6%	6.1%	2.6%	19.2%	69.9%
再生可能エネルギー	10.0%	11.9%	19.1%	11.1%	10.3%
合計（億kWh）	75,041	10,450	6,263	43,918	5,708

（『データブック　オブ・ザ・ワールド2022年版』により作成）

問2　次の表は，主な金属鉱の生産上位5か国とその割合を示したものである。表中の[　①　]・[　②　]に該当する国をそれぞれ答えなさい。

（　　）内は割合（%）

	金鉱（2018年）	ボーキサイト（2019年）	鉄鉱石（2018年）	マンガン鉱（2018年）
1位	中国（12.1）	[　①　]（29.4）	[　①　]（36.7）	南アフリカ（30.7）
2位	[　①　]（9.5）	中国（19.6）	[　②　]（19.3）	[　①　]（18.4）
3位	ロシア（9.4）	ギニア（18.7）	中国（13.8）	ガボン（12.3）
4位	アメリカ合衆国（6.8）	[　②　]（9.5）	インド（8.3）	ガーナ（7.2）
5位	カナダ（5.5）	インド（6.4）	ロシア（3.7）	[　②　]（6.9）

（『世界国勢図会2021/22』により作成）

問3　次の表は，1980年から2010年までのカナダのアルミニウム生産量の推移を示したものである。カナダは2019年に世界第4位のアルミニウム生産量を誇る国である。また，日本のアルミニウム生産は最盛期には世界第3位の生産量を誇ったが，現在は国内で製錬されていない。日本が生産量を激減させた理由と，カナダが生産量を増加させている理由を，それぞれの国の社会的状況に触れて答えなさい。

カナダの アルミニウム生産量 （単位：千トン）	1980 年	1990 年	2000 年	2010 年
	1,068	1,570	2,370	2,960

（『世界国勢図会 2021/22』により作成）

問4　次の表は，ある国(X国)の情報を示したものである。以下の各問いに答えなさい。

首都の位置	北緯 3°05′ 東経 101°42′ (a)
人口	3,236.6万人 (2020 年)
1 人当たり国民総所得	11,230 ドル (2019 年)
民族	ブミプトラ 62.0%・中国系 22.7%・インド系 6.9% (2009 年)
宗教	（ ① ）60.4%・仏教 19.2%・キリスト教 9.1%・（ ② ）6.3% (2000 年)
輸出品と輸出額に 占める割合	機械類（45.4%）・石油製品（5.5%） 精密機械（4.2%）・パーム油(b)（4.2%）(2020 年)

（『データブック　オブ・ザ・ワールド 2022 年版』により作成）

(1)　X国に該当する国を答えなさい。

(2)　表中の（　①　）・（　②　）に該当する最も適切な語句を答えなさい。

(3)　この国は，1つの公用語の他に3つの言語が主に使用されている。その3つの言語の語族・語派として，最も適切なものを三つ選び，記号で答えなさい。
　　(ア)　インド＝ヨーロッパ語族ゲルマン語派
　　(イ)　インド＝ヨーロッパ語族ラテン語派
　　(ウ)　インド＝ヨーロッパ語族スラブ語派
　　(エ)　インド＝ヨーロッパ語族インド・イラン語派
　　(オ)　オーストロネシア語族　　(カ)　ドラヴィダ語族
　　(キ)　シナ・チベット語族　　　(ク)　アフリカ・アジア語族

(4)　下線部(a)に関して，X国の首都の位置の対蹠点の緯度と経度を正確に答えなさい。なお，「分(′)」まで解答すること。

(5) 下線部(b)に関して，次の表は，パーム油，コプラのそれぞれの生産上位3か国とその割合(%)を示したものである。Y国に該当する国を答えなさい。

パーム油 (2018 年)	コプラ (2019/20 年)
Y国 (56.8)	フィリピン (42.8)
X国 (27.3)	Y国 (28.4)
タイ (3.9)	インド (12.8)

（『データブック　オブ・ザ・ワールド 2022 年版』により作成）

問5　次の表は，主な国の1人1日あたりの食料供給栄養量と食料供給量(2018年)を示したものであり，①〜⑤は，インド，カナダ，スペイン，ナイジェリア，日本のいずれかである。カナダと日本に該当するものを①〜⑤からそれぞれ選び，番号で答えなさい。

国	熱量 (kcal)	穀物 (g)	イモ類 (g)	野菜 (g)	肉類 (g)	牛乳・乳製品 (g)	魚介類 (g)
①	3,322	318	154	342	278	430	116
②	2,705	383	68	255	143	130	128
③	3,566	302	215	279	253	451	60
④	2,572	374	756	206	22	3	24
⑤	2,533	490	83	242	12	294	19

（『世界国勢図会 2021/22』により作成）

問6　村落と都市に関する次の問いに答えなさい。

(1) 次は，村落の形態と機能に関する文章である。文中の（　①　）〜（　③　）にあてはまる最も適切な語句を答えなさい。

> 集村は，伝統的に共同体の意識が強かったヨーロッパにも多く分布している。広場村や円村と呼ばれる集村では，村の中心に広場をつくり，そこに（　①　）を設けた。治安が悪くなったときには，この形態が防御の機能も果たした。
>
> 防御の機能をも果たしていた村落としては，中国の囲郭村や奈良盆地などに多く見られた（　②　）集落などがある。
>
> また，中世に開拓されたヨーロッパの村落には，路村と呼ばれる集村が見られ，ドイツやポーランドの森林地域に発達した（　③　）は，路村の一類型である。

(2)　次の表は，いくつかの国における総人口に占める人口第1位都
市の人口割合と都市人口率(2015年)を示したものであり，表中の
①～④は，イタリア，インド，カナダ，バングラデシュのいずれ
かである。①～④に該当する国名をそれぞれ答えなさい。

	総人口に占める 人口第1位都市の人口割合（％）	都市人口率（％）
①	0.90	32.8
②	5.41	34.3
③	4.74	69.6
④	7.62	81.3

（『データブック　オブ・ザ・ワールド 2022 年版』により作成）

（☆☆☆☆◎◎◎）

【3】次の図7に示した，中央アジア・西アジアに関する各問いに答えな
さい。

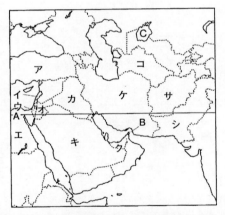

図7

問1　図7に示した緯線Aの緯度を10の倍数で答えなさい。また，この
緯線Aが通る日本の都道府県を次の①～④から一つ選び，番号で答
えなさい。

①　岩手県　　②　石川県　　③　福岡県　　④　鹿児島県

問2　次の文は図7中のBの海峡について説明したものである。説明を
読み，以下の問いに答えなさい。

169

> （　X　）湾と（　Y　）海のオマーン湾との間に位置している。
> （　X　）湾岸は世界有数の産油地域であり，この海峡を経て世界各地に送油されるため重要な地域になっている。

(1)　文中の（　X　）・（　Y　）にあてはまる最も適切な語句を答えなさい。

(2)　文中の下線部に関して，この地域に油田が集中している理由を，「プレート」という語を用いて説明しなさい。

問3　図7中のCの湖は1960年代まで世界4位の湖水面積を誇っていたが，現在では大幅に縮小している。この湖が縮小した原因を説明しなさい。ただし，地形的特徴と産業の変化を具体的に記述すること。

問4　次の表は図7中のア・エ・シのそれぞれの国にあるイスタンブール，カイロ，ラホールの月平均気温と月降水量を示したものである。D〜Fに該当する都市として正しい組み合わせを①〜⑥から一つ選び，番号で答えなさい。

上段：月平均気温（℃）、下段：月降水量（mm）

	1月	2月	3月	4月	5月	6月	7月	8月	9月	10月	11月	12月
D	13.4	16.3	21.7	27.5	32.1	33.4	31.5	30.9	29.9	25.9	20.4	15.1
	19.5	37.5	33.3	16.4	23.8	58.5	171.7	154.5	63.9	15.9	7.4	11.3
E	14.1	14.8	17.3	21.6	24.5	27.4	28.0	28.2	26.6	24.0	19.2	15.1
	7.1	4.3	6.9	1.2	0.4	0.0	0.0	0.3	0.6	0.4	7.9	7.9
F	6.4	6.2	8.1	12.4	17.1	21.8	24.2	24.2	20.5	15.9	11.4	8.2
	80.6	71.8	62.4	38.0	29.0	30.9	22.9	27.6	36.1	88.1	94.6	98.0

（『理科年表2021』などにより作成）

	①	②	③	④	⑤	⑥
イスタンブール	D	D	E	E	F	F
カイロ	E	F	D	F	D	E
ラホール	F	E	F	D	E	D

問5　図7中のア〜シの国に関する次の問いに答えなさい。

(1)　OAPECに加盟している国をすべて選び，記号で答えなさい。

(2)　OPECに加盟しているが，OAPECに加盟していない国をすべて選び，記号で答えなさい。

(3)　次の表の①〜④は，図7中のア・イ・ウ・クのいずれかの国の主な宗教とその割合を示したものである。クの国に該当するものを①〜④から一つ選び，番号で答えなさい。

	主な宗教とその割合	統計年次
①	イスラーム 59%、キリスト教 41%	2010 年
②	イスラーム 62%、ヒンドゥー教 21%、キリスト教 9%、仏教 4%	2005 年
③	ユダヤ教 75.5%、イスラーム 17.0%、キリスト教 2.0%	2010 年
④	イスラーム 97.5%	2005 年

（『データブック オブ・ザ・ワールド 2022 年版』により作成）

問6　都市はその都市固有に備わっている機能によって分類される。図7中のキの国にあるメディナと同様の都市機能を持つ都市を，次の①～④から一つ選び，番号で答えなさい。また，その都市の機能を答えなさい。

① ラサ　　② ムンバイ　　③ キルナ　　④ ドバイ

問7　砂漠気候が広がる中央アジア・西アジアでは，蒸発を防ぐため山麓にわき出す地下水を地下水路によって集落に導いている。図7中のケ・サの国では，この地下水路のことをそれぞれ何と呼ぶか答えなさい。

（☆☆☆◎◎◎）

【4】「環境問題」について授業を行うことにした。世界で起きている環境問題について，具体的な事象とその関係性について説明する際の板書例を構造図で書きなさい。ただし，次の【条件】に従って描図すること。

【条件】

・書き始めは 産業革命による化石燃料の使用増加 とすること。

・事象間の関係を，矢印(→)を用いて表すこと。

・事象が相互に関係する場合，矢印は両矢印(↔)を用いず，片矢印(→)をそれぞれに用いること。

・枠内に描図し，事象として使用した語句は，四角枠で囲むこと。

・四角枠は最大で20項目までとすること。

　(書き始めの 産業革命による化石燃料の使用増加 は除く)

・次の例を参考にすること。

〈例〉

先進国における都市・居住問題に関する構造図(板書例)

【条件】上記条件と同様。ただし，書き始めは 都市への人口集中 とする。

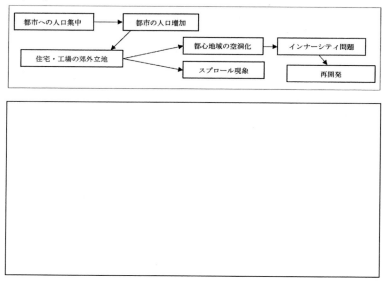

(☆☆☆◎◎◎)

【5】次の図8は，津市北部を示したものである。これをみて，各問いに答えなさい。

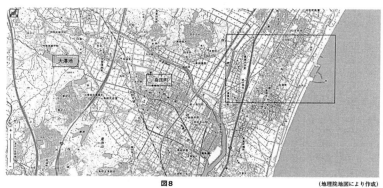

図8　　　　　　　　　　　　　　　　　　　　　(地理院地図により作成)

問1　次の図9は，図8中の□□□□の範囲を拡大したものである。この範囲内の地域の特徴を述べた以下の文中の(①)～(③)にあてはまる最も適切な語句を答えなさい。

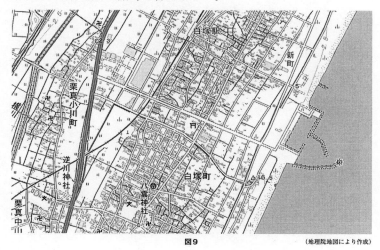

図9　　　　　　　　　　　　（地理院地図により作成）

文

　　この地域は，浅海底が隆起または海面の低下で陸地化した(①)で，海岸と並行に連なる(②)が発達している。海岸から内陸に向かう順に，針葉樹，畑，集落，水田，集落が土地利用として現れ，水田が(③)に，集落や畑が(②)に立地している。

問2　図8中の大澤池はどのような用途に利用されているものか，述べなさい。

問3　図8中の一身田町では，どのような災害に備えておく必要があるか，地形図から読み取れる情報から推察して述べなさい。ただし，複数の災害を挙げること。

問4　次の図10中の実線(──)は，国道や鉄道である。破線(----)はどのような交通路であると考えられるか，記述しなさい。

173

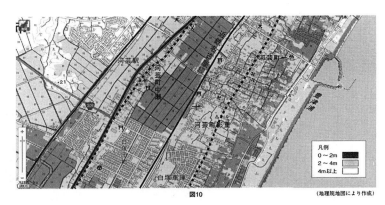

図10

（地理院地図により作成）

問5　次の図11は，1920年の旧地図である。伊勢鉄道が内陸側に大き
く曲がっていた理由を述べなさい。

図11

（今昔マップ on the web により作成）

（☆☆☆◎◎◎）

174

解答・解説

中 学 社 会

【1】1 (ウ)　2 ① 社会　② 積極　(3) ① (イ)
② (ア)　③ F (ウ)　G (エ)　④ H (ア)　I (カ)

〈解説〉1　教育基本法は教育法規の中でも最頻出であるので，できれば前文を含め全条文暗記することが望ましい。第2条は教育の目標に関する条文であり，「その目的」とは第1条「教育は，人格の完成を目指し，平和で民主的な国家及び社会の形成者として必要な資質を備えた心身ともに健康な国民の育成を期して行われなければならない」を指す。したがって，第1条と第2条はセットで学習するとよいだろう。
2　不登校は本人・家庭・学校に関わる要因が複雑に絡み合っている場合が多く，さらに「学びの場」としての学校の相対的な位置付けの低下，学校に対する保護者・児童生徒自身の意識の変化，社会全体の変化といった要因が影響しているとされている。したがって，不登校は単に児童生徒の問題とするのではなく，学校や地域をあげて支援するといった姿勢が求められることに注意したい。　(3)　①　出題の項目は，地理的分野の学習を通じて育成される資質・能力のうち，「知識及び技能」に関わる目標を示したもの。文中の「情報を効果的に調べまとめる技能」には，情報を収集する技能，情報を読み取る技能，情報をまとめる技能の3つがある。　②　本項目は，日本の国土の地域区分や区分された地域の地域的特色を多面的・多角的に考察し，表現する力を育成することを主なねらいとしている。国土の特色や大まかな国内の地域差を捉えやすいように，地理的事象を「自然環境」，「人口」，「資源・環境エネルギーと産業」，「交通・通信」の4つの項目で扱うよう構成されている。　③　歴史的分野の学習を通じて育成される資質・能力のうち，「思考力，判断力，表現力等」に関わるねらいを示している。「複数の立場」とは，歴史的分野の学習が一つの歴

史観に囚われず政治的中立性を担保して行われることを示し，「議論する力」は，歴史に関わる事象の意味や意義について，自分の考えを論理的に説明する力，他者の主張を踏まえたり取り入れたりして，歴史に関わる事象に関する自分の考えを再構成しながら議論する力を示している。　④　公民的分野においては，対立と合意，効率と公正などの現代社会を捉える概念的な枠組みを「視点や方法(考え方)」として用いて社会的事象を捉え，考察，構想に向かうことが大切である。Hの「分業」と交換，Iの「希少性」は，現代の生産や金融，経済の仕組みや働きについて理解するうえで重要な概念である。

【２】(1)　ア　ユーラシア　　イ　北大西洋　　ウ　偏西　　(2)　都道府県名…秋田　　県庁所在地…秋田　　都道府県名…岩手　　県庁所在地…盛岡　　(3)　午後4時～午後5時　　(4)　混合　　(5)　(ア)　ノルウェー(ノルウェー王国)　　(イ)　ギリシャ(ギリシャ共和国)　(ウ)　イタリア(イタリア共和国)　　(エ)　オーストリア(オーストリア共和国)　　(6)　(ア)

〈解説〉(1)　ユーラシア大陸の西岸に位置する西ヨーロッパは，暖流である北大西洋海流が流れ，その上を偏西風が吹く。そのため，温かな風が運ばれ，高緯度地域ではあっても温暖な西岸海洋性気候となる。西岸海洋性気候には，年間の気温や降水量の変化が穏やかであるという特徴がある。　(2)　北緯40度に位置する都市には，マドリード，北京，ニューヨークなどがあり，リスボンやアンカラ，ワシントンなども北緯40度付近に位置することを，併せて覚えておきたい。　(3)　ドイツは東経15度，日本は東経135度が標準時子午線となる。よって(135－15)÷15＝8〔時間〕の時差があり，日本時間午前8時～午後5時はドイツ時間の午前0時～午前9時となる。このうち，ドイツ時間の午前8時～午前9時がテレビ会議可能な時間となる。この時間帯は，日本時間の午後4時～午後5時となる。　(4)　混合農業とは，小麦などの食料作物や飼料作物の栽培と，家畜飼育を組み合わせた商業的農業のことで，生産性が高いというメリットがある。　(5)　(ア)　ノルウェー

のスカンディナビア半島西岸にはU字谷に海水が進入して形成された
フィヨルドがみられる。　　(イ)　オリンピック発祥の地であるギリシ
ャでは，2004年に108年ぶりとなる2回目のオリンピックが開催された。
(ウ)　イタリアではフィレンツェ歴史地区，ピサの斜塔など多くの世
界文化遺産を有している。　　(エ)　オーストリアの首都ウィーンは音
楽の都としても名高く，市内を国際河川であるドナウ川が流れる。
(6)　ノルウェーは1994年に国民投票でEU加盟が否決されており，現
在もEU非加盟国である。

【3】(1)　(ア)　都道府県名…滋賀　　県庁所在地…大津　　(イ)　都道
府県名…栃木　　県庁所在地…宇都宮　　(ウ)　都道府県名…高知
県庁所在地…高知　　(2)　(ア)　(3)　A　山梨　　B　長野
〈解説〉(1)　(ア)　日本最大の湖は琵琶湖であり，滋賀県の約6分の1の面
　　積を占めている。　　(イ)　栃木県では近郊農業が盛んであるが，なか
　　でも豊富な水資源と昼夜の寒暖差などがいちごの生育環境に適してい
　　る。　　(ウ)　高知県では，温暖な気候を利用して夏作物を冬に出荷す
　　る促成栽培が盛んである。　　(2)　日本アルプスは，本州の中部地方に
　　南北に並走する北アルプス(飛驒山脈)，中央アルプス(木曽山脈)，南ア
　　ルプス(赤石山脈)からなる。　　(3)　山梨県では，昼夜の気温差が大き
　　く年間降水量が少ない内陸性気候であり，盆地では年間日照時間が長
　　いため，果樹の栽培に適している。

【4】(1)　カルデラ　　(2)　対馬海流，日本海流(黒潮)　　(3)　シラス
〈解説〉(1)　カルデラとは，火山の爆発や噴火によって陥没してできた
　　凹地のことで，内部には中央火口丘も連なる。熊本県には，世界最大
　　級といわれる阿蘇カルデラがある。　　(2)　日本付近を流れる暖流には
　　対馬海流と日本海流(黒潮)，寒流にはリマン海流と千島海流(親潮)があ
　　る。　　(3)　シラスとは，約3万年前の大噴火による堆積物で，鹿児島
　　県本土の約半分以上の面積に分布している。保水性が低くやせた土壌
　　であるが，18世紀の移住開発以後，乾燥に強いサツマイモの栽培が普

及した。

【5】(1)　貿易摩擦　　(2)　自動車　　(3)　空洞化　　(4)　①　加工貿易　　②　多国籍企業　　(5)　(ウ)

〈解説〉(1)　日本では1970年代後半から1980年代にかけて日本からアメリカへ自動車の輸出が急増した際に日米貿易摩擦が生じ，自動車メーカーはアメリカ合衆国国内で現地生産をするなど対応が求められた。(2)　自動車が量産化されるようになったのは，流れ作業による組み立てでT型フォードの生産をデトロイトで始めたのが起因である。(3)　企業の海外進出に伴い，国内の工業が衰退し，雇用の減少が生じることを産業の空洞化と呼ぶ。近年は，外国の賃金の上昇などの影響もあり，工場を国内へ戻す国内回帰の動きもみられる。　(4)　①　原燃材料を輸入し，これらを国内で製品に加工して輸出する貿易を加工貿易という。　②　自国だけでなく，多くの国々に生産や販売の拠点をもつ企業を多国籍企業という。　(5)　円安について述べたレポートが題材となっているが，逆に円高が進行すると自国の通貨が高くなり，輸出競争力が低下し，製造業などは外国での生産を進めるとされている。

【6】(1)　(エ)　　(2)　(ア)

〈解説〉(1)　児童の権利条約は，児童の生きる権利，育つ権利，守られる権利，参加する権利を保障している。「意見表明権」と呼ばれる(エ)は，参加する権利に該当する。　(2)　児童福祉法なども18歳未満の者を児童としているが，児童の定義は法令によって異なり，労働基準法では満15歳に達した日以後の最初の3月31日が終了するまでの者，学校教育法では満6歳に達した日の翌日以後における最初の学年の初めから，満12歳に達した日の属する学年の終わりまでの者が児童(学齢児童)である。

【7】(1)　A　2050　　B　ニュートラル　　(2)　(エ)

〈解説〉(1)　わが国は2050年までのカーボンニュートラルの実現を目指
　しており，改正地球温暖化対策推進法にもその旨が明記されている。
　なお，カーボンニュートラルとは，温室効果ガスの排出量と吸収量が
　均衡することをいう。　　(2)　憲法第57条に基づき，国会を秘密会にす
　ることができる。　　(ア)　公聴会ではなく両院協議会である。
　(イ)　すべての議決で衆議院が優越するわけではない。例えば憲法改
　正の発議では，衆参は対等である。　　(ウ)　衆議院の任期は4年である。

【8】(1)　(ウ)　　(2)　(イ)　　(3)　(エ)　　(4)　(ウ)→(ア)→(イ)
　(5)　ビスマルク　　(6)　権利(の)章典　　(7)　①　(エ)　　②　X
　(8)　化政文化　　(9)　D，E　　(10)　(ウ)

〈解説〉(1)　資料Aの「人民の，人民による，人民のための政治」は1863
　年11月のゲティスバーグの追悼式典におけるリンカン大統領の演説の
　一部として有名である。よって，下線部aの「国内戦争」は，アメリ
　カの南北戦争と分かる。　　(ウ)　北部は，工業を主体とし国内市場を
　確保するために，産業革命により安価な工業製品を輸出していたイギ
　リスを締め出す保護貿易を望み，南部は，綿花栽培を主体としイギリ
　スに原料として輸出していたため自由貿易を望んでいた。
　(2)　マグナ・カルタの発布年は，表に1215年と記載されている。(ア)
　の平将門の乱は939年，(イ)の承久の乱は1221年，(ウ)の藤原純友の乱
　は939年，(エ)の前九年合戦は1051年である。　　(3)　資料Cはアメリカ独
　立宣言である。(エ)のゲティスバーグの戦いは南北戦争の戦いである
　の。　　(4)　資料Dは，1789年8月にフランス国民議会で採択された人権
　宣言(人間および市民の権利の宣言)である。　　(ア)　1789年7月のバス
　ティーユ牢獄襲撃からフランス革命が生じると，1791年9月にフラン
　ス初の憲法である「1791年憲法」が制定され，立憲君主制が確立された。
　(イ)　1792年4月のオーストリアへの宣戦布告から生じた革命戦争や経
　済危機を背景に，8月に国王一家が捕らえられ王権は停止された。さ
　らに9月に国民公会が招集され，9月22日に共和制が宣言された。

（ウ）　1589年に成立したブルボン朝のもとで絶対王政が敷かれ，フランス革命まで存続した。　（5）　ビスマルクは，鉄血政策を推進したプロイセン首相である。地主貴族層であるユンカーの出身で，ロシアやフランスでプロイセン大使を歴任し，1862年にプロイセン王により首相に任命された。　（6）　「権利(の)章典」は，名誉革命(1688〜1689年)後にイギリス議会によって制定された法律。課税に対する議会の同意や，恣意的な逮捕および裁判の禁止を内容とする「権利の宣言」を，国王ウィリアム3世とメアリ2世が受諾し，「権利の章典」として制定された。1628年に国王チャールズ1世に提出された「権利の請願」(議会の同意なき課税の禁止や不当逮捕の禁止を求めたもの)と併せて覚えておきたい。　（7）　①　ルターは，キリスト教の真理の唯一の源泉として，聖書を重視する聖書中心主義を掲げ，パウロの「ローマ人への手紙」にもとづく信仰義認説を説いた。　②　宗教改革はルターが1517年に発表した九十五カ条の論題によって始まった。　（8）　化政文化は，1804〜1818年の文化時代と1818〜1831年の文政時代に，主として江戸で発達した町人文化を指す。刹那的・享楽的な色彩を帯び，粋を重んじた。十返舎一九の『東海道中膝栗毛』や式亭三馬の『浮世風呂』などの滑稽本が流行する一方で，小林一茶が俳書『おらが春』を刊行した。ナポレオン1世の第1帝政(1804〜1814・1815年)とブルボン朝の復古王政(1814・1815〜1830年)の時期に相当する。　（9）　三国干渉はロシア・ドイツ・フランスが日本に対して行ったもの。資料Aはゲティスバーグの追悼演説であるのでアメリカ合衆国，資料Bはマグナ・カルタであるのでイギリス，資料Cはアメリカ独立宣言であるのでアメリカ合衆国，資料Dは人権宣言であるのでフランス，資料Eは1862年のビスマルクの鉄血演説であるのでプロイセン(ドイツ)，資料Fは権利(の)章典であるのでイギリスである。　（10）　（ア）　ナポレオン3世は，ドイツに敗北した。1870〜1871年のプロイセン＝フランス(普仏)戦争でナポレオン3世はドイツの捕虜となり，第2帝政が崩壊して第3共和政が誕生した。　（イ）　議会の権力が増した。18世紀以降の「王は君臨すれども統治せず」のもとで，1867年の第2回選挙法改正と

1884年の第3回選挙法改正によって成人男性のほぼ全てが有権者とな
り，自由党と保守党の2大政党による政党政治が展開した。　（エ）　16
世紀後半国王フェリペ2世の時代に「太陽の沈まぬ国」と呼ばれたス
ペインであるが，1819年にフロリダをアメリカ合衆国に売却したうえ，
19世紀前半のラテンアメリカ諸国の独立で多くの植民地を喪失した。

【9】(1)　（イ）　　(2)　銀　　(3)　（イ）　　(4)　（ア）　　(5)　（ウ）
〈解説〉(1)　1841〜1843年に行われたのは，老中水野忠邦による天保の
　改革である。忠邦は商品の流通を独占する十組問屋などの株仲間を物
　価騰貴の原因とみなし，解散を命じたが，流通が混乱して江戸で物不
　足となるなどむしろ逆効果となったため，改革後の1851年に株仲間再
　興令が出された。(ア)は寛政の改革，(ウ)は田沼意次の政治，(エ)は享
　保の改革の政策である。　(2)　18世紀のイギリスは清から茶や絹を大
　量に輸入していたため，銀の流出に悩んでいた。19世紀に入ると，産
　業革命を達成したイギリスは大量生産された機械製の綿織物などをイ
　ンドに輸出し，大量の銀を得た。そしてインド産の麻薬のアヘンを清
　に密輸出する三角貿易のシステムをつくり上げた。清はアヘンの密輸
　入の増加とともに，銀の流出額が増加した。　(3)　1851〜1864年にお
　こったのは，太平天国の乱である。アヘン戦争後，重税に苦しむ人々
　が各地で反乱をおこし，1851年には，広西省で宗教結社拝上帝会の創
　始者洪秀全が，満州族の国の清を滅ぼして漢民族の国の太平天国の樹
　立をめざす「滅満興漢」を唱えて兵を挙げた。1853年には南京を占領
　して勢力を伸ばしたが，1864年に李鴻章ら漢人官僚による義勇軍の郷
　勇や欧米人による常勝軍によって滅ぼされた。　(4)　1857〜1859年に
　起きたのはインド大反乱である。1857年，東インド会社のインド人傭
　兵であるシパーヒー(セポイ)たちが，イギリスの支配に対して反乱を
　おこし，これに農民や諸侯も加わった。鎮圧に乗り出したイギリスは，
　翌1858年にムガル帝国を滅ぼし，東インド会社を解散して直接統治体
　制を築いた。反乱は1859年に完全に収束し，1877年にはヴィクトリア
　女王がインド皇帝に即位してインド帝国が成立した。　(5)　1853年7

月，ロシアの使節プチャーチンが長崎に来航し，長崎奉行に対して開国と国境の画定を要求する国書を提出した。1855年2月には下田で日露和親条約を締結し，千島列島は得撫島から占守島までをロシア領，択捉島から南を日本領とし，樺太については両国人雑居の地とした。(ア)のゴローウニンの逮捕は1811年，(イ)のラクスマンの来航(根室)は1792年，(エ)のレザノフの長崎来航は1804年の出来事である。

【10】(1)　(ア)，(ウ)　　(2)　Z　　(3)　A　平安　　B　平清盛
　　(4)　い

〈解説〉(1)　①と②は鎌倉時代の出来事，③と⑤は飛鳥時代の出来事である。　①　鎌倉時代後期，1274年の文永の役，1281年の弘安の役という2度の蒙古襲来(元寇)があった。1297年，鎌倉幕府は元寇で多額の出費をしても恩賞を得られず，分割相続も相まって困窮した御家人たちを救済するために永仁の徳政令を出した。　②　1221年，後鳥羽上皇が鎌倉幕府の打倒をめざして承久の乱をおこした。これに勝利した幕府は，朝廷の監視と西日本の御家人の統制のために京都に六波羅探題を置いた。　③　大和政権以来友好関係にあった百済が新羅に滅ぼされると，日本は百済の復興を目指して水軍を派遣し，唐・新羅連合軍と戦ったが大敗した(663年，白村江の戦い)。　⑤　壬申の乱は，672年6月，大友皇子と大海人皇子の間に起きた皇位継承をめぐる内乱である。大海人皇子が勝利し，673年天武天皇として即位した。なお，図中の④は室町時代，⑥は安土桃山時代，また「保元の乱」(1156年)は平安時代の出来事である。　(2)　天下を統一した豊臣秀吉は明を征服する野望を抱き，1592〜1593年の文禄の役，1597〜1598年の慶長の役という2度の朝鮮出兵を行った。その際に日本軍の拠点として九州の肥前に築かれたのが名護屋城である。なお，亀甲船は朝鮮軍の軍船のこと。　(3)　平安時代末期の1156年，鳥羽法皇が没して皇位継承をめぐる後白河天皇と兄の崇徳上皇の対立が深まり，摂関家の継承争いもからんで保元の乱がおこった。後白河天皇は源義朝・平清盛らを味方にして，これに勝利した。　(4)　承久の乱は1221年5月に後鳥羽上

皇が諸国の武士に執権北条義時追討を命じる院宣を下したことによって始まり，翌月に幕府軍が京都を占領したことによって終わったので[い]。[あ]は明治時代に八幡製鉄所がつくられた現在の北九州市，[う]は源義仲の本拠の木曽谷，[え]は鎌倉である。

【11】(1)　A　田中角栄　　B　佐藤栄作　　C　小泉純一郎
(2)　(エ)　　(3)　①　エコツーリズム　　②　菊(電照菊)
(4)　(イ)　　(5)　①　犬養毅　　②　(イ)→(ア)→(ウ)　　(6)　(イ)

〈解説〉(1)　A　沖縄返還の2カ月後の1972年7月，自由民主党の総裁選挙で福田赳夫を破った田中角栄が首相となった。田中首相は9月に中華人民共和国の首都北京を訪問して周恩来首相らと協議した結果，日中共同声明を発表し，日中国交正常化を実現させた。　B　1969年，ワシントンで行われた佐藤栄作首相とニクソン大統領の日米首脳会談で，「核抜き，本土並み」での1972年の沖縄返還が合意された。これに基づき1971年に沖縄返還協定が調印され，翌1972年5月15日，沖縄は日本に返還された。　C　2001年4月，森喜朗内閣が総辞職すると，自由民主党総裁選挙で橋本龍太郎元首相らを破った小泉純一郎が内閣総理大臣となった。翌2002年9月，小泉首相は北朝鮮を訪れて金正日総書記と会談し，日朝平壌宣言に調印した。　(2)　(ア)は発電量が多く原子力発電の割合も高いことからアメリカ合衆国，(イ)は発電量が多く水力発電の割合も高いことから中国，(ウ)は再生可能エネルギーの割合が高いことからドイツ，(エ)は原子力発電の割合が高いことからフランス，(オ)は水力発電の割合が高いことからブラジル。

(3)　①　近年，環境問題への関心も高まり，自然環境を損なわずに行う観光行動であるエコツーリズムが沖縄県では人気を集めている。②　沖縄県では，温暖な気候を利用し，需要の高まる12月〜3月に出荷する電照菊の栽培が盛んである。沖縄県の他に，愛知県渥美半島では，ビニルハウスを利用した電照菊の栽培が盛んである。

(4)　(ア)　製鉄所や石油化学コンビナートは，日本では太平洋ベルト地帯を中心に立地している。　(ウ)　南部鉄器は岩手県の特産品。

(エ)　東日本大震災により被害を受けたのは，自動車「部品」工場である。自動車組み立て工場は，北関東地方，中部地方，九州地方などに多く立地している。　(5)　①　1931年12月，満州事変の収拾に自信を失った立憲民政党の第2次若槻礼次郎内閣が総辞職し，立憲政友会の犬養毅内閣が発足した。犬養首相は満州国の承認に反対したため軍部の反感が強まり，翌1932年5月15日，首相官邸で海軍将校らに暗殺された(五・一五事件)。　②　(ア)　1936年2月26日，陸軍の青年将校らが多くの兵士を率いて首相官邸・警視庁などを襲撃し，高橋是清蔵相らを暗殺する二・二六事件をおこした。　(イ)　1931年9月，日本軍が奉天(現在の瀋陽)郊外の柳条湖で日本が所有していた南満州鉄道の線路を爆破し(柳条湖事件)，これを中国軍の仕業として軍事行動を開始した(満州事変)。　(ウ)　1937年7月7日，北京郊外の盧溝橋で日中両国軍が衝突した盧溝橋事件をきっかけに日中戦争が始まった。

(6)　参議院の緊急集会による措置は，次の国会の開会後10日以内に衆議院が同意しないと，効力を失う。　(ア)　参議院の被選挙権は30歳からである。　(ウ)　国政調査権に関する記述だが，国政調査権は衆議院だけでなく参議院にもある。　(エ)　国民審査が行われるのは，参議院議員選挙ではなく衆議院議員選挙の際である。

地 理 ・ 歴 史

【共通問題】

【1】(1)　(ク)　　(2)　①　人間としての在り方生き方　②　道徳教育推進教師　③　特別活動　(3)　①　ア　地理総合　イ　歴史総合　ウ　地理探究　エ　日本史探究　オ　世界史探究　②　ア　技能　イ　多面的　ウ　多角的　エ　主体的　オ　自覚　③　ア　政治　イ　宗教

〈解説〉(1)　高等学校における目的・目標に関する問題。教育に関する法規では，まず目的が示され，目的を達成するため目標が示されてい

るという関係性を把握し，セットで学習するとよい。なお，第52条に関連して学校教育法施行規則第84条では，高等学校学習指導要領を教育課程の基準と位置づけていることも知っておくとよい。　(2)　まず，道徳教育は学習指導要領が目的としている「『生きる力』の育成」の構成要素「豊かな心」に関わる教育であり，学校の教育活動全体で行われるもの，という位置づけをおさえておきたい。道徳教育の目標は「人間としての在り方生き方を考え，主体的な判断の下に行動し，自立した人間として他者と共によりよく生きるための基盤となる道徳性を養うこと」であり，「公共」や「倫理」，特別活動が人間としての在り方生き方に関する中核的な指導の場面としている。　(3)　①　ア～オの科目は，全て2018(平成30)年3月告示の学習指導要領において新設された科目である。中でも地理は1994年から2018年まで必修科目でなかったため，学習を構想する際は総合と探究間のつながりだけでなく，地理と歴史のつながりも意識したい。　②　アの「技能」は，学力の3要素のうち「知識・技能」に関するものである。イの「多面的」とウの「多角的」は，高等学校学習指導要領解説地理歴史編(2018(平成30)年7月)によれば，「学習対象としている社会的事象自体が様々な側面をもつ『多面性』と，社会的事象を様々な角度から捉える『多角性』とを踏まえて考察する」ことを踏まえた表現である。多面的と多角的は併記されることが多いが，それぞれの意味の違いについても意識して学習すること。エの「主体的」とオの「自覚」については，学力の3要素のうち「主体的に学習に取り組む態度」に関するものである。　③　アの「政治」とイの「宗教」の学習においては，特定のものに依拠せず，一般的教養として尊重したうえで学習を行うことが求められる。

【２】(1) ④　　(2) ⑤　　(3) ①　　(4) ②　　(5) ③　　(6) ③
(7) ②　　(8) ④　　(9) ②　　(10) ③
〈解説〉(1)　ウラジオストクは北緯43度，東経131度に位置する。地名は図上に記載されていないが，ロシア連邦南東端の沿海に位置し，北緯

は札幌市，東経は山口市とほぼ同じであることから，＋10時間の位置にあると推測できる。モスクワは＋3時間と表記されているので，ウラジオストクとの時差は7時間となる。列車はモスクワ時間12月10日23時45分に出発をするが，これはウラジオストク時間12月11日午前6時45分に出発することとなる。所要時間は144時間(6日)22分であるから，ウラジオストクには12月17日午前7時7分に到着となる。

(2)　①のUSMCA(米国・カナダ・メキシコ協定)は3カ国，②のMERCOSUR(南米南部共同市場)は南米の4カ国，③のAPEC(アジア太平洋経済協力機構)は21カ国，④のRCEP(東アジア地域包括的経済連携)は15カ国，⑤のOECD(経済協力開発機構)には38カ国がそれぞれ加盟をしている。　(3)　尖閣諸島は，中国と台湾が領有権を主張しているが，日本政府は「領土問題は存在しない」としている。　(4)　ある国とはウクライナであり，ウクライナ語，ロシア語，ベラルーシ語はいずれもインド＝ヨーロッパ語族スラブ語派である。ハンガリー語はウラル語族ウゴル語派，ルーマニア語はインド＝ヨーロッパ語族イタリック語派，タタール語はアルタイ語族テュルク語派である。

(5)　ユダヤ教では，ひづめが割れておらず，反芻しない豚やラクダ，馬，ウサギなどのほか，甲殻類や貝類，ヒレや鱗のないタコやイカなど，様々な忌避食物がある。また，牛を神聖な動物とするヒンドゥー教では，牛肉は食べてはならないが，乳製品は摂取してもよい。

(6)　ウィーンは古代ローマ時代から続く歴史を持ち，中世以降はハプスブルク家の帝都として繁栄した。ヨーロッパ文化が凝縮された数々の歴史的建造物を誇り，2001年には世界文化遺産として登録された。しかし，2017年に高層ビルの建築計画が立てられるなど，都市再開発の影響から危機的な状況にある。　(7)　シリアでは政府軍と反体制勢力の間で内戦が続いており，ヨーロッパなどへ多くの難民が流出している。2022年6月現在の国連難民高等弁務官事務所(UNHCR)の統計によれば，難民の数は多い順に，シリア，ベネズエラ，アフガニスタン，南スーダン，ミャンマーとなっている。　(8)　日本列島周辺では，4つのプレートがせめぎあっている。ユーラシアプレートと太平洋プレ

ートは，それぞれ北米プレート，フィリピン海プレートに隣接してい
る。ユーラシアプレートと太平洋プレートは対角線上に離れて位置す
るため接していない。　(9)　土岐川は北東方向から南西方向へと流れ
ており，地形図の北側が右岸となる。図中の説明文には「川から水が
あふれていないのに…」とあるので，街の中に降った雨水が川に排出
できなくなり，浸水被害をもたらす内水氾濫が起こったと考えられる。
川の水位が高い状態で強い雨が降った時，排水処理能力を超えるよう
な強い雨が降った時に発生する。　(10)　高知県は，西日本火山帯フ
ロントの外側に位置し，火山は分布していない。

【3】(1)　②　　(2)　①　　(3)　③　　(4)　⑥　　(5)　⑤　　(6)　④
　　(7)　③　　(8)　②　　(9)　②　　(10)　①

〈解説〉(1)　1885年に第1回官約移民がハワイに出発し，1898年にアメリ
　　カ合衆国がハワイを併合すると，ハワイ・アメリカ西海岸への移民が
　　増えたので，①は北米。日露戦争後，アメリカでは日本の国力伸長に
　　対する警戒感が強まり，1924年には排日移民法が施行されたため，北
　　米に代わってブラジルなどの中南米への移民が増えた。よって正解は
　　②。③は東南アジア，1930年代後半に急増した④は中国東北地域(満
　　州)である。　(2)　農商務省は工場法の制定に向けて1900年に商工局
　　内に臨時工場調査掛を設置して全国の工場労働者の労働時間・賃金な
　　どの実態調査を進め，1903年に『職工事情』全5巻として刊行した。
　　しかし，発行部数は少なく閲覧は困難で，労働運動・社会運動に影響
　　を与えることはなかった。　(3)　1912年末，藩閥内閣の第3次桂太郎
　　内閣が成立すると，立憲政友会の尾崎行雄，立憲国民党の犬養毅が
　　「閥族打破・憲政擁護」を掲げて第1次護憲運動と呼ばれる倒閣運動を
　　起こした。この運動は商工業者や都市民衆が加わって全国に広がり，
　　翌年2月，桂内閣は2カ月弱で退陣した(大正政変)。　(4)　Ⅰ　1940年，
　　第2次近衛内閣は日独伊三国同盟を締結した。　Ⅱ　1937年，日中戦
　　争が始まり，長期戦の様相を呈した1938年，第1次近衛文麿内閣は国
　　家総動員法を制定した。　Ⅲ　1936年，満州軍閥の指導者張学良が西

安郊外で国民政府の指導者蔣介石を監禁し，中国共産党との国共内戦の停止と一致抗日を要求する西安事件が起こった。　(5)　資料Ⅰは「支那国政府ガ南満州及東部内蒙古ニ於ケル日本国ノ優越ナル地位ヲ承認」させた上で行った要求なので，1915年に第2次大隈重信内閣が中国の袁世凱政府にそのほとんどを認めさせた二十一カ条の要求。資料Ⅱは「日中両国間の国交正常化」について述べているので，1972年の日中共同声明に関するもの。資料Ⅲは主権線と利益線について述べているので，1890年の第1回帝国議会で山県有朋首相が行った演説。(6)　①　聖職者と貴族が特権身分であった。　②　国民議会ではなく国民公会である。　③　女性の権利は考慮されていなかった。

(7)　③　1860年の大統領選でリンカンが選出されると，南部のサウスカロライナ州・ミシシッピ州・フロリダ州・アラバマ州・ジョージア州・ルイジアナ州・テキサス州は1861年2月に独立を宣言してアメリカ連合国を結成してジェファソン＝デヴィスを大統領に選出した。4月に南北戦争が始まると，ヴァージニア州・アーカンソー州・テネシー州・ノースカロライナ州もアメリカ合衆国を離脱してアメリカ連合国に参加した。　(8)　②　1876年8月にオスマン帝国のスルタンに即位したアブデュルハミト2世は，立憲制を支持して大宰相ミドハト＝パシャに12月にミドハト憲法を制定させた。　(9)　①　ムガル帝国を廃して直接統治を行った。　③　アヘン戦争である。　④　南京条約である。　(10)　①　コミンフォルムである。コミンテルンは1919年3月にレーニンがモスクワで設立した，共産主義政党の国際組織である第3インターナショナル(共産主義インターナショナル)のことである。

【日本史】

【1】(1)　ア　3　　イ　201　　ウ　300　　(2)　⑥　　(3)　①
(4)　③　(5)　②→④→①→③
〈解説〉(1)　イエス・キリストが生まれた年とされる西暦1年から100年までが1世紀，101年から200年までが2世紀，201年から300年までが3世紀となり，239年は3世紀である。「x世紀は100x年までの100年間」

という公式を覚えておくとよい。　(2)　5世紀から6世紀にかけて，ヤマト政権は豪族たちに，血縁を中心に構成した同族集団の氏と，臣・連・君・直という身分序列の姓を与えて世襲させる氏姓制度を編制した。　(3)　年表中の下線部cの757年は，奈良時代中期の天平文化の頃である。『懐風藻』は，751年に編纂された日本最古の漢詩集で，64人の作者による120編の漢詩が収められている。②の『竹取物語』と③の『往生要集』は平安時代中期の国風文化，④の『大鏡』は平安時代後期の院政期の文化の作品である。　(4)　1177年の鹿ヶ谷の陰謀とは，後白河上皇の近臣の俊寛，藤原成親・成経父子らが京都の東山山中で平氏政権打倒を密議した事件。①は1180～1185年まで続いた内乱である治承・寿永の乱，②は1159年の平治の乱，④は931～947年の承平・天慶の乱で，藤原純友が大宰府を攻め落としたのは941年である。
(5)　①　延喜の荘園整理令は902年に醍醐天皇が出した。　②　承和の変は，842年に起きた政変で，皇太子の座をめぐって藤原良房が橘逸勢らを排斥した事件。　③　中尊寺金色堂は1124年に藤原清衡が奥州平泉に建立した。　④　遣唐使の派遣停止は菅原道真の建言によるもので894年。

【2】(1)　『教行信証』　　(2)　観応の擾乱　　(3)　足利義教
　　(4)　村切　　(5)　④→③→①→②
〈解説〉(1)　親鸞は浄土宗を開いた法然の弟子で，鎌倉時代前期に阿弥陀仏の力にすがる絶対他力を説いて浄土真宗(一向宗)を開いた。1224年にはその教義などを記した基本教典の『教行信証』を著した。
(2)　観応の擾乱は，南北朝時代の1350年，初代将軍足利尊氏の重臣高師直と尊氏の弟の足利直義との対立をもとに起こった。その後も尊氏と直義の争いとなって続き，南北朝の動乱が長期化した。　(3)　永享の乱は，1438年に鎌倉公方の足利持氏が6代将軍足利義教に背き，翌年自害に追い込まれた事件である。　(4)　太閤検地によって，領主へ納める年貢や諸役をひとまとめにして村の責任で行わせる村請制が整備された。そのために村の境界を画定して村域を定める村切(村切り)

も進められた。　　(5)　①　姉川の戦いは，1570年に織田信長・徳川家康の連合軍が朝倉義景・浅井長政の連合軍を破った戦い。　　②　サン＝フェリペ号事件は，1596年にスペイン船サン＝フェリペ号が土佐に漂着し，26聖人殉教のきっかけとなった事件。　　③　寧波の乱は，1523年，日明貿易で堺商人と結ぶ細川氏と博多商人と結ぶ大内氏が明の寧波で衝突した事件。　　④　加賀の一向一揆は，1488年に加賀の浄土真宗の門徒たちが守護の富樫政親を攻め滅ぼした一揆である。

【3】(1)　ア　マカオ　　イ　生糸(白糸)　　ウ　糸割符仲間　　エ　江戸　　オ　五カ所商人　　カ　ポルトガル商人らの利益独占
(2)　徳川綱吉　　(3)　②　　(4)　神奈川県　　(5)　③→②→①→④
〈解説〉(1)　ア　1557年，ポルトガルは中国人が主体の後期倭寇の征伐で明を援助した功績により，中国南部の珠江河口に位置する港町のマカオ(澳門)の居住権を得た。これ以降，ポルトガルは明の貿易とともに，日本との南蛮貿易も盛んに行うようになった。　　イ　中国産の生糸(白糸)は日本産より高品質なため，日明貿易の時代から中国産の生糸・織物は主要輸入品であり，陶磁器や書籍・書画とともに唐物として，公家や身分の高い武士・僧，富裕な商人の間で珍重された。
ウ　1604年，江戸幕府は京都・堺・長崎の特定の商人に糸割符仲間をつくらせ，毎年春に彼らが輸入生糸の価格を決定して中国産生糸をポルトガルの商人から一括購入させ，仲間構成員に分配する糸割符制度を設けた。　　エ・オ　奉書船制度が始まり貿易統制が強まった1631年，幕府は糸割符仲間に江戸・大坂の商人も加え，糸割符仲間は五カ所商人と呼ばれるようになった。　　カ　1604年に幕府が糸割符制度を導入した目的は，マカオから長崎に中国産の生糸を運んで巨利を得ていたポルトガル商人の利益独占を排除するためだった。　　(2)　1702年，播磨の旧赤穂藩の浪士46人が江戸本所にある幕府高家吉良義央(吉良上野介)の屋敷に討ち入って義央を討ち取り，主君浅野長矩のかたきを討つ事件が起こった。当時は5代将軍徳川綱吉(在位1680〜1709年)の時代で，翌1703年，幕府は浪士46人全員に切腹を命じた。　　(3)　蛮書和解御用

は，幕府が西洋の進んだ科学・技術を取り入れるために1811年に設置した外交文書の調査・翻訳や蘭書の翻訳機関である。①の貞享暦の採用は1685年，③の太陽暦の採用は1872年，④のキリシタン書籍の輸入禁止(禁書令)は1630年の出来事である。　(4)　浦賀は三浦半島の東端に位置し，現在の神奈川県横須賀市にある。江戸への海上交通の要所であるため，幕府は1720年に浦賀奉行を置き，江戸に入る船舶と積荷を検問した。　(5)　①　蛮社の獄とは，1837年に起きたモリソン号事件について渡辺崋山や高野長英らが幕府を批判し，1839年に処罰された蘭学者弾圧事件である。　②　モリソン号事件とは，1837年，日本人漂流民7名の送還と通商を求めて浦賀沖に来航したアメリカ商船モリソン号を，異国船打払令によって砲撃した事件である。翌年蛮社の獄が起こるきっかけとなった。　③　フェートン号事件とは，1808年，イギリス軍艦フェートン号が長崎湾に不法侵入した事件。これを受けて，後に異国船打払令が発布されることとなった。　④　人返しの法とは，1841〜1843年に老中水野忠邦が行った天保の改革の一部で，江戸に流入して貧民となっている百姓を強制的に帰郷させたこと。

【4】(1)　②，④　　(2)　岡田啓介　　(3)　②→①→④→⑥
(4)　①　井上馨　　②　石橋湛山　　(5)　フェノロサ　　(6)　私有財産制度　　(7)　金融緊急措置令　　(8)　プラザ合意　　(9)　プラザ合意後の円高不況に対して，日本は低金利政策や内需拡大により景気が回復したが，金融業界が資産投機に走ったことで株価が高騰した。
〈解説〉(1)　自由民権運動は，1874(明治20)年に片岡健吉が建白書を提出したことから始まった。板垣退助が中心となって1885年頃最盛期を迎え，1890年頃まで続いた。　①　漸次立憲政体樹立の詔は1875年で集会条例は1880年であるから，同じ年に制定されたものではない。
③　1882年の福島事件の説明だが，県令「三島通庸」が，反対運動を展開した自由党の「河野広中」を弾圧した事件であるから誤り。
(2)　1935年，天皇機関説を唱える憲法学者の美濃部達吉が，貴族院で軍人出身の菊池武夫に追及される天皇機関説問題が起こった。天皇機

関説はそれまで正統的な学説として広く認識されていたが，岡田啓介内閣は軍部や右翼勢力の排撃運動に屈し，これを否認する国体明徴声明を出した。　(3)　「憲政の常道」とは，1924年に第1次加藤高明内閣が成立して以降，1932年の五・一五事件で犬養毅内閣が倒れるまでの8年間，立憲政友会と憲政会(のち立憲民政党)が交互に政権を担当したこと。　①　1929年，浜口雄幸内閣の時に世界恐慌がはじまった。② 1925年，第1次加藤内閣の時に治安維持法が公布された。④ 1930年，浜口内閣はロンドン海軍軍縮条約に調印した。⑥ 1932年，犬養内閣の時に血盟団事件が起こった。　(4)　①　「欧州ノ大禍乱」とは1914(大正3)年に始まった第一次世界大戦。元老井上馨はこれを「大正新時代ノ天佑」として，大隈重信首相と元老山県有朋に積極的な対応を求めた。　②　1914年11月に日本軍が中国におけるドイツの根拠地の青島を占領した直後に，『東洋経済新報』主筆の石橋湛山が社説として発表した青島非領有論「青島は断じて領有すべからず」の一節。石橋の小日本主義を代表する論説である。

(5)　1878年に東京大学の招きで来日したアメリカ人の美術研究家フェノロサは，文明開化の風潮の中で軽んじられていた伝統的な日本美術を高く評価し，岡倉天心とともに東京美術学校の設立に尽力した。

(6)　資料は「国体ヲ変革シ，又ハ私有財産制度ヲ否認スル…」者を「懲役又ハ禁錮ニ処ス」ことを定めた治安維持法。1925年，共産主義思想が広まることを恐れた加藤高明内閣は，国体(天皇制国家)の変革や私有財産制度を否定する結社を禁止するため，治安維持法を制定した。　(7)　終戦から半年後の1946年2月，幣原喜重郎内閣は金融緊急措置令を出した。インフレを抑制するために国民が持っている現金をすべて預金させて(預金封鎖)貨幣の流通量を抑制し，新円への切り換えを指示するものだったが，効果は一時的なものにとどまり，インフレの進行を止めることはできなかった。　(8)　プラザ合意とは，日米間の貿易摩擦が深刻な問題となっていた1985年，ニューヨークのプラザホテルでアメリカ・日本・西ドイツ・イギリス・フランスの5カ国蔵相・中央銀行総裁会議が開かれ，為替市場への協調介入の強化によ

るドル安とマルク高(当時の西ドイツの通貨はマルク)・円高への為替レートの調整で合意したこと。　(9)　プラザ合意を機に円高が大きく進み，翌1986年は輸出産業を中心に円高不況となり，成長率が落ち込んだ。それに対し，政府は低金利政策や内需拡大政策を実施した結果，1987年半ばからは金融業界が資産投機に走るなどの内需景気が起こって株価や地価が高騰し，のちにバブル経済と呼ばれる好景気が続いた。

【5】(1)　阿部正弘　　(2)　⑤　　(3)　③　　(4)　吉田茂　　(5)　②

(6)　台湾銀行　　(7)　②　　(8)　万朝報　　(9)　板垣退助

(10)　大逆事件　　(11)　第2次山形有朋内閣は，<u>共和演説事件</u>で分裂した元自由党系の<u>憲政党</u>と提携して，<u>地租増徴</u>に成功した。また，政党の影響力が官僚や軍部におよぶことを防ぐために文官任用令を改正し，軍部大臣現役武官制を定めるとともに，治安警察法を公付して政治・労働運動の規制を強化した。このため，山県内閣の政策に批判的になった民党の<u>憲政党</u>は解党し，藩閥の筆頭であった伊藤博文に接近して伊藤を総裁とする立憲政友会が結成された。(197字)

〈解説〉(1)　1854年，アメリカ合衆国の使者ペリーと江戸幕府(老中首座阿部正弘)との間で日米和親条約が結ばれ，日本は開国した。その内容は下田・函館(当時の表記は箱館)の2港を開き，アメリカ船に石炭や水・食料を供給すること，難破船や乗組員を救助すること，アメリカに対して片務的な最恵国待遇を認めることなどだった。なお，もう一つの1858年の条約は日米修好通商条約である。　(2)　Ⅰ　イギリスが清国から九竜半島・威海衛を租借したのは1898年。　Ⅱ　ロシアで血の日曜日事件が起こったのは日露戦争中の1905年。　Ⅲ　15代将軍徳川慶喜がフランスの援助で幕政改革(慶応の改革)を行ったのは1866～1867年。　(3)　①　弥生時代の南西諸島の文化は貝塚文化(南島文化)で，続縄文文化は北海道の文化である。　②　琉球王国は，1429年に尚巴志によって建国された。李成桂は1392年に朝鮮を建国した人物。④　江華島事件とは，1875年に日本が朝鮮沿岸に軍艦を派遣し，無断で沿岸を測量したために砲撃を受け，応戦して砲台を占領，破壊した

事件である。また，沖縄県を設置した琉球処分は1879年。　(4)　1950年6月に朝鮮戦争が始まると，アメリカは日本を西側陣営の一員とするために講和を急ぐようになり，翌1951年9月に吉田茂内閣は48カ国との間でサンフランシスコ平和条約に調印した。　(5)　資料Bは，1971年に日米間で調印された「琉球諸島及び大東諸島に関する日本国とアメリカ合衆国との間の協定」(＝沖縄返還協定)である。このときのアメリカ大統領はニクソン，首相は佐藤栄作(在任期間は1979(昭和45)年～1972(昭和47)年7月)である。当時，日本では高度経済成長とともにイタイイタイ病や水俣病などの深刻な公害問題が発生しており，1971年には環境庁が設置されるなど，公害対策に関する施策が進められた。①はドッジ＝ラインで1949年，②の「所得倍増」は1960年に発足した池田勇人内閣のスローガン，④の「戦後政治の総決算」は1985年に中曽根康弘内閣が打ち出した方針である。　(6)　資料C中には「鈴木商店」の語があるので，金融恐慌に関するものとわかる。金融恐慌は，1927年3月，大蔵大臣片岡直温が衆議院予算委員会で「渡辺銀行が破綻した」と失言したことがきっかけで起こった。台湾銀行は，経営破綻した鈴木商店(第一世界大戦中の大戦景気で急成長した総合商社)に対する巨額の不良債権を抱えていた。第1次若槻礼次郎内閣は，台湾銀行(台湾の中央発券銀行)を緊急勅令によって救済しようとしたが，当時枢密院顧問であった伊藤巳代治は，若槻礼次郎の救済策を了承せず(資料C)，若槻内閣は総辞職した。　(7)　若槻内閣に代わって，田中義一内閣(1927(昭和2)年4月～1929(昭和4)年7月)が成立したが，翌1928年に関東軍による張作霖爆殺事件が起こると，この処分問題がもとで天皇の不興を買い退陣することとなった。①の関東大震災は1923年，③の国際連盟脱退は通告が1933年で発効は1935年，④の金輸出再禁止は1931年の出来事である。　(8)　資料Dは，1900年8月30日付の日刊新聞『万朝報』に掲載された「自由党を祭る文」で，同紙記者である社会主義者の幸徳秋水によるもの。1900年の立憲政友会結成を批判的に論評した記事である。　(9)　土佐藩出身の板垣退助は1874年に日本最初の政党の愛国公党を結成し，自由民権運動を開始した。1881年，

政府が国会開設の勅諭を出すと，板垣を党首としてフランス流の急進的な自由主義を唱える自由党が結成された。 (10) 幸徳秋水は，社会主義運動が革命につながることを恐れた政府によって弾圧を受け，1910年には明治天皇の暗殺を計画した大逆事件(幸徳事件)の首謀者として逮捕され，翌年処刑された。 (11) 1898年，第1次大隈重信内閣の文部大臣尾崎行雄の演説が問題となり(共和演説事件)，憲政党は旧自由党系の憲政党と旧進歩党系の憲政本党に分裂して，わずか4カ月で退陣となった。その後に成立した第2次山県有朋内閣は，憲政党と提携して地租を2.5％から3.3％に増やす地租増徴案を成立させ，政党の官僚への影響力を弱めるため，1899年には文官任用令を改正し，1900年には治安警察法を制定した。また，陸・海軍大臣の就任資格を現役の大将・中将に限定するという軍部大臣現役武官制を定め，軍人の勢力を拡大した。

【6】

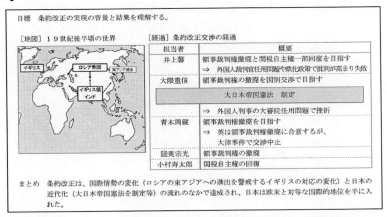

〈解説〉解答例のように，まず「地図」で19世紀後半の国際情勢を理解させたうえで，「条約改正交渉の経過」を，担当した外務卿・外務大臣の就任順にそれぞれの概要を年表風にまとめて説明し，その間に「大日本帝国憲法制定」という重要な画期を入れ(「日清戦争」と「日露戦

争」を入れてもよい），最後の「まとめ」で国際情勢の変化と日本の近代化や国力の進展が，条約改正を達成することができた原因だったことを説明すればよい。

【世界史】

【１】(1)　タレントゥム　　(2)　分割統治　　(3)　トラヤヌス

(4)　3世紀から軍人出身の皇帝による軍人皇帝時代になり，また，属州における反乱に加えて，ササン朝ペルシアやゲルマン人の侵入により社会不安が高まったため。

〈解説〉(1)　タレントゥム(現在のタラント)は南イタリアに位置する港市であり，前8世紀にギリシアのポリスであるスパルタの植民市として建設された。イタリア半島南部にはギリシア人が多く，タレントゥムは前272年にローマに征服されるまで，マグナ＝グラキアエ(大ギリシア)の中心都市として繁栄した。　　(2)　ローマは征服した諸都市と個別に同盟を締結したが，その内容は都市ごとに異なるものであった。諸都市の間に差異を設けて共通の利害をもたせないようにし，都市相互が団結してローマに反抗することを防いだ。　　(3)　トラヤヌスは，98年に即位した5賢帝の2人目で，初の属州(スペイン)出身のローマ皇帝である。102年にダキアを征服し，113～117年にメソポタミア遠征を実施してローマ帝国の最大版図を達成した。　　(4)　3世紀に入ると，財政逼迫，ササン朝ペルシアやゲルマン民族などの侵入によって帝国支配は動揺し，各地の軍団が司令官を皇帝に擁立する軍人皇帝時代に入った。3世紀末に即位したディオクレティアヌス帝は四帝分治(テトラルキア)によって秩序を回復するとともに，皇帝の神格化などの専制君主政(ドミナトゥス)へと統治形態を変化させた。

【２】(1)　②　　(2)　ローランの歌　　(3)　北アフリカのヴァンダル王国とイタリアの東ゴート王国を滅ぼし，西ゴート王国からイベリア半島南部を奪った。　　(4)　ホスロー1世　　(5)　グレゴリウス1世

(6)　ア　南詔　　イ　大理　　ウ　開城　　エ　大越国(李朝)

(7)　③・⑦　　(8)　地域名…燕雲十六州　　経緯…契丹は五代の後晋の建国を助けた代償として獲得した。　　(9)　大蔵経(高麗版大蔵経)

(10)　ドンソン文化

〈解説〉(1)　カール大帝は8世紀後半から9世紀初頭のフランク王である。800年のカールの戴冠を手がかりにしたい。　①　カルマル同盟は14世紀の1397年に結成された。　③　カラハン朝の成立は10世紀半ばである。　④　アンコール＝ワットの建造は12世紀である。　(2)　ローランの歌は，カール大帝のイベリア遠征におけるローラン伯とイスラームの王マルシルとの戦いを描いた武勲詩である。　(3)　ユスティニアヌス帝の実績として，ローマ帝国の復活の他にも『ローマ法大全』の編纂，ハギア(セント)＝ソフィア聖堂の再建や養蚕業・絹織物産業の導入を覚えておきたい。　(4)　ホスロー1世は，6世紀のササン朝最盛期の王で，突厥と同盟して遊牧民国家であるエフタルを滅ぼした。(5)　グレゴリウス1世は，590年に第64代教皇に就任し，ゲルマン人，特にイングランドにベネディクト会士を派遣してキリスト教の布教を開始した。　(6)　ア　南詔の建国年は不明であるが，8〜9世紀に雲南地方に存在したチベット＝ビルマ系のロロ族の国家で，10世紀初めに滅亡した。　イ　大理は，南詔滅亡後の937年に雲南地方に，白蛮系の豪族である段思平によって建国された。南詔の仏教文化を継承したが，1254年にフビライ率いるモンゴル軍に降伏した。　ウ　高麗は，918年に開城を都として王建によって建国された。高麗は958年には科挙を導入し，仏教を保護して『大蔵経』を刊行するなどした。

エ　大越国(李朝)は，1009年に李太祖(李公蘊)によってベトナム北部に開かれた。昇竜(ハノイ)を都とし，1054年，第3代の聖宗によって国号が大越国とされた。　(7)　玄奘の訪印は7世紀前半である。629年に長安を出発し，645年に帰国したといわれる。　①　ナーランダー僧院の建立は5世紀頃である。　②　カーリダーサの活躍は5世紀頃である。④　サータヴァーハナ朝は3世紀に滅亡している。　⑤　則天武后の即位は7世紀末の690年である。高宗から則天武后(聖神皇帝)時代にインドを訪れた中国僧は義浄である。　⑥　李白・杜甫・白居易が活躍

したのは8世紀である。　(8)　地域名…燕雲十六州は，現在の河北省北部と山西省北部にまたがる地域の呼称である。　経緯…石敬瑭が後晋の建国のために遼の太宗に援助を求め，その代償として936年に燕雲十六州を割譲した。遼は燕雲十六州に南面官を設置して州県制にもとづく統治を行ったことも併せて覚えておきたい。　(9)　11世紀に版木による大蔵経(高麗版大蔵経)が高麗で刊行された。この版木はモンゴル軍によって焼失したが，13世紀の版木は現存している。高麗版大蔵経は日本にも伝来して，大正新脩大蔵経の定本となった。

(10)　ドンソン文化の名称は，1924年にベトナム北部で発見されたドンソン遺跡にちなむ。前4世紀には中国の影響を受けて，広く東南アジアに伝播した，青銅器及び鉄器の文化である。

【3】(1)　アッバース1世　　(2)　スペインのフェリペ2世がネーデルラントにカトリックを強制し，重税を課したため，貴族が自治権を求めて反抗し，これにカルヴァン派の商工業者が加わって，オランダ独立戦争がはじまった。南部10州はスペインの支配下にとどまったが，北部7州はユトレヒト同盟を結んで，オラニエ公ウィレムのもとに抵抗を続け，ネーデルラント連邦共和国の独立を宣言した。1602年には東インド会社を設立し，(東南)アジア進出を本格化した。ジャワ島のバタヴィアを根拠地とすると，アンボイナ事件を機にイギリスの勢力をインドネシアからしめだした。さらに台湾を領有して，東シナ海交易の拠点とした。鎖国下の日本でも，唯一交易を許され，大きな利益を得た。　　(3)　オスマン帝国では，領内のキリスト教徒にイスラーム教を強制することはせず，共同体であるミッレトをつくらせ，その内部で自治を認めた。また，バルカン半島のキリスト教徒の子弟を徴用しムスリムに改宗させるデヴシルメ制によって，スルタン直属の官僚としたり，常備軍であるイェニチェリに編成した。　　(4)　③

(5)　ザミンダーリー制

〈解説〉(1)　アッバース1世は，サファヴィー朝の第5代シャーで，オスマン帝国と戦いアゼルバイジャンなどの失地を回復する一方で，1622

年にポルトガル人を追放してホルムズ島を奪回した。 (2) 1568年，スペイン国王フェリペ2世に対抗するカルヴァン派の貴族たちを中心に独立戦争が生じ，1581年にネーデルラント連邦共和国が建国された。1609年にスペインと休戦条約を結んだ(正式に独立が認められたのは，1648年のウェストファリア条約による)。他方，1602年に東インド会社を設立し，1619年にバタヴィアを拠点にアジア交易に参入すると，1624年に台湾，1641年にマラッカを占領した。同年には長崎の出島で日本と交易する唯一のヨーロッパの国家となった。その間の1623年にアンボイナ事件を起こして，イギリス勢力を東南アジアから駆逐した。(3) 統治はミッレト，徴集制度はデヴシルメ制について説明すればよい。ミッレトは，オスマン帝国における非ムスリムの宗教共同体である。正教徒・アルメニア教会信徒・ユダヤ教徒などは納税を条件に自治と慣習の維持が許された。デヴシルメはトルコ語で「集める」を意味する。バルカン半島で優秀なキリスト教徒子弟を徴用し，イスラーム改宗後に訓練を施して歩兵常備軍であるイェニチェリなどに補充した。 (4) ① フェルメールは19世紀ではなく17世紀のオランダ派の画家であるので誤り。 ② ベラスケスは17世紀のバロック派の画家である。 ④ デューラーは15世紀末から16世紀の北方ルネサンスの画家・版画家である。 (5) ザミンダーリー制は，イギリス東インド会社がベンガル・オリッサ地域に1793年に導入した地税徴収制度である。徴税請負制度に代えて，ザミンダールと呼ばれる大地主層に土地所有権を与えて，永代定額の地税納入義務を負わせた。19世紀初頭からマドラス管区やボンベイ管区に導入された，農民(ライヤット)に土地所有権を認めて直接地税を納入させたライヤットワーリー制も併せて覚えておきたい。

【4】(1) ③→④→②→① (2) 共産党書記長に就任したゴルバチョフは，グラスノスチ(情報公開)による言論の自由化やペレストロイカ(改革)をかかげて，市場経済の導入や柔軟な「新思考外交」の推進も表明した。また，軍事費を削減するために1987年に中距離核戦力(INF)

全廃条約をアメリカとの間で締結し，89年にはアフガニスタンから撤退し，同年冷戦終結を宣言した。

〈解説〉(1)　①　祖国愛による祖国防衛を，教育を通じて育てることを説いている。ドイツのナショナリズム高揚を招いた，1807〜08年のフィヒテによる「ドイツ国民に告ぐ」の一節である。　②　条文に分かれて，第一条で人間の自由・平等，第十七条で所有権の不可侵を唱えている。1789年に国民議会が採択した人権宣言(人間および市民の権利の宣言)である。　③　アダムとイヴの子孫である人間全員が平等であり，領主とそれ以外の間に貴賤の区別はないと説いている。1381年のワット＝タイラーの乱を思想的に教導したジョン＝ボールの説教の一節である。　④　1517年にマルティン＝ルターが発表した九十五カ条の論題である。82条で教会を建てるために教皇が金銭を集めていることを批判している。　(2)　ゴルバチョフは，1985年3月にソ連共産党書記長に就任して，ペレストロイカ(改革)と呼ばれる一連の経済自由化を推進した。1986年4月のチェルノブイリ原子力発電所事故はグラスノスチ(情報公開)を促し，ゴルバチョフは報道・結社の自由や検閲の廃止などを行った。外交では「新思考外交」を打ち出し，1987年12月に中距離核戦力(INF)全廃条約をアメリカ合衆国のレーガン大統領と調印した。翌1988年3月に新ベオグラード宣言を出して制限主権論を放棄したことは，1989年の「東欧革命」の背景の一つとなった。

【5】

元(13〜14世紀)	両税法 …夏と秋の2回徴税。現住地の土地資産に応じて課す。原則銭納。
↓	
明(14〜17世紀)	一条鞭法…田賦(土地税)と丁税(人頭税)などを一括して銀で納める。
↓	
清(17〜20世紀)	地丁銀制…土地税(地銀)の中に人頭税(丁銀)を繰り込み，一括して銀納する。

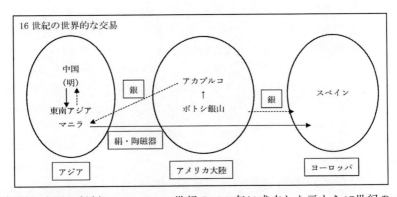

〈解説〉中国の税制について…13世紀の1271年に成立した元から17世紀の1616年に成立した清(1616年後金として成立し，1936年清に改称)までの税制を説明する。元は13世紀から1368年の14世紀までの王朝で，税制は両税法である。両税法は780年に導入されて16世紀後半までの中国の税制として通用した。農民による土地所有を認めて，夏(6月)と秋(11月)の2回にわたって徴税を行った。資産に応じた銭納と耕地面積に応じた穀物納が基本形式であった。16世紀後半に税制が変わるが，この時期の王朝は1368年に成立した明であり，1644年の17世紀まで続いた。16世紀後半の万暦帝の時代に張居正が実施した検地にもとづいて一条鞭法が導入された。土地の所有者に対して一本化された人頭税・土地税・徭役を銀で納付させた。16世紀半ばの海禁の緩和によって，明に日本銀やメキシコ銀(墨銀)が大量に流入し，銀経済が社会に浸透したことが新税制の背景にある。最後に17世紀に成立し，1644年に北京に入城した清は1912年の20世紀まで続いた王朝である。清では，当初は一条鞭法を維持したが，のちに地丁銀へと切り替えられた。これは土地税(地銀)に人頭税(丁銀)を組み込んで，一本化して銀納させた税制である。1711年の康熙帝在位50周年に際し，これ以降に増大した人口の人頭税を免除した。これにより固定された人頭税が土地税に組み込まれた。広東省で始められ，雍正帝の時代に全土に普及した。　16世紀の世界的な交易について…主要な交易品が銀であるので，その産

出地域であったアメリカ大陸を中心とした図を描くのがよい。スペイン支配下のラテンアメリカでは，ポトシ銀山をはじめとする多くの鉱山開発を通じて，レアル銀貨，特に8レアル銀貨が鋳造された。スペインは，太平洋航路を開拓するとメキシコのアカプルコから銀貨を，1571年に建設したマニラに大量に持ち込んだ。ここで中国(明)商人がもたらした絹・陶磁器などと交換するアカプルコ貿易が行われた。この絹・陶磁器は太平洋航路を通じてスペイン支配下のアメリカ大陸を経由して，本国であるヨーロッパのスペインに持ち込まれた。また1545年に開発されたポトシ銀山の銀はヨーロッパにも大量に流入して，ヨーロッパで物価騰貴を引き起こす価格革命をもたらした。

【地理】

【１】問1　C，イ　　　問2　A　理由…半島を覆っていた氷床が融けて地殻が上昇しているため。　　問3　①　　　問4　地形…カルスト地形(ドリーネ)　　理由…東側の急崖から台地が発達することが読み取れ，台地上に溶食を受けたと考えられる凹地があるため。　　　問5　イ，ウ，エ　　問6　恒常風である北東貿易風が年中卓越し，山地の風下に位置する地域は雨影効果によって乾燥するため。　　問7　夏季に海洋からのモンスーンが発達するために降水量が多く，河川から海洋へ淡水が流出するため。(45字)

〈解説〉問1　図1のAは，200m未満の低地の面積割合が少なく，台地上の地形となっているアフリカ。Bは，200m未満の低地の面積割合が大きく，低地が広がっているヨーロッパ。Cは，アンデス山脈を有し，2,000m以上の割合が高い南アメリカ。表1のアは，海岸線の発達度が大きく，フィヨルドやリアス海岸などが多くみられるヨーロッパ大陸，イは面積の大きいアフリカ，残るウが南アメリカ大陸である。

問2　図2中のスカンディナビア半島では，更新世の寒冷期にボスニア湾付近に氷床が存在し，その高さは3,000mほどに発達した。最終氷期に発達した氷床は約2万年前から融解を始め，氷の重さの分だけが軽くなり，アイソスタシー(地殻に働く重力と浮力のつり合い)が失われ

た。これを回復するように，土地の隆起が続いている。

問3　(ア)　氷河が融解すると，氷河内部に落下した水が底部にトンネルをつくる。トンネル内部を水流が流れると，侵食・運搬・堆積作用により，エスカーと呼ばれる砂礫からなるものが現れる。そのため，エスカーは丸みを帯びている。一方，モレーンは氷河によって運搬された堆積地形であり，岩屑からなる。　(ウ)　扇状地は河川の上流部で形成され，堆積物は角がたっている。一方，氾濫原は河川の中流部～下流部にかけて形成され，堆積物は丸みを帯びている。　問4　地形図中には凹地の地図記号が複数みられ，カルスト地形と判断することができる。　問5　乾燥帯(ケッペンの気候区分の「B」気候)を判定するには，まず乾燥限界値rを求める。w気候(＝冬に乾季)の場合は，$r＝20(t＋14)$の計算式で求める(tは年平均気温)。その後，年降水量Rと乾燥限界値rを比較し，$\frac{1}{2}×r<R<r$のときはケッペンの気候区分のBS気候(＝ステップ気候)，$R<\frac{1}{2}×r$のときは，BW気候(＝砂漠気候)となる。この式に当てはめて計算を行うと，イはBS気候，ウはBW気候，エはBS気候となるため乾燥帯と判断をする。　問6　ハワイは北東貿易風の影響下にあり，島の北東側では年中多雨となるものの，P地域では山脈の風下にあたり，乾燥となる。　問7　低緯度の熱帯地域は水の蒸発が盛んで高塩分化し，高緯度の亜寒帯地域では淡水流入が活発であり低塩分化する傾向にある。インドシナ半島周辺は低塩分化しているが，これは淡水の影響と考えると，大量の雨水がメコン川などの大河川から流入した影響と考えることができる。

【2】問1　日本…②　ブラジル…③　　問2　①　オーストラリア　②　ブラジル　　問3　石油火力発電に依存していた日本は石油危機以降の電力料金の値上げによって衰退し，豊富な水資源を誇るカナダは，水力発電に依存することで生産量を増加させている。

問4　(1)　マレーシア　　(2)　①　イスラーム　　②　ヒンドゥー教　(3)　(ア)，(カ)，(キ)　　(4)　南緯3°05′　西経78°18′　　(5)　インド

ネシア　　問5　カナダ…③　　日本…②　　問6　(1)　①　教会(共同牧場)　　②　環濠　　③　林地村　　(2)　①　インド　　②　バングラデシュ　　③　イタリア　　④　カナダ

〈解説〉問1　①　発電量が最も多く，水力発電の比率も高い中国。　②　火力発電の比率が最も高く，原子力発電の比率が低い日本。　③　アマゾン川など豊富な河川があり，水力発電の比率が最も高いブラジル。　④　①の中国に次いで発電量が多く，原子力発電の比率も高いアメリカ合衆国。　⑤　原子力発電を推進しているため，最も原子力発電比率が高いフランス。　問2　オーストラリアはボーキサイト，鉄鉱石ともに生産第1位である。ボーキサイトは北部のゴヴやウエイパなど，鉄鉱石は西部のピルバラ地区などで生産が盛んである。ブラジルは鉄鉱石の生産が第2位で，カラジャス鉄山，イタビラ鉄山などで生産され，その多くが中国へと輸出されている。　問3　アルミニウムは「電気の缶詰」と呼ばれ，生産には多量の電力を必要とするのが特徴である。日本ではかつてアルミニウム精錬が盛んに行われ，火力発電に依存をしながら生産を行っていた。1977(昭和52)年には生産量約120万トンを誇ったが，2度に渡る石油危機により電力コストが高騰したため衰退し，現在ではオーストラリアやアラブ首長国連合などからの輸入に依存している。一方，カナダでは水力発電を利用してアルミニウム生産が盛んに行われている。　問4　(1)　首都の位置やブミプトラ(マレーシアにおける先住民マレー人の優遇政策)，輸出品目のパーム油を手掛かりに，マレーシアと判断をする。　(2)　マレーシアではマレー人を中心にイスラームが最も多く信仰されているが，インド系の人々はヒンドゥー教を信仰する場合が多い。　(3)　マレーシアでは公用語であるマレー語と中国語，英語，タミル語の3つの言語が主に使用されている。公用語のマレー語はオーストロネシア語族，中国語はシナ・チベット語族，英語はインド＝ヨーロッパ語族ゲルマン語派，タミル語はドラヴィダ語族である。　(4)　対蹠点の緯度の絶対値は同じなので，緯度は南緯3°05′となる。対蹠点の経度は180°－経度で求める。1°＝60′であるから，180°＝179°60′と考えると，

179°60′－東経101°42′＝西経78°18′となる。　(5)　パーム油の生産第1位のY国はインドネシアである。　問5　②は魚介類の供給量が多いことから日本，④はイモ類の供給量が多いことからナイジェリア，⑤はヒンドゥー教徒が多く，肉類の供給量が少ないことからインド。①と③を比較すると，いずれも熱量が多く，ヨーロッパもしくは北アメリカの国々であることが分かる。大西洋に面し，魚介類の供給量が多い①がスペインとなる。残りの③がカナダとなる。　問6　(1)　円村は集村の一形態で，中央の広場や教会を囲むように家屋が円状に配置された集落であり，ドイツやポーランドにかけて多い。環濠集落は，防御のために集落のまわりに濠を巡らせた集落のことで，奈良盆地などにみられる。林地村は，中世ドイツの森林地域の開拓村で，道の両側に短冊状に家屋・耕地・草地・森林と配置されている。　(2)　①と②は，都市人口率が低いことから農村部の人口も多いと考えられるので，アジアのインドかバングラデシュのいずれかである。①は，人口が13億人を超えるため，人口第1位都市のムンバイが占める人口割合も小さくなるインドと判断できる。残りの②がバングラデシュとなる。③と④はイタリア，もしくはカナダとなる。④は国土の南部に人口が集中し，都市人口率も高いカナダと判断でき，残りの③がイタリアとなる。

【3】問1　緯線…北緯30°　　日本の都道府県…④　　問2　(1)　X　ペルシア　　Y　アラビア　　(2)　アラビアプレートがユーラシアプレートに衝突し，石油を貯め込みやすい褶曲構造をもった地層の背斜部が存在しているため。　　問3　綿花の栽培がおこなわれたために，アムダリア川・シルダリア川からの取水が増え，流入量が激減したから。　問4　⑥　問5　(1)　エ，カ，キ，ク　　(2)　ケ　　(3)　②　問6　①　　都市機能…宗教都市　問7　ケ　カナート　　サ　カレーズ

〈解説〉問1　緯線Aはエジプトのカイロ(北緯30°)を通っている。北緯30°は鹿児島県屋久島の南部を通る。　問2　(1)　Bのホルムズ海峡は，

ペルシア湾とアラビア海のオマーン湾との間に位置している。ペルシア湾岸地域で産出された石油・天然ガスがこの海域を通過し，各国へ輸出されている。　(2)　アラビアプレートは長期間にわたり，気候も温暖で赤道に近い場所に位置しており，有機物を含む頁岩が堆積し，石油の根源岩となった。その後，ユーラシアプレートに衝突をしたが，石油の多くは，褶曲構造をもった地層の背斜部に存在することとなった。現在，世界の石油資源は中東地域に偏在している。　問3　アラル海は1960年代まで世界第4位の面積(約6万8,000km²)であったが，旧ソ連時代に行われた自然改造計画の一環として綿花栽培が推奨され，シルダリア川，アムダリア川からの取水が増え，流入量が激減した。湖水面積は減少を続けている。　問4　Dはステップ気候のラホール(パキスタン)，Eは砂漠気候のカイロ(エジプト)，Fは地中海性気候のイスタンブール(トルコ)。　問5　(1)　OAPEC(アラブ石油輸出国機構)には，エのエジプト，カのイラク，キのサウジアラビア，クのアラブ首長国連邦のほか，クウェート，リビア，バーレーン，カタール，アルジェリア，シリアの計10カ国が加盟している。　(2)　イランにはアラブ人ではなく，ペルシア人が多く居住している。　(3)　①はキリスト教徒が多いイのレバノン，②はイスラーム教のほか，インド系の労働者が多いためヒンドゥー教徒の割合が高いクのアラブ首長国連邦，③はユダヤ教が多いウのイスラエル，④はイスラーム教徒が多いアのトルコ。　問6　イスラーム教の聖地の一つであるメディナは宗教都市である。①のラサはチベット仏教の聖地であり宗教都市，②のムンバイは工業都市，③のキルナは鉱業都市，④のドバイは金融都市や観光都市である。　問7　地下水路は各国で呼び名が異なり，ケのイランではカナート，サのアフガニスタンやトルキスタンではカレーズと呼ばれる。また，北アフリカ地域ではフォガラと呼ばれる。

【4】

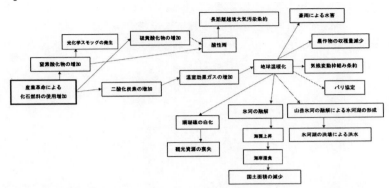

〈解説〉各事象を結びつけていけば，さほど難しくはないだろう。繋がり
　のある用語を結び付け，飛躍せず書き連ねていくことを心掛けていけ
　ばよい。環境問題ではほかに「砂漠化」がよく取り上げられる。一度，
　構造図で書いてみるとよい。

【5】問1　①　海岸平野　　②　浜堤　　③　低湿地(低地)　　問2　た
め池として，周囲の水田に必要な農業用水に利用されている。
　問3　・大澤池などのため池が決壊した際の浸水　　・大雨の際の洪水
　・地震とそれに伴う津波　　・台風接近に伴う高潮　　問4　伊勢神宮
への参拝道として整備された街道　　問5　名古屋方面から専修寺に
向かう人のために高田本山駅がつくられたため。
〈解説〉問1　地形図で示されている地域は，海岸平野であり，海岸線の
　沖合進出に伴い，浜堤が発達している。浜堤上の微高地には集落や畑
　が立地し，浜堤間の低湿地には水田が立地している。　問2　津市に
　は約400の農業用ため池が作られており，図中の大澤池もため池とし
　て農業用水に利用されている。　問3　ため池が満水状態となり，大
　雨や地震により決壊した場合は，周辺地域に氾濫を引き起こす可能性
　も指摘されており，ハザードマップの制作も行われている。また，海
　からも近く地震の際の津波や台風による高潮への備えも必要である。

問4　破線付近には神社や古くからの集落が立地していることから，伊勢神宮への参拝道として栄えた街道であったと考えることができる。　問5　一面に水田が広がる地域に専修寺が大きく目立つ。この近くに高田本山駅があることから，名古屋方面からの参拝客のために湾曲して敷設したと考えられる。

中　学　社　会

【1】次の各問いに答えなさい。

(1) 次の文は，教育基本法第4条の条文である。条文中の[　]に入る共通の語句として適切なものを以下の(ア)～(オ)から一つ選び，記号で答えなさい。

> 第4条　すべて国民は，ひとしく，その能力に応じた教育を受ける機会を与えられなければならず，人種，信条，性別，社会的身分，経済的地位又は門地によって，教育上差別されない。
> 2　[　]は，障害のある者が，その障害の状態に応じ，十分な教育を受けられるよう，教育上必要な支援を講じなければならない。
> 3　[　]は，能力があるにもかかわらず，経済的理由によって修学が困難な者に対して，奨学の措置を講じなければならない。

(ア)　国民　　　　　　　　(イ)　教育委員会
(ウ)　国及び地方公共団体　(エ)　父母その他の保護者
(オ)　教育長

(2) 次の文章が説明する制度の名称として，最も適切なものを答えなさい。

> 平成16年に法制化され，その後，平成29年の法改正により，その設置が教育委員会の努力義務となっている。学校と地域住民等が力を合わせて学校の運営に取り組むことが可能となる「地域とともにある学校」への転換を図るための有効な仕

組みである。

　学校運営に地域の声を積極的に生かし，地域と一体となって特色ある学校づくりを進めていくことができる。

　なお，法律に基づいて教育委員会が学校に設置するこの制度に関する機関には，主な役割として以下の3つがある。

○校長が作成する学校運営の基本方針を承認する。

○学校運営に関する意見を教育委員会又は校長に述べることができる。

○教職員の任用に関して，教育委員会規則に定める事項について，教育委員会に意見を述べることができる。

(3)　次の文章は，令和3年1月26日に中央教育審議会で取りまとめられた「『令和の日本型学校教育』の構築を目指して～全ての子供たちの可能性を引き出す，個別最適な学びと，協働的な学びの実現～(答申)」における「第Ⅱ部　各論」の「6. 遠隔・オンライン教育を含むICTを活用した学びの在り方について」に記載された内容の一部である。(①)～(④)にあてはまる，最も適切な語句の組合せを以下の(ア)～(ク)から一つ選び，記号で答えなさい。

第Ⅱ部　各論

　6. 遠隔・オンライン教育を含むICTを活用した学びの在り方について

(1)　基本的な考え方

○　これからの学校教育を支える基盤的なツールとして，ICTは必要不可欠なものであり，1人1台の端末環境を生かし，端末を日常的に活用していく必要がある。また，ICTを利用して（ ① ）制約を緩和することによって，他の学校・地域や海外との交流なども含め，今までできなかった学習活動が可能となる。

○　学校教育におけるICTの活用に当たっては，新学習指導要領の趣旨を踏まえ，各教科等において育成するべき資質・能力等を把握し，心身に及ぼす影響にも留意しつつ，まずはICTを日常的に活用できる環境を整え，児童生徒が「（　②　）」として活用できるようにし，「主体的・対話的で深い学び」の実現に向けた（　③　）に生かしていくことが重要である。

○　また，AI技術が高度に発達する Society5.0 時代にこそ，教師による（　④　）や児童生徒同士による学び合い，地域社会での多様な学習体験の重要性がより一層高まっていくものである。もとより，学校教育においては，教師が児童生徒一人一人の日々の様子，体調や授業の理解度を直接に確認・判断することで，児童生徒の理解を深めたり，生徒指導を行ったりすることが重要であり，あわせて，児童生徒の怪我や病気，災害の発生等の不測のリスクに対する安全管理への対応にも万全を期す必要がある。

	①	②	③	④
（ア）	集団的・画一的	文房具	環境構築	オンライン授業
（イ）	集団的・画一的	教科書	環境構築	オンライン授業
（ウ）	集団的・画一的	文房具	環境構築	対面指導
（エ）	集団的・画一的	教科書	授業改善	対面指導
（オ）	空間的・時間的	文房具	授業改善	対面指導
（カ）	空間的・時間的	教科書	授業改善	対面指導
（キ）	空間的・時間的	文房具	授業改善	オンライン授業
（ク）	空間的・時間的	教科書	環境構築	オンライン授業

(4)　「中学校学習指導要領(平成29年3月告示)」第2章第2節社会に関連した次の各問いに答えなさい。

①　目標に示された次の文の（　A　），（　B　）に入る最も適切な語句を，「中学校学習指導要領(平成29年3月告示)」第2章第2節社会に示されているとおり，正しく答えなさい。

第1　目標(3)

　　社会的事象について，よりよい社会の実現を視野に課題を主体的に解決しようとする態度を養うとともに，多面的・多角的な考察や深い理解を通して涵養される我が国の（　A　）や歴史に対する愛情，（　B　）を担う公民として，自国を愛し，その平和と繁栄を図ることや，他国や他国の文化を尊重することの大切さについての自覚などを深める。

②　「中学校学習指導要領(平成29年3月告示)」第2章第2節社会〔地理的分野〕の内容と内容の取扱いに示された次の文の（　C　）～（　F　）にあてはまる語句として最も適切なものを，以下の(ア)～(ク)から一つずつ選び，記号で答えなさい。

2内容　B世界の様々な地域(2)世界の諸地域

　　次の①から⑥までの各州を取り上げ，（　C　）相互依存作用や地域などに着目して，主題を設けて課題を追究したり解決したりする活動を通じて，以下のア及びイの事項を身に付けることができるよう指導する。

　　①　アジア　　　　②　ヨーロッパ　　　③　アフリカ
　　④　北アメリカ　　⑤　南アメリカ　　　⑥　オセアニア
ア　次のような知識を身に付けること。
　(ア)　世界各地で顕在化している（　D　）課題は，それが見られる地域の地域的特色の影響を受けて，現れ方が異なることを理解すること。
　(イ)　①から⑥までの世界の各州に暮らす人々の生活を基に，各州の地域的特色を（　E　）し理解すること。

> 3内容の取扱い(4)イ(ア)
>
> 州ごとに設ける主題については，各州に暮らす人々の
> (F)の様子を的確に把握できる事象を取り上げるととも
> に，そこで特徴的に見られる(D)課題と関連付けて取り
> 上げること。

(ア)　地球的　　　(イ)　熟慮　　　(ウ)　生活

(エ)　経済的　　　(オ)　大観　　　(カ)　国際的

(キ)　年中行事　　(ク)　空間的

③　「中学校学習指導要領(平成29年3月告示)」第2章第2節社会〔歴史的分野〕の内容と内容の取扱いに示された次の文の(G)，(H)にあてはまる語句として最も適切なものを，以下の(ア)～(エ)から一つずつ選び，記号で答えなさい。

> 2内容　B近世までの日本とアジア(2)中世の日本　ア(ア)
>
> 武家政治の成立と(G)の交流
>
> 鎌倉幕府の成立，元寇(モンゴル帝国の襲来)などを基に，
> 武士が台頭して主従の結び付きや武力を背景とした武家政
> 権が成立し，その支配が広まったこと，元寇が(G)の変
> 化の中で起こったことを理解すること。

> 3内容の取扱い(4)イ
>
> 「我が国の(H)化と再建の過程」については，国民が
> 苦難を乗り越えて新しい日本の建設に努力したことに気付
> かせるようにすること。その際，男女普通選挙の確立，日
> 本国憲法の制定などを取り扱うこと。

(ア)　民主　　(イ)　東アジア　　(ウ)　近代

(エ)　ユーラシア

④　「中学校学習指導要領(平成29年3月告示)」第2章第2節社会〔公民的分野〕の内容と内容の取扱いに示された次の文の(I)，

（　J　）にあてはまる最も適切な語句を答えなさい。ただし，
（　J　）については，漢字2字で答えること。

2内容　A私たちと現代社会(1)　イ(ア)

　少子高齢化，情報化，（　I　）化などが現在と将来の政治，経済，国際関係に与える影響について多面的・多角的に考察し，表現すること。

3内容の取扱い(1)ウ

　分野全体を通して，課題の解決に向けて習得した知識を活用して，事実を基に多面的・多角的に考察，（　J　）したことを説明したり，論拠を基に自分の意見を説明，論述させたりすることにより，思考力，判断力，表現力等を養うこと。また，考察，（　J　）させる場合には，資料を読み取らせて解釈させたり，議論などを行って考えを深めさせたりするなどの工夫をすること。

---

⑤　「中学校学習指導要領(平成29年3月告示)」第2章第2節社会第3指導計画の作成と内容の取扱いに示された次の文の（　K　），（　L　）にあてはまる語句として最も適切なものを，以下の(ア)～(エ)から一つずつ選び，記号で答えなさい。

2　(2)

　情報の収集，処理や発表などに当たっては，学校図書館や地域の公共施設などを活用するとともに，（　K　）や情報通信ネットワークなどの情報手段を積極的に活用し，指導に生かすことで，生徒が主体的に調べ分かろうとして学習に取り組めるようにすること。その際，課題の追究や解決の見通しをもって生徒が主体的に情報手段を活用できるようにするとともに，情報（　L　）の指導にも留意すること。

(ア) コンピュータ　　(イ) SNS　　(ウ) リテラシー
(エ) モラル

(☆☆○○○)

【2】次の資料や地図を見て，以下の各問いに答えなさい。

資料Ⅰ

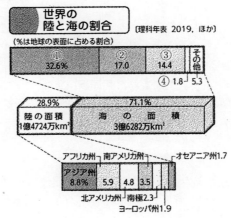

地図Ⅰ

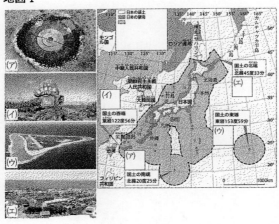

資料Ⅱ

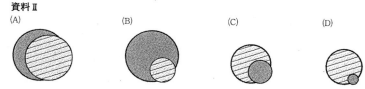

(A)　　　　　　(B)　　　　　　(C)　　　　　　(D)

(1)　資料Ⅰは世界の陸と海の割合を示したものである。①〜④にあて
はまる海洋名を答えなさい。

(2)　地図Ⅰは，日本の領域を示したものである。地図Ⅰ中の(ア)〜
(エ)は日本の東西南北の端の島である。(ア)〜(エ)のうち，東京都に
属している島をすべて選び，記号で答えなさい。

(3)　地図Ⅰ中の　　　　　で囲まれた範囲は，魚などの水産資源や石油
や天然ガスなどの海底にある鉱産資源について，沿岸の国が独占的
に調査したり，開発したりできる権利がある水域を示している。こ
のような水域を何というか答えなさい。

(4)　資料Ⅱは，アメリカ合衆国，インドネシア，ブラジル，日本の国
土面積　　　と(3)の水域の面積　　　の割合を表したものである。
日本を表したものを資料Ⅱ中の(A)〜(D)から一つ選び，記号で答え
なさい。

(☆☆☆◎◎◎)

【3】次の地形図を見て，以下の各問いに答えなさい。

地形図

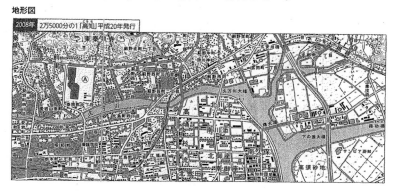

2008年　2万5000分の1「高知」平成20年発行

216

(1)　こうち駅から見て，あぞうの駅はどの方角にあるか，8方位で答えなさい。

(2)　こうち駅からショッピングモールⒶまで，直線距離で3cmある。実際の距離は何kmか答えなさい。

(3)　地形図の北側(上側)の東泰泉寺付近には，等高線が見られる。この等高線について，次の問いに答えなさい。

①　等高線について説明した次の文中の(ア)にあてはまる語句を答えなさい。

> 　等高線は土地の起伏を表し，等高線の間隔がせまいところほど傾斜が(ア)になる。

②　等高線の種類を示した次の表の(イ)〜(エ)にあてはまる語句や数字を答えなさい。

等高線	5万分の1の地形図	2万5千分の1の地形図
計曲線	100 mごと	(エ) mごと
(イ) 線	(ウ) mごと	10 mごと

(☆○○○)

【4】次の文を読み，以下の各問いに答えなさい。

> 　関東地方は1都6県からなり，約4000万の人々が暮らす，最も人口の多い地方である。日本最大の平野である(①)平野を中心に，西は関東山地，北は越後山脈，阿武隈高地などに囲まれている。(①)平野には，箱根山や富士山などの火山灰が堆積してできた(②)とよばれる赤土に覆われた台地と，流域面積が日本最大の(③)川や荒川，多摩川などの河川沿いにできた低地が広がっている。高層ビルが立ち並ぶ東京の中心部では，気温が周辺地域よりも高くなる(④)現象が見られる。

(1)　次の文中(①)〜(④)にあてはまる語句を答えなさい。

(2)　(①)平野では，都市部に新鮮な野菜を出荷する農業が行われ

ている。都市の消費者向けに，都市から距離の近い地域で行われる農業のことを何というか，答えなさい。

(3)　全国には出荷時期に合わせて作物の生育を調整する栽培方法を行っている地域もある。価格が高い時期に出荷するために行われている次の(ア)・(イ)の栽培方法を何というか，漢字で答えなさい。

(ア)　野菜などの成長を遅らせて出荷時期をずらす工夫をした栽培方法

(イ)　野菜などの成長を早めて出荷時期をずらす工夫をした栽培方法

(4)　神奈川県や埼玉県，千葉県，茨城県など東京の周辺の県で，鉄道網にそって市街地が発達した地域のことを何というか，漢字6字で答えなさい。

(5)　関東地方には，横浜市・川崎市・さいたま市・千葉市・相模原市の5つの政令指定都市がある。その政令指定都市について説明したものとして誤っているものを次の(ア)～(エ)から一つ選び，記号で答えなさい。

(ア)　政府によって指定された都市である

(イ)　人口50万以上の都市である

(ウ)　税金の使いみちなどを独自に決めることができる

(エ)　全国で15都市が指定されている

(☆☆◎◎◎)

【5】次の資料は，鳥取県にゆかりのある人物について説明したものである。これを読んで以下の各問いに答えなさい。

資料

> A　代表的な万葉歌人である(　a　)は，758年，因幡国の国司として派遣された。(　a　)が759年の正月に因幡国庁でよんだ「新しき年の初めの初春の今日降る雪のいや重け吉事」は，万葉集の歌としてよく知られている。

B 鎌倉幕府を倒そうとして失敗した<u>後醍醐天皇</u>は，隠岐島に流されていたが，島を脱出し，伯耆国のある港に着いた。そこで「このあたりでは，(b)という者が，それほど名のある武士ではないが，家は豊かで一族は多く，思慮深い者である」と聞き，天皇は(b)に使者を送った。

C 亀井茲矩は，豊臣秀吉に従って鳥取城攻めに参加し，その功績を認められて鹿野城の城主となった。1607年，1609年，1610年の計3回，幕府から(c)をもらい，それぞれ翌年に貿易船を派遣して積極的に海外と交易をすすめた。

「鳥取県中学校歴史資料集　鳥取県の歴史」
(鳥取県中学校教育研究会社会科部会)より

(1) Aの文について，次の問いに答えなさい。

① (a)にあてはまる人物名を答えなさい。

② ①の人物と同じ時代に活躍した人物として正しいものを次の(ア)〜(エ)から一つ選び，記号で答えなさい。

(ア) 法然　　(イ) 菅原道真　　(ウ) 鑑真　　(エ) 雪舟

(2) Bの文について，次の各問いに答えなさい。

① (b)は，この時代の鳥取県を代表する武士である。この人物を次の(ア)〜(エ)から一つ選び，記号で答えなさい。

(ア) 足利尊氏　　(イ) 名和長年　　(ウ) 新田義貞

(エ) 楠木正成

② 鎌倉幕府滅亡後，Bの下線部の人物が行った，天皇を中心とした政治を何というか答えなさい。

(3) Cの文について，次の問いに答えなさい。

① 文中の(c)にあてはまる語句を答えなさい。

② 次の図は当時の日本人居住地と日本町の分布図である。シャム(タイ)のアユタヤの日本町の長となり外交で活躍し，シャム国王の信頼を得た人物を以下の(ア)〜(エ)から一つ選び，記号で答えなさい。

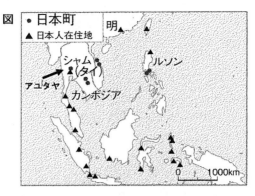

図

・日本町
▲ 日本人在住地

明

シャム
(タイ)

ルソン

アユタヤ

カンボジア

0　1000km

(ア)　三浦按針　　(イ)　山田長政　　(ウ)　伊藤マンショ

(エ)　支倉常長

(4)　上の資料のBとCの間に起きた出来事として正しいものを次の(ア)
　　 ～(エ)から一つ選び，記号で答えなさい。

(ア)　応仁の乱　　(イ)　文永の役　　(ウ)　平治の乱

(エ)　島原・天草一揆

(☆☆☆◎◎◎)

【6】次の年表を見て，以下の各問いに答えなさい。

年表

年	出来事
1912	第一次護憲運動
1914	第一次世界大戦・・・・・・・・・・・・・・・・・①
1915	日本が中華民国に二十一か条の要求を提出
1917	ロシア革命
1918	シベリア出兵・・・・・・・・・・・・・・・・・②
1919	ベルサイユ条約　ワイマール憲法
1920	国際連盟の成立・・・・・・・・・・・・・・・・③
1922	全国水平社結成
1923	関東大震災
1924	第二次護憲運動・・・・・・・・・・・・・・・・④

(1)　年表の①について正しく述べているものを次の(ア)～(エ)から一
　　つ選び，記号で答えなさい。

　(ア)　日本は，日英同盟を理由にドイツに宣戦布告し，ドイツの拠
　　　点である遼東半島を占領した。

　(イ)　ドイツが中立国の船まで攻撃したため，中立を保っていたイ
　　　ギリスもドイツに宣戦布告した。

　(ウ)　イギリスの植民地であったインドからも，人々がイギリスの
　　　兵士となって戦争に参加した。

　(エ)　ドイツはオーストリア，イタリアとともに三国協商を結び三
　　　国同盟と対立した。

(2)　次の表は第1回から第5回までの全国高等学校野球選手権大会の歴
　　代優勝校を表している。第4回大会は，年表の②が原因となって富
　　山県から全国に広がった暴動により中止となった。表中の(　　)に
　　あてはまる出来事を答えなさい。

　　　　表
　　　　歴代優勝校（第1～第5回）

	年	優勝校
第1回	1915	京都二中（京都）
第2回	1916	慶応普通（東東京）
第3回	1917	愛知一中（愛知）
第4回	1918	（　　）で中止
第5回	1919	神戸一中（兵庫）

　　　　　　　阪神甲子園球場 HP より

(3)　次の □ 内の出来事は，1919年～1922年に世界で起こったもの
　　である。□ 内の出来事を古い順に並べたとき，古い出来事から3
　　番目にあたるものはどれか。□ 内から一つ選び，語句で答えな
　　さい。

　　　┌─────────────────────────────┐
　　　│　ワシントン会議の開催　　ソ連の成立　　　　│
　　　│　三・一独立運動　　　　　五・四運動　　　　│
　　　└─────────────────────────────┘

(4)　年表の③について述べたものとして誤ったものを次の(ア)～(エ)

221

から一つ選び，記号で答えなさい。

(ア)　アメリカのウィルソンの提案を基にして成立したが，アメリカは議会の反対のため参加しなかった。

(イ)　国際紛争を平和的に解決する世界初の組織であり，ベルギーのブリュッセルを本部として設立された。

(ウ)　イギリス，フランス，イタリア，日本が常任理事国となった。

(エ)　社会主義国のソ連や敗戦国のドイツは，初めのころ加盟を認められなかった。

(5)　年表の④について，民主主義を求める社会運動が盛んになったこの時代の風潮を何というか答えなさい。

(6)　次の資料(ア)～(エ)は明治，大正時代の文学作品を表している。大正時代の作品を次の(ア)～(エ)から一つ選び，記号で答えなさい。

資料

(ア)　吾輩は猫である。名前はまだ無い。どこで生まれたか頓と見当がつかぬ。何でも薄暗いじめじめした所でニャーニャー泣いて居た事丈は記憶している。…	(イ)　元始，女性は実に太陽であった。真正の人であった。今，女性は月である。他に依って生き，他の光によって輝く，病人のような蒼白い顔の月である。
(ウ)　あゝをとうとよ君を泣く 　　君死にたまふことなかれ 　　末に生れし君なれば 　　親のなさけはまさりしも…	(エ)　天は人の上に人を造らず，人の下に人を造らずと云へり。されば天より人を生ずるには，万人は万人皆同じ位にして，生れながら貴賤上下の差別なく…

(7)　大正時代の出来事について説明したもののうち正しいものを次の(ア)～(エ)から一つ選び，記号で答えなさい。

(ア)　幸徳秋水が，デモクラシーを民本主義と訳し，民意に基づいた政治を大日本帝国憲法の枠内で実現するための方法を説いた。

(イ)　原敬が，大部分の閣僚を衆議院の第一党である立憲国民党の党員が占める，初めての本格的な政党内閣を組織した。

(ウ)　加藤高明内閣の下，直接国税3円以上納める満25歳以上の男子に衆議院議員の選挙権を与える普通選挙法が成立した。

(エ)　第一次世界大戦で日本の重工業が急成長したことにより輸出額が輸入額を上回り，貿易収支が赤字から黒字となった。

(☆☆☆◎◎◎)

【7】 たかし君は学習した内容をもとに各時代の文化の特色をマインドマップにまとめようとしている。以下の各問いに答えなさい。

マインドマップ

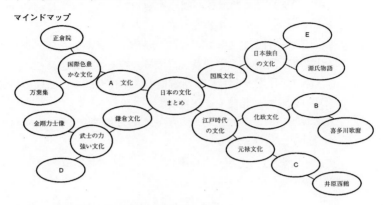

(1) Aに当てはまる文化名を答えなさい。

(2) B，Cには江戸時代の文化の特色が入る。正しく述べているものを次の(ア)～(エ)から一つだけ選び，記号で答えなさい。

(ア) B：江戸の庶民による文化

(イ) C：貴族の文化と武士の文化の融合

(ウ) B：上方(大阪京都)の公家の文化

(エ) C：大名や豪商による豪華な文化

(3) D，Eにあてはまる語句の組合せとして正しいものを次の(ア)～(エ)から一つ選び，記号で答えなさい。

(ア) D：新古今和歌集　E：古今和歌集

(イ) D：お伽草子　　　E：平等院鳳凰堂

(ウ) D：平家物語　　　E：東大寺南大門

(エ) D：平家物語　　　E：日本書紀

(4) たかし君は，このマインドマップに明治時代と大正時代の文化を追加しようと，人々の様子について調べている。次の問いに答えなさい。

① 明治時代の人々の様子について表しているものを次の(ア)～(エ)から一つ選び，記号で答えなさい。

(ア)　欧米諸国の影響を受けてバスの車掌やタイピストとして働く女性が増えた。

(イ)　帝国大学や専門学校の制度が整えられ，上級学校に進学する人も増え，女子への教育も盛んになった。

(ウ)　「三種の神器」とよばれた電気洗濯機，電気冷蔵庫，テレビなどの家庭電化製品が普及し，家事の時間が短縮された。

(エ)　都市の発展とともに生活習慣の欧米化が進み，欧米の様式を取り入れた文化住宅に住んだ。

② 　大正時代に活躍した人物として正しいものを次の(ア)〜(エ)から一つ選び，記号で答えなさい。

(ア)　湯川秀樹　　　(イ)　川端康成　　　(ウ)　手塚治虫

(エ)　芥川龍之介

(☆☆☆◎◎◎)

【8】次の文を読み，以下の各問いに答えなさい。

> 　株式会社は株式を発行し，大勢の出資者に少額で買ってもらうことで，多くの(　①　)を集める方法をとっている。株主は，所持している株式の数(持ち株数)に応じて，利潤の一部を(　②　)として受け取ることができる。また，株主は，事業の基本方針を決めたり，経営者を選んだりする(　③　)に出席することができ，持ち株数に応じた議決権をもつ。近年では，企業は利潤を求めるだけでなく，企業の社会的責任を果たすべきだと考えられている。

(1) 　上の文中(　①　)〜(　③　)にあてはまる語句を次の(ア)〜(カ)から一つずつ選び，記号で答えなさい。

(ア)　資本　　　　　(イ)　売上　　(ウ)　配当　　(エ)　利息

(オ)　取締役会　　　(カ)　株主総会

(2) 　下線部をアルファベット3文字で何というか答えなさい。

(☆☆◎◎◎)

【9】 裁判のしくみについて説明した次の文を読み，以下の各問いに答えなさい。

> 裁判には（ ① ）裁判と（ ② ）裁判がある。（ ① ）裁判は，例えば貸したお金を返してもらえない場合や建てた家に問題があった場合など，個人や企業といった私人の間の争いについての裁判である。（ ② ）裁判は，強盗や詐欺など犯罪にあたる行為があったかどうかを判断し，有罪の場合に刑罰を言い渡す裁判をいう。
>
> 裁判は，多くの場合，その内容によって，まず（ ③ ）裁判所，（ ④ ）裁判所，（ ⑤ ）裁判所のいずれかで行われる。これを第一審という。第一審の判決に不満があれば，第二審の裁判所に（ ⑥ ）し，さらに不満があれば（ ⑦ ）することができる。
>
> 裁判が公正に行われるように，裁判所は，国会や内閣，その他どのような権力からも圧力や干渉を受けない。これを「（ ⑧ ）」という。

(1) 文中の（ ① ）～（ ⑧ ）にあてはまる語句を答えなさい。なお，③④⑤は順不同とする。

(2) （ ① ）裁判は，図のア，イのどちらかにあたるのか，一つ選んで記号で答えなさい。

図

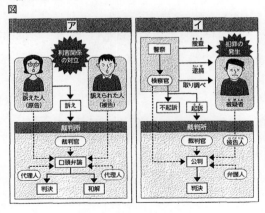

(3) （　②　）裁判では，有罪判決を受けるまで無罪のあつかいを受ける。この原則を何というか答えなさい。

(4) 裁判官の身分は憲法によって保障され，憲法・法律にのみ拘束され，自分の良心に従って裁判を行い，誰の指示や命令も受けない。裁判官が罷免される場合について述べたもののうち誤っているものをすべて選び，(ア)～(エ)から記号で答えなさい。

(ア) 心身の故障のために職務を執ることができないと決定された場合

(イ) 有権者の50分の1以上の署名を得た場合

(ウ) 衆議院と参議院の総議員の3分の2以上の賛成を得た場合

(エ) 住民投票を実施し，過半数の賛成があった場合

(☆☆☆◎◎◎)

【10】次の法律の前文と条文(抜粋)を読み，以下の各問いに答えなさい。

> 　我々日本国民は，たゆまぬ努力によって築いてきた民主的で文化的な国家を更に発展させるとともに，世界の平和と人類の（　①　）の向上に貢献することを願うものである。
>
> 　我々は，この理想を実現するため，個人の尊厳を重んじ，真理と正義を希求し，公共の精神を尊び，豊かな人間性と創造性を備えた人間の育成を期するとともに，伝統を継承し，新しい文化の創造を目指す教育を推進する。
>
> 　ここに，我々は，日本国憲法の精神にのっとり，我が国の未来を切り拓く教育の基本を確立し，その振興を図るため，この法律を制定する。
>
> 第1条　教育は（　②　）の完成を目指し，平和で民主的な国家及び社会の形成者として必要な資質を備えた心身ともに健康な国民の育成を期して行われなければならない。
>
> 第2条　教育は，その目的を実現するため，学問の自由を尊重しつつ，次に掲げる目標を達成するよう行われるものとす

　　　る。
　一　幅広い知識と教養を身に付け，真理を求める態度を養い，
　　　豊かな情操と(③)心を培うとともに，健やかな身体
　　　を養うこと。
　二　個人の価値を尊重して，その能力を伸ばし，創造性を培
　　　い，自主及び自律の精神を養うとともに，職業及び生活
　　　との関連を重視し，A勤労を重んずる態度を養うこと。
　三　正義と責任，B男女の平等，自他の敬愛と協力を重んず
　　　るとともに，公共の精神に基づき，主体的に社会の形成
　　　に参画し，その発展に寄与する態度を養うこと。
　四　生命を尊び，自然を大切にし，環境の保全に寄与する態
　　　度を養うこと。
　五　伝統と文化を尊重し，それらをはぐくんできた我が国と
　　　(④)を愛するとともに，他国を尊重し，国際社会の
　　　平和と発展に寄与する態度を養うこと。

(1)　(①)～(④)にあてはまる最も適切な語句を答えなさい。
(2)　下線部Aについて，日本国憲法第27条・第28条に定められている
　　内容として誤っているものを次の(ア)～(エ)から1つ選び，記号で答
　　えなさい。
　(ア)　勤労者に団結する権利が認められている。
　(イ)　すべての国民は勤労の権利だけではなく，義務も有している。
　(ウ)　小中学生の労働，女性の深夜労働は禁止されている。
　(エ)　賃金・就業時間・休息などの勤労条件に関する基準は，法律
　　　でこれを定めなくてはならない。
(3)　下線部Bについて，女性の社会進出が進み，政治分野における男
　　女が共同して参画する民主政治の発展に寄与することを目的として
　　つくられ，2018年5月に公布された法律を何というか，次の(ア)～
　　(エ)から一つ選び，記号で答えなさい。
　(ア)　男女共同参画推進法　　(イ)　男女雇用機会均等法

(ウ)　女性活躍推進法　　　　(エ)　男女共同参画社会基本法

(☆☆☆◎◎)

【11】Aさんたちは，平成の出来事について調べたことを発表している。発表の内容を読んで，以下の各問いに答えなさい。

A：1989年から始まった平成の時代は，_a経済では，(　①　)経済が崩壊し，長く日本経済が低迷する時代が続き，失われた20年ともいわれました。

B：_b1992年にはPKO協力法(国際平和協力法)に基づいて初めて自衛隊が海外へ派遣されました。

　　2008年にはリーマン・ブラザーズの破綻をきっかけに(　②　)危機が起こり，世界同時不況になったのもこの時代です。

C：2015年には_cSDGsが国連で採択され，2030年までに取り組むべき17のグローバル目標と169のターゲットが明記されて世界中で取り組まれています。

D：2016年にはアメリカの(　③　)大統領が来日し，現職の大統領として初めて，被爆地である広島を訪問しました。

　　調べてみると，冷戦後，核軍縮に向けてさまざまな_d条約が結ばれた一方，核拡散が問題となっています。

E：平成の時代には，7回のオリンピックが開かれました。オリンピック開催地やサッカーワールドカップの開催地をみてみると，_e新興国での開催が増えていることが分かります。

F：平成の時代は，大きな震災を経験した時代でした。自然災害の多い日本なので_f防災，減災の取組が必要だと思いました。

---

(1)　(　①　)～(　③　)にあてはまる語句を答えなさい。

(2)　下線部aに関連して，景気過熱期と不況期における景気の調整に係る政策として正しい組合せを次の(ア)～(エ)から一つ選び，記号で答えなさい。

	景気過熱期	不況期
(ア)	増税	公共事業を減らす
(イ)	減税	買いオペレーション
(ウ)	増税	売りオペレーション
(エ)	増税	公共事業を増やす

(3) 下線部bについて，次の各問いに答えなさい。

① この年に，初めてPKO協力法に基づいて自衛隊が派遣された国を次の地図中⑦～①から一つ選び，記号で答えなさい。

地図

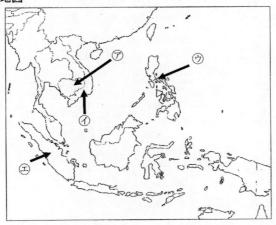

② この年の出来事として正しいものを次の(ア)～(エ)から一つ選び，記号で答えなさい。

(ア) 国連環境開発会議(地球サミット)

(イ) 東西ドイツ統一

(ウ) EU発足

(エ) 香港が中国に返還

(4) 下線部cのSDGsを説明している次の文の(　　)には同じ語句が入る。その語句を答えなさい。

> 　SDGsとは，2015年国連サミットで加盟国の全会一致で採択された「(　　)な開発のための2030アジェンダ」に記載された，2030年までに(　　)でよりよい世界を目指す国際目標である。17のグローバル目標と169の達成基準で構成されている。

(5)　下線部dについて，2017年7月に国連で採択され，核兵器は非人道的で違法なものであると明示し，核兵器の開発や使用に加え，核兵器を使った威嚇行為も法的に禁止した国際条約を何というか答えなさい。

(6)　下線部eについて，次の表は平成の時代に開催されたオリンピックとサッカーワールドカップの開催地を表したものである。

表

開催年	オリンピック	開催年	サッカーワールドカップ
1992	バルセロナ	1990	イタリア
1996	アトランタ	1994	アメリカ
2000	シドニー	1998	フランス
2004	アテネ	2002	日本・韓国
2008	北京	2006	ドイツ
2012	ロンドン	2010	南アフリカ共和国
2016	リオデジャネイロ	2014	ブラジル
		2018	ロシア

①　急速に経済成長するBRICSの5か国のうち，オリンピックもサッカーワールドカップもともに開催されていない国が1か国ある。それはどこの国か，国名を答えなさい。

②　これまでのオリンピックあるいはワールドカップの開催国である中国，オーストラリア，ブラジル，イタリア，日本，韓国，ドイツ，アメリカ，フランスはG20の参加国でもある。このG20サミットは，2019年に日本で開催されている。その開催地を次の(ア)〜(エ)から一つ選び，記号で答えなさい。

(ア)　三重県　　(イ)　大阪府　　(ウ)　北海道　　(エ)　沖縄

(7)　下線部fについて，さまざまな自然災害による被害を予測し，その被害の可能性や，災害発生時の避難場所などを示した地図を何と

いうか答えなさい。

(☆☆☆◎◎◎)

地　理・歴　史
【共通問題】

【1】次の各問いに答えなさい。

(1) 次の文は，教育基本法第4条の条文である。条文中の[　　]に入る共通の語句として適切なものを以下の(ア)〜(オ)から一つ選び，記号で答えなさい。

> 第4条　すべて国民は，ひとしく，その能力に応じた教育を受ける機会を与えられなければならず，人種，信条，性別，社会的身分，経済的地位又は門地によって，教育上差別されない。
>
> 2　[　　]は，障害のある者が，その障害の状態に応じ，十分な教育を受けられるよう，教育上必要な支援を講じなければならない。
>
> 3　[　　]は，能力があるにもかかわらず，経済的理由によって修学が困難な者に対して，奨学の措置を講じなければならない。

(ア)　国民　　　　　　　　　(イ)　教育委員会
(ウ)　国及び地方公共団体　　(エ)　父母その他の保護者
(オ)　教育長

(2) 次の文章が説明する制度の名称として，最も適切なものを答えなさい。

> 　平成16年に法制化され，その後，平成29年の法改正により，その設置が教育委員会の努力義務となっている。学校と地域住民等が力を合わせて学校の運営に取り組むことが可能となる「地域とともにある学校」への転換を図るための有効な仕組みである。
>
> 　学校運営に地域の声を積極的に生かし，地域と一体となって特色ある学校づくりを進めていくことができる。
>
> 　なお，法律に基づいて教育委員会が学校に設置するこの制度に関する機関には，主な役割として以下の3つがある。
>
> ○校長が作成する学校運営の基本方針を承認する。
>
> ○学校運営に関する意見を教育委員会又は校長に述べることができる。
>
> ○教職員の任用に関して，教育委員会規則に定める事項について，教育委員会に意見を述べることができる。

(3)　次の文章は，令和3年1月26日に中央教育審議会で取りまとめられた「『令和の日本型学校教育』の構築を目指して～全ての子供たちの可能性を引き出す，個別最適な学びと，協働的な学びの実現～(答申)」における「第Ⅱ部　各論」の「6. 遠隔・オンライン教育を含むICTを活用した学びの在り方について」に記載された内容の一部である。(①)～(④)にあてはまる，最も適切な語句の組合せを以下の(ア)～(ク)から一つ選び，記号で答えなさい。

> 第Ⅱ部　各論
>
> 　6. 遠隔・オンライン教育を含むICTを活用した学びの在り方について

(1)　基本的な考え方

○　これからの学校教育を支える基盤的なツールとして，ICTは必要不可欠なものであり，1人1台の端末環境を生かし，端末を日常的に活用していく必要がある。また，ICTを利用

して(①)制約を緩和することによって，他の学校・地域
や海外との交流なども含め，今までできなかった学習活動
が可能となる。

○ 学校教育におけるICTの活用に当たっては，新学習指導要
領の趣旨を踏まえ，各教科等において育成するべき資質・
能力等を把握し，心身に及ぼす影響にも留意しつつ，まず
はICTを日常的に活用できる環境を整え，児童生徒が
「(②)」として活用できるようにし，「主体的・対話的で
深い学び」の実現に向けた(③)に生かしていくことが重
要である。

○ また，AI技術が高度に発達するSociety5.0時代にこそ，教
師による(④)や児童生徒同士による学び合い，地域社会
での多様な学習体験の重要性がより一層高まっていくもの
である。もとより，学校教育においては，教師が児童生徒
一人一人の日々の様子，体調や授業の理解度を直接に確
認・判断することで，児童生徒の理解を深めたり，生徒指
導を行ったりすることが重要であり，あわせて，児童生徒
の怪我や病気，災害の発生等の不測のリスクに対する安全
管理への対応にも万全を期す必要がある。

	①	②	③	④
(ア)	集団的・画一的	文房具	環境構築	オンライン授業
(イ)	集団的・画一的	教科書	環境構築	オンライン授業
(ウ)	集団的・画一的	文房具	環境構築	対面指導
(エ)	集団的・画一的	教科書	授業改善	対面指導
(オ)	空間的・時間的	文房具	授業改善	対面指導
(カ)	空間的・時間的	教科書	授業改善	対面指導
(キ)	空間的・時間的	文房具	授業改善	オンライン授業
(ク)	空間的・時間的	教科書	環境構築	オンライン授業

(4)　「高等学校学習指導要領(平成30年3月告示)」における教科「地理歴史」について，次の各問いに答えなさい。

①　「地理総合」と「歴史総合」の標準単位数は同じであるが，何単位か，答えなさい。

②　次の文は，地理歴史科の目標の一部である。(ア)，(イ)にあてはまる適切な語句を答えなさい。

> 　社会的な(ア)・(イ)を働かせ，課題を追究したり解決したりする活動を通して，広い視野に立ち，グローバル化する国際社会に主体的に生きる平和で民主的な国家及び社会の有為な形成者に必要な公民としての資質・能力を次のとおり育成することを目指す。

③　次の(ア)〜(ウ)は，「地理総合」の内容A〜Cのいずれかを示している。A〜Cの内容として適切なものをそれぞれ選び，記号で答えなさい。

(ア)　国際理解と国際協力

(イ)　地図や地理情報システムで捉える現代世界

(ウ)　持続可能な地域づくりと私たち

④　次の(ア)〜(エ)は，「歴史総合」の内容A〜Dのいずれかを示している。A〜Dの内容として適切なものをそれぞれ選び，記号で答えなさい。

(ア)　グローバル化と私たち

(イ)　近代化と私たち

(ウ)　歴史の扉

(エ)　国際秩序の変化や大衆化と私たち

⑤　次の文は，それぞれ「地理総合」，「歴史総合」の内容の一部を示しており，それぞれの(ア)，(イ)，(ウ)には同じ語句が入る。(ア)，(イ)，(ウ)にあてはまる適切な語句を答えなさい。

「地理総合」の内容の一部

> 生活圏の地理的な課題について，生活圏内や生活圏外との結び付き，地域の成り立ちや変容，持続可能な地域づくりなどに着目して，主題を設定し，課題解決に求められる取組などを多面的・多角的に（　ア　），（　イ　），（　ウ　）すること。

「歴史総合」の内容の一部

> 事象の背景や原因，結果や影響などに着目して，日本とその他の国や地域の動向を比較し相互に関連付けたり，現代的な諸課題を展望したりするなどして，主題について多面的・多角的に（　ア　），（　イ　）し，（　ウ　）すること。

⑥　次の文は，各科目にわたる指導計画の作成と内容の取扱いの一部である。（　ア　），（　イ　）にあてはまる適切な語句を答えなさい。

> （　ア　）など内容や時間のまとまりを見通して，その中で育む資質・能力の育成に向けて，生徒の（　イ　）の実現を図るようにすること。

(☆☆◎◎◎)

【2】次の各問いに答えなさい。

(1)　中世代後期から新生代の造山運動によって形成された山脈に該当しないものを，次の①～④から一つ選び，番号で答えなさい。

①　アトラス山脈　　　　　②　アパラチア山脈
③　シエラネヴァダ山脈　　④　ピレネー山脈

(2)　U字谷が沈水した海岸地形として正しいものを，次の①～④から一つ選び，番号で答えなさい。

①　フィヨルド　　②　海岸段丘　　③　リアス海岸
④　エスチュアリー

(3) 世界の海流に関して，寒流に該当するものとして正しいものを，次の①〜④から一つ選び，番号で答えなさい。

① メキシコ湾流　　② カリフォルニア海流

③ 北大西洋海流　　④ 日本海流

(4) 次の説明文に該当する局地風を，次の①〜④から一つ選び，番号で答えなさい。

　地中海を低気圧が通り抜けるとき，サハラ砂漠から南ヨーロッパに吹きつける，砂塵を伴う熱風

① ボラ　　② シロッコ　　③ フェーン　　④ ミストラル

(5) 日本の「特に水鳥の生息地として国際的に重要な湿地に関する条約」(「ラムサール条約」)登録地に指定されていないものを，次の①〜④から一つ選び，番号で答えなさい。

① 宍道湖　　② 釧路湿原　　③ 宮島　　④ 洞爺湖

(6) 農産物の生産量と輸出量の世界第一位の国が，2016年には同一であったが，2017年には同一ではなくなった農産物を，次の①〜④から一つ選び，番号で答えなさい。

① 小麦　　② 米　　③ 大豆　　④ とうもろこし

(7) ヨーロッパ連合における単一通貨「ユーロ」を導入している国(2020年7月現在)として該当しないものを，次の①〜④から一つ選び，番号で答えなさい。

① オーストリア　　② エストニア　　③ アイルランド

④ デンマーク

(8) 次の表は，ばれいしょ，大豆，さとうきび，てんさいの生産量の上位5か国(2018年)を示したものであり，表中の①〜④は，アメリカ，インド，中国，ロシアのいずれかである。インドに該当するものを，次の①〜④から一つ選び，番号で答えなさい。

ばれいしょ			大豆		
国名	万トン	%	国名	万トン	%
①	9,026	24.5	④	12,366	35.5
②	4,853	13.2	ブラジル	11,789	33.8
ウクライナ	2,250	6.1	アルゼンチン	3,779	10.8
③	2,239	6.1	①	1,419	4.1
④	2,061	5.6	②	1,379	4.0

さとうきび			てんさい		
国名	万トン	%	国名	万トン	%
ブラジル	74,683	39.2	③	4,207	15.3
②	37,690	19.8	フランス	3,958	14.4
①	10,810	5.7	④	3,007	10.9
タイ	10,436	5.5	ドイツ	2,619	9.5
パキスタン	6,717	3.5	トルコ	1,890	6.9

『データブック　オブ・ザ・ワールド 2021 年版』により作成

(9) 次の表は，日本の液化天然ガスの輸入量上位5か国とその割合
(2019年)を示したものである。表中のXに該当する国を，以下の①
〜④から一つ選び，番号で答えなさい。

国名	輸入量（千トン）	%
X	30,116	38.9
マレーシア	9,331	12.1
カタール	8,735	11.3
ロシア	6,399	8.3
ブルネイ	4,321	5.6

『データブック　オブ・ザ・ワールド 2021 年版』により作成

① アメリカ　　② サウジアラビア　　③ オーストラリア
④ インドネシア

(10) 次の表は，産業用ロボットの稼働台数上位5か国とその割合
(2018年)，工作機械の生産額上位5か国とその割合(2016年)を示した
ものである。表中のY・Zに該当する国の正しい組合せを，次の①
〜⑨から一つ選び，番号で答えなさい。

237

産業用ロボットの稼働台数			工作機械の生産額		
国名	台	%	国名	百万ドル	%
中国	649,447	26.6	中国	22,900	28.3
Y	318,110	13.0	Z	12,450	15.4
韓国	300,197	12.3	Y	12,175	15.0
アメリカ	285,014	11.7	アメリカ	5,913	7.3
Z	215,795	8.8	イタリア	5,489	6.8

『データブック　オブ・ザ・ワールド2021年版』により作成

	①	②	③	④	⑤	⑥	⑦	⑧	⑨
Y	フランス	フランス	フランス	ドイツ	ドイツ	ドイツ	日本	日本	日本
Z	ドイツ	日本	カナダ	日本	フランス	カナダ	フランス	ドイツ	カナダ

(11)　都市の立地条件について，渡津に立地して発展した都市として該当しないものを，次の①〜④から一つ選び，番号で答えなさい。

①　小田原　　②　金谷　　③　フランクフルト

④　ミネアポリス

(12)　世界の領土問題について，南沙群島(スプラトリー諸島)において領有権を主張している国に該当しない国を，次の①〜④から一つ選び，番号で答えなさい。

①　フィリピン　　②　ブルネイ　　③　タイ　　④　ベトナム

(☆☆☆◎◎◎)

【3】次の各問いに答えなさい。

(1)　煮炊き用として使用された弥生土器として，正しいものを次の①〜④から一つ選び，番号で答えなさい。

①　甕　　②　壺　　③　鉢　　④　高杯

(2)　1428年，京都の土倉・酒屋などを襲って質物や売買・貸借証文を奪った一揆として，正しいものを次の①〜④から一つ選び，番号で答えなさい。

①　嘉吉の徳政一揆　　②　正長の徳政一揆　　③　山城の国一揆

④　加賀の一向一揆

(3)　1804年，長崎に来航したロシア使節として，正しいものを次の①

238

～④から一つ選び，番号で答えなさい。

① ラクスマン ② レザノフ ③ ゴローウニン

④ ビッドル

(4) 領事裁判権の撤廃を実現した外務大臣として，正しいものを次の①～④から一つ選び，番号で答えなさい。

① 小村寿太郎 ② 幣原喜重郎 ③ 青木周蔵

④ 陸奥宗光

(5) 詩歌『一握の砂』の作者として，正しいものを次の①～④から一つ選び，番号で答えなさい。

① 島崎藤村 ② 石川啄木 ③ 正岡子規

④ 与謝野晶子

(6) 1920年代の日本の出来事として，誤っているものを次の①～④から一つ選び，番号で答えなさい。

① 金融恐慌に陥る ② 関東大震災が発生

③ 五・一五事件が起こる ④ ラジオ放送の開始

(7) 天平文化について述べた文として，正しいものを次の①～④から一つ選び，番号で答えなさい。

① 712年にできた『日本書紀』は，神話・伝承から推古天皇に至るまでの物語である。

② 教育機関として，官吏養成のために中央に国学，地方に大学がおかれた。

③ 彫刻では，木を芯として粘土を塗り固めた乾漆像の技法が発達した。

④ 正倉院宝庫には，三角材を井桁に積み上げた校倉造がみられる。

(8) 室町文化について述べた文として，正しいものを次の①～④から一つ選び，番号で答えなさい。

① 足利義政が営んだ慈照寺銀閣は，寝殿造を基調とした住宅様式となっている。

② 『神皇正統記』は，北畠親房が南朝の立場から皇位継承の道理を記したものである。

　　③　唐の官寺の制にならった五山・十刹の制では，南禅寺が五山の上におかれている。

　　④　足利義満の保護を受けた観阿弥は，能の理論書である『風姿花伝』を残している。

(9)　元禄文化について述べた文として，正しいものを次の①～④から一つ選び，番号で答えなさい。

　　①　松尾芭蕉は，幽玄閑寂の蕉風俳諧を確立し，『奥の細道』などの紀行文を著した。

　　②　江戸幕府は，天文方の高橋至時に西洋暦を取り入れた寛政暦をつくらせた。

　　③　ドイツ人シーボルトが診療所と鳴滝塾を長崎郊外に開き，高野長英らを育てた。

　　④　志筑忠雄は『暦象新書』を著し，ニュートンの万有引力説などを紹介した。

(10)　明治時代の日本の対外政策について述べた文として，正しいものを次の①～④から一つ選び，番号で答えなさい。

　　①　清との間に，日本の領事裁判権や関税免除を認めさせる不平等な日清修好条規を結ばせた。

　　②　ロシアと日露和親条約を結び，択捉島以南を日本領とすることを決めた。

　　③　台湾で琉球漂流民殺害事件が発生すると，日本は台湾に兵を派遣した。

　　④　大久保利通や西郷隆盛らは，朝鮮に開国をせまる際，武力行使をも辞さない征韓論を唱えた。

(11)　1940年代の社会状況について述べた文として，正しいものを次の①～④から一つ選び，番号で答えなさい。

　　①　満州国や中国の汪兆銘政権，タイ・ビルマなどの代表者が参加する大東亜会議が東京で開かれた。

　　②　ドイツがポーランドに侵攻を開始し，第二次世界大戦がはじまった。

③　ソ連を中心とする国際共産主義運動への対抗を掲げ，日独伊三
国防共協定が結ばれた。

④　日本では，政府が議会の承認なしに戦争遂行に必要な物資・労
働力を動員することができる国家総動員法が制定された。

(12)　戦後の出来事X〜Zについて，古いものから年代順に正しく配列
されているものを次の①〜⑥から一つ選び，番号で答えなさい。

X　大阪で日本万国博覧会が開催され，日本の経済面・文化面での
発展を世界に示した。

Y　沖縄返還協定が調印され，沖縄の日本復帰が実現した。

Z　自動車が交通手段の主力となり，名神高速道路が全通した。

①　X−Y−Z　　②　X−Z−Y　　③　Y−X−Z

④　Y−Z−X　　⑤　Z−X−Y　　⑥　Z−Y−X

(☆☆☆◎◎◎)

【4】次の各問いに答えなさい。

(1)　古代中国について述べた文として，正しいものを次の①〜④から
一つ選び，番号で答えなさい。

①　楔形文字が，粘土板に記された。

②　アショーカ王は，仏教の経典の編集を支援した。

③　主君と家臣のあいだに，双務的契約にもとづく封建的主従関係
が成立した。

④　複雑な文様をもつ青銅器が，つくられた。

(2)　東南アジアの歴史について述べた文として，正しいものを次の①
〜④から一つ選び，番号で答えなさい。

①　ジャワ島に，ボロブドゥールという仏教遺跡がつくられた。

②　マジャパヒト王国の王が，イスラームに改宗した。

③　フランスはシンガポールを拠点に，海峡植民地を建設した。

④　第二次世界大戦直後，ビルマはミャンマーと国名を改めた。

(3)　イスラーム世界について述べた文として，正しいものを次の①〜
④から一つ選び，番号で答えなさい。

　①　ムハンマドは，バグダードを中心に，布教活動を行った。

　②　アッバース朝は，イスラームへの新改宗者に対して，人頭税の
　　　支払いを強制した。

　③　セルジューク朝のアナトリア進出は，十字軍のきっかけとなっ
　　　た。

　④　オスマン帝国は，プレヴェザの海戦で，スペインに敗北した。

(4)　ヨーロッパの歴史について述べた文として，正しいものを次の①
　　　～④から一つ選び，番号で答えなさい。

　①　インノケンティウス3世のとき，ローマ教皇権は絶頂に達した。

　②　百年戦争に勝利したイギリスは，ヨーロッパ大陸内に領土を獲
　　　得した。

　③　神聖ローマ帝国の皇帝は，国内統一のためイタリアに対しては
　　　関心を持たなかった。

　④　フランスでは，大憲章(マグナ=カルタ)により，あらたな課税
　　　には高位聖職者と，大貴族の承認が必要となった。

(5)　インドの歴史について述べた文として，誤っているものを次の①
　　　～④から一つ選び，番号で答えなさい。

　①　クシャーナ朝では，ヘレニズム文化の影響を受けたガンダーラ
　　　美術が栄えた。

　②　ヴァルダナ朝の時代に，唐より玄奘が来訪した。

　③　ムガル帝国では，アウラングゼーブの時代に，ヒンドゥー教徒
　　　に対する人頭税が復活した。

　④　インド国民会議のジンナーは，ベンガル分割令に反対した。

(6)　アメリカ大陸の歴史について述べた文として，誤っているものを
　　　次の①～④から一つ選び，番号で答えなさい。

　①　アステカ王国は，コルテスによって征服された。

　②　イギリスが建設した13の植民地のうち，北部では信仰の自由を
　　　求めて，カトリックが多く移住した。

　③　ラテンアメリカでは，植民地生まれの白人であるクリオーリョ
　　　の大地主層が，独立運動の中心となった。

④　アメリカ＝メキシコ戦争の結果，アメリカ合衆国はメキシコからカリフォルニアを獲得した。

(7)　16世紀の世界について述べた文として，正しいものを次の①〜④から一つ選び，番号で答えなさい。

①　モスクワ大公国が，モンゴル支配から自立した。

②　明の正統帝が，オイラトのエセン＝ハンに捕らえられる土木の変がおこった。

③　イギリスのヘンリ8世が，国王至上法(首長法)を発布し，カトリックから離脱した。

④　オスマン帝国のバヤジット1世が，ニコポリスの戦いで，バルカン諸国とフランス・ドイツの連合軍を破った。

(8)　19世紀の世界について述べた文として，正しいものを次の①〜④から一つ選び，番号で答えなさい。

①　フランス革命後，ロベスピエールを中心とするジャコバン派による恐怖政治がおこなわれた。

②　イランでは，神秘主義教団を率いるイスマーイールによりサファヴィー朝が開かれた。

③　オスマン帝国で，憲法停止に不満をもつ青年知識人や将校を中心に青年トルコ革命がおこった。

④　イギリスは，ウラービー運動を武力で制圧してエジプトを事実上の保護下においた。

(9)　第一次世界大戦と第二次世界大戦の間の時期の世界について述べた文として，誤っているものを次の①〜④から一つ選び，番号で答えなさい。

①　アメリカ合衆国・イギリス・フランス・日本の四カ国条約が結ばれ，日英同盟は解消された。

②　フランスは，賠償支払い不履行を理由にルール占領を強行し，国際的批判をあびた。

③　インドでは，植民地政府の圧制に対し，ガンディーが非暴力を掲げて，非協力運動を展開した。

④　トルコでは，ムスタファ＝ケマルにより，イスタンブルを首都とするトルコ共和国が樹立された。

(10)　第二次世界大戦後の世界について述べた文として，正しいものを次の①～④のうちから一つ選び，番号で答えなさい。

①　アメリカ合衆国のトルーマン大統領は，ユーゴスラヴィアに軍事援助を与えて，ソ連の拡大を封じ込める政策を提唱した。

②　エジプトのナセル大統領は，スエズ運河の国有化を宣言した。

③　中国では，毛沢東が「大躍進」運動を指示して，人民公社を廃止し，経済計画の見直しを行った。

④　ヨーロッパでは，マーストリヒト条約が発効され，ヨーロッパ共同体(EC)が発足した。

(11)　次の写真の建造物のうち，つくられた年代が最も古いものを，①～④のうちから一つ選び，番号で答えなさい。

①

②

③

④

(12)　次の絵画に描かれた出来事に代表される戦いに直接関係のない国を以下の①～④のうちから一つ選び，番号で答えなさい。

① ソ連　② ドイツ　③ イタリア　④ イギリス

(☆☆☆◎◎◎)

【日本史】

【1】次の年表を見て，各問いに答えなさい。

年	出来事
672	a 壬申の乱がおこる
718	藤原不比等らが b 養老律令を撰定する
802	坂上田村麻呂が c 胆沢城を築く
	↕ A
902	d 延喜の荘園整理令がだされる

(1) 下線部aと同じ年に遷都した都を何というか，「　　宮」に合うように答えなさい。

(2) 下線部bに関連して，次の表は，民衆に課せられた租・調・庸・雑徭についてまとめたものである。表中の【　イ　】に入る内容として適切なものを，①〜③から一つ選び，番号で答えなさい。

区分	正丁	次丁（老丁）	中男（少丁）	備考
租	田1段につき稲2束2把（収穫の約3％に当たり，田地にかかる租税）			
調	【ア】	正丁の1/2	正丁の1/4	ほかに正丁は染料などの調の副物を納入
庸	【イ】	正丁の1/2	なし	京・畿内はなし
雑徭	【ウ】	正丁の1/2	正丁の1/4	のちに半減

① 地方での労役60日以下

② 都の労役10日にかえ，布2丈6尺

③ 絹・あしぎぬ・糸・布など郷土の産物の一種を一定量

(3) 下線部cが築かれたのはどこか。当時の国名を答えなさい。

(4) 下線部dに関連して，この頃の財政の窮乏と地方の混乱ぶりを指摘した「意見封事十二箇条」を醍醐天皇に提出したのは誰か，答え

なさい。

(5)　Aの期間の出来事として適切なものを，次の①～④から一つ選び，番号で答えなさい。

①　前方後円墳出現　　②　唐招提寺建立　　③　綜藝種智院設立

④　中尊寺金色堂建立

(☆☆☆☆◎◎◎)

【2】次の年表を見て，各問いに答えなさい。

年	出来事
1192	a 源頼朝が征夷大将軍となる
1252	b 宗尊親王が将軍となる
1332	c 後醍醐天皇が隠岐に配流される
1432	d 足利義教が明に遣使する
	↕ A
1512	壬申約条

(1)　下線部aが，御家人を主に地頭に任命することによって先祖伝来の所領の支配を保障したことを何というか，答えなさい。

(2)　下線部bの時の執権は誰か，答えなさい。

(3)　下線部cが行った建武の新政の職制で重要政務を取り扱った機関を，次の①～④から一つ選び，番号で答えなさい。

①　恩賞方　　②　雑訴決断所　　③　武者所　　④　記録所

(4)　下線部dが，永享の乱で支援した関東管領は誰か，答えなさい。

(5)　Aの期間に起こった次の①～④の出来事を，年代の古い順に並べ，番号で答えなさい。

①　コシャマインの戦い　　②　応仁の乱　　③　三浦の乱

④　嘉吉の変

(☆☆☆☆◎◎◎)

【3】次の年表を見て，各問いに答えなさい。

年	出来事
1582	a <u>本能寺の変</u>がおこる
1722	b <u>上げ米の令</u>がだされる
	↕ A
1842	c <u>天保の薪水給与令</u>がだされる

(1) 下線部aで敗死した織田信長の事績ではないものを，次の①～④から一つ選び，番号で答えなさい。

① 石山戦争　　② 小牧・長久手の戦い　　③ 姉川の戦い

④ 長篠合戦

(2) 下線部bのほか，相対済し令を出すなどの改革を行った将軍は誰か，答えなさい。

(3) 下線部bを出した将軍は田安家・一橋家をおこさせ，朝廷との協調関係も維持して徳川将軍家の安定をはかったが，次の将軍の次男に始まる清水家と，田安家・一橋家をあわせて何というか，答えなさい。

(4) 下線部bは，大名に対してどのようなことをさせたか，20字以内で説明しなさい。なお，数字を使用する場合は，漢数字を用いることとする。

(5) 下線部cの時の将軍は誰か，答えなさい。

(6) Aの期間に起こった次の①～④の出来事を，年代の古い順に並べ，番号で答えなさい。

① 松平定信が老中となる　　② 間宮林蔵が樺太を探査する

③ 享保の飢饉がおこる　　④ 生田万の乱がおこる

(☆☆☆☆◎◎◎)

【４】次のA～Cの文章を読み，各問いに答えなさい。

A

> 　　明治政府は西洋を模範とする法典の編纂に着手したが，そのうちフランスの法学者(　ア　)が起草した民法については，a1890年に大部分がいったん公布されたものの，帝国大学教授であった(　イ　)が法律雑誌にb「民法出デ、忠孝亡ブ」という題の論文を書いて先の民法を批判するなど，いわゆる民法典論争がおこった。この結果，1896年と1898年に先の民法を大幅に修正して公布された。

(1)　文中の空欄(　ア　)，(　イ　)にあてはまる人物は誰か，答えなさい。

(2)　下線部aの年に第1回帝国議会が開かれたが，その時の内閣総理大臣を答えなさい。

(3)　下線部bについて，どのような批判があったのか説明しなさい。

B

> 　　1918年，シベリアへの派兵の動きがおこると米の投機的買占めが横行して米価が急騰した。7月の(　ウ　)県での騒動をきっかけに，米の買占め反対を叫ぶ騒擾が東京・大阪をはじめ全国に広がった。この結果，騒動の責任を追及する世論の前に(　エ　)内閣は総辞職し，新たに(　オ　)総裁のc原敬を首班とする内閣が成立した。

(4)　文中の空欄(　ウ　)～(　オ　)にあてはまる適切な語句を答えなさい。

(5)　下線部cのときの出来事として正しいものを，次の①～④から一つ選び，番号で答えなさい。

①　選挙権の納税資格を3円以上に引き下げ，小選挙区制を導入した。

②　北京の袁世凱政府に対し，山東省のドイツ権益の継承，日中合弁事業の承認など，二十一カ条の要求をおこなった。

③　中国の北方軍閥の段祺瑞政権に巨額の経済借款を与え，同政権

を通じた日本の権益確保を意図した。

④　軍部大臣現役武官制を改め，軍部に対する政党の影響力の拡大
　につとめた。

C

> 　　日本経済は，1955～1957年に(　カ　)景気とよばれる大型
> 景気を迎え，経済企画庁は1956年度の『(　キ　)』で「もは
> や戦後ではない」と記した。その後，1968年には資本主義諸
> 国の中でアメリカにつぐ世界第2位の国民総生産を実現し，
> 1955年から_d_1973年にかけて年平均10％前後の経済成長をと
> げた。

(6)　文中の空欄(　カ　)，(　キ　)にあてはまる適切な語句を答えな
　さい。

(7)　下線部dの年の10月に勃発した戦争をきっかけに，日本経済は大
　打撃をうけることになる。この戦争の名称を答えなさい。

(☆☆☆◎◎◎)

【5】次の史料A～Cを読み，各問いに答えなさい。

A

> 　_a_徳川内府従前御委任ノ大政返上，将軍職辞退之両条今般断
> 然聞コシ食サレ候。抑癸丑以来未曽有之国難，_b_先帝頻年宸
> 襟ヲ悩サレ候御次第，衆庶之知ル所ニ候。之ニ依リ叡慮ヲ決
> セラレ，王政復古，国威挽回ノ御基立テサセラレ候間，自今
> (　ア　)・幕府等廃絶，即今先仮ニ総裁・(　イ　)参与之三
> 職置カレ万機行ハセラルベシ。…(後略)
>
> (出典：『法令全書』)

(1)　下線部a・bは誰のことか。それぞれ答えなさい。

(2)　空欄(　ア　)・(　イ　)にあてはまる語句を漢字で答えなさい。

B

> 　大正十二年十二月二十七日帝国議会開院式の当日虎の門外に於て不祥事件突発す。(　ウ　)首相以下閣員一同責を負ふて総辞職をなす。越へて翌年一月一日後継内閣組織の大命子爵清浦奎吾に降る。清浦子爵熟慮の余裕を奉答し，内閣組織の事に当る。
>
> 　＊＊＊内閣総辞職と決するや後継内閣に関し世論囂々，政友会は其の総裁高橋子爵に大命降下のあるへきことを期待し，(　エ　)は加藤子爵に大命降下すへきことを唱へたり。然るに大命は是等政党首領に降らすして清浦子爵に降りたるを以て政党者流は失望落胆，世論の紛糾を来たせり。…(後略)
>
> 　　　(出典：大正13年1月水野錬太郎関係文書　53「清浦内閣
> 　　　成立並ニ辞職顛末・枢密顧問官就任辞退ノ経緯」)

　　　　　　　　　　　　　　　＊＊＊には(　ウ　)の人物の姓が入る。

(3)　(　ウ　)にあてはまる人物を漢字で答えなさい。

(4)　(　エ　)にあてはよる政党を漢字で答えなさい。

(5)　まもなく清浦内閣は総辞職し，新たに文中の加藤子爵が組閣することになる。このときの加藤内閣の政策について150字以内で説明しなさい。その際，次の語句をすべて使用すること。なお，使用した語句には下線を引くこと。

護憲三派　　　選挙権　　　日ソ国交樹立

C

> 　三大国即チ「ソヴィエト」連邦，「アメリカ」合衆国及英国ノ指揮者ハ「ドイツ」国カ降伏シ且「ヨーロッパ」ニ於ケル戦争カ終結シタル後二月又ハ三月ヲ経テ「ソヴィエト」連邦カ左ノ条件ニ依リ連合国ニ与シテ日本ニ対スル戦争ニ参加スヘキコトヲ協定セリ
>
> 一，外蒙古(蒙古人民共和国)ノ現状ハ維持セラルヘシ
>
> 二，千九百四年ノ日本国ノ背信的攻撃ニ依リ侵害セラレタル「ロシア」国ノ旧権利ハ左ノ如ク回復セラルヘシ
>
> 　(イ)　（　オ　）ノ南部及之ニ隣接スル一切ノ島嶼ハ「ソヴィエト」連邦ニ返還セラルヘシ
>
> 　(ロ)　大連商港ニ於ケル「ソヴィエト」連邦ノ優先的利益ハ之ヲ擁護シ該港ハ国際化セラルヘク又「ソヴィエト」社会主義共和国連邦ノ海軍基地トシテノ(　カ　)口ノ租借権ハ回復セラルヘシ
>
> 　…(中略)
>
> 三，(　キ　)列島ハ「ソヴィエト」連邦ニ引渡サルヘシ
>
> 　…(後略)
>
> 　(出典：外務省編『日本外交年表並主要文書』下巻1966年刊)

(6)　この協定が結ばれた場所はどこか。都市名を答えなさい。

(7)　空欄(　オ　)～(　キ　)にあてはまる語句を漢字で答えなさい。

(☆☆☆☆◎◎◎)

【6】鎌倉文化について学習する際，1単位時間(50分)で鎌倉新仏教についてまとめることにした。あなたが授業を行うとして，板書計画を書きなさい。その際，「めあて」「まとめ」を明記すること。なお，以下の枠をホワイトボードに見立てて記入すること。

（☆☆☆◎◎◎）

【世界史】

【1】次のA・Bの文章を読み，各問いに答えなさい。

A
> 　ポリスには，王がおかれていることが多かったが，その後貴族による支配が強まった。しかし，平民のなかで商工業の発展によって富裕となる者があらわれ，戦争において重装歩兵の密集隊戦術が優勢になってくると，同等の資格で戦場にたち，同じ責任を負うことから，政治参加を求める平民の声が強まり，参政権を有する市民が登場した。

(1)　平民が多数参加して密集隊形(ファランクス)を組んで戦う重装歩兵部隊が軍隊の主力となったが，当時の軍隊参加の原則について説明しなさい。

(2)　文中下線部「ポリス」に関連して，前420年のペスト流行の際，防疫に活躍し，「医学の父」と呼ばれる人物は誰か，答えなさい。

B

> 　西地中海地域に進出したローマは，この地域で交易を営み
> 繁栄していたフェニキア人植民都市カルタゴとの間に，3回
> にわたるポエニ戦争(前264〜前146)を引きおこした。第1次ポ
> エニ戦争で勝利をおさめたローマは，カルタゴからシチリア
> を獲得し，これを属州として統治するようになった。

(3)　この間ローマ本国の社会には，深刻な変化が生じていた。軍事面
　　における問題とそれに対して前2世紀に行われた改革について説明
　　しなさい。

(4)　文中下線部「属州」を15字以内で説明しなさい。

(☆☆☆◎◎◎)

【2】次の文章を読み，各問いに答えなさい。

　唐の源流は六鎮の乱まで，おそらくは五胡十六国まで遡る。中国史
の五胡十六国時代は，西洋では_aゲルマン民族大移動期にあたる。こ
の両者は連動しているとみるべきであろう。すなわち，_bステップ地
帯の遊牧民族の動きが，西方ではゲルマンの大移動をもたらし，東方
では五胡十六国をもたらしたのである。したがって，西洋と同様に東
洋でもこれが新しい時代の幕を開けた。その新しい動きは，中国では
北魏と南北朝対峙の局面を形成し，さらに六鎮の乱によってつくりな
おされ，_cやがて唐と突厥との衝突をへて，唐・太宗によって完成さ
れた。この南モンゴリアと華北の地の息詰まるような抗争が，江南を
含む中国の統一をもたらし，また中央アジアの経済・文化ともつなが
り，中国史をつくりなおしたのである。したがって，唐の軍事体制が
遊牧騎馬戦術を組み込むかたちとなったのは，当然のなりゆきだった
のである。

　ところが，この体制は_d安史の乱で崩壊してしまった。安史の乱こ
そが，五胡以来の歴史的潮流の最終的な帰結であったといっても過言
ではない。唐末に山西で沙陀が勢力を強め，五代を形成したが，結局
はそれは中国統一をもたらさず，_e北京方面から山西北部・オルドス

をへて河西にいたる地域に，中国側の政権が優勢をふるう体制は実現しなかった。これらの地域を北方の遊牧勢力が押さえたことによって，征服王朝の時代の幕が開けられ，それはモンゴルで完成したのである。

　一方，[f]唐の後半から宋代にかけては，ユーラシアの商業ネットワークの比重が内陸貿易から海上貿易へと移りかわる時代でもあった。中国では，この時代に華北と江南の人口比率が逆転し，[g]経済の中心は江南へ，それも沿岸地帯へと移った。今日の中国経済は，その延長線上にあるといってよい。やがて，この内陸と海上の商業ネットワークはモンゴルによって結びつけられ，[h]十四世紀のイスラーム海上交易の隆盛をもたらし，大航海時代を用意した。

　すわなち，唐という時代は，その前半期は内陸部の政治・経済の一体化をもたらし，後半期はユーラシア海域部の一体化を用意したのであった。七～九世紀のユーラシアは，ちょうどその過渡期にあたっていたのである。

(石見清裕著『唐代の国際関係』より一部改)

(1)　下線部aについて，次の史料は，移動前のゲルマン人社会を記した著作『（　ア　）』の一部である。この著作『（　ア　）』とその著者を答えなさい。

　……鋭い空色の眼，黄赤色(ブロンド)の頭髪，長大にして，しかもただ強襲にのみ剛強な体躯。……寒気と飢餓とには，その気候，風土のために彼らはよく馴化されている。……小事には首長たちが，大事には〔部族の〕部民全体が審議に掌わる。……すなわち新月，あるいは満月の時を期して集会する。……武装のまま着席する。……王あるいは首長たちが，……命令の力よりは，説得の権威をもって〔発言し〕傾聴される。……意にかなった場合，彼らはフラメアを打ちならす。最も名誉ある賛成の仕方は，武器をもって称讃することである。

(泉井久之助訳『（　ア　）』)

---

(2) 下線部bについて，西方ではゲルマンの大移動，東方では五胡十六国時代をもたらすこととなった経緯を説明した次の文章の空欄（　ア　）・（　イ　）に入る語句を答えなさい。

> 西方では，（　ア　）人が西進し，ゲルマン人の一派である東ゴート人の大半を征服，さらに西ゴート人を圧迫した。そこで西ゴート人は南下をはじめ，ドナウ川をわたってローマ帝国領内に移住した。それをきっかけにほかのゲルマン諸部族も大規模な移動を開始した。東方では，晋で（　イ　）の乱がおこり，この内乱のなかで兵力として活躍した五胡が華北に移住し，五胡を中心とする諸政権が興亡をくり返した。

(3) 下線部cに関連して，太宗は中国を統一するとともに，東突厥の主力を服属させ，つづく高宗は，東は百済・高句麗を破り，西は西域のオアシス都市を領有して勢力を広げた。征服地では，「羈縻政策」とよばれる統治が行われたが，どのような統治か説明しなさい。

(4) 下線部dに関連して，安史の乱をおこした安禄山は3つの節度使を兼任していた。8世紀の軍制の変化と辺境の防衛について「節度使」の語句を用いて，説明しなさい。

(5) 下線部eに関連して，北京は中国の戦国時代，「戦国の七雄」のうちいずれの国にあったか答えなさい。

(6) 下線部fに関連して，西ヨーロッパにおいても，イタリア諸都市が11世紀末以来，東地中海交易に進出した。ヴェネツィアが，13〜15世紀に東地中海交易で覇権を握ることとなった重要な出来事とは何か説明しなさい。

(7) 下線部gに関連して，南宋の時代には，江南の開発がすすみ，中国の経済の中心は華北から江蘇・浙江・福建などの地域へと移動した。その背景について説明をした次の文章の，空欄（　ア　）〜（　ウ　）に入る語句を答えなさい。

　　　　低湿地には，大堤防で囲った「圩田」や図1のような
　　「（　ア　）」，水路と堤防で干拓した「湖田」がつくられた。ま
　　た11世紀ころ，（　イ　）という生長の早い稲がベトナム方面か
　　ら伝えられ，水利の悪い土地に栽培されるようになった。こ
　　うして，「（　ウ　）」といわれるように，長江下流域が，華北
　　をしのぐ大穀倉地帯となった。

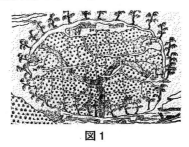

図1

(8)　下線部hに関連して，明の時代，鄭和が遠征艦隊の基地としたこ
　　とで，中国への朝貢貿易の拠点となり，インド洋のムスリム商人と
　　東・南シナ海の中国人商人のネットワークを結びつける東西貿易の
　　中心的港市として繁栄した，マレー半島のイスラーム国家を答えな
　　さい。

　　　　　　　　　　　　　　　　　　　　　　　　（☆☆☆◎◎◎）

【3】次の文章を読み，各問いに答えなさい。

　　イギリスの植民地政策と工業生産とのあいだには，密接な結合関係
が存在していた。海外市場拡大のための戦争や植民地の拡大は，政府
の政策に大きく依存するが，_a名誉革命後のイギリスには国内工業生
産の利益を対外政策の基本にすえる政府が存在していた。_bスペイン
継承戦争から_cナポレオン戦争にいたるフランスとの「第二次百年戦
争」は，植民地争奪戦争としての性格をもっていた。大陸諸国は陸軍
に軍事的な重心をおいていたが，イギリスは地政学的な位置から強力

な海軍力を保持しており，造船業にみられる高い技術水準に支えられた海軍によって，これらの戦争に勝利することができた。そしてこの海軍の存在によって，イギリスは，帝国内の安全を確保することができ，海外との交易活動において優位性を確立することが可能となったのである。

(長谷川貴彦『産業革命』より一部省略，一部改)

(1) 下線部aに関連して，このころのイギリスのオランダに対する政策はどのように転換したか，答えなさい。

(2) 下線部bに関して，スペイン継承戦争が始まった時期を次の(ア)～(カ)のうちから一つ選び，記号で答えなさい。

　　[(ア)]→ナントの王令→[(イ)]→三十年戦争→[(ウ)]→南ネーデルランド継承戦争→[(エ)]→オーストリア継承戦争→[(オ)]→七年戦争→[(カ)]

(3) 下線部cに関連して，ナポレオンがイギリス経済に打撃を与えようとした勅令が発せられた場所を，図2の(ア)～(エ)から一つ選び，記号で答えなさい。

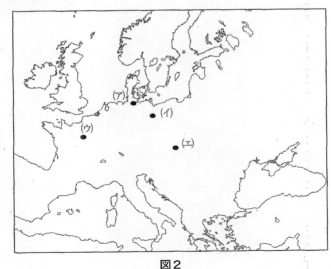

図2

(4)　次の図3は，イギリスの穀物生産高と人口の増加を示したものである。人口の増加の要因の一つとして，農業の技術革新が挙げられるが，18世紀前半にイギリスで開発された農法について簡潔に説明しなさい。

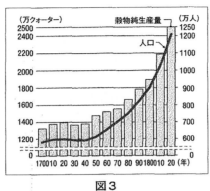

図3

(☆☆☆◎◎◎)

【4】以下の史料に関する各問いに答えなさい。

　A　次の史料1はオスマン帝国のウィーン包囲(1529)を描いたものである。

史料1

(1) ウィーン包囲の前に起きた，オスマン帝国によるハンガリー支配の契機となった戦いを何というか。

(2) このころの神聖ローマ帝国とフランス，オスマン帝国の関係について，それぞれ君主の名を明らかにしながら説明しなさい。

B　次の史料2はウィーン会議を描いたものである。

史料2

(3) このときウィーン議定書によりポーランド王となった人物を答えなさい。

(4) ウィーン体制下において自由主義とナショナリズムの運動が各国でおこったが，いずれも弾圧・鎮圧された。これらの運動を国名もあげながら具体的に説明しなさい。

(☆☆☆◎◎◎)

【5】次の文章を読み，各問いに答えなさい。

　1920年，史上初の国際平和機構である国際連盟が発足した。第一次世界大戦の反省のうえに，アメリカの（　ア　）大統領の主導のもとに設立された。しかし，<u>アメリカ</u>は上院が批准を拒否したため加盟できなかった。またドイツやソ連も最初は加盟を認められなかった(それぞれ26年と34年に加盟)。さらに33年に日本とドイツが，37年にイタリアが次々と脱退し，39年にはソ連が（　イ　）侵略のため除名となった。

　発足当初の常任理事国はイギリス・フランス・イタリア・日本であった。常任理事国に強力な権限を与えた国際連合と異なり，総会が最高決定機関とされ，またその決定は（　ウ　）であることが求められた。

　また，連盟として軍隊を組織することはできず，発動することができるもっともきびしい制裁も経済制裁にとどまっていた。そのため，侵略を抑止し，また実効のある制裁を行うことができなかった。

　一方，中小諸国の国境紛争調停や，文化交流には成果をあげた。いずれにせよ，史上初の国際的な(　エ　)保障機構としての意義は大きく_b第二次世界大戦後に設立された国際連合は，国際連盟の経験をもとにさまざまな修正を加えて制度設計がなされている。

(1)　文中の空欄(　ア　)～(　エ　)に入る語句を答えなさい。

(2)　下線部aについて，アメリカの外交方針を象徴する19世紀前半の出来事を当時のアメリカ大統領を明らかにしながら述べなさい。

(3)　下線部bに関連して，戦後冷戦の激化にともない，第三勢力を形成しようとする潮流がうまれた。1950年代から1960年代前半にかけてアジア・アフリカ・ヨーロッパで見られた第三勢力の動きを説明しなさい。

(4)　下線部bに関連して，次の写真1は，ソ連共産党第20回大会で演説するフルシチョフである。東欧ではスターリン批判を契機にソ連からの自立と自由化を求める動きが現れ，2つの国で反政府運動が起こった。これらの運動がそれぞれどうなったのか，両国を比較しながら説明しなさい。

写真1

(☆☆☆◎◎◎)

【6】7〜15世紀のアフリカ史の概観について授業を行うことにした。次の図をホワイトボードとみなし，諸王国の名称と領域成立時期，主要都市，交易品とその交易ルートを，地図を用いて示しなさい。

(☆☆☆◎◎◎)

【地理】

【1】自然環境，産業に関する次の各問いに答えなさい。

問1　次の表は，河川の河況係数と流域面積を示したものであり，表中の①〜④は，石狩川，利根川，コロラド川，ライン川のいずれかである。ライン川に該当するものを①〜④から一つ選び，番号で答えなさい。

	河況係数	流域面積（千km²）
①	18	199
②	1,782	17
③	181	630
④	573	14

『データブック　オブ・ザ・ワールド2021年版』により作成

問2　次の表は海岸地形についてまとめたものである。空欄（　ア　）〜（　エ　）に該当する最も適切な地形の代表例を以下の①〜④のうち

261

からそれぞれ一つずつ選び，番号で答えなさい。また，空欄
（　Ａ　），（　Ｂ　）にあてはまる，地形の代表例が分布している都道
府県名をそれぞれ答えなさい。

海岸地形	代表例	都道府県
砂州	（　ア　）	京都
	弓ヶ浜	鳥取
砂嘴	（　イ　）	（　Ａ　）
	（　ウ　）	北海道
陸繋砂州（トンボロ）	海ノ中道	（　Ｂ　）
	函館	北海道
陸繋島	江の島	神奈川
	（　エ　）	和歌山

①　天橋立　　②　三保松原　　③　潮岬　　④　野付崎

問3　次の表はアフリカ大陸の南半球における，東経20度の経線上を
赤道から南方向へ移動した際，分布している気候区分についてまと
めたものである。表中の空欄（　ア　）～（　オ　）にあてはまる気候
区分をそれぞれ答えなさい。赤道上に分布している気候を（　ア　）
とし，同じ空欄記号には同じ語句が入るものとする。なお，解答は
ケッペンの気候区分による記号で答えなさい。

> （　ア　）→（　イ　）→（　Cw　）→（　ウ　）→（　エ　）→（　ウ　）
> →（　オ　）

問4　ベンガル湾を中心とする地域には，1991年バングラデシュ(死者
およそ14万人)，1996年インドの南東岸，2007年バングラデシュ南
岸(死者およそ3,000人)など沿岸国に大きな被害をもたらす災害が起
こった。この地域に甚大な被害をもたらしている理由を説明した次
の文中の空欄（　Ｘ　），（　Ｙ　）に該当する内容を，それぞれ20字以
内で答えなさい。なお，空欄（　Ｘ　）ではこの地域特有の自然現象
の名称を明らかにし，空欄（　Ｙ　）ではその被害が拡大している理
由をこの地域の地形名称を踏まえて答えなさい。

> （　X　）高潮が発生し，また，（　Y　）地形が被害を拡大させている。

問5　次の作物のうち，南北アメリカ大陸原産の作物をすべて答えなさい。

> | 米 | 小麦 | 大麦 | とうもろこし |
> | さとうきび | てんさい | カカオ | コーヒー |
> | ごま | 天然ゴム | じゃがいも | |

問6　次の表は，キャッサバ，ヤムいも，タロいもの生産量(2018年)を示したものである。表中の空欄（　X　）にあてはまる国名を答えなさい。

(生産量：万トン)

キャッサバ		ヤムいも		タロいも	
（　X　）	5,948	（　X　）	4,753	（　X　）	330
タイ	3,168	ガーナ	786	中国	191
コンゴ民主	2,995	コートジボワール	725	カメルーン	190
ガーナ	2,085	ベナン	294	ガーナ	146
ブラジル	1,764	エチオピア	136	パプアニューギニア	27

『データブック　オブ・ザ・ワールド2021年版』により作成

問7　シベリア地方に関する次の各問いに答えなさい。

(1)　中央シベリア高原を流れるエニセイ川では，春から初夏にかけて中上流が洪水の被害に見舞われることがある。その理由を「春」「冬」の2つの語を使用して答えなさい。

(2)　シベリア地方では亜寒帯林の伐採が環境問題に影響を与えているといわれている。亜寒帯林の伐採によってどのような環境問題が起きているかについて80字以内で答えなさい。

(☆☆☆◎◎◎)

【2】次の各問いに答えなさい。

問1

(1)　世界の人口・人口問題について述べた次の文章の（　①　）～

（　③　）にあてはまる語句を答えなさい。なお，（　①　）については，10の倍数で解答すること。

　　人間の居住がみられないアネクメーネは，全陸地の約（　①　）％を占めている。人間は，知恵と経験や技術の発達により居住地域を拡大してきた。

　　急激な人口増加を表す人口爆発は，アジア・アフリカ・ラテンアメリカの発展途上国において，高い出生率の中で，（　②　）を原因として起きる。

　　人口増減の形が，多産多死から多産少死の時代を経て，少産少死へと変化することは，（　③　）とよばれる。

(2)　アネクメーネとエクメーネとの境界を指す語句を「限界」という語句を用いて三つ答えなさい。

問2　次の図1・2は，合計特殊出生率と老年人口の割合の推移を示したものであり，図1中のA〜C，図2中のア〜ウは，それぞれアメリカ合衆国，デンマーク，日本のいずれかである。図1・2中のデンマークとアメリカ合衆国に該当する正しい組合せを，①〜⑨のうちからそれぞれ一つずつ選び，番号で答えなさい。

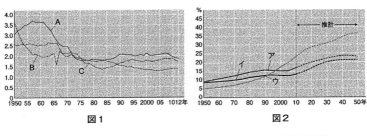

図1　　　　　　　　　　　　　図2

	①	②	③	④	⑤	⑥	⑦	⑧	⑨
図1	A	A	A	B	B	B	C	C	C
図2	ア	イ	ウ	ア	イ	ウ	ア	イ	ウ

問3　次の表は，愛知県，茨城県，神奈川県，山口県における人口増加率(2019〜20年)，出生率(2020年)，死亡率(2020年)を示したものである。最も社会増加率の高いものを，①〜④のうちから一つ選び，

番号と県名を答えなさい。(単位：‰)

	人口増加率	出生率	死亡率
①	− 6.8	6.3	11.7
②	0.5	7.0	9.3
③	− 1.4	7.8	9.6
④	− 10.7	6.5	14.1

『データブック　オブ・ザ・ワールド 2021 年版』により作成

問4　次の表は，アメリカ合衆国のアリゾナ州，コロンビア特別区，ジョージア州，ペンシルヴェニア州の人種構成(2019年)とヒスパニックの割合(2019年)を示したものである。コロンビア特別区を示すものを，①～④のうちから一つ選び，番号で答えなさい。

	人種構成（%）				ヒスパニック（%）
	白人	黒人	アジア系	その他	
①	81.6	12.0	3.8	2.6	7.8
②	60.2	32.6	4.4	2.8	9.9
③	82.6	5.2	3.7	8.5	31.7
④	46.0	46.0	4.4	3.6	11.3

『データブック　オブ・ザ・ワールド 2021 年版』により作成

問5　次の表は，日本のオランダ，フィリピン，ブラジル，メキシコからの主要輸入品上位5品目(2019年)を示したものである。メキシコを示すものを，①～④のうちから一つ選び，番号で答えなさい。

	主要輸入品（貿易額順）				
①	電気機器	金属鉱と金属くず	一般機械	木製品とコルク製品	バナナ
②	電気機器	一般機械	豚肉	果実	自動車部品
③	鉄鉱石	鶏肉	飼料用とうもろこし	コーヒー豆	有機化合物
④	一般機械	電気機器	医薬品	豚肉	酪農品と鳥の卵

『データブック　オブ・ザ・ワールド 2021 年版』により作成

問6　言語と宗教に関する次の各問いに答えなさい。

(1)　次の表は，世界のおもな宗教人口(百万人，2019年)の上位5位を示したものである。空欄(　①　)，(　②　)にあてはまるものを，以下の(ア)～(カ)から一つずつ選び，記号で答えなさい。

```
イスラム教スンナ派　(1,687)
(　①　)　(1,240)
ヒンドゥー教　(1,063)
(　②　)　(586)
大乗仏教　(393)
```

『データブック　オブ・ザ・ワールド2021年版』により作成

(ア)　イスラム教シーア派　　　(イ)　上座仏教

(ウ)　ユダヤ教　　　　　　　　(エ)　カトリック

(オ)　プロテスタント　　　　　(カ)　正教会

(2)　次は，イスラームの六信と五行である。空欄(　①　)，(　②　)にあてはまる語を答えなさい。

```
六信　信ずべきもの
　　　神，天使，啓示，(　①　)，来世，天命を
　　　信ずること
五行　ムスリムとしての務め
　　　信仰告白，礼拝，断食，巡礼，(　②　)
```

(3)　次は，ある国の情報である。空欄(　①　)，(　②　)にあてはまる語を答えなさい。

```
人口　　　　　　　　　　272.2万人(2020年)
首都の位置　　　　　　　北緯54°40′　東経25°16′
1人当たり国民総所得　　17,380ドル (2018年)
平均寿命　　　　　　　　76.3歳 (2018年)
民族　リトアニア人83.1%・ポーランド人6.0%・(　①　)人
　　　4.8%・ベラルーシ人1.1%・その他5.0% (2010年)
言語　リトアニア語(公用語)・(　①　)語・ポーランド語
宗教　(　②　)79.0%(2001年)
```

　　　『データブック　オブ・ザ・ワールド2021年版』により作成

問7　村落と都市に関する次の各問いに答えなさい。

(1) 次は，村落共同体に関する文章である。文中の空欄(①)，(②)にあてはまる語を答えなさい。

緊密な村落共同体は，長い時間をかけて形成されてきたが，近年はその変容が著しい。例えば，日本の農村や山村では，これまで(①)や冠婚葬祭，地域行事などを通じて，人々は互いに協力し合って維持されてきた。しかし，高度経済成長期以降，村を離れる若者があいつぐことになって過疎化が進み，やがて極端な人口減少と(②)とを招いた。

(2) 農家が1戸ずつ分散して居住する村落は，散村とよばれる。砺波平野に散村が発達した防災上の理由を，[ハザード]・[脆弱性]の2つの語を使用して説明しなさい。ただし，それぞれの語は次のように定義する。

[ハザード]：人，生物，資産などに悪影響を及ぼし得る，気候関連の物理現象

[脆弱性] ：悪影響の受けやすさ(ハザードに対する感受性や適応能力など)

(3) 次の図3は，ホイト(1939年)の扇形都市構造モデルである。①の地区がどのような地区であるか，説明しなさい。また，②・③・⑤は，以下の(ア)〜(ウ)のいずれかである。②・③・⑤を示すものを(ア)〜(ウ)からそれぞれ一つずつ選び，記号で答えなさい。

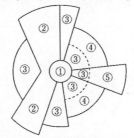

図3

(ア) 低級住宅地区　　(イ) 高級住宅地区

(ウ) 卸売・軽工業地区

(4) 次の表中の(ア)〜(エ)は大津市，川崎市，北九州市，豊田市の

いずれかの1995年と2015年の昼夜間人口比率を示したものである。大津市に該当するものを(ア)〜(エ)から一つ選び，記号で答えなさい。

	(ア)	(イ)	(ウ)	(エ)
1995 年	88.8	104.6	94.9	103.9
2015 年	88.3	110.5	91.1	102.3

『データブック　オブ・ザ・ワールド2021年版』により作成

(☆☆☆◎◎◎)

【3】「先進国における都市・居住問題」について授業を行うことにした。都市・居住問題の具体例について説明する際の板書例を構造図で書きなさい。ただし，次の[条件]に従って描図すること。

[条件]

・事象間の関係を，矢印を用いて表すこと。

・相互に関係する場合，矢印は両矢印(←→)を用いず，片矢印(→)をそれぞれに用いること。

・枠組みを使用し，使用した語は四角枠で囲むこと。

・四角枠は最大で20項目までとすること。

・次の例を参考にすること。

例)

地球温暖化	→	氷河の融氷	→	海面の上昇	→	海岸平野の水没	→	……
						サンゴ礁の水没	→	……

(☆☆☆◎◎◎)

【4】 アフリカに関する次の各問いに答えなさい。

問1　下の図5は，次の図4中のX－Yの地形断面を示したものである。図5について述べたあとの文章中の下線部(ア)～(オ)のうちから，誤っているものをすべて選び，記号で答えなさい。

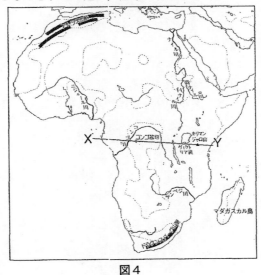

図4

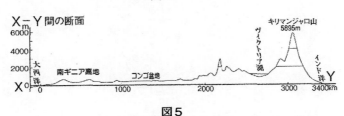

図5

アフリカ大地溝帯はアフリカ大陸がさけ，両側に開きつつある場所である。(ア)<u>ヴィクトリア湖は，裂け目に水が直接流入して形成された断層湖である。</u>(イ)<u>キリマンジャロ山は火山であり</u>，(ウ)<u>山頂に氷河はみられない。</u>コンゴ川は，(エ)<u>流域面積がアフリカ最大</u>であり，(オ)<u>外洋船の航行が困難で内陸と外洋を結ぶ交通は発達していない。</u>

問2　図4中の島や山脈，河川について述べた文として最も適切なもの

を，次の①～④のうちから一つ選び，番号で答えなさい。

① マダガスカル島はゴンドワナランドの一部であった。赤道低圧帯の影響を受ける北西部はサバナ気候である。

② アトラス山脈とドラケンスバーグ山脈は，ともに新期造山帯に属し，温帯と乾燥帯の境界となっている。

③ ニジェール川とナイル川の下流部の水位は，ともに年間の中で1月ごろに最も高くなる。

④ ザンベジ川には，世界最大級のダムがあり，その電力はアルミニウムの精錬のために利用されている。

問3 次の図6をみて，以下の(1)～(4)の問いに答えなさい。

図6

(1) (ア)～(ク)のうち，第二次世界大戦前から独立していた国をすべて選び，記号で答えなさい。

(2) (ア)～(ク)のうち，イスラム教徒数(人口×イスラム教徒の割合)が最大の国を記号で答えなさい。

(3) (ア)～(ク)のうち，2020年時点での人口が1億人を超えている国をすべて選び，記号で答えなさい。

(4) 次の表は，D〜Fのそれぞれの国における輸出額上位5品目(2019年)を示したものである。表中の(サ)〜(ス)とD〜Fとの正しい組合せを，以下の①〜⑥のうちから一つ選び，番号で答えなさい。

	(サ)	(シ)	(ス)
1位	茶	カカオ豆	機械類
2位	野菜と果実	金（非貨幣用）	自動車
3位	切り花	石油製品	衣類
4位	石油製品	野菜と果実	野菜と果実
5位	衣類	天然ゴム	肥料

『データブック　オブ・ザ・ワールド 2021 年版』により作成

	①	②	③	④	⑤	⑥
(サ)	D	D	E	E	F	F
(シ)	E	F	D	F	D	E
(ス)	F	E	F	D	E	D

問4　次の図7中の①〜④は，原油，ダイヤモンド，鉄鉱石，銅のいずれかの産地を示したものである。①〜④に該当する鉱産資源をそれぞれ書きなさい。

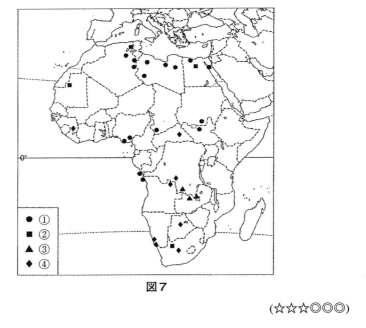

図7

(☆☆☆◎◎◎)

【5】次の地理院地図は，横浜市沿岸部の根岸駅付近を示したものである。
　これをみて，以下の各問いに答えなさい。

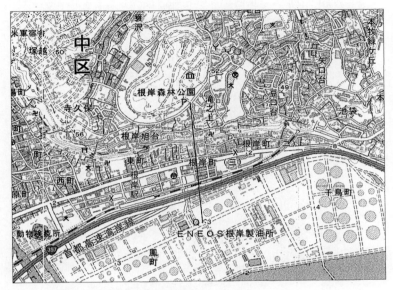

問1　P−Q間の断面図を次図に書きなさい。

問2　P−Q間には，大きく分けて4つの地形的特徴がある。4つの地形
　　の特徴を答えなさい。また，このような地形を成していると考えら
　　れる根拠を，図中から読み取って推察し，それぞれ述べなさい。な
　　お，P−Qの中間地点には，かつての海岸線があった。

問3　次の図8は上記地図北西部の塚越と簑沢付近を拡大したものであ

273

る。塚越と簑沢には標高40メートル(等高線をなぞっている)を境に特徴の異なる土地地利用が広がっている。塚越と簑沢について，それぞれの土地利用の特徴とその地形を述べなさい。

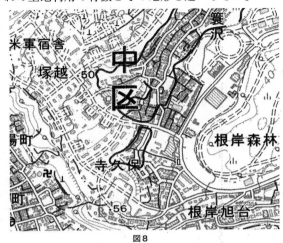

図8

(☆☆☆◎◎◎)

解答・解説

中　学　社　会

【1】(1)　(ウ)　　(2)　学校運営協議会(制度)(コミュニティ・スクール)
(3)　(オ)　(4)　①　A　国土　　B　国民主権　　②　C　(ク)
D　(ア)　E　(オ)　　F　(ウ)　　③　G　(エ)　　H　(ア)
④　I　グローバル　　J　構想　　⑤　K　(ア)　　L　(エ)

〈解説〉(1)　教育の機会均等を定めた教育基本法第4条からの出題である。教育基本法は1947年に制定され，制定後の教育環境の変化を鑑みて

274

2006年に改正されている。　(2)　学校運営協議会とは，保護者や地域住民などから構成されるものであり，学校運営の基本方針を承認したり，教育活動などについて意見を述べたりする取組を行う。学校運営協議会を設置している学校をコミュニティ・スクールと呼び，その根拠法が地方教育行政の組織及び運営に関する法律(地教行法)第47条の5である。　(3)　現在，文部科学省は学校におけるICTの活用を推進しており，ICTを基盤とした先端技術や学習履歴などの教育ビッグデータの効果的な活用により，「誰一人取り残すことのない，公正に個別最適化された学び」の実現を目指している。なおSociety5.0とは，サイバー空間(仮想空間)とフィジカル空間(現実空間)を高度に融合させたシステムにより，経済発展と社会的課題の解決を両立する，人間中心の社会(Society)のことで，2016年1月閣議決定された「第5期科学技術基本計画」において日本が目指すべき未来社会の姿として提唱された概念である。　(4)　①　国土や歴史に対する愛情はセットで覚えること。また国民主権は，国民の立場や政府の役割などを中心に学んでいく公民的分野の学習でキーワードになってくる。　②　C　空間的相互依存作用とは，モノや人の交流のもとに地域が成り立っているという考え方である。　D　平成29・30年度公示の学習指導要領では，中学社会，高校社会共に地球的課題やグローバルな世界としての考え方が求められている。　E　地理的分野のみならず，歴史的分野を含め，地域や時代の大観が意識された学習指導要領の内容である。　F　ここに入るのは生活と年中行事のいずれかが考えられるが，年中行事は範囲が狭すぎるため不適である。　③　G　平成29・30年度の学習指導要領では，日本中世史(および日本古代史)の分野の学習は，東アジアや東南アジアは勿論の事，ユーラシア地域との交流が重要視されている。　H　男女普通選挙の確立と日本国憲法の制定は戦後の事項であり，民主化が正しい。　④　I　情報化やグローバル化への対応は，近年大きく取り上げられている。　J　考察と構想の判断は，空欄補充問題でよく出題されるため，しっかりと覚えておきたい。　⑤　K　情報の収集，処理や発表，という場合には使用する情報手段はSNSでは

なくコンピュータがふさわしい。　L　情報リテラシーが情報を活用する力や技能，情報モラルが情報を活用するときの姿勢や態度を指すということを踏まえると，「情報手段を活用できるようにするとともに」という文章なので，情報リテラシーでは意味が重複してしまう。

【2】(1)　①　太平洋　　②　大西洋　　③　インド洋　　④　北極海
(2)　(ア)，(ウ)　　(3)　排他的経済水域(EEZ，200海里水域，200海里経済水域，経済水域)　　(4)　(D)

〈解説〉(1)　世界で最も広い海洋は太平洋であり，大西洋，インド洋を含めて三大洋といい，これに北極海が続く。　(2)　沖ノ鳥島は日本の最南端，南鳥島は最東端の島である。　(3)　世界各国が排他的経済水域を設定し自国の資源を確保したことで，日本の遠洋漁業の漁獲量が減少したという経緯がある。　(4)　(A)　国土面積および排他的経済水域がともに大きいので，アメリカ合衆国が該当する。　(B)　国土面積は大きいが排他的経済水域が非常に小さいので，海岸線が短いブラジルが該当する。　(C)　国土面積の割に排他的経済水域が大きいので，インドネシアが該当する。　(D)　排他的経済水域が国土面積の約12倍である日本が該当する。

【3】(1)　北東　　(2)　0.75km　　(3)　①　急　　②　イ　主曲ウ　20　　エ　50

〈解説〉(1)　地図上において，あぞうの駅はこうち駅の右上方向にあるため，方角は北東である。　(2)　2万5000分の1の地形図において，地図上の1cmの距離は1〔cm〕×25000＝25000〔cm〕＝0.25〔km〕である。よって，求める実際の長さは0.25×3＝0.75〔km〕である。
(3)　①　等高線の間隔がせまいのは，短い距離の2地点で高低差があるからであり，その2地点間の傾斜は急になっている。　②　イ　等高線には，太い実線で引かれている計曲線と，細い実線で引かれている主曲線がある。　ウ　計曲線は，主曲線5本ごとに1本引かれるので，求める距離は100〔m〕÷5＝20〔m〕である。　エ　求める距離は10

〔m〕×5＝50〔m〕である。

【4】(1) ① 関東 ② 関東ローム ③ 利根 ④ ヒートアイランド (2) 近郊農業 (3) (ア) 抑制栽培 (イ) 促成栽培 (4) 東京大都市圏 (5) (エ)

〈解説〉(1) ① 関東平野は，関東地方の中央に広がる日本最大の平野である。 ② 関東ロームは，富士山や箱根山などの火山灰が積もることで形成された地層である。 ③ 利根川は日本で流域面積が最も大きく，東京都，栃木県，群馬県，埼玉県，茨城県，千葉県を流れている。 ④ ヒートアイランド現象は，都市部において見られる現象であり，緑地の減少や舗装面の増大，自動車や機械による排熱の増加などが原因で生じる。 (2) 近郊農業は，大都市の近郊で行われ，関東では千葉県，茨城県で盛んである。 (3) (ア) 抑制栽培の例として，群馬県や長野県の冷涼な気候を生かし，他の地域では栽培できない夏季にキャベツやレタスなどの高原野菜を生産している。

(イ) 促成栽培の例として，高知平野や宮崎平野などでは，温暖な気候を利用して冬季にきゅうりやピーマンを栽培している。 (4) 都市開発が無秩序で行われ，虫食い状に市街地化されることはスプロール現象という。 (5) 政令指定都市は，全国で20都市ある。

【5】(1) ① 大伴家持 ② (ウ) (2) ① (イ) ② 建武の新政 (3) ① 朱印状 ② (イ) (4) (ア)

〈解説〉(1) ① 大伴家持は万葉集を編纂し，家持作の473首の歌が収録されている。 ② 鑑真が唐から来日したのは753年である。

(2) ① 足利尊氏や新田義貞は関東地方，楠木正成は河内(大阪府)の人物である。 ② 後醍醐天皇は，鎌倉幕府を滅ぼして天皇中心の政治体制に戻したが，その翌年に年号を建武と改めたので，この政治体制を建武の新政という。 (3) ① 安土桃山時代から江戸時代初期にかけて，主に東南アジアとの間で朱印船貿易が行われた。 ② 禁教令が発せられた1612年頃，山田長政は朱印船でシャムに渡り，アユタ

ヤの郊外の日本町の長となった。なお，選択肢(ウ)は正しくは伊東マンショである。　(4)　Bは鎌倉幕府滅亡のきっかけとなった出来事，Cは安土桃山時代から江戸時代初期の出来事である。よって，これらの間に起きたのは，室町時代中期の応仁の乱である。

【6】(1)　(ウ)　　(2)　米騒動　　(3)　ワシントン会議の開催
(4)　(イ)　　(5)　大正デモクラシー　　(6)　(イ)　　(7)　(エ)
〈解説〉(1)　(ア)　日本が占領したのは山東省などである。　(イ)　参戦したのはアメリカ合衆国である。　(エ)　三国協商と三国同盟が逆である。　(2)　米騒動は1918年に現在の魚津市で，主婦たちの抗議から始まった。　(3)　朝鮮で起きた三・一独立運動，および中国で起きた五・四運動はいずれも1919年の出来事である。ワシントン会議が開かれたのは1921年，ソ連が成立したのは1922年である。　(4)　国際連盟の本部はスイスのジュネーヴにあった。国際連合の本部はニューヨークにある。　(5)　この時代は民主主義を求める風潮が高まっていたが，天皇主権だったためデモクラシーを民主主義とは訳さず，代わりに民本主義が唱えられていた。　(6)　(ア)　夏目漱石の小説『吾輩は猫である』であり，明治時代の作品である。　(イ)　平塚らいてうによって創刊された『青鞜』の発刊の辞である。大正デモクラシー時の女性解放運動の拠点となった。　(ウ)　与謝野晶子の詩『君死にたまふこと勿れ』であり，明治時代の作品である。　(エ)　福沢諭吉の啓蒙書『学問のすゝめ』であり，明治時代の作品である。　(7)　(ア)　デモクラシーを民本主義と訳したのは吉野作造である。　(イ)　原敬が組織したのは立憲政友会である。　(ウ)　1925年に制定された普通選挙法により，納税額による選挙権の資格制限が撤廃された。

【7】(1)　天平文化　　(2)　(ア)　　(3)　(ア)　　(4)　①　(イ)
②　(エ)
〈解説〉(1)　「国際色豊か」，「正倉院」，「万葉集」より，仏教と遣唐使などによりもたらされた唐の文化の影響を強く受けた，天平文化が該当

する。 (2) 化政文化は江戸を中心に栄えた町人文化，元禄文化は上方中心の町人文化。 (3) 『新古今和歌集』は鎌倉文化，『古今和歌集』は国風文化の作品である。なお，『平家物語』と東大寺南大門はともに鎌倉文化，『日本書紀』は天平文化，平等院鳳凰堂は国風文化，『お伽草子』は室町時代のキーワードである。 (4) ① (ア) 職業婦人に関する記述なので大正時代である。 (ウ) 第二次世界大戦後の記述。 (エ) 昭和初期に関する記述。 ② (ア) 湯川秀樹は1949年に日本人初のノーベル賞を受賞している。 (イ) 川端康成は1968年に日本人初のノーベル文学賞を受賞している。 (ウ) 手塚治虫は『鉄腕アトム』など戦後に活躍した漫画家である

【8】(1) ① (ア) ② (ウ) ③ (カ) (2) CSR
〈解説〉(1) ① 株式会社にとって，株主から調達した資金は，生産活動のために投下する資本となる。 ② 株式会社が得た利潤の一部は，株主に配当として分配される。 ③ 株主が経営方針や経営者の選定について協議できる機関は，株主総会である。 (2) CSRはCorporate Social Responsibilityの略であり，企業の社会的責任を示す。

【9】(1) ① 民事 ② 刑事 ③ 簡易 ④ 家庭 ⑤ 地方 (※③④⑤は順不同) ⑥ 控訴 ⑦ 上告 ⑧ 司法権の独立 (2) ア (3) 推定無罪の原則 (4) (イ)，(ウ)，(エ)
〈解説〉(1) ① 民事裁判は，訴えた側の原告と訴えられた側の被告が法廷で争うものである。 ② 刑事裁判は，刑事事件において検察官が原告となるものである。 ③④⑤ 第一審は，簡易裁判所，家庭裁判所，地方裁判所のいずれかで行われる。 ⑥ 控訴は，簡易・家庭・地方裁判所のいずれかの判決に不満がある場合に行う手続きである。 ⑦ 上告は，高等裁判所の判決に不満がある場合に行う手続きである。 ⑧ 司法権の独立のためには，他の機関からの独立のみならず，裁判所内での裁判官自身の独立も必要となる。 (2) (1)の①の解説を参照。 (3) 推定無罪の原則の考え方は，被告人に対して認め

られる権利である。　　(4)　裁判官が罷免されるのは，(ア)の場合や公
の弾劾による場合である。

【10】(1)　①　福祉　　②　人格　　③　道徳　　④　郷土　　(2)　(ウ)
(3)　(ア)
〈解説〉(1)　これは教育基本法からの出題であり，学習指導要領にも記
載がある。　　(2)　女性の労働については定めがなく，児童は酷使して
はならないと定められている。　　(3)　平成30年に施行された男女共同
参画推進法は，政党の男女の候補者数の設定などに関する法律である。

【11】(1)　①　バブル　　②　世界金融　　③　オバマ(バラク・オバマ，
バラック・オバマ)　　(2)　(エ)　　(3)　①　(ア)　　②　(ア)
(4)　持続可能　　(5)　核兵器禁止条約　　(6)　①　インド
②　(イ)　　(7)　防災マップ(ハザードマップ)
〈解説〉(1)　①　バブル経済は1986〜1991年頃の日本経済のことである。
②　世界金融危機はリーマン・ショックとも呼ばれ，アメリカ合衆国
での低所得者向けの住宅ローン問題をきっかけに世界で発生した。
③　オバマ大統領は，2009年に核なき世界の実現に向けた取り組みが
評価されノーベル平和賞を受賞した。　　(2)　景気過熱期の場合，市場
における貨幣の流通量を減らすため，増税，国債の売りオペレーショ
ン，公共事業への支出削減が行われる。一方，不況期の場合は，市場
における貨幣の流通量を増やすため，減税，国債の買いオペレーショ
ン，公共事業への支出増加が行われる。　　(3)　①　1992年に自衛隊が
派遣されたのは，カンボジアである。　　②　1992年の国連環境開発会
議では，気候変動枠組み条約などが採択された。　　(4)　SDGsは
Sustainable Development Goalsの略であり，Sustainabilityは持続可能性を
示す。　　(5)　核兵器禁止条約の採択などに貢献したことから，2017年
に核兵器廃絶国際キャンペーン(ICAN)はノーベル平和賞を受賞してい
る。　　(6)　①　BRICSに含まれる国は，ブラジル，ロシア，インド，
中国，南アフリカ共和国なので，表に記載がないインドが該当する。

② 2019年のG20サミットは大阪府で開催され，安倍晋三総理が議長を務めた。 (7) 防災マップには，被災想定区域，避難場所，避難経路などが示されている。

地 理・歴 史

【共通問題】

【1】(1) (ウ) (2) 学校運営協議会(制度)(コミュニティ・スクール)
(3) (オ) (4) ① 2単位 ② ア 見方 イ 考え方
③ A (イ) B (ア) C (ウ) ④ A (ウ) B (イ)
C (エ) D (ア) ⑤ ア 考察 イ 構想 ウ 表現
⑥ ア 単元
イ 主体的・対話的で深い学び

〈解説〉(1) 教育の機会均等を定めた教育基本法第4条からの出題である。教育基本法は1947年に制定され，制定後の教育環境の変化を鑑みて2006年に改正されている。 (2) 学校運営協議会とは，保護者や地域住民などから構成されるものであり，学校運営の基本方針を承認したり，教育活動などについて意見を述べたりする取組を行う。学校運営協議会を設置している学校をコミュニティ・スクールと呼び，その根拠法が地方教育行政の組織及び運営に関する法律(地教行法)第47条の5である。 (3) 中央教育審議会「『令和の日本型学校教育』の構築を目指して～全ての子供たちの可能性を引き出す，個別最適な学びと，協働的な学びの実現～(答申)」(2021年1月26日)は，「各学校においては，教科等の特質に応じ，地域・学校や児童生徒の実情を踏まえながら，授業の中で『個別最適な学び』の成果を『協働的な学び』に生かし，更にその成果を『個別最適な学び』に還元するなど，『個別最適な学び』と『協働的な学び』を一体的に充実し，『主体的・対話的で深い学び』の実現に向けた授業改善につなげていくことが必要である」としている。その中にあるように，現在文部科学省は学校におけるICT

の活用を推進しており，ICTを基盤とした先端技術や学習履歴などの教育ビッグデータの効果的な活用により，「誰一人取り残すことのない，公正に個別最適化された学び」の実現を目指している。なおSociety5.0とは，サイバー空間(仮想空間)とフィジカル空間(現実空間)を高度に融合させたシステムにより，経済発展と社会的課題の解決を両立する，人間中心の社会(Society)のことで，2016年1月閣議決定された「第5期科学技術基本計画」において日本が目指すべき未来社会の姿として提唱された概念である。　(4)　①「高等学校学習指導要領(平成30年3月告示)　第1章　総則　第2款　教育課程の編成　3　教育課程の編成及び共通的事項　(1)　イ」の一覧表に記されている。②「社会的な」に続き，「働かせ」とあるので，アには「見方」，イには「考え方」があてはまる。　③「地理総合」の内容Aは「地図や地理情報システムで捉える現代世界」，Bは「国際理解と国際協力」，Cは「持続可能な地域づくりと私たち」である。　④「歴史総合」の内容Aは「歴史の扉」，Bは「近代化と私たち」，Cは「国際秩序の変化や大衆化と私たち」，Dは「グローバル化と私たち」である。⑤「地理総合」，「歴史総合」共に，問題文の箇所は「次のような思考力，判断力，表現力等を身に付けること」を受けて述べられている。「多面的・多角的に」に続き併記されているので，アには「考察」，イには「構想」があてはまる。これらを受けてウには「表現」があてはまる。　⑥　アは「内容や時間のまとまり」のことなので，「単元」があてはまる。イは「生徒の」に続き，「実現を図る」対象となるものなので，「主体的・対話的で深い学び」があてはまる。

【２】(1)　②　　(2)　①　　(3)　②　　(4)　②　　(5)　④　　(6)　③　(7)　④　　(8)　②　　(9)　③　　(10)　⑧　　(11)　①　　(12)　③〈解説〉(1)　アパラチア山脈は，約2億年前までに活発な造山運動を終えた古期造山帯である。　(2)　氷河により侵食されてできたU字谷が沈水してできた地形が，フィヨルドである。　(3)　カリフォルニア海流は，アメリカ西岸を高緯度から低緯度へ南下する寒流である。

(4)　シロッコはサハラ砂漠から地中海に吹く熱風であり，地中海を越えてヨーロッパ南部に到達するときには湿潤になる。　(5)　洞爺湖はラムサール条約登録地に指定されていないが，有珠山やカルデラがあり，世界ジオパークに指定されている。　(6)　大豆は2016年には生産量・輸出量ともにアメリカが第1位だったが，2017年の輸出量はブラジルが第1位になった。　(7)　デンマークなど，EU加盟国でありながらユーロを導入していない国は複数ある。　(8)　さとうきびは熱帯で生産できることから，生産量が多い②と①は中国とインドのいずれかである。一方，てんさいは亜寒帯で生産できることから，生産量が多い③と④はアメリカとロシアのいずれかである。大豆の生産量が第1位のアメリカが④なので，③はロシアである。ばれいしょが第1位の中国が①なので，残った②がインドである。　(9)　日本において，オーストラリアからの液化天然ガスの輸入が多いのは，比較的距離が近いため輸送コスト面で有利だからである。　(10)　日本では，産業用ロボットの導入が自動車工業などの発展に大きく貢献している。また，ドイツのKUKAは，世界有数の産業用ロボットの製造会社である。工作機器の生産は，高度技術国であるドイツや日本が中心であり，近年では中国も急成長している。　(11)　小田原は峠のふもとに立地しており，城下町として発展した。　(12)　南沙諸島は南シナ海にあるため，タイはこの領土問題に関与していない。

【3】(1)　①　　(2)　②　　(3)　②　　(4)　④　　(5)　②　　(6)　③
(7)　④　　(8)　②　　(9)　①　　(10)　③　　(11)　①　　(12)　⑤
〈解説〉(1)　甕(かめ)は下側の表面積が大きく，火にかけると熱が伝わりやすい形状なので，煮炊き用に適している。　(2)　この時代には，近畿地方を中心に徳政を求める土一揆が頻繁に発生した。　(3)　ロシアの使節レザノフは，幕府がラクスマンに与えた入港許可証を持って長崎に入港したが，幕府はこれを追い返した。　(4)　日清戦争直前の1894年，陸奥宗光外務大臣により日英通商航海条約が調印され，これにより領事裁判権が撤廃された。　(5)　石川啄木は，困窮の中で口語

による生活詩をつくった。　(6)　五・一五事件は1932年の出来事であり，満州国の承認に反対していた犬養毅首相が海軍の青年将校らに暗殺された事件である。　(7)　①　『古事記』に関する記述である。
②　中央に大学，地方に国学がおかれた。　③　塑像に関する記述である。　(8)　①　慈照寺銀閣は書院造風の様式である。　③　官寺の制は南宋の制度にならったものである。　④　『風姿花伝』を著したのは世阿弥である。　(9)　②③④はいずれも化政文化に関する記述である。　(10)　①　日清修好条規は対等条約である。　②　日露和親条約を結んだのは江戸時代である。　④　征韓論を唱えたのは，大久保利通ではなく板垣退助である。　(11)　②　1939年の出来事である。
③　1937年の出来事である。　④　1938年の出来事である。
(12)　X　1970年の出来事である。　Y　1971年の出来事である。
Z　1965年の出来事である。

【4】(1)　④　　(2)　①　　(3)　③　　(4)　①　　(5)　④　　(6)　②
(7)　③　　(8)　④　　(9)　④　　(10)　②　　(11)　②　　(12)　④
〈解説〉(1)　①　楔形文字はメソポタミア文明に関するものである。
②　アショーカ王は古代インドのマウリヤ朝の王である。　③　双務的契約にもとづく封建的主従関係は西欧のものである。　(2)　②　マジャパヒト王国はヒンドゥー教の国である。　③　シンガポールを含む海峡植民地はイギリス領である。　④　ビルマがミャンマーと改称したのは1989年である。　(3)　①　ムハンマドが主に布教活動を行ったのは，メッカやメディナである。　②　新改宗者に対しても人頭税が免除されなかったのはウマイヤ朝である。　④　プレヴェザの海戦では，オスマン帝国がスペインなどを撃破している。　(4)　②　百年戦争では，イギリスはフランスに敗れている。　③　神聖ローマ帝国の皇帝は，イタリア政策を行ったため国内をおろそかにしている。
④　大憲章はイギリスでジョン王に認めさせたものである。　(5)　ベンガル分割令に反対したのは，インド国民会議の急進派のティラクである。なお，ジンナーも当時はインド国民会議に参加していたが，ベ

ンガル分割令の反対運動の中心人物とは考えづらいため，不適と考えられる。　(6)　13の植民地の北部にはピューリタン(カルヴァン派)が移住した。　(7)　①　1480年の出来事である。　②　1449年の出来事である。　④　1396年の出来事である。　(8)　①　ロベスピエールらジャコバン派による恐怖政治は，フランス革命中の1793年に行われている。　②　サファヴィー朝の建国は1501年である。　③　青年トルコ革命が起きたのは1908年である。　(9)　トルコ共和国の首都はアンカラである。　(10)　①　トルーマンが援助したのはギリシアとトルコであり，両国の共産化を防ごうとした。　③　毛沢東は，人民公社の設立をすすめた。　④　マーストリヒト条約の発効で成立したのは，ヨーロッパ連合(EU)である。　(11)　①　ローマのコロッセウムであり，80年に完成したとされる。　②　アテネのパルテノン神殿であり，紀元前5世紀後半に建造されたとされる。　③　カンボジアのアンコール＝ワットであり，12世紀に造営されたとされる。　④　インドのサーンチーの仏塔であり，1世紀に完成したとされる。　(12)　設問の絵画はピカソの『ゲルニカ』であり，スペイン内戦中のドイツによるゲルニカ空爆に対する怒りを表しているとされる。スペイン内戦では，ソ連が政府側，ドイツとイタリアがフランコ側をそれぞれ支援したが，イギリスは不干渉であった。

【日本史】

【1】(1)　飛鳥浄御原宮　　(2)　②　　(3)　陸奥　　(4)　三善清行
(5)　③
〈解説〉(1)　壬申の乱に勝利した大海人皇子は，飛鳥浄御原宮で即位して天武天皇となった。　(2)　①は雑徭，③は調の内容である。
(3)　征夷大将軍となった坂上田村麻呂は，陸奥国北部に胆沢城を築き，蝦夷の族長の阿弖流為を帰順させた。　(4)　三善清行は，醍醐天皇の命に応えて『意見封事十二箇条』を提出し，地方の疲弊の解決のために中央政府や地方政治の改革などを訴えた。　(5)　綜芸種智院は，828年頃に真言宗の開祖空海が平安京に設立した庶民の学校である。

【2】(1)　本領安堵　　(2)　北条時頼　　(3)　④　　(4)　上杉憲実
(5)　④→①→②→③

〈解説〉(1)　鎌倉時代，御家人は本領安堵の他，新しい領地を与えられ
たが(新恩給与)，これらを御恩という。　(2)　この時代，宗尊親王が
名目だけの将軍となり初の皇族将軍が誕生した。こうして北条氏の執
権政治はより強固なものとなった。　(3)　建武の新政において，記録
所は公家政治復活の中心機関として設置された。　(4)　6代将軍足利
義教は，対立していた足利持氏が補佐役の上杉憲実を討とうとしたた
め，憲実を支援し協力して持氏を倒した。　(5)　①　1457年の出来事
である。　②　1467〜77年の出来事である。　③　1510年の出来事で
ある。　④　1441年の出来事である。

【3】(1)　②　　(2)　徳川吉宗　　(3)　三卿　　(4)　石高一万石につき
百石を臨時に上納させる(19字)　　(5)　徳川家慶　　(6)　③→①→②
→④

〈解説〉(1)　小牧・長久手の戦いは，織田信長の死後に行われた，豊臣
秀吉と徳川家康・織田信雄の戦いである。　(2)　徳川吉宗が行った享
保の改革により，金銭貸借の争いを当事者間で解決させる相対済し令
が出された。　(3)　徳川将軍家の分家中でも最上位は尾張徳川家・紀
伊徳川家・水戸徳川家の三家であり，これらに次ぐのが三卿である。
(4)　上米は財政の立て直しのために行われ，その代償として参勤交代
の江戸在府期間を1年から半年とした。　(5)　12代将軍徳川家慶の時
代であり，老中水野忠邦が天保の改革を行ったのもこの頃である。
(6)　①　1787年の出来事である。　②　1808年の出来事である。
③　1732年の出来事である。　④　1837年の出来事である。

【4】(1)　ア　ボアソナード　　イ　穂積八束　　(2)　山県有朋
(3)　家族道徳など日本の伝統的な倫理が破壊されるという批判
(4)　ウ　富山　　エ　寺内正毅　　オ　立憲政友会　　(5)　①
(6)　カ　神武　　キ　経済白書　　(7)　第4次中東戦争

〈解説〉(1)　ア　明治政府に招かれて民法を起草したフランスの法学者

は，ボアソナードである。　イ　「民法出デ、忠孝亡ブ」は，穂積八束が『法学新報』に発表した論文である。　(2)　当時は第1次山県有朋内閣が発足しており，第1回帝国議会では軍拡予算を成立させた。(3)　穂積八束は，先の民法の内容は個人主義的だと考えたからである。(4)　ウ　シベリア出兵をみこした商人たちが米を買い占めたため米価が大幅に上がり，富山県の漁村の主婦たちの運動をきっかけとして，米の安売りを求める米騒動が全国に広がった。　エ　寺内内閣は軍隊を出動させて米騒動を収束させたが，混乱の責任をとって退陣した。オ　寺内内閣の後，外務・陸軍・海軍の3大臣以外はすべて立憲政友会の党員で構成された原敬内閣が成立した。　(5)　②　第2次大隈重信内閣のときの出来事である。　③　寺内正毅内閣のときの出来事である。　④　第1次山本権兵衛内閣のときの出来事である。

(6)　カ　1955～1957年まで続いた好景気は，初代天皇とされる神武天皇以来ということから，神武景気と呼ばれた。　キ　『経済白書』に記された「もはや戦後ではない」という言葉は，新たな経済発展の開始を象徴するものとなった。　(7)　第4次中東戦争をきっかけに，第1次石油危機が起こったことで，日本の高度経済成長は終わった。

【5】(1)　a　徳川慶喜　　b　孝明天皇　　(2)　ア　摂関　　イ　議定(3)　山本権兵衛　　(4)　憲政会　　(5)　憲政会・立憲政友会・革新倶楽部の護憲三派による連立内閣を組織し，1925年には普通選挙法を成立させ，満25歳以上の男性に衆議院議員の選挙権を与えた。一方，法成立による労働者階級の政治的影響力の増大に備え，また，日ソ国交樹立による共産主義思想の波及を防ぐために，同年治安維持法を成立させた。(141字)　　(6)　ヤルタ　　(7)　オ　樺太　　カ　旅順キ　千島

〈解説〉(1)　a　史料Aは王政復古の大号令であり，「大政返上，将軍職辞退」した「徳川内府」とは15代将軍徳川慶喜である。　b　「先帝」とは文字通り前の天皇のことである。王政復古の大号令を発したのは明治天皇なので，先帝とは孝明天皇を指す。　(2)　ア　王政復古の大

号令では，幕府だけでなく摂政・関白も廃絶することを宣言した。　イ　王政復古の大号令で設置が宣言された明治新政府の三職は，総裁・議定・参与からなる。　(3)　史料Bより，「虎の門外」で起こった「不祥事件」とは虎の門事件のことである。これにより，第2次山本権兵衛内閣は責任をとって総辞職した。　(4)　(5)の設問に「加藤子爵が組閣」とあるので，加藤子爵とは清浦奎吾の次に内閣総理大臣となった加藤高明を指す。加藤高明の「大命降下」つまり首相就任を主張したのは憲政会である。　(5)　清浦内閣が成立すると，憲政会・立憲政友会・革新倶楽部の護憲三派は第二次護憲運動を起こした。清浦内閣は衆議院を解散して総選挙にのぞんだが，護憲三派が圧勝し，加藤高明が連立内閣を組織した。翌年には日ソ基本条約を結んで共産主義国家のソ連との国交を樹立し，また満25歳以上の男性に選挙権を与える普通選挙法を成立させた。これによって共産主義思想が広まることを恐れた加藤内閣は，国体の変革や私有財産制度を否定する結社を禁止するため，治安維持法を成立させた。　(6)　史料Cの冒頭で，ドイツ降伏の2，3か月後にソ連の対日参戦を定めているので，ヤルタ会談で締結した秘密協定のヤルタ協定の内容である。　(7)　オ　ヤルタ協定では，千島と南樺太をソ連が領有することが了承された。　カ　旅順は，日露戦争後に大連とともに租借権がロシアから日本に譲渡されたが，ヤルタ協定によりソ連に返された。　キ　千島列島は，樺太・千島交換条約により全島が日本領となっていたが，ヤルタ協定ではソ連への引き渡しが定められた。

【6】

【めあて】鎌倉新仏教が庶民に受け入れられた理由について考察する

鎌倉新仏教の宗派の開祖と主な特色

宗派	開祖	主な特色
浄土宗	法然	念仏(南無阿弥陀仏)を唱えれば死後に極楽浄土に往生できる(専修念仏)
浄土真宗	親鸞	煩悩の深い人間(悪人)こそが阿弥陀仏の救いの対象である(悪人正機)
時宗	一遍	すべての人が救われるという教えを説き、踊念仏によって教えを広める
臨済宗	栄西	坐禅の中で師から与えられる問題を解決して(公案問答)悟りに達する
曹洞宗	道元	ひたすら坐禅すること(只管打坐)によって悟りの境地を体得しようとする
日蓮宗	日蓮	題目(南無妙法蓮華経)を唱えることで救われる

旧仏教(天台宗や真言宗)
国家・社会の安泰を祈り、加持祈禱によって災いを避け、幸福を追求する現世利益を求める
→ 皇族や貴族たちの支持を集める

新仏教
易行であり、選択された一つの道(念仏・題目・禅)によってのみ救いにあずかることができる
→ 武士や庶民にも門戸が開かれる

【まとめ】鎌倉時代は武士や庶民に支持された新しい文化が生み出され、次第に成長していった時代
→祈禱や学問中心で皇族や貴族たちの支持を集めた旧仏教から、わかりやすい教えと易行を説くことによって庶民など広い階層を対象とした新仏教が支持されるようになった。

〈解説〉めあて…まず、鎌倉新仏教のそれぞれの宗派の開祖と主な特色を表などでまとめ、しっかりと理解させる。次に、天台宗・真言宗などの旧仏教と新仏教の特徴をまとめ、これらを対比させて違いを理解させる。　まとめ…鎌倉時代の文化の特徴を背景に、どのように仏教が移り変わったかを簡潔にまとめるとよい。

【世界史】

【1】(1)　ポリスの戦士は、武具を自費で用意するのが原則であった。
(2)　ヒッポクラテス　(3)　農民の没落による軍事力低下に危機感をいだいたグラックス兄弟は、あいついで護民官に選ばれると、大土地所有者の土地を没収して無産市民に分配しようとしたが、大地主の反対にあって失敗に終わった。軍事力が弱体化するなかで、執政官になったマリウスは無産市民から志願者を募り武装させて職業軍人とする軍制改革を行った。　(4)　イタリア半島以外の征服地(12字)

〈解説〉(1)　武具を自費で用意した平民が重装歩兵として従軍し、ローマの発展に貢献するようになったことから、平民層が政治的発言力を持つようになった。　(2)　ヒッポクラテスは、ペロポネソス戦争の際にはアテネで疫病の治療に当たったとされる。　(3)　対外戦争の長期

化と属州からの安価な穀物の流入により，ローマ軍の重装歩兵軍を支えた中小農民層が没落すると，ローマ軍は弱体化した。これに対し，グラックス兄弟やマリウスがローマ軍の再建にあたった。　(4)　第1回ポエニ戦争で獲得したシチリアが，最初の属州である。属州からの富によりローマは栄えたが，(3)のように軍事力の弱体化にもつながった。

【2】(1)　ア　ゲルマニア　著者…タキトゥス　(2)　ア　フン　イ　八王　(3)　服属した部族の首長に通常の統治をゆだね，要所に都護府や都督府を置いて部族長の統治を監督・総括させる間接統治の方策を用いた。　(4)　徴兵による府兵制から傭兵による募兵制にきりかえられ，国境の守備は，傭兵軍団の指揮官である節度使にゆだねられた。　(5)　燕　(6)　商業圏の拡大をもくろみ，第4回十字軍を主導し，コンスタンティノープルを陥落させた。　(7)　ア　囲田　イ　占城稲　ウ　蘇湖(江浙)熟すれば天下足る　(8)　マラッカ王国

〈解説〉(1)　史料より，ゲルマン人の質実剛健な様子が描かれていることから，タキトゥスの著書『ゲルマニア』である。　(2)　ア　騎馬遊牧民であるフン人の西進が，ゲルマン人の民族大移動を引き起こした。イ　八王の乱において，西晋の皇族間の権力争いに周辺の諸民族が関わったことから，五胡の侵入をもたらした。　(3)　羈縻政策とは，服属した地域に都督府・州・県を置き，その長官に異民族の首長を任命して自治を認め，間接的に支配する支配体制である。　(4)　府兵制の維持が困難になると，兵制が募兵制となり，軍人は節度使により統率されることになった。節度使は，当初は国境地帯に置かれていたが，安史の乱後は国内の要地にも置かれるようになった。さらに，節度使は管轄地域の民政も掌握するようになり，唐の支配力は弱まった。(5)　燕は，現在の北京を中心とする河北省北部を領土としていた。(6)　第4回十字軍は，輸送を担当したヴェネツィアの要求で，商業上のライバルであるビザンツ帝国を攻撃し，コンスタンティノープルを

陥落させ，ラテン帝国を建設した。　(7)　ア　囲田とは，低湿地の周囲を堤防で囲った農地のことである。　イ　占城稲は日照りに強いため，収穫が安定化した。　ウ　蘇湖とは蘇州・湖州のことであり，いずれも長江下流域に置かれた州である。　(8)　マラッカ王国は，鄭和の南海遠征の基地となったことで急成長した。

【3】(1)　ウィリアム3世の即位で，イギリスとオランダは同じ君主をいただく国として連携するようになり，これによりフランスに対抗するようになった。　(2)　(エ)　(3)　(イ)　(4)　三圃制をやめ，休耕地をなくしたノーフォーク農法が普及した。

〈解説〉(1)　名誉革命の結果，オランダ総督のヴィレム3世がイギリス王ウィリアム3世として迎えられることにより，イギリスとオランダは同君連合的な関係となった。　(2)　スペイン継承戦争は1701～1713年の出来事である。南ネーデルラント継承戦争は1667～1668年，オーストリア継承戦争は1740～1748年なので，これらの間に起きたことになる。　(3)　大陸封鎖令は，ベルリンで発せられたのでベルリン勅令とも呼ばれる。　(4)　ノーフォーク農法とは，大麦→クローヴァー(牧草)→小麦→かぶ(飼料)の順に1年ごとに作付けし，4年で一巡する四輪作制の農法である。

【4】(1)　モハーチの戦い　(2)　神聖ローマ帝国皇帝カール5世とフランス国王フランソワ1世とは，イタリア支配をめぐり対立していた。オスマン帝国スレイマン1世は，フランス王と結んでカール5世と対抗した。　(3)　アレクサンドル1世　(4)　ドイツの学生組合(ブルシェンシャフト)による改革要求，スペインの立憲革命，イタリアの秘密結社カルボナリの蜂起，ロシアでも貴族の青年将校が改革を求める蜂起をおこした。

〈解説〉(1)　オスマン帝国は，モハーチの戦いでハンガリーを破った後にハンガリーを支配した。　(2)　神聖ローマ皇帝カール5世とフランス王フランソワ1世の時代にイタリア戦争が激化した。このとき，第

一次ウィーン包囲を行うなど，カール5世と敵対関係にあったオスマン帝国のスレイマン1世は，フランソワ1世と同盟を結んだ。　(3)　ウィーン会議の結果，ナポレオンが建てたワルシャワ大公国は解体され，ロシア皇帝が王位を兼ねるポーランド王国が建国された。　(4)　この頃には，フランス革命やナポレオン支配により，自由主義とナショナリズムが目覚めたことで，様々な運動が行われた。

【5】(1)　ア　ウィルソン　　イ　フィンランド　　ウ　全会一致　　エ　集団安全　　(2)　アメリカのモンロー大統領は，ラテンアメリカ諸国の独立を支持するため，ヨーロッパ諸国のアメリカ大陸への干渉に反対し，アメリカ合衆国もヨーロッパに干渉しないという相互不干渉を表明するモンロー教書を発表した。　　(3)　54年，中国の周恩来とインドのネルー両首相が，平和五原則を提唱した。55年，日本を含むアジア・アフリカ諸国の首脳が参加して，インドネシアのバンドンでアジア・アフリカ会議が開催され，平和共存・反植民地主義をうたった平和十原則が採択された。アフリカでは，ガーナを先頭に次々と独立国が生まれ，60年は一挙に17ヵ国が独立し，「アフリカの年」とよばれた。61年には，ユーゴスラヴィアのベオグラードで，第1回非同盟諸国首脳会議が開かれた。63年には，アフリカの連帯と統一をめざすアフリカ統一機構(OAU)が創設された。　　(4)　ポーランドでは，ポズナニで生活改善と民主化を要求する民衆と軍警察とが衝突し，共産党は，指導者をゴムウカに交替させて，自由化路線をとった。ハンガリーでは，社会主義体制とソ連からの離脱を求める大衆行動が全国に拡大した。ソ連は軍事介入し鎮圧した。

〈解説〉(1)　ア　国際連盟を提唱したのは，ウィルソン大統領である。イ　1939年，ソ連がフィンランドに宣戦したことで，ソ連＝フィンランド戦争(冬戦争)が起こった。　ウ　国際連盟での議決方式は，全会一致が原則とされた。　エ　集団安全保障とは，国際機構を形成することで，加盟国間の武力紛争を防止し，平和と安全を保障する体制である。　(2)　モンロー大統領の発したモンロー教書にもとづく，アメ

リカの対外基本路線をモンロー主義という。　(3)　この頃のアジア・アフリカでは，冷戦による東西両陣営の対立が持ち込まれたため，自立が強まり，第三勢力形成の動きが見られるようになった。

(4)　フルシチョフによるスターリン批判の後，ポーランドではポズナニ暴動，ハンガリーはハンガリー事件が起きたが，いずれも鎮圧された。

【6】

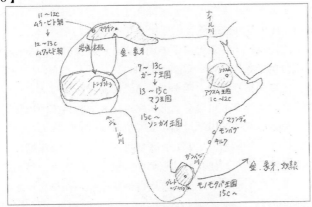

〈解説〉7〜15世紀のアフリカ大陸を概観すると，アフリカ東部にはエチオピア高原を中心にアクスム王国が12世紀までキリスト教国として存続していたが，7世紀以降はイスラーム教徒の紅海進出により衰退した。アフリカ東岸には現地人とムスリム商人の交流の中でスワヒリ文化が形成され，マリンディ，モンバサ，キルワなどの都市が栄えた。現在のモザンビークには，モノモタパ王国がインド洋交易で栄えた。アフリカ西部では，マグリブ地方にベルベル人によるムラービト朝，ムワッヒド朝が成立し，イベリア半島に進出する一方，サハラ交易により北方の岩塩を西アフリカの金，象牙などと交易した。西アフリカには7世紀からガーナ王国が栄えたが，11世紀後半にムラービト朝の侵攻を受けて衰退した。その後，イスラーム教のマリ王国，ソンガイ王国がトンブクトゥを中心とする交易で栄えた。

【地理】

【１】問1　①　　問2　(ア)　①　　(イ)　②　　(ウ)　④　　(エ)　③
A　静岡　　B　福岡　　問3　ア　Af　　イ　Aw　　ウ　BS　　エ
BW　　オ　Cs　　問4　X　サイクロンと呼ばれる熱帯性低気圧によって　　Y　海岸付近のデルタや海岸平野といった低平な　　問5　と
うもろこし，カカオ，天然ゴム，じゃがいも　　問6　ナイジェリア
問7　(1)　冬季に凍結し，春に上流から解氷が始まるが，下流部の解
氷が遅れるため　　(2)　亜寒帯林の伐採によって，日光が地面まで届
くようになり，永久凍土が融解し，永久凍土中の温室効果ガスである
メタンが大気中に放出され地球温暖化を加速させる。(75字)

〈解説〉問1　最小流量に対する最大流量の比である河況係数は，季節変
化のある地域の河川ほど大きい。日本の河川は，山間部から河口まで
が短く，急で，流域面積は狭く，四季があるため河況係数は大きいの
で，②と④は不適。コロラド川はグランドキャニオン付近で河況係数
が大きくなるので③。ライン川は川幅が広く流れが緩やかなため，①
が該当する。　　問2　砂州は，入り江や湾を閉ざすように海岸線に沿
うようにのびた地形であり，代表例は京都の天橋立。砂嘴は，半島の
先端が海に突き出した地形であり，代表例は静岡県の三保松原や北海
道の野付崎。沖合の島と陸地を砂州が結んでできる陸繋砂州(トンボ
ロ)は，代表例は福岡県の海ノ中道。砂州により陸岸とつながった陸繋
島は，代表例は和歌山県の潮岬。　　問3　エジプトとリビアの間が東
経25度となるので，東経20度線では，まずは赤道上にあるコンゴ民主
共和国の熱帯雨林気候(Af)，次に温帯気候との間にサバナ気候(Aw)が
あると考えられる。次に，ウが2回あるので，ステップ気候(BS)からカ
ラハリ砂漠があるので砂漠気候(BW)，ステップ気候(BS)と続く。さら
に，アフリカ大陸南端は地中海性気候(Cs)となる。　　問4　インド洋や
南太平洋で発生する熱帯低気圧はサイクロンと呼ばれ，高潮を発生さ
せることで，ガンジスデルタなどの沿岸部の低平地では大災害となる。
問5　とうもろこしとカカオは中南米，天然ゴムはアマゾン盆地，じ
ゃがいもは南米が原産地である。　　問6　キャッサバ，ヤムいも，タ

ロいもは主に熱帯気候において栽培され，アフリカやオセアニアの主食であり，焼畑農業で自給的に栽培されている。これらすべてにおいて生産量が第1位なので，相応の人口大国であると想定される。したがって，人口2億を超えるナイジェリアが該当する。

問7　(1)　シベリアにはオビ川，エニセイ川，レナ川が南から北に向かって流れており，下流部よりも上流部の方が低緯度なので温暖である。上流部の方が先に春が訪れ，凍結した河川の融解が始まり下流部に向かって水が流れるが，下流部の水はまだ凍っているため水があふれ，洪水をもたらす。　(2)　メタンガスは二酸化炭素の20倍の温暖化作用があるため，温暖化に拍車をかけることが懸念されている。

【2】問1　(1)　①　10　②　死亡率の低下　③　人口転換(人口革命)　(2)　極(寒冷)限界，高距限界，乾燥限界　問2　デンマーク…⑦　アメリカ合衆国…②　問3　番号…②　県名…神奈川県　問4　④　問5　②　問6　(1)　①　(エ)　②　(オ)　(2)　①　預言者　②　喜捨　(3)　①　ロシア　②　カトリック　問7　(1)　①　農作業　②　高齢化　(2)　フェーン現象による乾燥した強風が火災を引き起こすというハザードに対して，散村という一軒ずつが離れ離れに家屋を位置することによって延焼を防ぐという脆弱性の克服のため。　(3)　①　企業活動，政治，行政の中枢管理機能が集中する都心地域(中心業務地区，CBD)　②　(ウ)　③　(ア)　⑤　(イ)　(4)　(ウ)

〈解説〉問1　(1)　①　人間が居住している地域のことはエクメーネという。　②　高い出生率を維持しつつ，発展途上国の栄養状態や衛生状態が改善したことによる死亡率の低下が，人口爆発をもたらした。　③　人口転換は，先進国で見られる現象である。　(2)　アネクメーネとエクメーネの境界は，穀物の栽培限界とほぼ重なっている。寒冷限界は年平均気温が10％以下，世界の集落の高距限界はインドのバシシ(標高5,988m)，乾燥限界は湿潤気候と乾燥気候の境界である。

問2　図1は合計特殊出生率，図2は老年人口の割合で，図1で最も低

いB，図2で最も高いウは日本である。Aはヒスパニック系やアフリカ系の人々により高い出生率が維持されているアメリカ。Cは福祉政策が充実しているデンマーク。アメリカの老年人口の割合は前述の理由により低いウ。また平均寿命が先進国の中では低い。デンマークはア。

問3　(自然増加率)＝(出生率)－(死亡率)，(社会増加率)＝(移入率)－(移出率)，(人口増加率)＝(自然増加率)＋(社会増加率)より，(社会増加率)＝(人口増加率)－{(出生率)－(死亡率)}となる。それぞれの人口増加率は，①　－6.8－(6.3－11.7)＝－1.4〔％〕，②　0.5－(7.0－9.3)＝2.8〔％〕，③　－1.4－(7.8－9.6)＝0.4〔％〕，④　－10.7－(6.5－14.1)＝－3.1〔％〕となり，社会増加率が最も高いのは②となる。①は茨城県，②は神奈川県，③は愛知県，④は山口県である。　問4　コロンビア特別区はワシントンD.C.のことである。ヨーロッパ系白人は全域に住んでおり，アフリカ系黒人は南東部に多く，ヒスパニックは南西部に多い。　問5　①　バナナの輸入額が大きいのでフィリピン。②　自動車産業が盛んであることからメキシコ。　③　鉄鉱石やコーヒー豆などの輸入額が大きいのでブラジル。　④　酪農品の輸入額が大きいのでオランダである。　問6　(1)　世界宗教は，宗教人口の多い順にキリスト教，イスラーム教，仏教となる。宗派に分けると，民族宗教のヒンドゥー教はインドの人口の大半を占めるため宗教人口が多く，これよりも上位なのは世界中に広く布教されたキリスト教カトリックなので①となる。上座仏教は日本や中国に信者の多い大乗仏教よりも宗教人口が少なく，イスラム教のシーア派やユダヤ教徒も少なく，正教会の宗教人口はロシアや東欧が中心なので比較的少ないことから，②はプロテスタントとなる。　(2)　預言者とは神の言葉を伝える人，喜捨とは貧しい人などに施しを行うことである。　(3)　民族や言語から，リトアニアの情報である。旧ソ連との関係上，①はロシア人。リトアニアは歴史的にポーランドの影響でカトリック信者が多い。また，バルト三国ではロシア正教会は多数派とはなっていない。

問7　(1)　日本の農村では伝統的に稲作が中心で，祭事と共に田植え，稲刈りなど農作業を行うことでコミュニティが形成されてきた。しか

し，機械化の進展と都市での雇用を求める動きから人口が流出するとともに出生率も下がり，高齢化が進行した。　(2)　富山県の砺波平野では，春に南から吹く乾燥した風によりフェーン現象が起きるため，過去に何度も町が全焼するほどの火災が発生している。　(3)　扇形モデルにおいて，④には一般住宅地区が該当する。　(4)　昼夜間人口比率は，100を超えると通勤通学による人口流入が超過することを示す。最も昼夜間人口比率が高い(イ)は，1995年から2015年にかけてより高くなっていることから，産業が発展し続けている豊田市となる。次に昼夜間人口比率が高い(エ)は，地域の中で産業が集中している北九州市である。昼夜間人口比率が最も低くあまり変化していない(ア)は，工業地帯以外にも住宅地があり，東京都や横浜市に出勤する人が多い川崎市となる。残った(ウ)は大阪府や兵庫県に通勤する人が多い大津市となる。

【3】

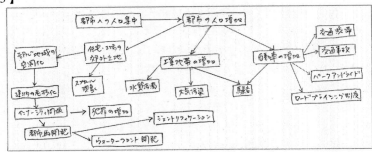

〈解説〉先進国では都市への人口集中が見られ，インナーシティ問題が起こるが，その解決策として都市再開発が行われると，次にジェントリフィケーションが生じる。これらの問題は一連の流れで説明できる。また，自動車の乗り入れに伴う交通渋滞，騒音，大気汚染の問題などに対しては，パークアンドライドやロードプライシング制度を実施する事例が増えてきていることを説明したい。さらに，都市の拡大については，スプロール現象，ドーナツ化現象，そして副都心や港湾地区

の再開発について具体的な都市名を挙げ，地図と共に説明するとよい。

【４】問1　（ア），（ウ）　　問2　①　　問3　(1)　（ウ），（オ），（ク）
　　　(2)　（エ）　　　(3)　（ウ），（エ），（オ）　　(4)　⑥　　問4　①　原油
　　　②　鉄鉱石　　③　銅　　④　ダイヤモンド

〈解説〉問1　（ア）　タンガニーカ湖やマラウイ湖は裂け目に水が流入し
　て形成された断層湖であるが，ヴィクトリア湖は異なる。　（ウ）　キ
　リマンジャロ山は標高約6,000mの火山であり，山頂には氷河がある。
　問2　②　ドラケンスバーグ山脈は古期造山帯である。　③　ナイル
　川上流部の気候は乾季と雨季が明瞭なので，下流部の流量は不安定で
　あった。現在では，アスワンハイダムが建設されたことで，下流部の
　水位は年間を通して変化していない。　④　銅の精錬に利用されてい
　る。　　問3　(1)　（ウ）　エジプトは1922年にイギリスから独立した。
　(オ)　エチオピアは古代から続いてきた独立国である。　（ク）　南アフ
　リカは1934年にイギリスから独立した。　(2)　イスラーム教徒数が多
　い国としては，(ア)のアルジェリアは国民のほとんどすべてがイスラ
　ーム教徒であるが，人口は約4,400万人である。(ウ)のエジプトは人口
　約1億人のうち90%がイスラーム教徒なので，約9,000万人である。(エ)
　のナイジェリアは人口2億人を超え，そのおよそ半数がイスラーム教
　徒なので，約1億人である。　(3)　（ウ）のエジプト，（エ）のナイジェリ
　アの他，エチオピアが約1億1,500万人である。　　(4)　Eのコートジボ
　ワールは，カカオ豆が主産品なので(シ)である。Fのケニアは，旧イギ
　リス植民地だったため茶の生産が盛んなので(サ)である。残ったDのモ
　ロッコは，地中海式農業による柑橘類やぶどうの生産が盛んである。
　問4　産油国はナイジェリアと北アフリカに集中しているので，①が
　原油である。鉄鉱石はモーリタニアや南アフリカ共和国で産出される
　ので，②である。コンゴ民主共和国からザンビアにかけてはカッパー
　ベルトという銅鉱床地帯があるので，③である。ダイヤモンドはボツ
　ワナや南アフリカ共和国で産出されるので，④である。

【5】問1

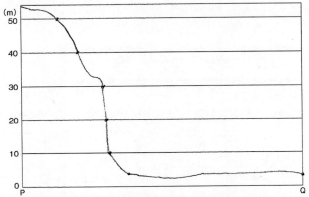

問2　沿岸部の埋立地…「ENEOS根岸製油所」の立地や，直線的な堤防から埋立地と推察される。　　古い海岸線のあった低地…崖下の低地に海岸に面した村があったと推察される。　　　台地(段丘面)と低地の間に位置する急崖…「滝之上」の地名や等高線から急崖があると推察される。　　　洪積台地(海岸段丘)上の地形…「台」や「丘」の付く地名から台地の上と推察される。　　　問3　塚越は住宅が疎らな米軍宿舎であるのに対して，簑沢は住宅が密集している。塚越が標高40メートルよりも高い台地上(段丘面)の土地にあるのに対して，簑沢は標高40メートルよりも低い谷地形に位置している。

〈解説〉問1　設問の地図より，根岸森林公園内の博物館の東側に52mの表示があり，Qの傍には3mの表示がある。これらの間には，寺の付近で等高線が密集し，崖があったと考えられる。　問2　P−Q間にはかつて海岸線があり，現在の海岸線はさらに南にあり，かつ直線であることから埋立地が造成されたと考えられる。また，崖と埋立地の間の根岸町は，埋立地が造成される前は村であったと考えられる。なお，地名はその地域の地形や風土に由来している場合が多い。　問3　塚越は大きな建物が疎らに立っている。一方，簑沢や寺久保の40mの等高線に囲まれた地域は，小さな建物が密集しており，地形は谷になっている。

中　学　社　会

【1】次の各問いに答えなさい。

(1) 次の文は，教育公務員特例法に規定された条文である。条文中の空欄(①)・(②)にあてはまる最も適切な語句の組み合わせをア～カから一つ選び，記号で答えなさい。

第21条　教育公務員は，その職責を遂行するために，絶えず(①)と(②)に努めなければならない。

	①	②
ア	研修	修養
イ	研修	実践
ウ	研究	研鑽
エ	研究	修養
オ	教育	実践
カ	教育	研鑽

(2) 次の①～③の法令に規定されている条文を，ア～カからそれぞれ一つずつ選び，記号で答えなさい。

①　教育基本法　　②　学校教育法　　③　地方公務員法

ア　第30条　すべて職員は，全体の奉仕者として公共の利益のために勤務し，且つ，職務の遂行に当つては，全力を挙げてこれに専念しなければならない。

イ　第7条　文部科学大臣は，教育職員の健康及び福祉の確保を図ることにより学校教育の水準の維持向上に資するため，教育職員が正規の勤務時間及びそれ以外の時間において行う業務の量の適切な管理その他教育職員の服務を監督する教育委員会が教育職員の健康及び福祉の確保を図るために講ずべき措

300

　　　置に関する指針(次項において単に「指針」という。)を定める
　　　ものとする。

ウ　第1条　教育は，人格の完成を目指し，平和で民主的な国家及
　　　び社会の形成者として必要な資質を備えた心身ともに健康な
　　　国民の育成を期して行われなければならない。

エ　第23条　公立の小学校等の教諭等の任命権者は，当該教諭等
　　　(臨時的に任用された者その他の政令で定める者を除く。)に対
　　　して，その採用(現に教諭等の職以外の職に任命されている者
　　　を教諭等の職に住命する場合を含む。附則第5条第1項におい
　　　て同じ。)の日から一年間の教諭又は保育教諭の職務の遂行に
　　　必要な事項に関する実践的な研修(以下「初任者研修」とい
　　　う。)を実施しなければならない。

オ　第66条　小学校は，当該小学校の教育活動その他の学校運営の
　　　状況について，自ら評価を行い，その結果を公表するものと
　　　する。

　　　※第79条，第79条の8，第104条，第135条において，それぞ
　　　　れ中学校，義務教育学校，高等学校，特別支援学校に準用。

カ　第34条　小学校においては，文部科学大臣の検定を経た教科用
　　　図書又は文部科学省が著作の名義を有する教科用図書を使用
　　　しなければならない。

　　　※第49条，第49条の8，第62条，第82条において，それぞれ
　　　　中学校，義務教育学校，高等学校，特別支援学校に準用。

(3)　「中学校学習指導要領(平成29年3月告示)」第2章第2節社会に関連
　　した以下の各問いに答えなさい。

①　目標について書かれた次の文の(　A　)〜(　C　)に入る最も適
　　切な語句を，「中学校学習指導要領(平成29年3月告示)」第2章第2
　　節社会に示されているとおり，正しく答えなさい。

> 第1　目標
> 　社会的な（　Ａ　）・考え方を働かせ，課題を追究したり解決したりする活動を通して，広い視野に立ち，グローバル化する国際社会に（　Ｂ　）に生きる平和で民主的な国家及び社会の（　Ｃ　）と必要な公民としての資質・能力の基礎を次のとおり育成することを目指す。

② 「中学校学習指導要領(平成29年3月告示)」第2章第2節社会　第2各分野の目標及び内容〔地理的分野〕2内容と3内容の取扱いに関する次の各問いに答えなさい。

Ⅰ　2内容　Ｃ日本の様々な地域(2)日本の地域的特色と地域区分において取り上げて学習する4つの項目のうち，誤っているものを次のア～エから一つ選び，記号で答えなさい。

　ア　自然環境　　イ　人口　　ウ　歴史的背景
　エ　交通・通信

Ⅱ　次の文中の（　Ｄ　）～（　Ｆ　）のうち，（　Ｆ　）にあてはまる語句として最も適切なものを，下のア～エから一つ選び，記号で答えなさい。

> 3内容の取扱い(3)(イ)
> 　「領域の範囲や変化とその特色」については，我が国の海洋国家としての特色を収り上げるとともに，（　Ｄ　）や（　Ｅ　）が我が国の固有の領土であることなど，我が国の領域をめぐる問題も取り上げるようにすること。その際，（　Ｆ　）については我が国の固有の領土であり，領土問題は存在しないことも扱うこと。

　ア　尖閣諸島　　イ　竹島　　ウ　北方領土　　エ　西之島

③ 「中学校学習指導要領(平成29年3月告示)」第2章第2節社会　第2各分野の目標及び内容〔歴史的分野〕2内容と3内容の取扱いに関する次の各問いに答えなさい。

Ⅲ　次の文中の(　G　)にあてはまる最も適切な語句を，漢字2字
で答えなさい。

> 2内容　C近現代の日本と世界(2)現代の日本と世界　イ(ウ)
> 　これまでの学習を踏まえ，歴史と私たちとのつながり，
> 現在と未来の日本や世界の在り方について，課題意識を
> もって多面的・多角的に考察，(　G　)し，表現すること。

Ⅳ　3内容の取扱い(1)に示された文として最も適切なものを，次
のア〜エから一つ選び，記号で答えなさい。
　　ア　生徒の発達の段階を考慮して，各時代の特色や時代の転換
　　　に関係する基礎的・基本的な歴史に関わる事象を可能な限り
　　　網羅的に取り上げ，指導内容を構成すること。
　　イ　調査や諸資料から歴史に関わる事象についての様々な情報
　　　を効果的に収集し，読み取り，まとめる技能を身に付ける学
　　　習を重視すること。その際，年表を活用した読み取りやまと
　　　め，文献，図版などの多様な資料，地図などの活用を十分に
　　　行うこと。
　　ウ　学習内容の理解と定着よりも，歴史に関わる事象の意味・
　　　意義や特色，事象間の関連を説明したり，課題を設けて追究
　　　したり，意見交換したりするなどの学習を重視すること。
　　エ　各時代の文化については，各時代の学習のまとめとして取
　　　り上げ，その特色を時代の特色として考察させるようにする
　　　こと。
④　「中学校学習指導要領(平成29年3月告示)」第2章第2節社会　第2
　各分野の目標及び内容〔公民的分野〕2内容と3内容の取扱いに関
　する次の各問いに答えなさい。
　　Ⅴ　次の文中の(　H　)にあてはまる語句として最も適切なもの
　　　を，あとのア〜ウから一つ選び，記号で答えなさい。

> 2内容　B私たちと経済(1)市場の働きと経済
>
> 　対立と合意，効率と公正，分業と交換，（　H　）などに着目して，課題を追究したり解決したりする活動を通して，次の事項を身に付けることができるよう指導する。

　ア　持続可能性　　イ　法の支配　　ウ　希少性

Ⅵ　次の文中の（　Ⅰ　）にあてはまる最も適切な語句を，漢字2字で答えなさい。

> 3内容の取扱い(3)(ア)
>
> 　アの(イ)の「市場における価格の決まり方や資源の配分」については，個人や企業の経済活動が様々な条件の中での選択を通して行われていることや，市場における取引が（　Ⅰ　）を通して行われていることなどを取り上げること。

⑤　「中学校学習指導要領(平成29年3月告示)」第2章第2節社会　第3指導計画の作成と内容の取扱いに関する次の問いに答えなさい。

Ⅶ　次の文中の（　J　）～（　L　）にあてはまる語句として最も適切なものを，下のア～ケから一つ選び，記号で答えなさい。

> 1(3)
>
> 　各分野の履修については，第1，第2学年を通じて地理的分野及び歴史的分野を（　J　）して学習させることを原則とし，第3学年において歴史的分野及び公民的分野を学習させること。各分野に配当する授業時数は，地理的分野（　K　）単位時間，歴史的分野135単位時間，公民的分野100単位時間とすること。これらの点に留意し，各学校で創意工夫して適切な（　L　）を作成すること。

　ア　並行　　イ　連続　　ウ　分担　　エ　105
　オ　115　　カ　125　　キ　年間計画　　ク　授業計画

ケ　指導計画

(☆☆☆○○○)

【2】次の地図や資料を見て，下の各問いに答えなさい。

地図Ｉ　ブラジリア　東京

資料Ｉ　ブラジルの輸出品の変化

1970年		2012年	
品目	割合(%)	品目	割合(%)
コーヒー豆	35.9	(Ｘ)	12.8
(Ｘ)	7.7	原油	8.4
綿花	5.8	機械類	8.0
砂糖	4.9	大豆	7.1
その他	45.7	肉類	6.3
		砂糖	5.2
		その他	52.2
合計	100	合計	100
輸出総額(億ドル)	27	輸出総額(億ドル)	2426

(UN Comtrade などより作成)

(1) 上の地図Ｉは，東京を中心として描いたもので，地図の中心からの距離と方位が正しく表されている。このような特徴をもつ地図の図法を何というか，漢字6字で答えなさい。

(2) 東京からブラジリアまで，飛行機が最短距離で飛行するときの経路を述べた文として最も適切なものを，次のア～エから一つ選び，記号で答えなさい。

　ア　飛行機は，アフリカ大陸の上空を通過する。

　イ　飛行機は，南極大陸の上空を通過する。

　ウ　飛行機は，大西洋の上空を通過する。

　エ　飛行機は，インド洋の上空を通過する。

(3) ブラジリアと日本の時差は12時間である。ブラジリアの標準時として基準となる経線は何度か答えなさい。ただし，サマータイムは考えないこととする。

(4) 2013年におけるブラジルの人口として最も近いものを，次のア～エから一つ選び，記号で答えなさい。

　ア　2億5千万人　　イ　2億人　　ウ　1億5千万人　　エ　1億人

(5)　資料 I は，ブラジルの輸出品の変化を示したものである。（　X　）にあてはまる輸出品として最も適切なものを，次のア〜エから一つ選び，記号で答えなさい。

　ア　銅鉱　　イ　鉄鉱石　　ウ　石炭　　エ　天然ガス

(6)　南アメリカ州の国々では，カトリックを信仰している人々が多い。その理由を簡潔に説明しなさい。

（☆☆☆◎◎◎）

【3】次の文章を読み，下の各問いに答えなさい。

> 　日本は，およそ東経（　①　）度から154度の間にあり，また，緯度でみると，およそ北緯（　②　）度から46度の間に位置する国である。
> 　日本の国土面積は，約（　③　）万km²である。日本は，北海道と本州，四国，九州の四つの大きな島と数千の小さな島々からなり，ユーラシア大陸の東に約（　④　）kmにわたって弓のような形で細長くつらなった島国である。

(1)　文中の（　①　）にあてはまる数値として最も適切なものを，次のア〜エから一つ選び，記号で答えなさい。

　ア　102　　イ　112　　ウ　122　　エ　132

(2)　文中の（　②　）にあてはまる数値として最も適切なものを，次のア〜エから一つ選び，記号で答えなさい。

　ア　10　　イ　20　　ウ　30　　エ　40

(3)　文中の（　③　）にあてはまる数値を整数で答えなさい。

(4)　文中の（　④　）にあてはまる数値として最も適切なものを，次のア〜エから一つ選び，記号で答えなさい。

　ア　1000　　イ　2000　　ウ　3000　　エ　4000

(5)　次の文は，日本の東西南北の端のいずれかの島について説明したものである。あてはまる島の位置として最も適切なものを，あとの地図 II 中のA〜Dから一つ選び，記号で答えなさい。また，その島

の名前を答えなさい。

> 面積1.51km²，周囲約7.6kmのほぼ正三角形の，サンゴが隆起して形成された島である。現在，島には海上自衛隊や気象庁などの職員が在住し，業務に従事している。

地図Ⅱ

(☆☆☆○○○)

【4】北海道地方，東北地方について，次の各問いに答えなさい。

(1)　東北地方の太平洋側では，ある風の影響を強く受けると冷害が起こることがある。この冷害をもたらす風を何というか答えなさい。また，その風が吹く方向として最も適切なものを，次の地図Ⅲ中のア～エから一つ選び，記号で答えなさい。

地図Ⅲ

(2)　東北地方では養殖業がさかんである。その対象として適切でない

ものを，次のア～エから一つ選び，記号で答えなさい。

　ア　わかめ　　イ　かき　　ウ　こんぶ　　エ　真珠

(3)　東北地方には，江戸時代以前から，農家の副業として発達してきたさまざまな伝統工芸品がある。宮城県の代表的な伝統工芸品として最も適切なものを，次のア～エから一つ選び，記号で答えなさい。

ア　　　　　　　イ　　　　　　　ウ　　　　　　　エ

(4)　北海道の多くの農家は，耕地をいくつかの区画に分けて，年ごとに栽培する作物をかえることで地力の低下を防ぎ，収穫量を安定させている。この方法を何というか，答えなさい。

(5)　現在，日本国内では，北海道の釧路湿原など50ヶ所以上の湿地が登録されている，「湿地及び水鳥の保全のための国際会議」において採択された条約の名前を答えなさい。

(☆☆☆◎◎◎)

【5】環境，防災，観光について，次の各問いに答えなさい。

(1)　世界的な異常気象の原因の一つとなっている，南アメリカのペルーやエクアドルの沿岸から太平洋の赤道付近にかけて，海水の温度が上昇する現象を何というか，答えなさい。

(2)　災害を起こす自然現象によって被害が及ぶのを防ぐことを防災というのに対し，被害をできるだけ少なくすることを何というか，答えなさい。

(3)　次の写真Ⅰの施設は，何の災害に備えたものであるか，答えなさい。

写真Ⅰ

(4) 次の文中の(　　)にあてはまる語句を，漢字2字で答えなさい。

> 国や県，市町村などが災害時に被災者の救助や支援を行うことを公助という。しかしながら，災害時には公助にたよるだけでなく，自分自身や家族を守る(　　)や，住民どうしが協力して助け合う共助とよばれる行動をとれるようになることが求められている。

(5) 東北地方各地の伝統行事や祭りは，地域の伝統に根ざしつつ，近年では観光資源として規模と性格を変えながら行われている。こうした伝統行事や祭りと行われている県の組み合わせとして最も適切なものを，次のア～エから一つ選び，記号で答えなさい。
ア　花笠まつり－岩手県　　イ　チャグチャグ馬コ－宮城県
ウ　七夕まつり－山形県　　エ　竿燈まつり－秋田県

(6) 次の写真Ⅱは，北海道の知床五湖周辺で，植物をふみあらすことなく，安全に散策できるよう設けられた高架木道である。このように，生態系の保全と観光の両立をめざした取り組みを何というか，答えなさい。

写真Ⅱ

(☆☆☆◎◎◎)

【6】古墳時代について，次の各問いに答えなさい。

(1) 次の写真Ⅲは，2019年に世界文化遺産として登録された古墳群に含まれる，日本最大の古墳である。この古墳の名前を答えなさい。

写真Ⅲ

(2) 上の写真Ⅲのような形をした古墳を何というか，答えなさい。

(3) 古墳時代に朝鮮半島から倭国に移り住んできた人々を何というか，答えなさい。

(4) (3)が伝えた技術として最も適切なものを，次のア～エから一つ選び，記号で答えなさい。

ア　活字を組んで印刷する活版印刷の技術

イ　墨一色で描く水墨画の技術

ウ　寝殿造とよばれる住居をつくる技術

エ　須恵器とよばれる土器をつくる技術

(☆☆☆◎◎◎)

【7】 次の表は，各時代区分におけるきまりや法をまとめたものである。
表を見て，下の各問いに答えなさい。

表

時代区分	きまり、法
古代	A十七条の憲法
	B大宝律令
中世	C御成敗式目(貞永式目)
近世	D武家諸法度
近代	E大日本帝国憲法

(1) 表中の下線部Aには，儒教の考え方が取り入れられている。儒教
の始祖は誰か，答えなさい。

(2) 表中の下線部Aが定められた頃，家柄にとらわれず，有能な人を
役人に用いた制度を何というか，漢字で答えなさい。

(3) 表中の下線部Bについて，「律」と「令」についての説明として最
も適切なものを，次のア～エから一つ選び，記号で答えなさい。

ア 「律」は政治のきまり，「令」は刑罰のきまり

イ 「律」は外交のきまり，「令」は貿易のきまり

ウ 「律」は貿易のきまり，「令」は外交のきまり

エ 「律」は刑罰のきまり，「令」は政治のきまり

(4) 表中の下線部Cを定めた人物と，定めた時の役職を答えなさい。

(5) 次の図は，表中の下線部Cが定められた時代の，将軍と御家人と
の主従関係を表したものである。図中の(　　)にあてはまる語句を
答えなさい。

図

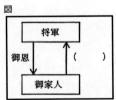

(6) 表中の下線部Dの内容として最も適切なものを，次のア～エから
一つ選び，記号で答えなさい。

ア 学問の道に，ひたすらはげむようにせよ。

イ 新たに事をくわだて，同盟の誓約をしてはならない。

ウ　船はたとえ修理であっても幕府に報告せよ。

エ　大名が自分の領地と江戸とを交代で住むように定める。毎年1月に江戸へ参勤せよ。

(7)　表中の下線部Eを作成し，のちに初代内閣総理大臣になった人物は誰か，漢字で答えなさい。

(8)　表中の下線部Eは，天皇が定めるという形の憲法だった。このように，君主の単独の意志によって制定される憲法を何というか，漢字で答えなさい。

(☆☆☆◎◎◎)

【8】次の表は，江戸時代の三人改革についてまとめたものである。これを見て，下の各問いに答えなさい。

改革名	享保の改革	寛政の改革	天保の改革
中心人物	徳川吉宗	（　C　）	水野忠邦
主な内容，目的	・上げ米の制 参勤交代を軽減するかわりに米を献上させる。 ・（　A　）の設置 庶民の意見を取り入れる。 ・（　B　） 裁判や刑の基準を定める。	・囲米 ききんに備えて米を蓄えさせる。 ・旧里帰農令 江戸などの都市に出かせぎに来ていた者に帰農をすすめる。 ・寛政異学の禁 幕府の学校で（　D　）以外の学問を禁じる。	・上知令 江戸や大阪周辺の大名領を幕領にしようとする。 ・（　E　）の解散 物価の上昇は，（　E　）が商品の流通を独占しているためと考え，解散させた。
結果	幕府の収入は増えたが，商業の発達には対応しきれず，米価は下がった。	改革の厳しさへの批判はあったが，ききんへの備えは幕末まで有効にはたらいた。	力をつけてきた大名や商人などから反発を受け，2年あまりで失敗した。

(1)　表中の（　A　）～（　E　）にあてはまる語句を答えなさい。

(2)　次のア～オの出来事が起こった時期は，下の年表中のa～dのどの時期にあてはまるか。最も適切な場所をそれぞれ選び，記号で答えなさい。

ア　ルソーが社会契約論を著す

イ　フランスでナポレオンが皇帝となる

ウ　アメリカで独立戦争が起こる

エ　インド大反乱が起こる

オ　イギリスが東インド会社をつくる

年表		1716～45年		1787～93年		1841～43年	
a		享保の改革	b	寛政の改革	c	天保の改革	d

(☆☆☆◎◎◎)

【9】 次のA〜Cの文章を読み，下の各問いに答えなさい。

> A 1932年，海軍の青年将校らが首相官邸を襲い，（　①　）首相
> を殺害した。この（　②　）事件以降，政党内閣は終了し，太平
> 洋戦争終了後まで，復活しなかった。
>
> B 近衛文麿内閣は，すべての国民を X 戦争に向かわせ，国の予
> 算の大部分を軍事費にあてるようにした。1938年，（　③　）が
> 制定され，政府は（　④　）の承認なしに，国民や物資を優先し
> て戦争にまわすことができるようになった。
>
> C 1940年には，政党が解散して（　⑤　）という戦争に協力する
> ための組織に合流していった。労働組合も解散させられ，Y 治
> 安維持法による取り締まりが厳しくなり，自由な言論活動は
> 難しくなった。

(1) 文中の（　①　）〜（　⑤　）にあてはまる語句，人物名を答えなさい。

(2) Bの下線部Xの戦争の相手国を，当時の正式な国名で答えなさい。

(3) Cの下線部Yの法律と同年に成立した普通選挙法によって，有権
者はそれまでに比べ，約4倍になった。この時の有権者の資格を答
えなさい。

(☆☆☆◎◎◎)

【10】 次の表は，我が国の社会保障制度の4つの基本的な柱についてまと
めたものである。これを見て，下の各問いに答えなさい。

種類	仕事の内容
社会保険	医療保険、A介護保険、雇用保険、年金保険など
公的扶助	生活保護（生活扶助、住宅扶助など）
社会福祉	児童福祉、B障がい者福祉、高齢者福祉など
（　　）	感染症対策、上下水道整備、廃棄物処理、公害対策など

(1) 表中の（　）にあてはまる語句を答えなさい。

(2) 表中の下線部Aについて，少子高齢化の進展に対応して導入され
た介護保険制度は，介護が必要となった際，介護サービスを受けら
れる制度であるが，何歳以上の収入のある人が保険料を払うか，答

えなさい。また，老人医療費の増加を受けて，75歳以上の人を対象
にした，年金から保険料を天引きして，医療保険に加入するという
制度を何というか，答えなさい。

(3)　表中の下線部Bについて，次の文中の(　X　)〜(　Z　)にあては
まる語句を答えなさい。

> 障がいのある人も健常者と同じように生活できるようにす
> る(　X　)を実現するために，生活に不便な障壁を取り除くこ
> とを(　Y　)，最初からすべての人にとって使いやすい製品を
> つくることを(　Z　)という。

(☆☆◎◎◎)

【11】我が国の政治のしくみについて説明した次の文章を読み，下の各問
いに答えなさい。

> 国会は(　①　)と(　②　)からなる(　③　)制をとっている。
> これは，慎重な審議をすることや国民のさまざまな意見を反映
> させることをねらいとしている。(　①　)と(　②　)の両方の議
> 決が一致したときに国会の議決は成立する。いくつかの重要な
> 議題について，意見が一致しない場合，(　①　)の議決を優先さ
> せることが認められている。

(1)　文中の(　①　)〜(　③　)にあてはまる語句を答えなさい。

(2)　(　①　)と(　②　)の議決が異なる場合，意見を調整するために
開かれるものを何というか，答えなさい。

(3)　文中の下線部を何というか，答えなさい。

(4)　(3)について，認められていないものを，次のア〜エから一つ選び，
記号で答えなさい。

　ア　弾劾裁判所の設置　　　イ　法律案の議決
　ウ　内閣総理大臣の指名　　エ　条約の承認

(☆☆◎◎◎)

【12】我が国の税のしくみについて，次の各問いに答えなさい。

(1) 次の表は，消費税の変遷についてまとめたものである。表中の
（ ① ）〜（ ③ ）にあてはまる数字と人物名を答えなさい。

年	消費税率	内閣総理大臣
1989年	（ ② ）%	竹下 登
1997年	5%	（ ③ ）
（ ① ）年	8%	安倍 晋三
2019年	10%	

(2) 消費税のように，納税者と税の負担者が異なる税を何というか，
答えなさい。

(3) 所得税等で採られている，所得が多い人ほど高い税率が適用され
る制度を何というか，答えなさい。

(☆☆◎◎◎)

【13】次の文章を読み，下の各問いに答えなさい。

> 日本国憲法は，1946年11月3日に公布された後，1947年5月3日
> に（ ① ）された。
> 日本国憲法は，大日本帝国憲法を改正する手続きにより成立
> したが，天皇主権を否定して国民三権の原理を採用し，A人権の
> 保障を強化している。

(1) 文中の（ ① ）にあてはまる語句を，漢字2字で答えなさい。

(2) 文中の下線部Aについて，日本国憲法第13条には，「すべて国民は，
個人として尊重される。生命，自由及び幸福追求に対する国民の権
利については，（　　）に反しない限り，立法その他の国政の上で，
最大の尊重を必要とする」と書かれている。（　　）にあてはまる語
句を答えなさい。

(3) 日本国憲法を改正する場合の手続きについて説明した次の文章を
読み，文中の（ ② ）〜（ ⑤ ）にあてはまる語句の組み合わせと
して最も適切なものを，あとのア〜カから一つ選び，記号で答えな
さい。

　　憲法改正には，各議院の(②)の(③)の賛成により，国会が国民に対して憲法改正の発議をし，国民投票において有効投票の(④)の賛成を得ることが必要である。憲法改正について国民の承認が得られたときは，(⑤)が国民の名において公布する。

ア　② 出席議員　　③ 過半数　　　　④ 3分の2以上
　　⑤ 内閣総理大臣

イ　② 総議員　　③ 3分の2以上　　④ 過半数
　　⑤ 天皇

ウ　③ 総議員　　③ 過半数　　　　④ 3分の2以上
　　⑤ 天皇

エ　② 総議員　　③ 過半数　　　　④ 3分の2以上
　　⑤ 内閣総理大臣

オ　② 出席議員　　③ 3分の2以上　　④ 過半数
　　⑤ 内閣総理大臣

カ　② 出席議員　　③ 3分の2以上　　④ 過半数
　　⑤ 天皇

(☆☆◎◎◎)

【14】次の表は，国際連盟と国際連合を比較したものである。これを見て，下の各問いに答えなさい。

国際連盟		国際連合
1920 年	設　立	1945 年
ジュネーブ	本　部	（　　　）
全会一致	表　決	多数決 常任理事国に A拒否権
イギリス、フランス、イタリア、日本	常任理事国 （設立時）	アメリカ、イギリス、フランス、ソ連、中国

(1)　表中の(　　)にあてはまる都市名を答えなさい。

(2)　国際連合のおもな機関のうち，世界の平和と安全の維持に責任を負う機関を，正式名称で答えなさい。

(3) 表中の下線部Aの拒否権について，簡潔に説明しなさい。

(4) 「すべての人に健康を」を目的とし，主に発展途上国で医療や衛生などの活動をしている国際連合の専門機関を何というか。アルファベット3字で答えなさい。

(☆☆◎◎◎)

【15】次の図は，地方自治のしくみを表したものである。これを見て，下の各問いに答えなさい。

図

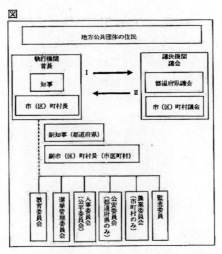

(1) 図中のⅠ，Ⅱが示すものとしてあてはまるものを，次のア〜エからすべて選び，それぞれ記号で答えなさい。
   ア　議決の拒否　　イ　予算・条例の議決　　ウ　不信任決議
   エ　議会の解散

(2) 住民には，首長や地方議員の解職などを求める直接請求権が認められている。有権者が12万人の市で，a条例の制定，b市議会の解散を請求する場合，必要な署名数を答えなさい。

(3) (2)の下線部a，bそれぞれの請求先を答えなさい。

(☆☆◎◎◎)

【16】次の表の①〜⑩は，日本の代表的な無形文化遺産名を示したものである。これを見て，下の各問いに答えなさい。

名称（都道府県）	名称（都道府県）
①能楽	⑥結城紬（茨城県・栃木県）
②人形浄瑠璃文楽	⑦組踊（沖縄県）
③小千谷縮・越後上布（新潟県）	⑧壬生の花田植（広島県）
④チャッキラコ（神奈川県）	⑨佐陀神能（島根県）
⑤アイヌ古式舞踊（北海道）	⑩和食—日本人の伝統的な食文化

(1)　①に関連して，能は猿楽や田楽などの芸能から生まれ，観阿弥や世阿弥によって完成した。この能の合間に演じられた，人々の失敗などを題材にした喜劇を何というか，答えなさい。

(2)　②に関連して，次の写真Ⅰは，「曽根崎心中」を演じているところである。この作品の脚本の作者を，下のア〜エから一つ選び，記号で答えなさい。

写真Ⅰ

ア　近松門左衛門　　イ　俵屋宗達　　ウ　竹本義太夫
エ　井原西鶴

(3)　③に関連して，小千谷縮は新潟県小千谷市を中心に，越後上布は南魚沼市を中心に生産される麻の織物で，豪雪地帯の冬の仕事として，写真Ⅱのような雪ざらしなどの技術が受け継がれてきた。この地域周辺でみられる雨温図として最も適切なものを，あとのア〜エからひとつ選び，記号で答えなさい。

写真Ⅱ

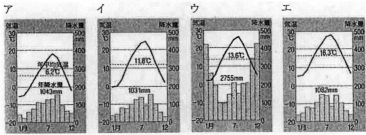

(4) ④の県に関連して，神奈川県鎌倉市の浄土宗高徳院に鎌倉大仏が
ある。この浄土宗を開いた法然が，1198年に浄土宗の教義を説いた
書として最も適切なものを，次のア～エから一つ選び，記号で答え
なさい。

ア　正法眼蔵　　イ　立正安国論　　ウ　教行信証

エ　選択本願念仏集

(5) ⑤に関連して，アイヌの人々の民族としての誇りが尊重される社
会の実現をめざして，1997年に制定された法律名を答えなさい。

(6) ⑥の2県に関連して，東京周辺では，新鮮な農産物を生産し，都
市の住民に届ける近郊農業が古くから発展している。関東地方の県
名と国内生産量第1位の農産物(2013年)の組み合わせとして最も適切
なものを，次のア～エから一つ選び，記号で答えなさい。

ア　群馬県－レタス　　　イ　栃木県－なす

ウ　茨城県－はくさい　　エ　千葉県－きゅうり

(7) ⑦に関連して，組踊は，琉球王国時代，中国皇帝が派遣した使節
を歓待するために創作されたのがはじまりといわれている。江戸時
代，将軍がかわるごとに琉球国王が江戸に派遣した使節として最も

適切なものを，次のア〜エから一つ選び，記号で答えなさい。

　ア　慶賀使　　イ　通信使　　ウ　冊封使　　エ　朝貢使

(8)　⑧に関連して，北陸地方や東北地方では，病気や冷害に強いだけでなく，よりおいしい品種の改良を積み重ねてきた。新潟県魚沼産のコシヒカリや宮城県のひとめぼれのように，都道府県ごとに産地や品種が登録された，味の良い品種の米のことを何というか，答えなさい。

(9)　⑨の県に関連して，2015年に公職選挙法の一部を改正する法律が成立し，選挙区間において議員一人当たりの人口に不均衡が生じている状況から，参議院選挙区選出議員の選挙について，鳥取県と島根県のように二つの都道府県を一つの区域とする選挙区に変更された。同様に変更された2県の組み合わせを，次のア〜エから一つ選び，記号で答えなさい。

　ア　佐賀県と長崎県　　イ　徳島県と高知県
　ウ　福井県と石川県　　エ　長野県と山梨県

(10)　⑩に関連して，近年では，海外でも和食の店が増え，人気を集めている。一方，日本では外国からの食料品の輸入が増え，食の国際化が進み，食料自給率の低さが課題になっている。この課題が一層深刻化するおそれがあると心配されている，2013年に日本も参加を決定した経済連携協定を何というか，アルファベット3字で答えなさい。

（☆☆☆◎◎◎）

地 理 ・ 歴 史

【共通問題】

【1】次の各問いに答えなさい。

(1)　次の文は，教育公務員特例法に規定された条文である。条文中の空欄（　①　）・（　②　）にあてはまる最も適切な語句の組み合わせ

をア～カから一つ選び，記号で答えなさい。

> 第21条　教育公務員は，その職責を遂行するために，絶えず
> 　　　　（　①　）と（　②　）に努めなければならない。

	①	②
ア	研修	修養
イ	研修	実践
ウ	研究	研鑽
エ	研究	修養
オ	教育	実践
カ	教育	研鑽

(2)　次の①～③の法令に規定されている条文を，ア～カからそれぞれ
　　一つずつ選び，記号で答えなさい。

①　教育基本法　　　②　学校教育法　　　③　地方公務員法

ア　第30条　すべて職員は，全体の奉仕者として公共の利益のため
　　　　　　に勤務し，且つ，職務の遂行に当つては，全力を挙げてこれ
　　　　　　に専念しなければならない。

イ　第7条　文部科学大臣は，教育職員の健康及び福祉の確保を図
　　　　　　ることにより学校教育の水準の維持向上に資するため，教育
　　　　　　職員が正規の勤務時間及びそれ以外の時間において行う業務
　　　　　　の量の適切な管理その他教育職員の服務を監督する教育委員
　　　　　　会が教育職員の健康及び福祉の確保を図るために講ずべき措
　　　　　　置に関する指針(次項において単に「指針」という。)を定める
　　　　　　ものとする。

ウ　第1条　教育は，人格の完成を目指し，平和で民主的な国家及
　　　　　　び社会の形成者として必要な資質を備えた心身ともに健康な
　　　　　　国民の育成を期して行われなければならない。

エ　第23条　公立の小学校等の教諭等の任命権者は，当該教諭等
　　　　　　(臨時的に任用された者その他の政令で定める者を除く。)に対
　　　　　　して，その採用(現に教諭等の職以外の職に任命されている者
　　　　　　を教諭等の職に住命する場合を含む。附則第5条第1項におい

て同じ。)の日から一年間の教諭又は保育教諭の職務の遂行に
必要な事項に関する実践的な研修(以下「初任者研修」とい
う。)を実施しなければならない。

オ　第66条　小学校は，当該小学校の教育活動その他の学校運営の
状況について，自ら評価を行い，その結果を公表するものと
する。

※第79条，第79条の8，第104条，第135条において，それぞ
れ中学校，義務教育学校，高等学校，特別支援学校に準用。

カ　第34条　小学校においては，文部科学大臣の検定を経た教科用
図書又は文部科学省が著作の名義を有する教科用図書を使用
しなければならない。

※第49条，第49条の8，第62条，第82条において，それぞれ
中学校，義務教育学校，高等学校，特別支援学校に準用。

(☆☆☆◎◎◎)

【2】次の各問いに答えなさい。

(1)　オリエント世界について述べた文として，正しいものを次の①～
④から一つ選び，番号で答えなさい。

①　古バビロニア王国のハンムラビ王は全メソポタミアを支配し，
各地の法慣習を集大成して法典を発布した。

②　エジプトの新王国時代，アメンホテプ4世がアメン神信仰を強
制したことにより唯一神信仰が伝統となった。

③　フェニキア人は，内陸での交易活動を行い，アルファベットを
もとに独自の文字をつくった。

④　オリエント世界を統一したアケメネス朝は，強制移住や重税な
どのため服属民の反感をまねいた。

(2)　ローマ世界について述べた文として，正しいものを次の①～④か
ら一つ選び，番号で答えなさい。

①　リキニウス・セクスティウス法により，平民会の決議が元老院
の認可なしに全ローマ人の国法となることが決められた。

② ポエニ戦争後，荒廃した農地を買い集め大所領を経営する者があらわれ，農民に貸して耕作させる小作制が徐々に広がった。

③ コンスタンティヌス帝はキリスト教を公認し，ニケーア公会議を開催しアタナシウスの説が正統教義とされた。

④ グラックス兄弟は，公有地の占有を制限して自作農の再建を図り，重装歩兵を創出し軍事力を立て直した。

(3) 南アジア世界について述べた文として，正しいものを次の①〜④から一つ選び，番号で答えなさい。

① マウリヤ朝のアショーカ王は，仏教を手厚く保護し，このころから仏像がつくられるようになった。

② クシャーナ朝のとき，『マヌ法典』や『マハーバーラタ』『ラーマーヤナ』などがほぼ現在伝えられるような形に完成した。

③ 仏典を求めて唐からインドに旅した玄奘はナーランダー僧院で学び，隋では玄宗の保護のもと仏典の漢訳に努めた。

④ サータヴァーハナ朝は，インド洋交易で発展し，ローマや東南アジアとのあいだで商品の交換が盛んにおこなわれた。

(4) 前漢の時代について述べた文として，正しいものを次の①〜④から一つ選び，番号で答えなさい。

① 鉄製農具の使用や牛耕が始まり，農業生産力が高まった。

② 積極的な対外政策により財政難に陥り，新法とよばれる改革を行った。

③ 大月氏と同盟し匈奴を撃退するために，張騫を派遣した。

④ 宦官が高級官僚を弾圧する「党錮の禁」がおこった。

(5) イスラーム世界について述べた次の文X・Yについて，その正誤の組合せとして正しいものをあとの①〜④から一つ選び，番号で答えなさい。

X シーア派のサーマーン朝は，軍人に対し土地の徴税権を与えるイクター制をはじめて実施した。

Y アイユーブ朝のサラーフ＝アッディーンがイェルサレムを占領したことがきっかけとなり，第1回十字軍が派遣された。

① X－正　Y－正　　② X－正　Y－誤　　③ X－誤　Y－正

④ X－誤　Y－誤

(6)　西アジア・南アジアのイスラーム諸国について述べた次の文X・Yについて，X・Yに関係する都市の組合せとして正しいものを下の①～⑥から一つ選び，番号で答えなさい。

X　アウラングゼーブは，ヒンドゥー教寺院を破壊するなどしたためヒンドゥー教徒から反発を招いた。

Y　スレイマン1世は，ハンガリー軍をやぶり，カール5世に圧力を加えた。

①　X－イスファハーン　　②　X－ウィーン　　③　X－モスクワ

④　Y－イスファハーン　　⑤　Y－ウィーン　　⑥　Y－モスクワ

(7)　近世のヨーロッパについて述べた文として，誤っているものを次の①～④から一つ選び，番号で答えなさい。

①　スペイン統治下のネーデルラントでは，北部7州がユトレヒト同盟を結成し独立運動を展開した。

②　テューダー朝となったイギリスでは，王権神授説を唱える王に対し議会は権利章典を可決し王権を制限した。

③　フランスで，カルヴァン派とカトリック教徒が対立し，これに大貴族間の勢力争いがからんで，ユグノー戦争がおこった。

④　ベーメンの反乱をきっかけとして始まった三十年戦争に，フランスはプロテスタント側について参戦した。

(8)　19世紀のフランスについて述べた次の文X・Yと関係が深い絵画の組合せとして正しいものをあとの①～④から一つ選び，番号で答えなさい。

X　復古王政下，貴族を保護するなど反動政治となり，王が議会の解散，言論統制など打ち出すと市民と民衆は蜂起し，王は亡命した。

Y　制限選挙制のもと，一部の上層市民が主導している国政に対し，選挙権拡大を要求する共和派市民や労働者による政治運動が高揚するなか，この運動を弾圧する政府との間に市街戦となり，王は

退位して共和派の臨時政府が成立した。

　　　　　　　　（あ）　　　　　　　　　　　　（い）

①　X－(あ)　　②　X－(い)　　③　Y－(あ)　　④　Y－(い)

(9)　アジア諸地域の動揺について述べた文として，正しいものを次の①〜④から一つ選び，番号で答えなさい。

①　エジプトのムハンマド＝アリーは，マムルークを一掃し，軍隊の創設や工場の設立など富国強兵策を行った。

②　オスマン帝国のミドハト＝パシャは，ドンズー運動とよばれる西欧化をめざす改革を開始した。

③　サファヴィー朝のイランでは，タバコ販売の利権がフランス人に譲渡されるとタバコ＝ボイコット運動が組織された。

④　インド大反乱によって経営難に陥ったイギリスは，東インド会社にインド経営を任せることになった。

(10)　第一次世界大戦について述べた文として，正しいものを次の①〜④から一つ選び，番号で答えなさい。

①　オーストリアがボスニア＝ヘルツェゴヴィナを併合したことに対し，セルビアは支持を表明した。

②　ドイツが無制限潜水艦作戦を宣言すると，アメリカ合衆国はドイツに宣戦した。

③　ロシアで革命がおこり，メンシェヴィキが政権を掌握し戦線離脱した。

④　ドイツでは，不利な戦況を打開しようとキール軍港で水兵たちが出征を要求した。

(11)　第一次世界大戦から第二次世界大戦の間の出来事について述べ

た文として，誤っているものを次の①～④から一つ選び，番号で答えなさい。

① ドイツとソヴィエト＝ロシアの間にラパロ条約が結ばれ，国交が再開された。

② フランスはベルギーとともに，ドイツの工業地帯のルールを占領した。

③ イタリアは敗戦国となったため，フィウメなどの領有が認められなかった。

④ アメリカ合衆国は債務国から債権国となり，国際金融市場の中心の一つとなった。

(12) 米ソ冷戦に関連した出来事X～Zについて，古いものから年代順に正しく配列されているものを，下の①～⑥から一つ選び，番号で答えなさい。

X　ペレストロイカ(立て直し)提唱　　Y　アフガニスタン侵攻

Z　キューバ危機

①　X－Y－Z　　②　X－Z－Y　　③　Y－X－Z

④　Y－Z－X　　⑤　Z－X－Y　　⑥　Z－Y－X

(13) 1～2世紀の世界について述べた文として，正しいものを次の①～④から一つ選び，番号で答えなさい。

① オクタウィアヌスは，共和政の伝統と元老院の威光を無視したため，暗殺された。

② パルティアは，東西の交易路をおさえて繁栄し，中国では安息という名で知られた。

③ ジャワ島に扶南が建国され，ユーラシア各地と交易をおこなった。

④ 光武帝は倭の女王卑弥呼に金印を与え，「王」として冊封した。

(14) 15世紀の世界について述べた次の文X・Yについて，その正誤の組合せとして正しいものをあとの①～④から一つ選び，番号で答えなさい。

X　モスクワ大公国のイヴァン3世は，モンゴル支配から脱し，ビザ

ンツ皇帝の後継者を自任しはじめてツァーリの称号を用いた。

Y　ティムールはオスマン帝国のバヤジット1世にアンカラの戦いで
敗れ，その後明を討つため東方遠征に出発したがその途上で病死
した。

①　X－正　Y－正　　②　X－正　Y－誤　　③　X－誤　Y－正

④　X－誤　Y－誤

(15)　18世紀の世界について述べた文として，正しいものを次の①～
④から一つ選び，番号で答えなさい。

①　バルト海の支配をめぐって，ロシアのピョートル1世(大帝)はデ
ンマークを破りバルト海の覇者となった。

②　ポーランドは，プロイセン，オーストリア，ロシアに領土を奪
われ，コシューシコらの抵抗も失敗し国家として消滅した。

③　清の康熙帝は，李自成らによる三藩の乱を鎮圧し，鄭氏を降伏
させて台湾を清の版図に加え，中国支配を安定させた。

④　フランスのルイ14世は，スペイン継承戦争を戦い，パリ条約で
ブルボン家のスペイン王位継承を認めさせる代わりに，ミシシッ
ピ川以西のルイジアナをイギリスに譲渡した。

(☆◎◎◎)

【3】次の各問いに答えなさい。

(1)　今からおよそ1万年前にはじまった地質学上の区分を何というか，
次の①～④から一つ選び，番号で答えなさい。

①　中新世　　②　完新世　　③　更新世　　④　鮮新世

(2)　三筆と称せられた人物として誤っているものを，次の①～④から
一つ選び，番号で答えなさい。

①　空海　　②　嵯峨天皇　　③　藤原行成　　④　橘逸勢

(3)　北条時政の執権の地位を引き継いだ子の名前として正しいもの
を，次の①～④から一つ選び，番号で答えなさい。

①　北条高時　　②　北条義時　　③　北条泰時　　④　北条時頼

(4)　破傷風血清療法やペスト菌を発見した人物として正しいものを，

次の①～④から一つ選び，番号で答えなさい。

① 野口英世　　② 志賀潔　　③ 北里柴三郎　　④ 高峰譲吉

(5) 1970年代の出来事として正しいものを，次の①～④から一つ選び，番号で答えなさい。

① 日本万国博覧会開催　　② 東京オリンピック開催

③ 瀬戸大橋開通　　④ 東海道新幹線開通

(6) 鎌倉仏教について述べた文として，誤っているものを次の①～④から一つ選び，番号で答えなさい。

① 法然は，専修念仏の教えを説いて，のちに浄土宗の開祖と仰がれた。

② 一遍は，踊念仏によって多くの民衆に教えを広めながら各地を布教して歩いた。

③ 日蓮は，題目(南無妙法蓮華経)をとなえることで救われると説いた。

④ 道元は，ただひたすら坐禅に徹せよと説き，臨済宗を広めた。

(7) 東山文化について述べた文として，正しいものを次の①～④から一つ選び，番号で答えなさい。

① 足利義政は，京都の東山に山荘をつくり，そこに金閣を立てた。

② 慈照寺東求堂同仁斎にみられる寝殿造は，近代の和風住宅の原型となった。

③ 明から帰国した雪舟は，禅画の制約を乗りこえた日本的な水墨画様式を創造した。

④ 千利休は，茶と禅の精神の統一を主張し，茶室で心の静けさを求める侘茶を創出した。

(8) 江戸幕府と藩の機構について述べた文として，正しいものを次の①～④から一つ選び，番号で答えなさい。

① 幕府の軍事力は，将軍直属の家臣団である旗本・御家人のほか，諸大名の負担する軍役で構成された。

② 幕府の職制は，初め老中と呼ばれて幕府の中枢にあった重臣が，年寄と呼ばれ政務を統轄するようになった。

　③　臨時の最高職である京都所司代は，将軍代がわりなど，重要事
　　項の決定のみ合議に加わった。

　④　幕府直轄領では，関西・飛驒・美濃には郡代が，そのほかには
　　代官が派遣され，勘定奉行が統轄した。

(9)　鎖国政策について述べた文として，正しいものを次の①〜④から
　一つ選び，番号で答えなさい。

　①　1616年には中国船を除く外国船の寄港地を平戸と長崎に制限し
　　た。

　②　1624年にはポルトガル船の来航を禁止した。

　③　1633年には朱印船以外の日本船の海外渡航を禁止した。

　④　1641年にはオランダ商館を鹿児島の出島に移した。

(10)　18世紀後半から19世紀前半の様子について述べた文として，誤
　っているものを次の①〜④から一つ選び，番号で答えなさい。

　①　1792年，ロシア使節ラクスマンが根室に来航し，漂流民を届け
　　るとともに通商を求めた。

　②　1798年，江戸幕府は近藤重蔵・最上徳内らに択捉島を探査させ
　　「大日本恵登呂府」の標柱を立てさせた。

　③　1804年，レザノフが長崎に来航したが，江戸幕府は冷淡な対応
　　をして追い返した。

　④　1808年，イギリスの軍艦ゴローウニン号がオランダ船のだ捕を
　　ねらって長崎に入った。

(11)　江戸時代末期の諸外国との関係について述べた文として，正し
　いものを次の①〜④から一つ選び，番号で答えなさい。

　①　大老井伊直弼はアメリカとの間に日米和親条約を結び，下田・
　　箱館の2港を開いた。

　②　日露和親条約で日本が択捉島以南と樺太の南半分を領有するこ
　　とが決定した。

　③　貿易が始まると日本からは生糸・茶などが多く輸出され，しば
　　らくの間輸出超過が続いた。

　④　イギリス公使のパークスは幕府を支持し，財政的・軍事的援助

を続けた。

(12)　明治時代に内閣総理大臣になった人物について述べた文として，正しいものを次の①〜④から一つ選び，番号で答えなさい。

①　桂太郎は政党の力が軍部におよぶのをはばむために軍部大臣現役武官制を定めた。

②　西園寺公望は全国鉄道網の統一的管理をめざす鉄道国有法を公布した。

③　大隈重信は立憲政友会を結成し，はじめての政党内閣を組織した。

④　山県有朋は大逆事件を機に社会主義者・無政府主義者を弾圧した。

(13)　近現代におきた戦争について述べた文として，正しいものを次の①〜④から一つ選び，番号で答えなさい。

①　朝鮮でおきた甲午農民戦争を機に日清両国は対立を深め，日清戦争が始まった。

②　日露戦争の講和条約で多額の賠償金を得た日本は，さらなる軍備拡張を進めた。

③　第1次世界大戦がおこると日本は三国同盟側に立ち，参戦することを決定した。

④　奉天郊外の柳条湖でおこった南満州鉄道の線路の爆破を機に，日中戦争が勃発した。

(14)　太平洋戦争中の出来事Ｘ〜Ｚについて，古いものから年代順に正しく配列されているものを，下の①〜⑥から一つ選び，番号で答えなさい。

Ｘ　アメリカ軍が沖縄本島に上陸し，島民を巻き込む戦いがはじまった。

Ｙ　ヤルタ会談でソ連の対日参戦を約す秘密協定が結ばれた。

Ｚ　東京大空襲では焼夷弾投下により，一夜にして約10万人が焼死した。

①　Ｘ−Ｙ−Ｚ　　②　Ｘ−Ｚ−Ｙ　　③　Ｙ−Ｘ−Ｚ

④ Y−Z−X ⑤ Z−X−Y ⑥ Z−Y−X

(15) 1960年代の社会状況について述べた文として，正しいものを次の①～④から一つ選び，番号で答えなさい。

① 理論物理学者の湯川秀樹が日本人ではじめてノーベル賞を受賞した。

② 公害を批判する世論の高まりを背景に，公害対策基本法が制定された。

③ 第4次中東戦争が勃発すると，第1次石油危機がおこった。

④ ビキニ環礁でのアメリカの水爆実験により第五福龍丸が被爆した。

(☆☆☆◎◎◎)

【4】次の各問いに答えなさい。

(1) 正積図法ではないものを次の①～④のうちから一つ選び，番号で答えなさい。

① サンソン図法 ② ボンヌ図法 ③ メルカトル図法

④ モルワイデ図法

(2) 次の地域別の高度分布を示した表について，表中の①～④はアジア，アフリカ，オーストラリア，ヨーロッパのいずれかである。このうち，ヨーロッパに該当するものを①～④のうちから一つ選び，番号で答えなさい。

高度（m）	200 未満	200～500	500～1,000	1,000～2,000	2,000～3,000	3,000～4,000	4,000～5,000	5,000 以上	平均高度
①	24.6	20.2	25.9	18.0	5.2	2.0	4.1	1.1	960
②	52.7	21.2	15.2	5.0	2.0	0.0	0.0	—	340
③	9.7	38.9	28.2	19.5	2.7	1.0	0.0	0.0	750
④	39.3	41.6	16.9	2.2	0.0	0.0	0.0	—	340
全大陸	25.3	26.8	19.4	15.2	7.5	3.9	1.5	0.4	875

注) ヨーロッパは，カフカス地方を除く。オーストラリアには，ニューギニアなどを含む。

データブック・オブ・ザ・ワールド 2020 により作成

(3) 次の雨温表中の①～④は，イキトス，シンガポール，ダーウィン，バンコクのいずれかである。このうち，バンコクに該当するものを①～④のうちから一つ選び，番号で答えなさい。

（上段：月平均気温　℃　　下段：月降水量　㎜）

観測地点	1月	2月	3月	4月	5月	6月	7月	8月	9月	10月	11月	12月	全年
①	26.1	25.9	25.0	26.0	25.6	25.2	25.0	25.7	26.0	26.1	26.2	26.2	25.8
	368.6	265.3	384.6	286.8	301.3	230.1	211.5	177.9	214.2	261.7	309.8	341.2	3,353.0
②	28.2	28.0	28.1	28.2	27.0	25.1	24.7	25.6	27.7	29.0	29.2	28.8	27.5
	449.6	386.5	311.3	112.8	22.6	0.6	4.6	13.6	67.8	138.0	281.8	1,789.4
③	27.3	28.6	29.8	30.9	30.1	29.7	29.3	29.1	28.7	28.4	27.9	26.6	28.9
	15.1	18.3	39.3	86.6	245.8	162.0	171.4	207.9	349.2	302.2	47.9	7.4	1,653.1
④	26.6	27.2	27.6	28.0	28.4	28.4	27.9	27.8	27.7	27.7	27.0	26.6	27.6
	246.3	114.1	173.8	151.5	167.4	136.1	155.8	154.0	163.1	156.2	265.9	314.8	2,199.0

データブック・オブ・ザ・ワールド2020 により作成

(4) 日本国内のユネスコ世界ジオパーク登録地に指定されていないものを次の①～④のうちから一つ選び，番号で答えなさい。

① 糸魚川　　② 山陰海岸　　③ 小笠原諸島　　④ 室戸

(5) 中尾佐助『栽培植物と農耕の起源』で示される農耕文化のうち，ジャガイモの栽培起源があるものを次の①～④のうちから一つ選び，番号で答えなさい。

① 根栽農耕文化　　② サバナ農耕文化　　③ 新大陸農耕文化

④ 地中海農耕文化

(6) 次の表は，米，小麦，トウモロコシ，ライ麦の生産上位国を示したものである。①～④には米，小麦，トウモロコシ，ライ麦のいずれかが入るが，このうちライ麦に該当するものを一つ選び，番号で答えなさい。

①			②			③			④		
2017年	万トン	%	2017年	万トン	%	2017年	万トン	%	2017年	万トン	%
中華人民共和国	21,268	27.6	ドイツ	274	19.9	中華人民共和国	13,433	17.4	アメリカ合衆国	37,096	32.7
インド	16,850	21.9	ポーランド	267	19.5	インド	9,851	12.8	中華人民共和国	25,907	22.8
インドネシア	8,138	10.6	ロシア	255	18.5	ロシア	8,586	11.1	ブラジル	9,772	8.6
バングラデシュ	4,898	6.4	中華人民共和国	133	9.7	アメリカ合衆国	4,737	6.1	アルゼンチン	4,948	4.4
ベトナム	4,276	5.6	デンマーク	72	5.3	フランス	3,692	4.8	インド	2,872	2.5
世界計	76,966	100.0	世界計	1,373	100.0	世界計	77,172	100.0	世界計	113,475	100.0

データブック・オブ・ザ・ワールド2020 により作成

(7) ドイツの経済学者アルフレッド＝ウェーバーが「工業立地について」(1909年)のなかで述べた工業立地論を構成する3要素について，適当でないものを次の①～④のうちから一つ選び，番号で答えなさい。

① 金融市場　　② 原料所在地　　③ 消費市場

④ 動力所在地

(8) 情報通信産業が集積するインド南部の都市を次の①～④のうちか

ら一つ選び，番号で答えなさい。

① イスラマバード ② コルカタ ③ デリー

④ バンガロール

(9) 次の図は世界の都市の道路網の一般的な形態である。このうちテヘランやダマスカスの旧市街に見られるものを次の①～④のうちから一つ選び，番号で答えなさい。

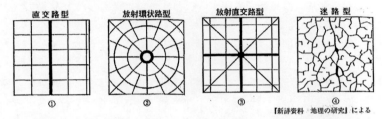

『新詳資料 地理の研究』による

(10) 現在，2,500万人ともいわれており，民族として独立を求めている「国を持たない最大の民族」を次の①～④のうちから一つ選び，番号で答えなさい。

① クルド人 ② チェチェン人 ③ バスク人

④ パレスチナ人

(11) 次の表は，アメリカ合衆国，ドイツ，日本，ロシア各国の1次エネルギーの供給量(2016年)を示したものである。①～④にそれぞれの国が入るが，このうち①に該当する国名を答えなさい。

	石油換算（百万トン）			1人あたり供給量（kg）	計（百万トン）
	石 炭	石 油	天然ガス		
①	113	173	371	5,074	732
②	114	177	102	3,352	426
③	77	101	70	3,766	310
④	342	787	653	6,700	2,167
世界計	3,731	4,390	3,035	1,852	13,761

注)1次エネルギーとは自然に存在するそのままの状態で利用するエネルギーの総称のこと。

データブック・オブ・ザ・ワールド2020により作成

(12) 次の表は，ある鉱産資源の貿易量(2017年)を示している。この鉱産資源の名称を答えなさい。

輸出			輸入		
国	万トン	%	国	万トン	%
オーストラリア	87,275	53.2	中華人民共和国	107,540	68.2
ブラジル	38,354	23.4	日　本	12,653	8.0
南アフリカ共和国	6,643	4.1	韓　国	7,243	4.6
カナダ	4,117	2.5	ドイツ	3,827	2.4
ウクライナ	3,741	2.3	オランダ	2,808	1.8
世界計	163,952	100.0	世界計	157,797	100.0

データブック・オブ・ザ・ワールド2020により作成

(13)　下の図1の地形図に関することについて説明した次の文中の空欄Aに適する語を答えなさい。

　文　地形図中の「小倉谷」は東流して扇端部で(　Ａ　)をなしている。

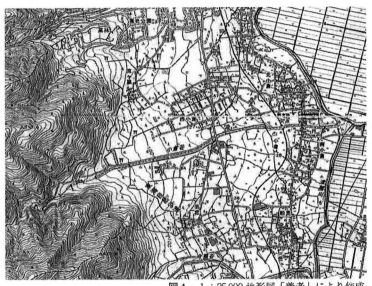

図1　1：25,000 地形図「養老」により作成

(14)　次の表は，ある樹木作物の生産上位国とその樹木作物を原料とした製品の生産上位国を示したものである。この樹木作物を答えなさい。

ある樹木作物の生産上位国 (2017年)			ある樹木作物を原料とした製品の生産上位国 (2014年)		
国	万トン	%	国	万トン	%
中華人民共和国	1,308	17.6	イタリア	480	16.5
イタリア	717	9.7	スペイン	461	15.8
アメリカ合衆国	668	9.0	フランス	429	14.8
フランス	592	8.0	アメリカ合衆国	330	11.3
スペイン	539	7.3	中華人民共和国	170	5.8
トルコ	420	5.7	アルゼンチン	150	5.1
インド	292	3.9	チ　リ	121	4.2
南アフリカ共和国	203	2.7	オーストラリア	119	4.1
チ　リ	200	2.7	南アフリカ共和国	115	3.9
アルゼンチン	197	2.6	ドイツ	92	3.2
世界計	7,428	100.0	世界計	2,911	00.0

データブック・オブ・ザ・ワールド 2020 により作成

(15) 次の表は，アルミニウム，ガソリン，船舶，粗鋼の生産上位国
の世界生産に占める割合を示したものである。①～④にはアルミニ
ウム，ガソリン，船舶，粗鋼のいずれかが入るが，このうち④に該
当する工業製品名を答えなさい。

①		②		③		④	
中華人民共和国	51.9	中華人民共和国	54.1	アメリカ合衆国	38.1	中華人民共和国	40.0
インド	5.9	ロシア	6.0	中華人民共和国	12.1	日　本	25.1
日　本	5.8	カナダ	5.4	日　本	3.8	韓　国	24.8
アメリカ合衆国	4.8	インド	4.6	ロシア	3.8	フィリピン	3.5
韓　国	4.0	アラブ首長国	4.2	インド	3.5	ベトナム	0.8
ロシア	4.0	オーストラリア	2.8	カナダ	3.2	イタリア	0.8
世界計	100.0	世界計	100.0	世界計	100.0	世界計	100.0

注)　アルミニウムとガソリンは 2016 年，船舶と粗鋼は 2018 年の統計を示している。

データブック・オブ・ザ・ワールド 2020 により作成

(☆☆☆◎◎◎)

【世界史】

【1】 次の各問いに答えなさい。

(1) 次の文は，「高等学校学習指導要領(平成21年3月告示)」の各教
科・科目の履修等に係る記述である。次の空欄　①　～　③　に
あてはまる語句の組合せとして正しいものを一つ選び，記号で答え
なさい。ただし，同じ数字には同じ語句が入るものとする。

> 地理歴史のうち「　①　A」及び「　①　B」のうちから
> 1科目並びに「　②　A」，「　②　B」，「　③　A」及び
> 「　③　B」のうちから1科目

ア　①　日本史　　②　世界史　　③　地理
イ　①　日本史　　②　地理　　　③　世界史
ウ　①　世界史　　②　日本史　　③　地理
エ　①　地理　　　②　日本史　　③　世界史

(2)　次の文は，「高等学校学習指導要領(平成21年3月告示)」の地理歴史科の目標である。次の空欄(　①　)及び(　②　)にあてはまる適切な語句を答えなさい。

> 　我が国及び世界の形成の(　①　)と生活・文化の(　②　)についての理解と認識を深め，国際社会に主体的に生き平和で民主的な国家・社会を形成する日本国民として必要な自覚と資質を養う。

(3)　次は「高等学校学習指導要領(平成21年3月告示)」で示された世界史A及び世界史Bの一部である。(　①　)～(　⑧　)に入る語句を答えなさい。ただし，同じ番号には同じ語句が入るものとする。

> 第1　世界史A
> 1　目標
> 　　近現代史を中心とする世界の歴史を諸資科に基づき(　①　)的条件や日本の歴史と関連付けながら理解させ，現代の諸課題を歴史的観点から考察させることによって，歴史的思考力を培い，国際社会に主体的に生きる日本国民としての自覚と資質を養う。
>
> 第2　世界史B
> 1　目標
> 　　世界の歴史の大きな枠組みと展開を諸資料に基づき(　①　)的条件や日本の歴史と関連付けながら理解させ，文化の(　②　)・複合性と現代世界の特質を広い視野から考察させることによって，歴史的思考力を培い，国際杜会に主体的に生きる日本国民としての自覚と資質を養う。

3　内容の取扱い
　(1)　内容の全体にわたって，次の事項に配慮するものとする。
　　ア　1の目標に即して基本的な事項・事柄を精選して指導
　　　内容を構成するとともに，各時代における世界と日本を
　　　関連付けて扱うこと。また，(　①　)的条件とも関連付
　　　けるようにすること。
　　イ　年表，地図その他の資料を積極的に活用したり，
　　　(　③　)，博物館や資料館の調査・見学を取り入れたり
　　　するなどして，具体的に学ばせるように工夫すること。
　(3)　主題を設定して行う学習については，次の事項に配慮す
　　るものとする。
　　ア　学習の実施に当たっては，適切な時間を確保し，年間
　　　指導計画の中に位置付けて段階的・継続的に指導するこ
　　　と。また，主題の設定や資料の選択に際しては，生徒の
　　　興味・関心や学校，(　④　)の実態等に十分配慮して行
　　　うこと。
　　イ　内容の(1)については，(　⑤　)の内容との連続性に配
　　　慮して，主題を設定すること。(以下略)
　(4)　近現代史の指導に当たっては，次の事項に配慮するもの
　　とする。
　　ア　客観的かつ(　⑥　)な資料に基づいて歴史の事実に関
　　　する理解を得させるようにすること。
　　イ　各国史別の扱いにならないよう，広い視野から世界の
　　　動きをとらえさせるようにすること。
　　ウ　政治，経済，社会，文化，(　⑦　)，生活など様々な
　　　観点から歴史的事象を取り上げ，近現代世界に対する
　　　(　⑧　)で柔軟な見方を養うこと。
　　エ　日本と関連する諸国の歴史については，当該国の歴史
　　　から見た日本などにも着目させ，世界の歴史における日

本の位置付けを明確にすること。

(☆☆☆◎◎◎)

【2】次の文章を読み，各問いに答えなさい。

　　イスラームは共同体を重んじる宗教である。その共同体を（　ア　）という。その（　ア　）を支えているのが，イスラーム法すなわちシャリーアである。しかしながら，法は施行されてこそ意味がある。そこで，法を施行する「政治」がイスラームにとって重要になる。以下の文章は，イスラームの政治思想をもとに，政治史をたどったものである。(中略)

　　ムハンマドが632年に没すると，四人の高弟があいついで指導者となった。この時代をふつう，（　イ　）と呼んでいる。

　　これに続くウマイヤ朝期には，カリフの世襲化がしばしばみられた。また，この時代に確立した_aシーア派はカリフの支配を認めず，しばしば反乱を起こした。

　　_bウマイヤ朝のあとを襲ったのがアッバース朝である。その支配はおよそ500年におよぶが，カリフの位置づけに注目すると，全体を四期に分けて考えることができる。まず第一期は850年ごろまでで，西は北アフリカからイベリア半島，東はインド西北部(現在のアフガニスタン，パキスタン)におよぶ大帝国＝（　ア　）の全域にカリフの支配がおよんでいた(756年に後ウマイヤ朝が興り，実質的にはアッバース朝の支配をのがれていたが，理論上はアッバース朝カリフの権威を認めていた)。第二期は950年ごろまでで，この時期，イスラーム世界は諸国家に分裂し，カリフの実態は，_cバグダード周辺のみを支配する地方君主になりさがった。この時点で，（　ア　）は実質的には分裂したが，分立した諸国家の指導者はなお，（　ア　）の名目上の長としてのカリフの権威を尊重し続けた(実際のイスラーム社会は，このころから明らかに変質をとげていくが，政治思想の立場からは，（　ア　）やその長としてのカリフはまだ存続しつづけていると考えられた)。

338

　続く第三期は「シーア派の世紀」とも呼ぶべき時期で，1050年ごろまでに相当する。イスラーム世界中央部にブワイフ朝，ファーティマ朝という二つのシーア派の国家が成立したのである。バグダードを制圧したブワイフ朝のアミール(司令官)はカリフを温存したものの，カリフはまったく実権を与えられなかった。それでも，建て前としては，アミールはカリフによって任じられることとなっていた。他方，ファーティマ朝は公然とアッバース朝カリフの権威を否定し，自らカリフを称し，これにたいして後ウマイヤ朝のアミールもカリフを自称しはじめた。カリフの鼎立という異常事態である。

　アッバース朝最後の200年間にあたるのが第四期である。11世紀半ばにシーア派のブワイフ朝を倒して，スンナ派の(ウ)朝が，アッバース朝の首都バグダードに入城しても，カリフの実権はもはやもどってはこず，その権力は武力による統治者である(エ)に奪われたままであった。カリフの傀儡化の状態が続いていたのである(カリフの鼎立という異常事態だけは，後ウマイヤ朝・ファーティマ朝の滅亡により解消されていた)。

　それでもカリフが存在することは，イスラーム世界の人々に，自分たちは一つの(ア)に属しているのだという共同幻想をいだかせるのに力があった。この(ア)を風呂敷に，カリフをその結び目になぞらえる。たくさんのみかんを風呂敷で包むとする。風呂敷の結び目などはほんの小さな部分である。しかしながら，この小さな結び目にちょんと鋏をいれただけで，風呂敷は全体を包み込む力を失い，なかのみかんはばらばらになってしまう。この結び目に鋏をいれたのがモンゴルであった。モンゴルは13世紀，怒濤のごとくユーラシア大陸を席巻し，西方ではイスラーム世界を撃破しつつあった。当時イスラーム世界には，カリフを殺害すると世界に終末が訪れるといった俗信があったらしく，dモンゴルの司令官もこれを気にしたが，彼に相談を受けたシーア派の学者がそのようなことはないから大丈夫だといったために，カリフ殺害が実行に移されたという。こうして結び目を切られた風呂敷は，もはや一つにまとまることはできず，名実ともに(ア)

は解体することとなった。

　　　　　　　(東長靖著『イスラームのとらえ方』より一部省略，一部改)

(1)　文中の空欄(　ア　)～(　エ　)にあてはまる適切な語句を答えなさい。ただし，同じ記号には同じ語句が入るものとする。

(2)　文中の下線部aが指導者と認めたのはどのような人たちか，答えなさい。

(3)　文中の下線部bについて，ウマイヤ朝とアッバース朝の違いを税制上という視点から簡潔に説明しなさい。

(4)　文中の下線部cを示した図として正しいものを，次の①～④のうちから一つ選び，番号で答えなさい。

  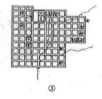

　　①　　　　　　②　　　　　　③　　　　　　④

(5)　文中の下線部dについて，1258年にアッバース朝を滅ぼした人物を答えなさい。

(6)　モンゴルの侵入はイスラーム世界がはじめてこうむった大打撃であったが，それでもイスラーム世界はこれによって衰退はしなかった。その理由を二つ述べなさい。

　　　　　　　　　　　　　　　　　　　　　(☆☆☆◎◎◎)

【３】次のA～Cの文章を読み，各問いに答えなさい。

　A

　20世紀になると，民主主義の進展も著しく，a少数の特権階級のみによる選挙から普通選挙に，そして女性を含む選挙に発展をとげていたが，国際関係においては，b1870年代頃から20世紀前半までは頻繁に，一部の国が，それまでより大規模に他の国あるいは地域を侵略して，自国の植民地とするなど，しばしば植民地争奪戦争も引きおこした。

　2つの世界大戦の時期には，ヒトラーのナチズムやスターリンの社

会主義など，それまでの歴史には存在しなかったような徹底した(　ア　)的支配も登場した。ここで注意すべき点は，_cヒトラーの政権掌握は民主的な選挙をつうじて成し遂げられたものであったことである。また，社会主義も，経済的平等に対する強い願いを土壌にして勢力を拡大したのである。

(1)　文中の空欄(　ア　)にあてはまる適切な語句を漢字4文字で答えなさい。

(2)　文中の下線部aについて，第一次世界大戦から第二次世界大戦勃発までのイギリスにおける選挙権拡大の内容を説明しなさい。

(3)　文中の下線部bに関連して，1880年代から20世紀初頭までの，アフリカ大陸における植民地分割の過程を説明しなさい。

(4)　文中の下線部cについて，1932年の総選挙でナチ党が第一党に躍進したときから，1933年に全権委任法が成立するまでの過程を説明しなさい。

B

　第二次世界大戦の終了後ほぼ継続して，冷戦と呼ばれる緊張状態がアメリカ合衆国とソ連との間で激化し，二つの超大国が，膨大な数の核兵器を保有して相互に対峙した。_d冷戦のあいだ，いわば核兵器の恐怖の均衡(相互抑止ともいう)によって両国の直接の武力行使はさけられたが，世界の多くの国がどちらの陣営に入るかを決めることをよぎなくされ，大きな対立構造の一部となった。

　今日の世界の秩序は，第二次世界大戦を引きおこした反省のうえにたって構築された部分が多い。その典型例は_e国際連合(国連)である。第一次世界大戦後に設置された(　イ　)の弱点を補強した国際連合が設立され，集団安全保障の仕組みが強化されたが，冷戦期には，主として米ソ両国が拒否権の応酬をしたために，国連は期待どおりに機能しなかった。

　_f冷戦の終結は1989年に米・ソの首脳によって宣言され，最終的にはソ連の崩壊(1991年)によって確定し，旧ソ連を構成した多くの諸国および東ヨーロッパ諸国では民主主義が実現した。東西に分断されてい

341

たヨーロッパが一つになったことは画期的であった。

(5)　文中の空欄（　イ　）にあてはまる適切な語句を答えなさい。

(6)　文中の下線部dについて，米ソ直接の武力衝突こそおこらなかったが，傘下の国同士では実際に武力衝突に発展する事態がみられた。1960年代までのアジアにおける武力衝突の内容について説明しなさい。

(7)　文中の下線部eについて，1941年8月に米・英の首脳が行った会談により合意し，公表したものを何というか答えなさい。

(8)　文中の下線部fがなされた会談が行われた地中海の島を答えなさい。

C

　1990年にイラクが隣国（　ウ　）を侵略した際，国連安全保障理事会において米・ソが協力して（　ウ　）解放を決議し，アメリカ軍を中心とした多国籍軍の組織と湾岸戦争を経て，（　ウ　）解放を実現した。これは，集団的安全保障のメカニズムが世界規模で機能した史上稀有な例であり，また国連の集団安全保障政策にとっても数少ない成功例である。

　ただし，冷戦の終結は必ずしも安定した世界の到来を意味しておらず，gユーゴスラヴィアでは民族紛争が勃発したり，ソマリアやアフガニスタンなどのように，アメリカ・ロシアどちらからも関心を払われなくなるなど，治安の悪化と混乱がすすんだ例も存在する。

　冷戦終結後の時期は，テロの時代ともなった。とくに2001年9月11日にアメリカでおこったテロ事件は衝撃的であり，その後，アメリカによるアフガニスタンとイラクに対する戦争を引きおこした。

(9)　文中の空欄（　ウ　）にあてはまる適切な語句を答えなさい。ただし，（　ウ　）には同じ語句が入るものとする。

(10)　文中の下線部gについて，第二次世界大戦中，ドイツ占領軍に対し，パルチザン闘争を強力に展開し，戦後下線部gの指導者となった人物を答えなさい。

(☆☆☆☆◎◎◎)

【4】次の文章を読み，各問いに答えなさい。

16世紀は世界的にみて銀の流通量が飛躍的に拡大した時期であり，その背景には，よく知られているように新大陸アメリカにおける銀鉱山の開発がある。しかし東アジアについてみると，16世紀前半，東アジアにおける銀の時代の本格的幕開けを告げたのは，新大陸の銀ではなくむしろ日本の銀であった。

15世紀以前の東アジアで貨幣としての銀の流通がまったくなかったわけではない。中国ではすでに漢の時代から銀は貨幣として用いられていたが，民間で用いられる貨幣の主流は_a銅銭であった。南宋・金・元および明初には_b政府発行の紙幣が使用されていたものの，15世紀初めの紙幣制度の混乱のあとは，税の一部が銀納化されたほかはふたたび銅銭の使用が一般的となっていた。日本では13世紀ころから，中国との貿易をつうじて輸入された銅銭が貨幣の主流を占めるようになったが，米などが貨幣の役割をはたすこともなくなったわけではない。朝鮮でも14世紀後半すなわち高麗時代の末から朝鮮王朝の初期にかけて，銀や紙幣，布や米などさまざまな貨幣が使われていたが，その後，国内の金銀の不足のために銀の使用は禁止され，15世紀にはおもに布が貨幣として用いられていた。総じて15世紀の東アジア諸地域では，実効ある明確な貨幣制度がとられないままに，多種の貨幣が雑然と混用されていたといえるだろう。

中国国内でも銀はまったく採掘されなかったわけではなく，15世紀前半，_c永楽帝・宣徳帝の時代には浙江・福建地方を中心として，多いときで年間100万両(約37トン)程度の産出量があった。その後，銀の産出はしだいに衰えたが，それにもかかわらず_d銀の需要は増大していった。(中略)あたかもそのころに日本銀の産出が急増したわけであるから，そこに日本から中国に向けての銀の流れが奔流のような勢いで生ずるのは当然であろう。しかし，その流れは明朝の初期からの政策である_e「海禁」によって_f阻まれていた。(中略)

明朝は，その後方針の転換をおこない，1567年ころには「海禁」をゆるめるとともに，1570年にはモンゴルとのあいだに和議を結んで北

方の交易を軌道に乗せようとした。この方針転換がおこなわれた時期は，東アジアの銀の流れからいっても一つの画期であった。それは第一に，日中貿易におけるポルトガルの台頭である。ポルトガルは1557年に明の官憲から(　ア　)居住の許可をえて中国沿岸に拠点を確保していたが，1570年ころには日本の側でもキリシタン大名大村純忠の領内に長崎港が開かれ，長崎と(　ア　)を結ぶ交易がポルトガルの手によっておこなわれるようになる。日本を警戒する明は日本人の中国来航や中国人の日本渡航を禁じていたが，その間隙を縫ってポルトガルは，日本の銀と中国の(　イ　)という当時の東アジア最大のドル箱路線を確保して巨利をあげたのである。その後，日本銀産出のピークであった1600年前後まで，東アジアにおけるポルトガル船貿易の黄金期が続く。

　第二に，1571年に g スペインがかねて占領していたルソン島に(　ウ　)を建設して以後，アメリカ大陸の銀が大量に中国に流れ込むようになったことである。1540年代に開発の始まったペルーの(　エ　)銀山(注：現在ボリビア南部に位置する)は，1570年代以降急速に生産を拡大し，世界の銀の流通額を押し上げていった。スペインがアメリカで採掘した銀は，一部はアメリカ大陸にとどまるほか，多くは東に向け大西洋を横断して本国スペインに運ばれるが，逆に h 西に向かい太平洋を横断して(　ウ　)に運ばれる部分もあった。(　ウ　)に運ばれたアメリカ銀は，(　ウ　)に集まってくる中国船によってほとんどが中国へと流入する。当時のスペイン人の記述によれば「毎年200万ペソ(約50トン)の銀がフィリピンに送られるが，これらの財はすべて中国人の所有に帰し，スペインには帰らない」(1602年の記事。『フィリピン諸島誌』)といわれており，スペイン政府は銀の流出をとめようとしばしば禁令を発したものの，この流れをとめることはできなかった。

　　　　　　(岸本美緒著『東アジアの「近世」』より一部省略，一部改)

(1)　文中の空欄(　ア　)～(　エ　)に入る語句を答えなさい。ただし，(　ア　)・(　ウ　)・(　エ　)はカタカナ3文字，(　イ　)は輸出品を漢字2文字で答えなさい。ただし，同じ記号には同じ語句が入るも

のとする。

(2) 文中の下線部aに関連して，戦国時代に用いられた青銅貨幣の種類と流通した国の組合せとして正しいものを，次の①～⑥から一つ選び，番号で答えなさい。

① 燕－刀銭　　　趙－布銭　　　秦－円銭(環銭)

② 燕－蟻鼻銭　　趙－布銭　　　秦－円銭(環銭)

③ 燕－刀銭　　　趙－蟻鼻銭　　秦－円銭(環銭)

④ 燕－刀銭　　　趙－円銭(環銭)　秦－布銭

⑤ 燕－円銭(環銭)　趙－布銭　　　秦－刀銭

⑥ 燕－蟻鼻銭　　趙－円銭(環銭)　秦－布銭

(3) 文中の下線部bについて，元の時代に発行された兌換紙幣を何というか，漢字で答えなさい。

(4) 文中の下線部cが燕王のとき，「君側の奸を除き，帝室の難を靖んず」と主張して，甥の建文帝から帝位を奪った出来事を何というか答えなさい。

(5) 文中の下線部dの理由を説明しなさい。

(6) 文中の下線部eの意味を10文字以内で答えなさい。

(7) 文中の下線部fに関連して，明の統制政策に対し，中国沿岸地帯で起きた動きについて説明しなさい。

(8) 文中の下線部gの当時の国王の名を答えなさい。

(9) 文中の下線部hの貿易を，メキシコの港の名にちなんで，何貿易というか答えなさい。

(10) 次の図2を見て，16世紀におけるイギリスの小麦価格と中国の米価変化の違いについて，当時のヨーロッパと中国の背景から理由を説明しなさい。

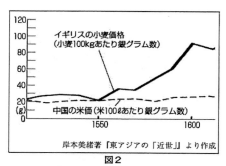

図２
16世紀、中国の米価とイギリスの小麦価格

(☆☆☆☆◎◎◎)

【5】次の文章を読み，各問いに答えなさい。

　ユダヤ人は，自らはイスラエル人と称するが，古代では（　ア　）人ともよばれた。彼らは，aバビロン捕囚後，唯一神（　イ　）を信奉するユダヤ教で結ばれ，ユダヤ人として知られるようになり，戒律にもとづく独自の文化をきずいてきた。

　ユダヤ人の共同体は交易や移住により，地中海世界から各地に広がっていったが，b中世のキリスト教世界では，差別や迫害の標的となることも多かった。特に14世紀のヨーロッパでのcペスト流行の際にはキリスト教徒の不安はユダヤ人に向けられ，多くの迫害が行われた。だが，ムスリム支配下のイベリア半島では，ユダヤ人への規制は比較的ゆるやかで，ユダヤ文化も発展し，ユダヤ人はギリシア語文献のアラビア語への翻訳や，dアラビア語文献のラテン語への翻訳を行い，文化の仲介者の役割も果たしている。

　帝国主義の時代になると，ユダヤ人を「人種」としてとらえ，改宗してもユダヤ人はユダヤ人であると，あくまで差別にこだわる近代的反ユダヤ主義が登場した。なかでも第一次世界大戦での敗戦と革命で国内が分裂したドイツでは，ユダヤ人の排除が組織的に行われ，ナチス＝ドイツは，第二次世界大戦で東欧への支配を拡大するなかで，e世界のユダヤ人口の約36％にあたる600万人のユダヤ人を殺害した(ホ

346

ロコースト)。

　19世紀末以降，ヨーロッパ各地でユダヤ人への迫害が強まると，ユダヤ人が「故郷」とするパレスティナにユダヤ人国家を建設しようとする(ウ)運動もおきた。しかし，こうした地域で民族と宗教を同一視する国家を建設しようとする運動は，₍ₓユダヤ人にとってもアラブ人にとっても，多くの問題をひきおこす要因ともなっている。

(1)　文中の空欄(ア)～(ウ)に入る語句を答えなさい。

(2)　文中の下線部aの出来事について，説明しなさい。

(3)　文中の下線部bについて，11世紀になると，急進的な教会改革を進める教皇は，教会を統制下に置こうとする世俗の君主と対立するようになる。このころ世俗の君主と教会側の対立からおきた出来事について，説明しなさい。

(4)　文中の下線部cのように14世紀から15世紀にかけてのヨーロッパは社会不安が増大した時代でもあった。この背景について，教皇と世俗の君主の関係に触れながら，説明しなさい。

(5)　文中の下線部dについて，コルドバ生まれのアラブ人で，彼によるアリストテレスの注釈がラテン語に翻訳され，中世西ヨーロッパに大きな影響を与えた人物を答えなさい。

(6)　文中の下線部eについて，多くのユダヤ人が犠牲となったアウシュヴィッツ強制収容所の位置を次の地図に●で記入しなさい。

(7)　文中の下線部fについて，20世紀前半(1901～1950年)における，ユダヤ人とアラブ人の対立の要因とその経緯について，国際関係にも言及しながら，説明しなさい。

(☆☆☆◎◎◎)

【6】 今までの授業の復習もかねて「イベリア半島におけるイスラーム支
　　 配の始まりと終焉」について，8世紀〜15世紀の変遷を中心に授業を
　　 行うことにした。次の図をホワイトボードとみなし，時代を5つに分
　　 け，それぞれの時代について，支配勢力の名称を明示し，その領域を
　　 地図を用いて示しなさい。また，関連する用語を記入しなさい。

（☆☆◎◎◎）

【日本史】

【1】 次の各問いに答えなさい。

　(1)　 次の文は，「高等学校学習指導要領(平成21年3月告示)」の各教
　　　 科・科目の履修等に係る記述である。次の空欄　①　〜　③　に
　　　 あてはまる語句の組合せとして正しいものを一つ選び，記号で答え
　　　 なさい。ただし，同じ数字には同じ語句が入るものとする。

> 　地理歴史のうち「　①　A」及び「　①　B」のうちから
> 1科目並びに「　②　A」,「　②　B」,「　③　A」及び
> 「　③　B」のうちから1科目

ア　①　日本史　　②　世界史　　③　地理
イ　①　日本史　　②　地理　　　③　世界史
ウ　①　世界史　　②　日本史　　③　地理
エ　①　地理　　　②　日本史　　③　世界史

(2)　次の文は,「高等学校学習指導要領(平成21年3月告示)」の地理歴
　　史科の目標である。次の空欄(　①　)～(　②　)にあてはまる適切
　　な語句を答えなさい。

> 　我が国及び世界の形成の(　①　)と生活・文化の(　②　)に
> ついての理解と認識を深め，国際社会に主体的に生き平和で
> 民主的な国家・社会を形成する日本国民として必要な自覚と
> 資質を養う。

(3)　「高等学校学習指導要領(平成21年3月告示)」で示された日本史A
　　について，次の各問いに答えなさい。
　①　次のア～ウを「2　内容」に記載されている(1), (2), (3)の順に
　　　並べなさい。
　　　ア　近代の日本と世界　　イ　私たちの時代と歴史
　　　ウ　現代の日本と世界
　②　「3　内容の取扱い」の(1)アには,「我が国の近現代の歴史の展
　　　開について国際環境や地理的条件などと関連付け, (　A　)とい
　　　う視点から考察させること。」と書かれている。空欄(　A　)にあ
　　　てはまる語句を7字で答えなさい。
　③　「3　内容の取扱い」の(1)ウには,「年表，地図その他の資料を
　　　一層活用させるとともに, (　B　)，博物館や資料館の調査・見
　　　学などを取り入れるよう工夫すること。」と書かれている。空欄
　　　(　B　)にあてはまる調査・見学の対象を書きなさい。

④　「３　内容の取扱い」の(2)には，「客観的かつ（　Ｃ　）な資料に基づいて，事実の正確な理解に導くようにするとともに，多面的・多角的に考察し（　Ｃ　）に判断する能力を育成するようにする。」と書かれている。空欄（　Ｃ　）にあてはまる語句を答えなさい。

(☆☆☆◎◎◎)

【２】次のＡ～Ｅの文を読み，各問いに答えなさい。

Ａ

> 　天武天皇の時代に始められた国史編纂事業は，a『古事記』，b『日本書紀』として完成した。

Ｂ

> 　日明貿易は，c4代将軍足利義持が一時中断し，6代将軍足利義教の時に再開された。

Ｃ

> 　d太閤検地は，土地の面積表示を新しい基準のもとに定めた町・e段・畝・歩に統一し，枡の容量も統一した。

Ｄ

> 　f古墳の埋葬施設には，前期・中期はg竪穴式石室が営まれ，後期になると横穴式石室が多くなる。

Ｅ

> 　鎌倉幕府は，地方に守護とh地頭をおき，守護にはi大犯三カ条などの職務が任された。

(1)　Ａの下線部aを筆録した人物名を答えなさい。

(2)　Ａの下線部bから「日本三代実録」までの六つの漢文正史を総称して何というか，答えなさい。

(3)　Ｂの下線部cの理由を答えなさい。

(4)　Ｃの下線部dに関連して，太閤とはどのような人をさすか，答えな

さい。

(5) Cの下線部eに関連して，一段は何歩と定められたか，答えなさい。

(6) Dの下線部fに関連して，古墳の墳丘上に並べられた人物や動物を
かたどったものを何というか，答えなさい。

(7) Dの下線部gに関連して，横穴式石室の特徴を答えなさい。

(8) Eの下線部hに関連して，地頭の任務は土地の管理と治安維持の他
に何があったか，10字以内で答えなさい。

(9) Eの下線部iに関連して，大犯三カ条をすべて答えなさい。

(10) A〜Eの文のうち，中世のことについて書かれているものはどれ
か，A〜Eの記号で，すべて答えなさい。

(☆☆☆◎◎◎)

【3】次の文章を読み，各問いに答えなさい。

徳川家康は朝鮮との講和を実現し，1609年，対馬藩主宗氏と朝鮮と
のあいだに，（　ア　）が結ばれた。朝鮮からはa前後12回の使節が来日
し，4回目からは（　イ　）と呼ばれた。来日の名目は新将軍就任の慶賀
が過半であった。

（　ア　）が結ばれた同年，琉球王国は，薩摩の島津家久の軍に征服
されたが，明の冊封は継続されたため，日明両属関係となった。その
後，江戸幕府は琉球王国に対し，国王の代がわりごとに（　ウ　）を，
将軍の代がわりごとに（　エ　）を幕府に派遣させた。

(1) （　ア　）〜（　エ　）にあてはまる適切な語句を答えなさい。ただ
し，同じ記号には同じ語句が入るものとする。

(2) 下線部aに関連して，初期の3回は，文禄・慶長の役の朝鮮人捕虜
の返還を目的とした使節であったが，これを何とよぶか，答えなさ
い。

(☆☆☆◎◎◎)

【4】次の文章を読み，各問いに答えなさい。

a文化・文政期には，民衆生活にも変化が見られるようになった。

都市では，縁日の寺社参詣や_b開帳詣，（　ア　）(富くじ)が盛んに行われるようになった。また，_c庶民の旅も広くおこなわれ，伊勢神宮，善光寺などへの寺社参詣や，聖地・霊場への巡礼がさかんで，多くは信仰とむすびついていた。また，五節句や彼岸会・盂蘭盆会などの行事，日待・月待や，干支で（　イ　）に当たる日の夜，体から抜け出した虫が天帝に人の罪を告げて命を縮めるので，当夜は眠らずにいるという信仰の仲間の集まりである（　イ　）講などは人々の社交や娯楽として行われた。

(1)　（　ア　），（　イ　）にあてはまる適切な語句を答えなさい。ただし，同じ記号には同じ語句が入るものとする。

(2)　下線部aは何世紀にあたるか，答えなさい。

(3)　下線部bとはどのようなことをするのか，20字以内で答えなさい。

(4)　下線部cに関連して，40年にわたって東北各地を旅し，その見聞を遊覧記として残した人物の名前を答えなさい。

(☆☆☆☆◎◎◎)

【5】次のA～Cの文章を読み，各問いに答えなさい。

A

　19世紀末になると，工場労働者は，待遇改善や賃金引上げを要求する労働争議をおこすようになった。こうしたなか，アメリカの労働運動の影響を受けた（　ア　）・片山潜らが職工義友会を改組し，1897年に（　イ　）を結成して労働運動の指導に乗り出すとともに，鉄工組合や日本鉄道矯正会などの労働組合が組織された。

　社会運動の登場に対し，政府は労働者保護法である（　ウ　）の制定に向かった。この法令は_a1911年に制定されたが，きわめて不備な内容であったうえに，その実施も1916年にずれ込んだ。

(1)　文中の空欄（　ア　）～（　ウ　）にあてはまる適切な語句を答えなさい。

(2)　下線部aのときの内閣総理大臣は誰か，答えなさい。

(3)　全国工場労働者の実態調査報告書で，（　ウ　）立案の基礎資料と

された1903年に農商務省が刊行したものは何か，答えなさい。

B

　1932年，海軍青年将校らが首相官邸を襲撃し，当時の首相である（　エ　）を射殺する事件がおこった。この事件のあと，海軍大将斎藤実が内閣を組織したことで，b大正末以来8年で政党内閣は崩壊した。

　同年，斎藤内閣は（　オ　）を取りかわして満州国を承認したが，1933年2月の国際連盟臨時総会で，リットン調査団の報告にもとづき，満州国は日本の傀儡国家であると認定し，日本が満州国の承認を撤回することを求める勧告案を採択した。

(4)　文中の空欄（　エ　），（　オ　）にあてはまる適切な語句を答えなさい。

(5)　下線部bはいわゆる「憲政の常道」が続いた期間であるが，「憲政の常道」とはどのような慣例か30字以内で説明しなさい。

C

　一国一党の（　カ　）運動を展開していた近衛文麿が1940年に，c第2次近衛内閣を組織すると，立憲政友会など，政党は解党した。同年10月に大政翼賛会が結成され，首相を総裁，府県知事などを支部長とし，部落会・町内会・（　キ　）を下部組織とする全国組織となった。また，労働組合も解散し，全国の労働者組織として（　ク　）が組織されるなど，大政翼賛会の傘下に入った。

(6)　文中の空欄（　カ　）～（　ク　）にあてはまる適切な語句を答えなさい。

(7)　下線部cの内閣のときの出来事として正しいものを以下から1つ選び，番号で答えなさい。

　①　ソ連との中立友好と領土保全・不可侵を約した日ソ中立条約を締結した。

　②　「国民政府を対手とせず」と声明し，国民政府との和平解決の道を閉ざした。

　③　ソ連を中心とする国際共産主義運動への対抗を掲げる日独防共協定を結んだ。

④　関東軍が満州への帰還途上の張作霖を奉天郊外で列車ごと爆破し，殺害した。

(☆☆☆◎◎◎)

【6】次の史料A〜Cを読み，各問いに答えなさい。

A

> ₐ民本主義といふ文字は，日本語としては極めて新らしい用例である。従来は民主々義といふ語を以て普通に唱へられて居ったやうだ。時としては又民衆主義とか，平民主義とか呼ばれたこともある。然し民主々義といへば，ᵦ社会民主党などゝいふ場合に於けるが如く，「国家の主権は人民にあり」といふ危険なる学説と混同され易い。…此言葉は今日の政治法律等の学問上に於ては，少なくとも二つの異った意味に用ひられて居るやうに思ふ。一つは「国家の主権は法理上人民に在り」といふ意味に，又モ一つは「国家の主権の活動の基本的の目標は政治上人民に在るべし」といふ意味に用ひらるゝ。この第二の意味に用ひらるゝ時に，我々は之を民本主義と訳するのである。…
>
> 『（　ア　）』大正五年一月号

(1)　下線部aを唱えた人物はだれか答えなさい。また下線部aはどのような考えか，史料Aの中から抜き出しなさい。

(2)　下線部bは1901年に結成された最初の社会主義政党であるが，ある法令により結成直後に解散を命じられた。ある法令とはなにか答えなさい。

(3)　出典である『（　ア　）』は当時大正デモクラシーの論壇の中心となった総合雑誌である。（　ア　）にあてはまる雑誌名を答えなさい。

354

B

> …現在都下ニ於テ不確実ナル銀行破綻ノ為ニ，数万ノ市民が悲鳴ヲ挙ゲツツアリ，又関西地方ニ於テ恐慌ノ度深刻ヲ極メントスルアリ。…_c現内閣ハ_d一銀行 _e一商店ノ救済ニ熱心ナルモ，支那方面ノ我ガ居留民及対支貿易ニ付テハ何等施ス所ナク，唯々我等ノ耳ニ達スルモノハ，其ノ惨憺タル暴状ト，而シテ政府ガ弾圧手段ヲ用イテ，之等ノ報道ヲ新聞紙ニ掲載スルコトヲ禁止シタルコトナリ。　　　　『伯爵_f伊東巳代治』

(4) 下線部cの内閣の首相はだれか。

(5) 下線部dの銀行名と，下線部eの商店名を答えなさい。

(6) 下線部fの人物は当時ある機関の中心人物として，下線部cの内閣に反対の立場をとった。ある機関の名称を答えなさい。

C

> (1) 計画の目的
> 　国民所得倍増計画は，速やかに国民総生産を倍増して，雇用の増大による完全雇用の達成をはかり，国民の生活水準を大幅に引き上げることを目的とするものでなければならない。この場合とくに農業と非農業間，大企業と中小企業間，地域相互間ならびに所得階層間に存在する生活上および所得上の格差の是正につとめ，もって国民経済と国民生活の均衡ある発展を期さなければならない。　　　　(1960年12月27日閣議決定)

(7) このときの内閣がおこなった政策について150字以内で説明しなさい。その際，当時の内閣総理大臣の名を明記し，以下の語句をすべて使用すること。なお，使用した語句には下線を引くこと。

> 政経分離　　農業基本法　　資本の自由化

(☆☆☆☆◎◎◎)

【7】奈良時代の政治について学習する際，聖武天皇が鎮護国家の思想に
よって国家の安定をはかろうとした経緯についてまとめることにし
た。あなたが授業を行うとして，板書計画を書きなさい。なお，次の
図をホワイトボードに見立てて記入すること。

（☆☆☆☆◎◎◎）

【地理】

【1】次の各問いに答えなさい。

(1)　次の文は，「高等学校学習指導要領(平成21年3月告示)」の各教
科・科目の履修等に係る記述である。次の空欄　①　～　③　に
あてはまる語句の組合せとして正しいものを一つ選び，記号で答え
なさい。ただし，同じ数字には同じ語句が入るものとする。

> 　地理歴史のうち「　①　A」及び「　①　B」のうちから
> 1科目並びに「　②　A」，「　②　B」，「　③　A」及び
> 「　③　B」のうちから1科目

ア　①　日本史　②　世界史　③　地理
イ　①　日本史　②　地理　③　世界史
ウ　①　世界史　②　日本史　③　地理
エ　①　地理　②　日本史　③　世界史

(2)　次の文は，「高等学校学習指導要領(平成21年3月告示)」の地理歴

356

史科の目標である。次の空欄(①)及び(②)にあてはまる適切な語句を答えなさい。

> 我が国及び世界の形成の(①)と生活・文化の(②)についての理解と認識を深め，国際社会に主体的に生き平和で民主的な国家・社会を形成する日本国民として必要な自覚と資質を養う。

(3) 次の文は，「高等学校学習指導要領(平成21年3月告示)」で示された地理Aの目標である。下線部の内容を下の文に続けて　A　内に適切な文で説明しなさい。

> 現代世界の地理的な諸課題を地域性や歴史的背景，日常生活との関連を踏まえて考察し，現代世界の地理的認識を養うとともに，地理的な見方や考え方を培い，国際社会に主体的に生きる日本国民としての自覚と資質を養う。

文　「地理的な見方」とは，日本や世界にみられる諸事象を　A　で地理的事象として見いだすことであり，「地理的な考え方」とは，それらの事象を地域という枠組みの中で考察することである。

(4) 次の文は，「高等学校学習指導要領(平成21年3月告示)」で示された地理Aの内容の取扱いである。下の各問いに答えなさい。

> (2) 生活圏の諸課題の地理的考察
> 　a生活圏の諸課題について，地域性や歴史的背景を踏まえて考察し，b地理的技能及び地理的な見方や考え方を身に付けさせる。

① 下線部aの「生活圏」とは，どのような範囲を意味しているか，説明しなさい。

② 下線部bの「地理的技能」を身につけさせるために，どのような学習活動が例示されているか，答えなさい。

(☆☆☆◎◎◎)

【２】次の各問いに答えなさい。

(1)　古生代中期から後期の造山運動によって形成された山脈ではない
　　ものを一つ選び，記号で答えなさい。

　　①　アルタイ山脈　　②　エルツ山脈　　③　ウラル山脈

　　④　カフカス山脈

(2)　日本周辺に存在するプレートの分布を，プレートの境界を明確に
　　して次の地図に書きなさい，ただし，プレート名も示すこと。

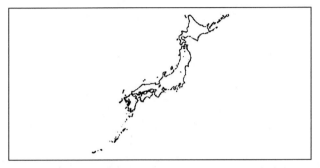

(3)　次の図3は，北半球の気候区分を仮想大陸により模式的に示した
　　ものである。ＡとＢのハイサーグラフが示す気候区分をケッペンの
　　気候区分による記号で答えよ。また，ＡとＢに該当する場所を，図3
　　のア～ケから一つずつ選び，記号で答えなさい。

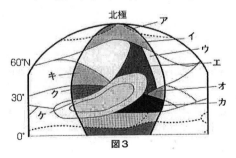

図3

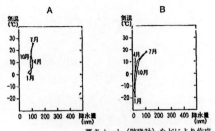

要点ノート（啓隆社）などにより作成

(4) 次の表で示す2つの都市は，ともに同じ気候帯である。

上段：気温（℃） 下段：降水量（mm）	1月	2月	3月	4月	5月	6月	7月	8月	9月	10月	11月	12月	全年
トリポリ	12.0	13.3	15.2	19.0	23.1	26.9	27.9	28.3	27.2	23.5	17.9	13.6	20.7
	59.5	22.7	26.8	13.6	6.8	0.1	0.0	0.0	29.4	45.1	52.1	261.1	
ワガドゥグー	24.8	27.9	31.6	33.4	32.2	29.8	27.7	26.6	27.5	29.2	28.0	25.4	28.7
	0.0	0.1	2.0	23.6	52.8	86.5	174.5	195.3	133.0	30.5	0.6	0.1	699.0

理科年表平成26年により作成

① 気候帯をケッペンの気候区分による記号で答えなさい。

② 雨季の時期に違いが生じる理由を答えなさい。

(5) 次の表①と②は2つの農産物について生産上位5カ国と生産量(2017年，単位：千トン)を示したものである。この農産物名をそれぞれ答えなさい。

①

タンザニア	806
ミャンマー	764
インド	751
ナイジェリア	550
スーダン	550
世界計	5,532

②

エジプト	1,590
イラン	1,185
アルジェリア	1,059
サウジアラビア	755
イラク	619
世界計	8,166

データブック・オブ・ザ・ワールド2020により作成

(6) 次の表は，ラテンアメリカにおいて外資による農地取得面積を示したものである。

（単位：ha）	アルゼンチン	X	コロンビア
アルゼンチン		155,000	1,000
X	7,000		13,000
アメリカ合衆国	242,000	1,041,000	90,000
中華人民共和国	320,000	100,000	400,000
サウジアラビア	212,306	－	－
日 本	11,000	100,000	－

内多允『中南米における外資による農地取得の現状』により作成

① 表中のXに該当する国を答えなさい。

② このような農地争奪をなんと呼ぶか，カタカナで答えなさい。

　　③　どのような農作物を栽培しているか，答えなさい。

　　④　農作物は，様々な用途に用いられている。その用途を2つ以上
　　　答えなさい。

　(7)　「緑の革命」と「白い革命」は，20世紀後半のインド農業に劇的
　　な変革をもたらした。

　　①　「緑の革命」は，どのような変革を指しているか，答えなさい。

　　②　「白い革命」は，酪農の生産力向上と流通システムの確立に関
　　　する変革を指すものである。これが，インド社会にとって重要で
　　　ある理由は何か，文化的側面から答えなさい。

　　③　「緑の革命」がもたらしたことは正の側面だけではない。負の
　　　側面も指摘されており，(ア)水質・土壌汚染といった農地の持続
　　　可能性，(イ)多国籍アグリビジネスによる農業支配に対する批判
　　　などが挙げられる。(ア)，(イ)の他にどのような負の側面が指摘
　　　されているか。次の図4をみて読み取った内容と問題の背景を説
　　　明しなさい。

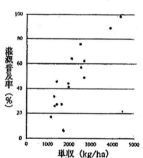

図4　州別に見た灌漑普及率
と穀物の単収
『世界地誌シリーズ5インド』により作成

（☆☆☆◎◎◎）

【3】次の各問いに答えなさい。

　(1)　世界中でESG投資が急速に拡大しているが，逆に環境に対する負
　　荷の高い事業には，投資家が投資を敬遠したり投資を引き上げたり

する傾向も生じている。日本が新興国などに技術の輸出を推進しているもののうち，環境に対する負荷が高いと指摘されている事業技術を持つ施設を「(　　)発電所」に従って，(　　)にあてはまる語句を漢字4字で答えなさい。

(2)　次の表は，北海道，宮城県，三重県，長崎県における人口増加率(2018〜19年)，出生率(2019年)，死亡率(2019年)を示したものである。最も社会増加率の低いものを，①〜④のうちから一つ選び，記号と道県名を答えなさい。

	人口増加率(‰)	出生率（‰）	死亡率（‰）
①	− 7.4	6.2	12.2
②	− 4.4	7.1	10.7
③	− 7.1	7.1	11.8
④	− 10.2	7.5	13.1

データブック・オブ・ザ・ワールド 2020 により作成

(3)　次の表は，日本，ナイジェリア，フィリピンの出生率と死亡率を示したものである。1950〜55年と2010〜15年の間に，最も自然増加率が増加した国と減少した国を一つずつ選び，答えなさい。また，その理由についても簡潔に答えなさい。

	出生率（‰）		死亡率（‰）	
	1950〜55 年	2010〜15 年	1950〜55 年	2010〜15 年
日本	23.6	8.4	9.1	9.8
ナイジェリア	46.1	40.5	29.8	13.5
フィリピン	48.6	24.1	12.8	5.8

データブック・オブ・ザ・ワールド 2020 により作成

(4)　高等学校の「地理B」の授業においては，「村落」と「都市」の違いをどのように説明すればよいか。次の2語を用いて60字以上80字以内で答えなさい。

　　　人口　　産業

(5)　次の表は，東京特別区にある3区の，1995年と2015年の昼間人口指数(昼夜間人口比率)を示したものである。3区には，どのような変化があったと考えられるか，簡潔に答えなさい。

	千代田区	中央区	港　区
1995 年	2732.9	1098.4	589.2
2015 年	1460.6	431.1	386.7

データブック・オブ・ザ・ワールド 2020 により作成

(6)　次の表は，アメリカ北東部メガロポリスに該当する統計区域を取り上げ，1950年から半世紀にわたる人口の変化を示したものである。メガロポリス内部での人口分布について，どのような変化が生じてきたか述べなさい。

		1950年		2000年	
		人口 (千人)	割合	人口 (千人)	割合
都市地域	中心都市	16,436	51.4%	16,453	33.7%
	郊外地区	6,284	19.6%	31,229	64.0%
その他の地域		9,204	28.8%	1,038	2.1%
メガロポリス全域		31,924	100.0%	48,720	100.0%

The Dynamics of Urban Patterns in the Urbanized North Eastern Seaboard of the United States により作成

(7)　次の表は，日本のイスラエル，オーストリア，オマーン，ニュージーランドからの輸入品上位5品目とその割合(2018年)を示したものである。表中の①〜④のうちから，イスラエルを示すものを一つ選び，記号で答えなさい。

記号	主要輸入品の輸入に占める割合（%）				
①	電気機器 (23.0)	一般機械 (16.2)	科学光学機器 (15.8)	医薬品 (9.5)	果実 (6.7)
②	アルミニウムと同合金(17.9)	キウイフルーツ (13.5)	チーズとカード (9.9)	木製品とコルク製品(9.0)	肉類と同調製品 (7.8)
③	乗用車 (17.4)	一般機械 (15.4)	電気機器 (10.3)	医薬品 (7.4)	製材 (6.6)
④	液化天然ガス (49.6)	原油 (47.1)	石と砂 (1.0)	アルミニウムと同合金(0.7)	有機化合物 (0.5)

データブック・オブ・ザ・ワールド 2020 により作成

(8)　言語，宗教に関する次の問いに答えなさい。

①　次は，世界の言語人口(百万人，2018年)上位5位までを示したものである。空欄(A)，(B)に入る適切な語を答えなさい。

> 中国語(1,299)，(A)語(442)，英語(378)，(B)語(315)，ヒンディー語(260)

注) 第一言語による区分

②　次は，ある国の情報である。空欄(C)，(D)に当てはまる語を答えなさい。

人口	1,126.3万人(2019年)
首都の位置	北緯18°33′ 西経72°19′
1人当たり国民総所得	760ドル(2017年)
平均寿命	63.6歳(2017年)
民族	黒人95%，白人とムラート5%
言語	（ C ）語(公用語)・（ C ）語系ク レオール語(公用語)
宗教	（ D ）54.7%・プロテスタントと 独立派キリスト教28.5%，ブードゥ ー教(2000年)

データブック・オブ・ザ・ワールド2020により作成

（☆☆☆◎◎◎）

【4】次の文を読み，ヨーロッパに関するあとの問いに答えなさい。

　東ヨーロッパの国々では，西ヨーロッパ諸国と同様に，_aインド＝ ヨーロッパ語族に属する言語を公用語とし，キリスト教が主流である。 こうした文化的共通性を有しながらも，東ヨーロッパ諸国の多くは， 冷戦の時代にはソ連を中心とした社会主義陣営に組み込まれ，経済面 では_b経済相互援助会議，軍事面では_cソ連陣営の軍事同盟に属してい た。

　これらの国々では，1989年の東欧革命により民主化が進み，市場経 済への移行が果たされた。_d2004年には，（ A ），（ B ）などが， 2007年にはブルガリアとルーマニアがEUに加盟した。

　（ A ）では，スラブ語派の公用語が用いられ，カトリックを信仰す る人々が多い。南部には，東ヨーロッパ最大の炭田があり，社会主義 時代には鉄鋼業を始めとした重化学工業が発展したが，大気汚染など の環境問題も生じた。

　（ B ）は，_eインド＝ヨーロッパ語族に含まれない言語を公用語と する。国民の多くはカトリックを信仰している。国土の中央部には

(ア)川が流れ，その流域の(イ)と呼ばれる平原では，小麦やとうもろこしの栽培が盛んである。社会主義時代には，バスを中心とした車輌生産が行われていたが，民主化後に日系の自動車企業が進出し乗用車の生産が進んだ。

　ルーマニアでは，ラテン語派の言語を公用語とし，正教会を信仰する人々が多い。国土の中央部を(ウ)山脈が縦断する。原油や天然ガスが産出され，社会主義時代には石油化学工業が発展した。小麦やとうもろこしの他，温暖な気候を活かしたひまわりやたばこなどの商品作物の栽培も盛んである。この国の隣国に，同じくラテン語派の言語を公用語とする(Ｃ)がある。

(1)　下線部aに関して，インド・イラン語派に属する言語のうち，次の①，②の国において使用人口が最大である言語をそれぞれ答えなさい。

　　①　パキスタン　　②　バングラデシュ

(2)　下線部bに関して，この組織の名称をアルファベットで答えなさい。

(3)　下線部cに関して，この組織の名称を答えなさい。

(4)　下線部dに関して，2004年にEUに加盟した国であり，スラブ語派のうち南スラブ系の公用語が用いられている国を答えなさい。

(5)　下線部eに関して，インド＝ヨーロッパ語族に含まれない言語を公用語とする国を次から一つ選び，記号で答えなさい。

　　ア　アイルランド　　イ　ポルトガル　　ウ　ギリシャ

　　エ　エストニア　　　オ　スイス

(6)　文中の空欄(Ａ)～(Ｃ)に該当する国の名称を答えなさい。

(7)　文中の空欄(ア)～(ウ)に該当する語句を答えなさい。

(8)　次の表はイギリス，イタリア，オランダ，スペイン，ベルギーのいずれかの国に流入した移民の出身国上位3カ国を示したものである。イ，ウに該当する国名を答えなさい。

	1 位	2 位	3 位
ア	トルコ	スリナム	モロッコ
イ	モロッコ	フランス	オランダ
ウ	ルーマニア	アルバニア	モロッコ
エ	ポーランド	インド	パキスタン
オ	モロッコ	ルーマニア	エクアドル

『世界地誌シリーズ 11 ヨーロッパ』により作成

(9) 次の図5は，ベルギーに存在する6つの政府を示しており，下の文は6つの政府の違いを示したものである。文中の空欄に入る語句を答えなさい。

F：ベルギー連邦政府　　　L：共同体政府　　　R：地域政府

図5

『世界地誌シリーズ 11 ヨーロッパ』により作成

文　ベルギーは，異なる文化をもつ地域によって構成されており，歴史的経緯からさまざまな種類の政府(行政府と議会)が設置されている。Fは「ベルギー連邦政府」でベルギーの中央政府の範囲を示している。一方で，Lの言語圏等の文化の違いに基づく「共同体政府」と，Rの地域圏の違いに基づく「地域政府」が存在している。LR1は，　①　語圏とフランデレン(フラマン)地域によって統合されたもの，「地域政府」のL2とL3は，　②　語圏と　③　語圏の違いによって生じたものである。R2にはワロン地域政府，R3には二言語併用地域であるブリュッセル地域政府が存在している。

(10) 旧ユーゴスラビアを構成する国や地域は，複雑な民族構成や国際的位置から「七つの国境，六つの共和国，五つの民族，四つの言語，三つの宗教，二つの文字，一つの国家」と形容された。そのうち，「三つの宗教」を示すものとして最も適切なものを，次のア〜エのうちから一つ選び，記号で答えなさい。

　ア　プロテスタント・カトリック・正教会

　　イ　プロテスタント・カトリック・イスラーム
　　ウ　プロテスタント・正教会・イスラーム
　　エ　カトリック・正教会・イスラーム
(11)　次の図6は，EU，EFTA，NATO加盟国の構成を概念図として示
　　したものである。図6中のPに該当する国を2か国答えなさい。

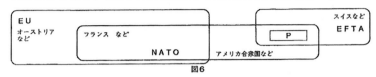

図6

(☆☆☆◎◎◎)

【5】地形図に関する，次の各問いに答えなさい。
　(1)　次の図7の地形図(1：25,000)をみて，下の問いに答えなさい。

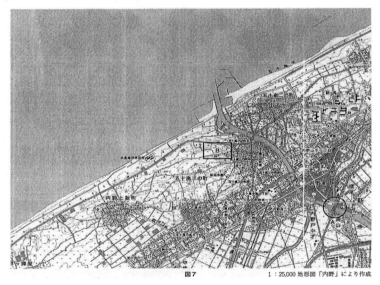

図7　　　　　　　1：25,000 地形図「内野」により作成

　①　内野駅と内野山手にある38.2mの三角点の間の傾斜を分数で求
　　めなさい。
　②　内野山手にある三角点が立地している地形の特徴を説明したも

のをア～エのうちから一つ選び，記号で答えなさい。

ア　海岸線に並行したなだらかな傾斜地に砂が堆積した海岸砂丘をなしている。

イ　沖合の島と海岸線を結びつけるようにのびた砂州が発達している。

ウ　かつての海底でつくられた平坦面が，地盤の隆起に伴い，海岸線に沿って階段状に配列する海岸段丘をなしている。

エ　河川の下方侵食によって刻まれた谷や山地が海面下に沈んでできたリアス海岸が発達している。

③　図7の地形図上のAでは，次の写真のように新川と西川が交差しているが，なぜ，川と川が立体交差していると考えられるか。地形図中から読み取れる根拠に基づいた理由を説明した下の文中の空欄に入る適切な文を述べなさい。

文　新川の上部を流れる西川は，信濃川が分流した河川であり，この地域で農産物を生産するために必要な農業用水として大切にされてきた。

一方の新川は，[　　　　　　　　　　]として造られたものである。

④　次の地図は，図7の地形図上のBの地域を拡大したものである。この地域では，特徴的な土地利用が行われている。どのような土地利用が行われていると考えられるか，説明しなさい。

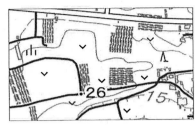

地理院地図により作成

(2)　次の地図は，千葉県の九十九里浜付近の地理院地図であり，この地域には ⑪ の地図記号が多く存在している。その理由を説明しなさい。

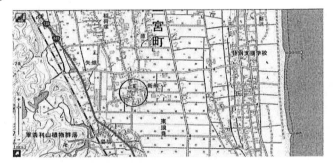

(☆☆☆◎◎)

【6】授業で「アフリカの自然環境」を扱う際に，自然環境(地形と気候等)の具体名とそのおおよその位置について説明する際の板書例を書きなさい。ただし，あとの白地図を用いて，次の条件に従って記入すること。

・赤道，南北回帰線を記入すること。

・おもな山脈，河川，砂漠等を記入すること。

・気候については5種類の気候帯(熱帯A，乾燥帯B，温帯C，冷帯D，寒帯E)のうち必要なものを用いること。

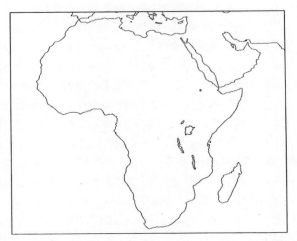

(☆☆☆☆◎◎)

解答・解説

中 学 社 会

【1】(1) エ　(2) ① ウ　② カ　③ ア　(3) ① A　見
方　B　主体的　C　形成者　② Ⅰ ウ　Ⅱ ア
③ Ⅲ　構想　Ⅳ イ　④ Ⅴ ウ　Ⅵ 貨幣　⑤ J ア
K オ　L ケ

〈解説〉(1)　教育公務員特例法は，教育公務員の職務とその責任の特殊
性に基づき，その任免・分限・懲戒・服務などについて地方公務員法
に対する特例を規定する法律で，研修について定めた同法第21条第1
項からの出題。「法律に定める学校の教員は，自己の崇高な使命を深
く自覚し，絶えず研究と修養に励み，その職責の遂行に努めなければ

ならない」としている教育基本法第9条第1項,「職員には,その勤務
能率の発揮及び増進のために,研修を受ける機会が与えられなければ
ならない」としている地方公務員法第39条第1項との文言の違いに注
意しておくこと。　(2)　ア　地方公務員の服務の根本基準を定めた地
方公務員法第30条である。　イ　教育職員の業務量の適切な管理等に
関する指針の策定等を定めた公立の義務教育諸学校等の教育職員の給
与等に関する特別措置法第7条第1項である。　ウ　教育の目的を定め
た教育基本法第1条である。　エ　初任者研修について定めた教育公
務員特例法第23条第1項である。　オ　小学校の学校評価について定
めた学校教育法施行規則第66条第1項である。　カ　検定を経た教科
用図書の使用義務を定めた学校教育法第34条第1項である。

(3)　①　社会的な見方・考え方は,社会的事象等の意味や意義,特色
や相互の関連を考察したり,社会に見られる課題を把握して,その解
決に向けて構想したりする際の「視点や方法(考え方)」であるとされ
る。また,「グローバル化する国際社会に主体的に生きる平和で民主
的な国家及び社会の形成者に必要な公民としての資質・能力の基礎」
を育成することは社会科の究極のねらいを示している。「社会科の目
標」に関しては頻出であり,基礎的なところであるので,しっかりと
押さえておきたい。　②　Ⅰ　「(2)日本の地域的特色と地域区分」で
は,①自然環境,②人口,③資源・エネルギーと産業,④交通・通信
を取り上げて学習することとされている。　Ⅱ　竹島や北方領土につ
いては適切に扱うことが必要とされ,また「尖閣諸島については我が
国の固有の領土であり,領土問題は存在しないことも扱うこと」とさ
れる。　③　Ⅲ　適切な課題を設定し,歴史的分野の学習を踏まえて
考察,構想し,表現できるようにすることを通して,公民的分野の学
習に向けた課題意識を通して,公民的分野の学習に向けた課題意識を
もつことができるようにすることが大切である。　Ⅳ　アは「可能な
限り網羅的に取り上げ」が異なる。ウは「思考力,判断力,表現力を
養うとともに,学習内容の確かな理解と定着を図ること」が抜けてい
る。エは「各時代の文化については,代表的な事例を取り上げてその

特色を考察させるようにすること」とされる。いずれも，学習指導要領に目を通しておきたい。　④　Ⅴ　経済に関する様々な事象や課題を捉え，考察，構想する際の概念的な枠組みとして，「対立と合意，効率と公正，分業と交換，希少性など」に着目したり関連付けたりすることが求められる。　Ⅵ　市場における取引が貨幣を通して行われていることを取り上げるにあたっては，ICTの発達などによって登場した革新的な金融サービスや様々な支払い方法を理解できるようにすることも大切である。

【2】(1)　正距方位図法　　(2)　ウ　　(3)　西経45度　　(4)　イ
　　(5)　イ　　(6)　16世紀にヨーロッパが進出して植民地をつくり，ヨーロッパの文化をもちこんだから。
〈解説〉(1)　正距方位図法は，地図の中心から世界各地への距離と方位が正しく表されるようにした図法をいう。　(2)　東京とブラジリアを直線で結んだ場合，大西洋の上空を通り，アフリカ大陸，南極大陸，インド洋の上空は通過しない。　(3)　12時間×15度＝180度。日本の標準時子午線は，東経135度であり，180度－135度＝45度(西経)
(4)　ブラジルの2013年の人口は，2.01億人である。　(5)　ブラジルは1970年まで特定の農産物の生産と輸出に依存するモノカルチャー経済であった。その中でコーヒー豆は，圧倒的なシェアがあった。1970年代後半から工業化がすすみ，豊富な鉱山資源や工業製品が輸出品の中心となり，世界全体の鉄鉱石輸出の6割はオーストラリアとブラジルが占めている。　(6)　1494年にスペインとポルトガルが締結したトルデシリャス条約により，ブラジル以外の国はスペインに属するとされ，両国が南米のほぼ全域を植民地化した。その際，両国に信徒が多いカトリックが持ち込まれた。

【3】(1)　ウ　　(2)　イ　　(3)　38　　(4)　ウ　　(5)　記号…C
　　島の名前…南鳥島
〈解説〉(1)〜(4)　日本は，ユーラシア大陸の東に位置し，南北に長く連

なっている。東経122度から154度の間，北緯20度から46度の間に位置している。国土は，北海道・本州・四国・九州および周辺諸島からなる島国で，総面積は377,829km²(北方領土を含む)。　(5)　日本の東西南北端については以下の通り。北の端は択捉(エトロフ)島(北方領土)で北緯45度33分。南の端は沖ノ鳥島(東京都)で北緯20度25分。東の端は南鳥島(東京都)で東経153度59分。西の端は与那国島(沖縄県)で東経122度56分。南鳥島は，西太平洋にある日本最東端の島。低平な三角形の隆起サンゴ礁で，面積1.51km²，周囲7.6km，標高約9mの低平な正三角形の隆起サンゴ礁からなる。現地には，気象庁職員，海上自衛隊職員，気象庁職員，関東地方整備局職員が常駐している。

【4】(1)　風の名前…やませ(山背)　　記号…ウ　　(2)　エ　　(3)　ア
(4)　輪作　　(5)　ラムサール条約
〈解説〉(1)　北海道や東北の太平洋側で梅雨や夏に吹く冷たい北東寄りの風。本来は山を吹き越す風を意味した。長期間にわたって吹くと冷害をもたらすため，餓死風や凶作風などといわれ恐れられてきた。冷たく湿ったオホーツク海気団からの北東気流で，もともと冷湿なうえ，霧を伴うために日照量が不足し，農作物への被害が大きくなることがある。　(2)　岩手県と宮城県の養殖業でかき，わかめ，こんぶの生産量が多い。真珠の生産量は，愛媛県，長崎県，三重県で多い。
(3)　アは宮城県の伝統こけし，イは山形県の天童将棋駒，ウは福島県の会津塗と思われる。エは岩手県の南部鉄器。　(4)　同じ作物を毎年同じ畑につくる連作に対し，異なる作物を順につくることを輪作という。輪作することで土の養分の偏りを防ぐことができ，土壌病害虫の防除効果も期待できる。十勝平野での輪作は有名である。　(5)　1971年にイランの都市ラムサールで採択された自然保護を目的とする最初の国際条約。正式名称「特に水鳥の生息地として国際的に重要な湿地に関する条約」。2018年10月現在，国内の湿地から52ヶ所が登録されている。

【5】(1)　エルニーニョ現象　　(2)　減災　　(3)　津波　　(4)　自助

　　　(5)　エ　　(6)　エコツーリズム

〈解説〉(1)　ペルー沖から太平洋中部までの広い海域で海面水温が高い
　　状態が続く現象をエルニーニョ現象という。　　(2)　地震，津波，風水
　　雪害，火山噴火などの巨大災害に対し，災害を防ぐ(防災)のではなく，
　　被害がでることを前提にして，それをできるだけ少なく抑えるという
　　概念を減災という。　　(3)　津波避難タワーには，主に数メートルから
　　十数メートルの高さの鉄製の骨組みの上に住民が一時的に避難でき
　　る。東海地震や南海地震などを想定し，太平洋沿岸部の多くの自治体
　　が設置している。鉄筋コンクリート製からむき出しの鉄骨製まで様々
　　で，構造や強度など安全性についての国の基準は定められていない。
　　(4)　他人の助力に依存しないで，自分の力で事を行うことを自助とい
　　う。　　(5)　アは山形県。イは岩手県。ウは宮城県。　　(6)　エコツーリ
　　ズムは，観光や旅行を通じて自然保護や環境保全への理解を深めよう
　　という考え方である。エコロジーとツーリズムとを組み合わせたこと
　　ばである。

【6】(1)　大仙(山)古墳，仁徳(天皇)陵古墳　　(2)　前方後円墳

　　　(3)　渡来人　　(4)　エ

〈解説〉(1)　2019年7月に世界文化遺産に登録されたのは，大阪府堺市・
　　羽曳野市・藤井寺市にある百舌鳥・古市古墳群。そのうち，写真Ⅲは
　　堺市にある日本最大の大仙(山)古墳で，5世紀につくられた。中国の始
　　皇帝陵，エジプトのクフ王のピラミッドとともに，世界でも最大級で
　　ある。　　(2)　大仙古墳をはじめ巨大古墳のほとんどは，前が方形，後
　　が円形のため(ただし，古墳時代の人々が方形のほうを前と認識してい
　　たかどうかは不明)，前方後円墳と呼ばれる。江戸時代後期の儒学者で
　　尊王家の蒲生君平が天皇陵とされる古墳を調査して1808年に刊行した
　　『山陵志』で初めて用いられた。　　(3)　古墳時代，主に4世紀ごろから，
　　中国や朝鮮半島から倭国に移り住み，漢字・仏教・儒教・土木技術な
　　ど，さまざまな文化や技術を伝えた人々を渡来人という。　　(4)　古墳

時代にははじめ弥生土器の系譜を引く赤焼きの土師器が用いられていたが，5世紀になると，ろくろで成形してのぼり窯で焼く，硬質で比較的薄くて灰色の須恵器の製法が朝鮮半島から渡来人によって伝えられ，土師器とともに平安時代まで用いられた。

【7】(1)　孔子　　(2)　冠位十二階　　(3)　エ　　(4)　人物…北条泰時　役職…執権　　(5)　奉公　　(6)　イ　　(7)　伊藤博文　　(8)　欽定憲法

〈解説〉(1)　中国の春秋時代末期の紀元前6世紀，孔子は「仁」や「礼」の道徳に基づく政治や「孝」に基づく家族道徳を説いた。死後，その教えは弟子たちによって『論語』としてまとめられて儒教の始祖となり，日本を含む周辺の国々にも大きな影響を与えた。　(2)　603年，厩戸王(聖徳太子)は役人の人材登用のために冠位十二階の制度を定めた。氏族単位で与えて世襲され固定化されていた氏姓制度と異なり，家柄にとらわれずに個人の才能や功績に応じて与えられた位階で，昇進も可能だった。徳・仁・礼・信・義・智をそれぞれ大小に分けて12の階級を明確化し，冠の紫・青・赤・黄・白・黒色で階級，濃淡で大小を区別した。　(3)　701年，刑部親王(天武天皇の皇子)・藤原不比等らによって初の律令が完成した。この年は大宝元年なので大宝律令という。律は刑罰のきまり(刑法)，令は政治のきまり(行政法や民法)にあたる。これにより律令制がほぼ整い，日本は律令国家となった。

(4)　鎌倉時代になると，御家人同士や御家人と荘園領主の間で土地をめぐる争いが各地で頻発するようになったため，1232年，執権北条泰時は武士の慣習にもとづいてまとめた初の武家法である御成敗式目(貞永式目)を制定し，裁判を公平に行うための基準とした。　(5)　鎌倉時代，御家人は将軍(幕府)に領地を保護してもらう本領安堵，手がらによって新しい領地を与えられたり守護・地頭に任命されたりした新恩給与の御恩に対し，平時には京都大番役や鎌倉番役での警備，有事には命がけで戦う軍役などの奉公の義務をつくした。　(6)　イは武家諸法度元和令(1615年)第7条「隣国ノ於テ新儀ヲ企テ徒党ヲ結フ者之バ，

早速ニ言上致スヘキ事」の内容である。　ア　禁中並公家諸法度(1615年)第1条の天皇への規制。　ウ　船ではなく城(元和令第6条)。船については寛永令(1635年)第17条で500石以上の大船建造を禁止した。

エ　毎年1月ではなく4月ならば，寛永令第2条。　(7)　1883年，伊藤博文は憲法調査のためヨーロッパに渡り，ベルリン大学のグナイスト，ウィーン大学のシュタインらから主に君主権の強いドイツ(プロイセン)の憲法を学んで帰国，その翌年の1885年には内閣制度の創設とともに初代内閣総理大臣になり，憲法の草案作成の中心となって進めた。

(8)　君主の命令で定めることを欽定といい，君主により定められた憲法は欽定憲法と呼ばれる。大日本帝国憲法は天皇が自らの意思によって制定し，国民に与えた形の欽定憲法で，天皇は統治権の総攬者として，天皇大権と呼ばれる強い権限が与えられていた。日本国憲法は，国民が選挙で選んだ代表者が集まった国会での審議，議決を経て制定された民定憲法である。

【8】(1)　A　目安箱　　B　公事方御定書　　C　松平定信　　D　朱子学　　E　株仲間　　(2)　ア　b　　イ　c　　ウ　b　　エ　d　オ　a

〈解説〉(1)　A　徳川吉宗は1721年に民衆の意見を広く聞くため，江戸城和田倉門近くの評定所前に目安箱を設置した。箱の鍵は吉宗だけが持ち，役人による取捨選択などは許さなかった。翌1722年に創設された貧民のための医療施設の小石川養生所は，町医者小川笙船が目安箱に投じた意見を取り入れたものである。　B　吉宗は寺社奉行大岡忠相らに公平な裁判基準の法律を編纂させ，1742年に公事方御定書が完成した。殺人と盗みは引廻しの上で獄門，追いはぎは獄門など，刑罰の基準が定められた。　C　1787～93年，老中松平定信は寛政の改革を行い，農村復興のための旧里帰農令や囲米，旗本・御家人の借金を一部帳消しにする棄捐令などを実施したが，厳しい統制や倹約令が反発を招いて失敗した。　D　定信は1790年に寛政異学の禁を発して儒学のうち朱子学を正学，それ以外を異学とし，林家の私塾の聖堂学問所

で異学を教授することを禁止した。1797年，聖堂学問所は幕府直轄(官営)の昌平坂学問所となり，柴野栗山・尾藤二洲・古賀精里らが朱子学を講義した。　Ｅ　江戸時代の商工業者の同業者組合を株仲間という。1841年に天保の改革を始めた老中水野忠邦は商品の流通を独占する十組問屋などの株仲間を物価上昇の原因とみなし，解散を命じた。しかし，流通が混乱して江戸で物不足となるなど，むしろ逆効果となったため，改革後の1851年に株仲間再興令が出された。　(2)　ア　フランスの思想家ジャン＝ジャック・ルソーは年表中のｂの時期の1762年に『社会契約論』を著し，人民主権論を主張した。政府やカトリック教会から激しい弾圧を受けたが，ルソーの思想はフランス革命に大きな影響を与えた。　イ　1789年に起こったフランス革命による混乱のなかで1799年に軍人のナポレオンが独裁権を握り，年表中のｃの時期の1804年には皇帝となった。一時はヨーロッパ大陸の大部分を支配下に収めたが，1814年に諸国民戦争に敗れてパリが陥落して退位，翌年一時復位したが，「百日天下」に終わった。　ウ　年表中のｂの時期の1775年，アメリカ東部の13植民地がイギリスに対して独立戦争を起こし，翌1776年7月4日，ペンシルベニア植民地の首都フィラデルフィアで，自由と平等，幸福追求権，国民主権などをうたった独立宣言が発表された。　エ　年表中のｄの時期の1857年，イギリスの支配に対して東インド会社のインド人傭兵であるシパーヒー(セポイ)が反乱を起こしたのをきっかけにインド大反乱となった。翌1858年にムガル帝国は滅亡，反乱は1859年に鎮圧され，インドはイギリスの直接的な植民地統治下に置かれた。　オ　年表中のａの時期の1600年，イギリスのエリザベス1世は商人集団から提出された請願を許可し，アフリカ大陸南端の喜望峰から南アメリカ大陸南端のマゼラン海峡に至るまでの地域(主にアジア)での15年間の貿易独占権を認める特許状を与えた。これによって東インド会社が設立された。

【９】(1)　①　犬養毅　　②　五・一五　　③　国家総動員法
　④　議会　　⑤　大政翼賛会　　(2)　中華民国　　(3)　満25歳以上の

すべての男性

〈解説〉(1)　①・②　1931年9月，満州事変が起こり，満州の主要地域を占領した日本軍は，翌年3月に清朝最後の皇帝溥儀を執政(元首)とする満州国を建国させた。首相の犬養毅は満州国の承認に反対していたが，政党内閣に不満を抱く海軍将校らによって翌1932年5月15日の五・一五事件で暗殺された。これにより1924年の加藤高明内閣から8年間続いていた，衆議院の最大多数党の総裁(党首)に組閣の大命が下りる「憲政の常道」と呼ばれた政党内閣の時代は終わった。

③・④　1937年に始まった日中戦争は当初，短期間で中国を制圧して終結させる方針だったが，中国軍は根強く抵抗して泥沼化の様相を呈し，軍事費の膨張も見込まれた。そこで翌1938年，第1次近衛文麿内閣は長期戦に備えて，戦時に際して労働力・物資割当などの統制運用を，議会の審議・承認を経ずに勅令で行う国家総動員法を，議会の承認を得て制定した。これにより国民生活は政府の統制下に置かれ，財産権，居住・移転の自由などの国民の権利は大きく制限されることになった。　⑤　国家総動員法に基づいて，1940年にほとんどの政党が解散して戦時体制を推進するための大政翼賛会が結成された。当初構想されていたファシズム的な一党独裁の政党組織ではなく，上意下達のための機関として機能した。　(2)　1911年，中国で辛亥革命が起こった。翌年，孫文が臨時大総統となって，アジアで最初の共和国である中華民国が建国され，清は滅亡した。第二次世界大戦後，中国では国民党と共産党による内戦が再発し，1949年，共産党が勝利して中華人民共和国を建国した。敗れた国民党は台湾に逃れ，中華民国政府を維持した。　(3)　1925年，日ソ基本条約が結ばれて共産主義国家のソ連との国交が樹立され，また満25歳以上のすべての男子に選挙権を認める普通選挙法が制定された。これによって共産主義思想が広まることを恐れた加藤高明内閣は普通選挙法と同時に，国体(天皇制国家)の変革や私有財産制度を否定する結社を禁止するため，治安維持法を制定した。

【10】(1)　公衆衛生　　(2)　40歳以上　　制度…後期高齢者医療制度
(3)　X　ノーマライゼーション　　Y　バリアフリー　　Z　ユニバーサルデザイン

〈解説〉(1)　日本の社会保障は，社会保険・公的扶助・社会福祉・公衆衛生を四本柱としている。このうち，憲法第25条にも「国は，すべての生活部面について，社会福祉，社会保障及び公衆衛生の向上及び増進に努めなければならない」とある。　(2)　介護保険制度では，40～64歳の医療保険の加入者が第2号被保険者，65歳以上の高齢者が第1号被保険者とされている。また，後期高齢者医療制度では，後期高齢者の医療費の自己負担分は原則として1割とされている。　(3)　X　ノーマライゼーションは北欧発祥の福祉理念。　Y　バリアフリー化のために，日本でもバリアフリー法が制定済。　Z　例えば，シャンプーとリンスのボトルを触っただけで違いが分かるようにすれば，視覚障がい者だけでなく健常者にとっても便利である。

【11】(1)　①　衆議院　　②　参議院　　③　二院　　(2)　両院協議会
(3)　衆議院の優越　　(4)　ア

〈解説〉(1)　①　定数が多く，解散もあるので，衆議院は民意の府と呼ばれることがある。　②　解散がなく，議員が長期的視野で審議が可能なことから，参議院は良識の府と呼ばれることがある。　③　二院制は立法府における権力分立の仕組み。　(2)　予算，条約承認，首相指名において，衆参で議決が異なると，両院協議会が必ず開催される。ただし，両院協議会でも意見が一致しなければ，衆議院の議決が国会の議決となる。法律案においては，必要に応じて開かれる。　(3)　衆議院の優越はあるものの，参議院が否決した法律案の再可決には衆議院で出席議員の3分の2以上の賛成を要する。また，内閣による任命にあたり国会の同意を要する人事では衆参が対等なことなどもあり，参議院で与党が少数派のねじれ国会では政治が膠着しやすくなる。
(4)　国会に設置されている裁判官弾劾裁判所では，衆参各議院から7名ずつ議員が選ばれて裁判員を務める。衆議院の優越は存在しないか

ら，アは誤り。なお，憲法改正の国会発議においても，衆参各議院は
対等の関係にある。また，衆議院にのみ認められている権限としては，
予算先議権や内閣不信任決議権がある。

【12】(1)　①　2014　　②　3　　③　橋本龍太郎　　(2)　間接税
　(3)　累進課税
〈解説〉(1)　①　当初は2014年に8％，2015年に10％に改定される予定だ
　ったが，8％に改定後，2度の延期を経て，2019年に10％に改定された。
　②　導入当初の消費税率は3％で，地方消費税はなかった。　　③　地
　方消費税を導入し，税率を引き上げた後に実施された参院選で大敗し，
　橋本内閣は退陣した。　　(2)　納税者と担税者が同じ税を直接税，異な
　る税を間接税という。直接税の例としては，所得税，法人税，相続税
　などがあり，間接税の例としては消費税や酒税，たばこ税などがある。
　今も直間比率は直接税の方が高いが，間接税の比率を高める方向で税
　制改革が進められてきた。　　(3)　累進課税によって，可処分所得は，
　好況時には増加が抑制され，不況時には減少が抑制される。また，社
　会保障給付なども存在することから，財政によって景気は自ずと安定
　化している。財政が持つこの機能をビルトイン・スタビライザーとい
　う。

【13】(1)　施行　　(2)　公共の福祉　　(3)　イ
〈解説〉(1)　公布とは新たに成立した法令を国民が知る状態に置くこと，
　施行とは法令の効力を発生させることをいう。日本国憲法は5月3日が
　施行日だったことから，この日は憲法記念日となっている。　　(2)　公
　共の福祉は，日本国憲法における人権の制約原理。相互の人権が衝突
　した場合に，それを調整する原理として理解されている。なお，憲法
　第13条は包括的権利規定であり，新しい人権の多くも，この規定を根
　拠として主張されている。　　(3)　日本国憲法の改正規定は，第96条に
　ある。なお，国民投票法(憲法改正手続法)により，憲法改正原案は各
　議院の憲法審査会での審査を経た後に，本会議で採決が行われること

になっている。また，国会が憲法改正を発議すると，国民投票でその是非を決するが，有効投票の過半数が改正に賛成すれば，憲法改正が実現する。改正憲法の公布は，法律や政令などの公布と同じく，天皇の国事行為。

【14】(1)　ニューヨーク　　(2)　安全保障理事会　　(3)　常任理事国がもつ，1か国でも反対すると議決できないという権利のこと。
(4)　WHO

〈解説〉(1)　国連本部はアメリカのニューヨーク市にある。ただし，6つある国連の主要機関のうち，国際司法裁判所だけは，その前身である常設国際司法裁判所と同じく，オランダのハーグにある。　(2)　安全保障理事会は，5つの常任理事国(現在は米英仏ロ中)と任期2年で地域別に選出される10の非常任理事国によって構成されている。世界平和と安全の維持のために，法的拘束力を伴う決議を行うことができる。(3)　安全保障理事会の決議は，9理事国以上の賛成が要件となっている。ただし，実質事項の決議には，それに加えて，反対投票を行う常任理事国が存在しないことが要件となっている。これを拒否権という。なお，棄権は反対とは見なされない。　(4)　WHOは世界保健機関の略称。なお，専門機関とは経済社会理事会との間で協定を締結し，経済・社会・文化・教育・保健などの分野で国連と連携関係にある国際機関のこと。例としては，ILO(国際労働機関)やUNESCO(国連教育科学文化機関)などがある。

【15】(1)　Ⅰ　ア，エ　　Ⅱ　イ，ウ　　(2)　a　2,400人　　b　4万人
(3)　a　首長　　b　選挙管理委員会

〈解説〉(1)　首長は議会が議決した予算や条例案などにつき，再議を求める権限を要する。これを拒否権ということがある。また，3分の2以上の議員が出席し，4分の3以上が賛成すれば，議会は首長の不信任決議を行うことができ，この場合10日以内に首長は議会を解散できる。
(2)　条例の制定・改廃や事務監査の請求には，有権者の50分の1以上

による連署の添付を要する。また，議会の解散や首長らの解職の請求には，原則として3分の1以上(大規模な自治体では要件が緩和される)による連署の添付を要する。　(3)　a　条例の制定・改廃の請求は首長に対して行う。その後，議会において制定・改廃の是非が決する。b　首長・議員の解職請求も同様。その後，住民投票でその是非が決する。地方役員らの解職請求は首長に対して行い，議会でその是非が決する。

【16】(1)　狂言　　(2)　ア　　(3)　ウ　　(4)　エ　　(5)　アイヌ文化振興法　　(6)　ウ　　(7)　ア　　(8)　銘柄米(ブランド米)　　(9)　イ　(10)　TPP

〈解説〉(1)　狂言は南北時代・室町時代に発達した滑稽な仕草を交えた庶民劇。庶民側から大名・僧侶などを風刺したものが多い。　(2)　近松門左衛門は浄瑠璃作者であり，のち竹本義太夫のために作品を書いた。「曽根崎心中」は近松の最初の世話物であり，義理人情の葛藤を描いたものである。　(3)　豪雪地帯では，冬に大量の積雪がある地域のことで，日本海側(北海道・東北地方日本海側，北陸地方，中国地方日本海側)の地域が主に該当する。そのため，冬季に降水量が多いウが正解となる。　(4)　法然は，浄土教を発展させた浄土宗の開祖であり，『選択本願念仏集』を書いた。『正法眼蔵』の著者は道元であり，『立正安国論』は日蓮，『教行信証』は親鸞である。このような鎌倉新仏教に刺激され，旧仏教側も法相宗の貞慶や華厳宗の明恵，律宗の叡尊と忍性などが新たな動きを展開した。　(5)　1997年に施行されたアイヌ文化振興法により，北海道旧土人保護法は廃止された。最近では，ウポポイ(民族共生象徴空間)がアイヌの歴史・文化を学び伝えるナショナルセンターとして，令和2年7月から一般公開が始まった。
(6)　東京のような人口が集中する大都市が多い関東地方では，都市近郊農業が盛んに行われている。そのなかで，茨城県は，はくさいの国内生産量が第1位(2013)であり，11～1月にかけては東京都中央卸売市場への出荷量のシェアは9割近くになる。レタスは高冷地，準高冷地

の冷涼な気候を活かし，夏場を中心に生産されるため，全国1位は長野(2017年)であり，夏野菜であるナスはハウス栽培によって長く収穫できる高知県(2012年)，夏野菜であるきゅうりは温暖な気候の宮崎県(2018年)がそれぞれ全国1位である。　(7)　琉球王国は将軍の代がわりを奉祝する慶賀使と国王の代がわりごとにその就任を感謝する謝恩使を幕府に派遣した。また，琉球国王は清国からも冊封を受けていたため，冊封使が来琉していた。通信使は，朝鮮からの使節で，主に新将軍就任の慶賀が名目であった。　(8)　銘柄米(ブランド米)の明確な定義は存在しないようであるが，日本では米の格付けがなされ，例えば南魚沼産コシヒカリは高い評価を受けている。最近では，ふるさと納税の返礼品としても銘柄米(ブランド米)は人気がある。　(9)　公職選挙改正法(2015年)では，最高裁判判決によって違憲状態とされていた一票の格差を是正するため，鳥取県と島根県，徳島県と高知県で合区が行われた。　(10)　TPP(環太平洋パートナーシップ協定)では，食料自給率が低下することが懸念されている。また，遺伝子組換え作物の流入など食の安全が担保されないという意見もある。

地 理・歴 史

【共通問題】

【１】(1)　エ　　(2)　①　ウ　　②　カ　　③　ア

〈解説〉(1)　教育公務員特例法は，教育公務員の職務とその責任の特殊性に基づき，その任免・分限・懲戒・服務などについて地方公務員法に対する特例を規定する法律で，研修について定めた同法第21条第1項からの出題。「法律に定める学校の教員は，自己の崇高な使命を深く自覚し，絶えず研究と修養に励み，その職責の遂行に努めなければならない」としている教育基本法第9条第1項，「職員には，その勤務能率の発揮及び増進のために，研修を受ける機会が与えられなければならない」としている地方公務員法第39条第1項との文言の違いに注

意しておくこと。　(2)　ア　地方公務員の服務の根本基準を定めた地方公務員法第30条である。　イ　教育職員の業務量の適切な管理等に関する指針の策定等を定めた公立の義務教育諸学校等の教育職員の給与等に関する特別措置法第7条第1項である。　ウ　教育の目的を定めた教育基本法第1条である。　エ　初任者研修について定めた教育公務員特例法第23条第1項である。　オ　小学校の学校評価について定めた学校教育法施行規則第66条第1項である。　カ　検定を経た教科用図書の使用義務を定めた学校教育法第34条第1項である。

【2】(1)　①　　(2)　③　　(3)　④　　(4)　③　　(5)　④　　(6)　⑤
　(7)　②　　(8)　①　　(9)　①　　(10)　②　　(11)　③　　(12)　⑥
　(13)　②　　(14)　②　　(15)　②

〈解説〉(1)　②はアトンであり，唯一神信仰は伝統になっていない。アメンはテーベの守護神である。唯一神信仰はアメンホテプ4世の治世のみ。③は内陸ではなく海上交易，つくったのはアルファベットのもとの文字である。内陸貿易に従事したのはアラム人。④はアッシリア王国である。アケメネス朝は異民族に寛容な統治を行った。　(2)　①はホルテンシウス法である。リキニウス・セクスティウス法は，公有地の占有上限とコンスル(執政官・統領)の1名を平民から選出する事を規定。②は3世紀以降である。ポエニ戦争後は，公有地を私有化して奴隷を使役するラティフンディア(ラティフンディウム)が広まった。④はグラックス兄弟の再建や立て直しは成功していない。保守派の反撃によって改革は頓挫した。　(3)　①は仏像がつくられるようにはなっていない。仏像の作成は1世紀に成立したクシャーナ朝で始まった。②はグプタ朝である。③は隋ではなく唐，玄宗ではなく太宗である。玄奘は7世紀半ばに訪印したが，隋は618年に滅亡した。玄宗は8世紀前半の唐の皇帝。　(4)　①は春秋時代中期以降である。②は(北)宋である。また宋は消極的な対外政策を採った。④は後漢である。　(5)　X　ブワイフ朝である。サーマーン朝はスンナ派のイラン系王朝であり，トルコ人奴隷(マムルーク)を輸出した。　Y　サラーフ＝アッディーンは

12世紀後半のアイユーブ朝の創始者であるが，第1回十字軍は11世紀末の1096年に始まるので因果関係はない。第1回十字軍に関係するイェルサレム占領は，1071年のセルジューク朝によるもの。　(6)　Xのアウラングゼーブはインドのムガル帝国の皇帝，Yのスレイマン1世はオスマン帝国のスルタンで1529年に第1次ウィーン包囲を実施。イスファハーンは，1597年にサファヴィー朝のアッバース1世が都としたので該当なし。モスクワはモスクワ大公国の都であり，該当なし。
(7)　②はステュアート朝である。ジェームズ1世の即位によって1603年に成立したステュアート朝では王権神授説が唱えられ，議会と対立してイギリス革命(ピューリタン革命と名誉革命)が生じた。この結果，1689年に議会は権利の章典を制定して，王権を制限することで議会の優越を明確化した。　(8)　(あ)はドラクロワが七月革命のモデルに描いた「民衆を導く自由の女神」。(い)はレンブラントがアムステルダムの火縄銃組合の注文で作成した「夜警」。Xの復古王政に対する蜂起から王が亡命したのは，1830年の七月革命である。Yの選挙権拡大問題から王政が倒れて臨時政府が成立したのは，1848年の二月革命である。
(9)　②はアブデュルメジト1世で，改革名はタンジマートである。ミドハト＝パシャは憲法制定に尽力した。ドンズー運動はベトナムでファン＝ボイ＝チャウが実施した日本への留学推進運動である。③はカージャール朝で，利権が譲渡されたのはイギリス人である。タバコ＝ボイコット運動は1891年に生じたが，サファヴィー朝は1736年に滅亡。④は東インド会社を廃止したが正しい。1857年にシパーヒーの反乱が生じると，その責任をとらせる形で1858年に東インド会社は解散された。これ以降インドはイギリス本国による直接統治下に置かれた。
(10)　①はセルビアは反対を表明した。セルビア系住民が多数を占めるボスニア＝ヘルツェゴヴィナを1908年にオーストリアが併合すると，隣国セルビアは反発した。③はボリシェヴィキである。1918年1月にボリシェヴィキは武力で政権を掌握して，3月にブレスト＝リトフスク条約を締結して第一次世界大戦から離脱した。④は要求ではなく拒否である。敗戦目前での出征を拒否した水兵が1918年11月3日に

キール軍港で反乱を起こし，ドイツ革命へと拡大した。　(11)　イタリアは敗戦国ではなく戦勝国である。フィウメは住民にイタリア系が多いが，南スラブ系の周辺地域との経済的結びつきが強いため，パリ講和会議ではイタリア領有は認められず，国際自由都市となった。背景にはトリエステとフィウメがイタリア領となると，中部ヨーロッパからの海への出口すべてをイタリアが抑えることへの警戒感があった。しかし1924年のローマ条約でイタリア領となる。　(12)　Xのペレストロイカの提唱は1986年，Yのアフガニスタン侵攻は1979年，Zのキューバ危機は1962年である。　(13)　①はカエサルである。前1世紀末にオクタウィアヌスは元老院を尊重した元首政(プリンキパトゥス)を開始して，後1世紀の14年まで初代皇帝として統治した。③はメコン川下流域である。扶南の外港オケオからはインドの神像，漢の鏡やローマの貨幣が出土している。④は倭の奴国王である。57年に光武帝は奴国使節に漢委奴国王印を付与した。卑弥呼は239年に魏の明帝に朝貢した。　(14)　Xは正文。イヴァン3世は1480年にモンゴル支配から独立した一方で，ビザンツ皇帝であるコンスタンティヌス11世の妹ソフィアと1472年に結婚して，ツァーリを自称した。Yは誤文。ティムールはアンカラの戦いで敗れてはいない。1402年のアンカラの戦いにオスマン帝国のバヤジット1世は敗れて捕虜となり，一時的にオスマン帝国は中断した。　(15)　①はスウェーデンである。ピョートル1世はポーランドとデンマークとともに1700年に北方戦争を起こして，スウェーデンを破った。③は呉三桂である。李自成は1631年に反乱を起こして，1644年に明を滅ぼした。④はユトレヒト条約で，譲渡したのはニューファンドランドやハドソン湾地方である。ミシシッピ川以西のルイジアナは，1763年のパリ条約でフランスからスペインに割譲されたが，1800年にフランスへ返還された。さらに1803年にアメリカ合衆国がフランスから買収した。

【3】(1)　②　　(2)　③　　(3)　②　　(4)　③　　(5)　①　　(6)　④
　　　(7)　③　　(8)　①　　(9)　①　　(10)　④　　(11)　③　　(12)　②

(13)　①　　(14)　④　　(15)　②

〈解説〉(1)　およそ1万年前を境に，地質学上の区分は③の更新世(約260万年前から)から，②の完新世(現在にまで至る)に変わった。なお，①の中新世は約2300万年前から約500万年前まで，④の鮮新世は約500万年前から約260万年前まで。　(2)　平安時代初期の弘仁・貞観文化期の嵯峨天皇・空海・橘逸勢の唐風の書は，のちに三筆と称された。国風文化期となった10世紀以降は和様の書が発達し，小野道風・藤原佐理・藤原行成は三蹟(三跡)と称された。　(3)　北条時政は1203年に鎌倉幕府の政所別当(長官)となり，これが初代執権とされる。1205年に時政が失脚すると，子の北条義時があとを継ぎ，1213年の和田合戦で和田義盛を滅ぼすと侍所別当を兼ねて，執権の地位を固めた。なお，①の北条高時は1316〜26年，③の北条泰時は1224〜42年，④の北条時頼は1246〜56年の執権である。　(4)　細菌学者の北里柴三郎は1890年に破傷風の血清療法を発表し，1894年にはペスト菌を発見した。なお，①の野口英世は梅毒スピロヘータの純粋培養や黄熱病の研究，②の志賀潔は赤痢菌の発見，④の高峰譲吉はアドレナリンの抽出やタカジアスターゼの創製で知られる。　(5)　1970年3〜9月，大阪府吹田市の千里丘陵で日本万国博覧会(大阪万博)が開催された。なお，②の東京オリンピックと④の東海道新幹線開通は1964年10月で，これらの3つは高度経済成長期を象徴する出来事である。③の瀬戸大橋開通はバブル経済期の1988年4月の出来事。　(6)　道元は鎌倉時代前期に南宋に渡り，帰国後に越前に永平寺を建て，曹洞宗を開いた。栄西は平安時代末期と鎌倉時代初期に宋に渡り，臨済宗の開祖と仰がれた。

(7)　①　室町幕府8代将軍だった足利義政は東山に銀閣を建てた。金閣は3代将軍義満が京都の北山に建てたもので北山文化。　②　慈照寺東求堂同仁斎にみられるのは寝殿造ではなく書院造。　④　千利休が侘茶を完成させたのは桃山文化。　(8)　②　老中と年寄が逆。

③　江戸幕府の臨時の最高職は京都所司代ではなく大老。　④　郡代とは代官のうち，支配高が10万石を超える場合の職名。関東(関西は誤り)・飛騨・美濃はいずれも10万石以上なので，郡代が派遣された。

(9)　①　徳川家康が没した直後に2代将軍徳川秀忠が行った政策である。　②　ポルトガル船の来航禁止は1639年。　③　朱印船ではなく奉書船。　④　鹿児島ではなく長崎。　(10)　④はゴローウニン号ではなくフェートン号。1808年，イギリス軍艦フェートン号が戦争状態にあったナポレオンのフランスに占領されていたオランダ船をだ捕するために長崎湾に侵入するフェートン号事件がおこった。フェートン号は薪水や食料を強奪して去り，長崎奉行松平康英は責を負い切腹した。ゴローウニンは1811年に国後島に上陸して松前奉行所の役人に捕らえられたロシア軍艦の艦長である。　(11)　①　1854年に日米和親条約を結んだのは大老井伊直弼ではなく老中阿部正弘。　②　樺太は従来通り国境を定めない雑居地とした。　④　幕府を支持したのはフランス公使ロッシュ。イギリス公使パークスは雄藩連合政権の樹立を期待して，薩摩藩・長州藩を支持した。　(12)　①　軍部大臣現役武官制を定めたのは1900年，第2次山県有朋内閣の時。　③　1898年の第1次大隈重信内閣(隈板内閣)は自由党と進歩党が合同した憲政党の内閣。立憲政友会は1900年に憲政党が解党し，伊藤博文を総裁に迎えて結成した政党である。　④　1910年の大逆事件を機に社会主義者・無政府主義者を弾圧したのは第2次桂太郎内閣。　(13)　②　日露戦争の講和条約(1905年のポーツマス条約)では賠償金を得られなかった。　③　第1次世界大戦がおこると，日本は日英同盟を理由に三国協商(連合国)側で参戦した。　④　柳条湖事件がきっかけで勃発したのは1931年の満州事変。日中戦争は1937年に北京郊外でおこった盧溝橋事件がきっかけ。　(14)　1945年2月，ヤルタ会談でソ連の対日参戦を約す秘密協定が結ばれた(Y)。3月10日未明，東京大空襲で約10万人が死亡した(Z)。アメリカ軍は3月26日に慶良間諸島に上陸して沖縄戦が始まり，4月1日には沖縄本島に上陸した(X)。　(15)　高度経済成長期，経済優先で環境対策が疎かとなったため各地で深刻な公害問題が発生し，これを批判する世論が高まった。1967年，佐藤栄作内閣はその解決を図るための公害対策基本法を制定した。　①　湯川秀樹が日本人初のノーベル賞(物理学賞)を受賞したのは1949年。　③　第4次中東戦争が勃

発して第1次石油危機がおこったのは1973年。　④　ビキニ環礁での
アメリカの水爆実験により第五福龍丸が被曝(被爆ではない)したのは
1954年。

【4】(1)　③　　　(2)　②　　　(3)　③　　　(4)　③　　　(5)　③　　　(6)　②
　　　(7)　①　　(8)　④　　(9)　④　　(10)　①　　(11)　ロシア
　　　(12)　鉄鉱石　　(13)　天井川　　(14)　ぶどう　　(15)　船舶

〈解説〉(1)　正積図法は，地球上の面積と対応する地図上の面積との比
　　　(すなわち面積縮尺)がどこでもどんな広さでも同じに表わされている
　　　地図投影法で，ボンヌ図法，サンソン図法，モルワイデ図法，ランベ
　　　ルト図法などがある。メルカトル図法は，地図投影法の1つで，地球
　　　の中心に視点を置き，赤道で地球に接する円筒面に投影したものであ
　　　る。　(2)　①　アジア，②　ヨーロッパ，③　アフリカ，④　オースト
　　　ラリア。　(3)　①　熱帯雨林気候で南半球にあるイキトス。　②　サ
　　　バナ気候で南半球にあるダーウィン。　③　サバナ気候で北半球にあ
　　　るバンコク。　④　熱帯雨林気候で北半球にあるシンガポール。
　　(4)　ジオパークは，貴重な地形や地層があり，地球や生物，人々の暮
　　　らしのつながりを学べる場所であるが，小笠原諸島は登録されていな
　　　い。　(5)　ジャガイモは，トウモロコシ，トマト，タバコ，トウガラ
　　　シなどとともにアメリカ大陸(新大陸)原産の農作物の一つで，南米大
　　　陸のアンデス高地を原産地とするナス科の植物である。　(6)　①　ア
　　　ジアに集中する米。　②　上位3か国がヨーロッパで盛んなライ麦。
　　　③　アジアのほかロシアでも盛んな小麦。　④　3位にブラジルが入
　　　ることからトウモロコシ。　(7)　ウェーバーの工業立地の構成要素は，
　　　原料産地，エネルギー，市場の3つであり，①はあてはまらない。
　　(8)　①　イスラマバードはパキスタンの首都。　②　コルカタはイン
　　　ドのメガシティ。　③　デリーはインドの首都で商業都市。　④　バン
　　　ガロールは，南インド有数の工業都市。電子機器，精密機械を含むコ
　　　ンピューター産業が盛ん。　(9)　直交路型は中国・日本の古代都市，
　　　放射環状路型はキャンベラやモスクワ，放射直交路型はワシントン

D.C., 迷路型は西アジアや北アフリカに多く, テヘランやダマスカスに見られる。 (10) ① クルド人は, トルコ・イラン・イラク3か国にまたがるクルディスタンを中心とする地域に居住するインド＝ヨーロッパ語系に属する民族で, 古くからクルド語と共通の文化要素を持つ民族であったにもかかわらず, 他民族・国家に支配されてきた歴史を持つ。 ② チェチェン人は, ロシア, 北カフカスのチェチェン共和国を構成する民族。 ③ バスク人はスペインとフランスの国境付近に住む民族で, 1979年には自治権を認められ, バスク自治州となったが, ETAは隣のナバラ地方やフランスの一部を含む独立を主張している。2006年3月, ETAは停戦を宣言したが, 独立をめぐってなお緊張が続いている。 ④ 1988年にパレスチナ民族評議会において, パレスチナ国家の独立が宣言された。 (11) ①は天然ガスが多いロシア。1人あたり供給量が少ない日本が②, ドイツは③, 石油・天然ガスの供給が大きいアメリカ合衆国は④。 (12) オーストラリア, ブラジルは, 鉄鉱石の産出量が多く, 輸入は粗鋼生産が多い中華人民共和国, 日本, 韓国で多い。 (13) 扇状地の開墾により, 河道の固定も早く, 砂礫が河道内に集中的に堆積し天井川となったものも多い。浸透した水は扇端部で再び湧出するため, 扇端部に集落が発達した。 (14) 地中海性気候のイタリア, スペイン, フランスでは, ぶどうが多く生産され, ワインを製造することから, 樹木作物はぶどうである。 (15) ① 21世紀から中華人民共和国やインドから急激に生産量が増加した粗鋼。 ② 鉄に次ぐ金属生産量が多いアルミニウムは中華人民共和国, ロシアで生産が多い。 ③ 原油の産出が多いのは中東だが, 石油製品の輸出はアメリカ合衆国, 中華人民共和国が多い。日本も大量の原油を輸入し, 石油精製所で温度を加えて加工したガソリンを輸出している。 ④ 1990年から東アジアで急激に生産量が増えた船舶。

【世界史】

【１】(1)　ウ　　(2)　①　歴史的過程　　②　地域的特色

(3)　①　地理　　②　多様性　　③　文化遺産　　④　地域

⑤　中学校社会科　　⑥　公正　　⑦　宗教　　⑧　多角的

〈解説〉(1)　合計2科目・4単位以上が必履修である。平成30年告示の学習指導要領の各教科・科目の履修についても確認しておこう。

(2)　地理歴史科の目標は頻出であり，基礎的なところであるので，しっかりと押さえておきたい。「世界の形成の歴史的過程」については，諸地域世界の歴史と相互の交流・結合の歴史を通じて大きな流れを理解させるとともに，それと我が国の歴史との結び付きを考えさせ，これらを通して歴史的思考力を培おうとするものである。また，地理の学習内容に関して，世界の人々の生活・文化に関する地域的特色と共通の課題などを理解させ，これらを通して地理的な見方や考え方を培おうとするものである。こちらも平成30年告示の学習指導要領で地理歴史科の目標を確認しておこう。　(3)　①　小中学校の学習，また世界史が必修であることを踏まえ，地理的条件や日本の歴史と関連付けて理解させることが求められる。　②　世界の歴史における文化・文明の多様性・複合性を諸地域世界の接触や交流に着目して考察したり，現代世界の特質を様々な要素の関連の中で考察したりすることが求められる。　③　年表，地図その他の資料の活用や文化遺産，博物館等の調査・見学などの活動を取り入れ，作業的，体験的な学習が求められている。そのため，昨今は博学連携が重要とされている。

④　主題を設定して行う学習は多様な学習活動を取り入れる必要がある。さらに，主題を設定するに当たっては，生徒の興味・関心，学校，地域の実態等や地理歴史の他科目や公民科などとの関連にも留意することが大切である。　⑤　平成21年の改訂(平成21年告示)では，中学社会科との円滑な接続に配慮する必要から，すべての中項目で扱う。これは，社会科・地理歴史科のみならず，小中高大連携は1つのキーワードになっている。　⑥　生徒自身が客観的，公正な目で歴史的事象や資料を取り扱えるよう指導において配慮する必要がある。

⑦　平成21年の改訂(平成21年告示)において，近現代世界を扱う際の観点として，宗教が新たに加わった。こうした改訂によって新たに加わったところは出題されやすいので，平成30年に改訂された部分はしっかりと押さえておきたい。

【2】(1)　ア　ウンマ　　イ　正統カリフ時代　　ウ　セルジューク　エ　スルタン　　(2)　アリーとその子孫のみ　　(3)　ウマイヤ朝では，地租(ハラージュ)と人頭税(ジズヤ)は被征服者である異民族にだけ課せられ，彼らがイスラームに改宗しても免除されなかったが，アッバース朝では，イスラーム教徒であれば，アラブ人であってもなくても人頭税が課せられず，またアラブ人でも征服地に土地をもつ場合には，地租が課せられた。　　(4)　②　　(5)　フラグ　　(6)　一つ目の理由…モンゴルの侵入は，イスラーム世界の東半にしかおよばず，西半は安泰だったため。　　二つ目の理由…軍事的侵略者であったモンゴルが，ほどなくイスラームに改宗し，文化的にはイスラームが勝利したため。

〈解説〉(1)　ア　ウンマとはヘブライ語に由来するアラビア語で民族や共同体を意味する。特に，地域や政治に関係なくイスラーム教徒の共同体全体を意味する。622年のヒジュラ(聖遷)後のメディナで打ち立てられた。　　イ　カリフはウンマの最高指導者で代理人を意味する。632年の初代アブー＝バクルに始まり，ウマル，ウスマーンから661年に暗殺されるアリーまでの時代。アラビア半島の統一を遂げ，シリア，イランや北アフリカへと征服活動を遂行する一方で，『コーラン(クルアーン)』の整備や教義の統一が図られた。　　ウ　セルジューク朝は，トゥグリル＝ベクによって1038年に建国された。1055年にブワイフ朝を追ってバグダードに入城した。スンナ派の王朝で1058年にアッバース家のカリフからスルタンの称号を得た。　　エ　スルタンは，権威を意味するアラビア語で，世俗的権力を行使する，主としてスンナ派イスラーム王朝の君主を意味する。オスマン帝国のスルタンは1922年に廃止されたが，現在でもブルネイ，マレーシアやオマーンなどで称号

として用いられている。　　(2)　シーアは党派を意味し，アリー派を意味するシーア＝アリーの略称である。シーア派に対する多数派はスンナ派であるが，スンナ派に属さず，アリーのカリフとしての資質を否定してシーア派とも対立する少数派にハワーリジュ派があり，アリーはハワーリジュ派の人間に暗殺された。　　(3)　アラブ帝国からイスラーム帝国への転換を税制面から説明することが求められているので，ハラージュ(地租)とジズヤ(人頭税)の課税対象の違いを記述する。ウマイヤ朝では，アラブ人ムスリムが優遇され，非アラブ人ムスリムにのみハラージュとジズヤが課せられていた。ウマイヤ朝末期にマワーリーへのジズヤ課税は廃止されたが，アッバース朝時代には，アラブ人ムスリムにもハラージュが課せられた。この結果，民族による差別待遇が消滅して，ムスリムの間の平等な税制が確立されたため，イスラーム帝国と称された。　　(4)　①はコンスタンティノープル，③は平城京，④は長安である。バグダードはティグリス川に面した円形都市であることが解法となる。　　(5)　トゥルイの子で，大モンゴル国(モンゴル帝国)第4代ハンのモンケ(憲宗)の弟である。モンケの命で征西を行い，1258年にバグダードを占領してアッバース朝を滅ぼした。タブリーズを都にイル＝ハン国を建てた。　　(6)　一つ目の理由…ウンマが崩壊しなかった。エジプトのマムルーク朝は，1260年にアイン＝ジャールートの戦いでモンゴル軍を破って，モンゴルの西進を阻止した。さらにアッバース家の一人を保護して，ムスタンスィル2世としてカリフに容認する一方で，メッカとメディナを維持した。このようにイスラーム教の聖地やカリフ制が維持される一方で，北アフリカなどのウンマの西側が維持されたことで，ウンマは防衛された。　　二つ目の理由…モンゴルのイスラームへの改宗。イル＝ハン国では行政などのためにムスリムのペルシア人などが雇用された。被支配集団の信仰には介入しなかったモンゴル支配のもとではイスラーム教が抑圧されることはなかった。またイル＝ハン国では13世紀末のガザン＝ハンがイスラームに改宗した。チャガタイ＝ハン国では13世紀半ばから支配層がイスラームを受容したが，同世紀後半のバラクやドゥアはイスラー

ムを受容せず，支配層間の対立から14世紀前半に東西に分裂すると，
西チャガタイ＝ハン国はイスラームを受容した。またキプチャク＝ハ
ン国では，13世紀半ばにベルケがイスラームに改宗し，住民のイスラ
ーム化も進行した。

【3】(1)　全体主義　　(2)　1918年の第4次選挙法改正で，21歳以上の男
性と30歳以上の女性の選挙権が認められた。1928年の第5次選挙法改
正で，21歳以上の男女すべてに普通選挙権が与えられた。

(3)　1880年代初め，コンゴ地域をめぐるヨーロッパ諸国の対立がおこ
ると，ビスマルクは84〜85年にベルリン会議を開催し，アフリカ植民
地化の原則を定めた。イギリスは1880年代初め，エジプトを制圧して
事実上の保護国とした。アフリカ南部では，99年にオランダ系のブー
ル人と南アフリカ戦争をおこして，トランスヴァール・オレンジ両国
を併合した。フランスは1881年にチュニジアを保護国にしたのち，ジ
ブチ・マダガスカルにつなげようとした。その結果，イギリスと衝突
し，98年にファショダ事件をおこしたが，フランスの譲歩により解決
した。ドイツは1880年代半ば，カメルーンなどの植民地を得たが，
1905年と11年に，フランスのモロッコ支配に挑戦して，モロッコ事件
をおこした。しかし英仏協商が存在したために目的をはたせず，12年
モロッコはフランスの保護国になった。イタリアは1880年代にソマリ
ランド・エリトリアを獲得したのち，1911〜12年のイタリア＝トルコ
戦争の結果，リビアを獲得した。20世紀初頭のアフリカは，エチオピ
ア帝国とリベリア共和国を除いて，すべて列強の支配下におかれた。

(4)　1932年の総選挙で第一党に躍進したナチ党は，共産党の進出を懸
念する保守派や産業界の協力を得て，33年1月にヒトラー内閣を樹立
した。政権掌握後，ヒトラーは国会議事堂放火事件を利用して共産党
の活動を禁止し，3月には政府に立法権を与える全権委任法が成立し
た。　　(5)　国際連盟　　(6)　1950年，スターリンと毛沢東の支持を
得た金日成の北朝鮮軍が韓国に侵攻し，朝鮮戦争となった。国連安全
保障理事会は，北朝鮮による侵略と断定し，アメリカ軍を中心とする

国連軍が派遣された。南ベトナムでは，ゴ＝ディン＝ジエムの独裁体制への反発から南ベトナム解放民族戦線が結成され，北ベトナムの支援を受けて，武力闘争を展開した。これに対し，アメリカは1965年から北爆を開始し，南ベトナムに戦闘部隊を派遣して軍事介入を行った。

(7)　大西洋憲章　　(8)　マルタ島　　(9)　クウェート　　(10)　ティトー

〈解説〉(1)　全体主義は個人よりも全体(国家)を優先する政治思想である。基本的人権の制限，自由主義的思想の排除と思想統一や一党独裁などを特徴とする。　　(2)　この期間，イギリスで実施された選挙法改正は1918年と1928年の2回である。1918年の第4次選挙法改正は，ロイド＝ジョージ自由党内閣によって実施され，満21歳以上の青年男性と満30歳以上の女性に選挙権が認められた。ただし，男性は普通選挙権であるが，女性は本人もしくは配偶者が家屋を所有している場合のみという制限選挙権であった。1928年の第5次選挙法改正は，ボールドウィン保守党内閣によって実施され，満21歳以上の男女に普通選挙権が認められた。　　(3)　ベルリン会議(ベルリン＝コンゴ会議)で，先占権などによる植民地化の原則が定められた。ベルギー国王にコンゴにおける権利を認めるなど，アフリカの分割が進められた。イギリスは，1880年代にエジプトを事実上の保護国化，1895年にローデシアを領有，1910年に南アフリカ連邦を建設。フランスは，1881年にチュニジアを保護国化，1886年にマダガスカルを植民地化，1888年にジブチを建設。イギリスの縦断政策に対して，フランスは横断政策をとり，1898年にファショダで衝突。ドイツは，1884年にカメルーンと南西アフリカ植民地，1885年に東アフリカ植民地を獲得した。フランスに対抗して2回のモロッコ事件をおこすが，モロッコは1912年にフランスの保護国となった。イタリアは，1885年にエリトリア，1889年にソマリランドの一部を領有。エチオピアへの進出は果たせず，1912年にリビアを獲得。ポルトガルは，アンゴラとモザンビークを確保した。　　(4)　1932年7月の総選挙によってナチ党は第一党の座を獲得した。ナチ党はパーペン内閣との協力を拒否したため，パーペン内閣は議会を解散して

11月に再び総選挙が実施された。ナチ党は議席を減らしたが第一党を維持した。また共産党の躍進が保守派などをナチ党への協力へと進ませた。パーペン内閣は崩壊し，12月にシュライヒャー内閣が成立するが，議会運営は進まず，1933年1月にヒトラー内閣が成立した。

(5)　1920年にジュネーヴに本部を置いた国際平和機構である。総会，理事会や事務局を備え，国際労働機関(ILO)などが付属機関として設置された。アメリカ合衆国の不参加やソ連及びドイツの排除(加盟はソ連が1934年，ドイツが1926年)によって大国が参加していなかった。また全会一致原則によって総会が効果的に機能せず，軍事的制裁も実行できなかった。これらが国際連盟の抑止力を低下させた。1946年4月に解散。　(6)　朝鮮半島では1948年8月に大韓民国，9月に朝鮮民主主義人民共和国が成立して南北分断が決定的となった。1950年6月に北朝鮮が韓国に侵攻して朝鮮戦争が勃発すると，国際連合の安全保障理事会は国連軍の派遣を決定した。アメリカ合衆国を中心とした国連軍が9月に北朝鮮に対する攻撃を開始して戦線を北部へと押し戻した。中国の義勇軍の参加により北緯38度線付近で戦線が膠着すると，ソ連の仲介によって1953年7月に休戦協定が結ばれた。ベトナムでは1946年12月にインドシナ戦争が始まり，1954年7月のジュネーヴ休戦協定で終息するが，ソ連の支援を受けるベトナム民主共和国を認めないアメリカ合衆国がゴ＝ディン＝ジエムを支援して，1955年10月にベトナム共和国を成立させた。1960年12月に南ベトナム解放民族戦線が結成され，ベトナム情勢は悪化した。アメリカ合衆国は，1964年8月のトンキン湾事件を口実に1965年2月に北ベトナムに対する空爆(北爆)に踏み切り，地上軍の派遣にも着手してベトナム戦争を開始した。1968年1月のテト攻勢などの北ベトナム側のゲリラ戦に苦しみ，泥沼の戦争のなかでアメリカ合衆国は威信を失っていく。　(7)　アメリカ合衆国大統領フランクリン＝ローズヴェルトとイギリス首相チャーチルとの会談の結果，1941年8月に領土不拡大・領土不変更・民族自決・貿易の機会均等・労働と生活環境改善・軍備縮小・海洋の自由・国際安全保障の確立の8か条から成る大西洋憲章が発表された。　(8)　1530年か

らヨハネ騎士団によって統治されたが，1798年にフランス領となった。1814年のパリ条約でイギリスに割譲されて15年のウィーン議定書で正式にイギリス領となり，1964年に独立し，1974年に憲法改正して共和国になった。ゴルバチョフ書記長は，1989年12月にマルタ島でブッシュ(父)大統領と会談した。　(9)　ペルシア湾奥に位置する首長国で，1899年にイギリスの保護国となった。1961年6月に独立するが，1990年8月にイラクに侵略された。国際連合により多国籍軍の派遣が決定され，1991年1月に湾岸戦争が始まった。　(10)　共産党の指導者として，第二次世界大戦中にドイツやその傀儡国家クロアチア独立国に対するパルチザンを指導してユーゴスラヴィアの自力解放に成功した。1945年11月に首相，1953年1月から大統領に就任した。1948年6月にコミンフォルムから追放されると，いち早くスターリン主義から脱却して自主管理主義にもとづく独自の社会主義路線を歩んだ。1955年6月にソ連と和解する一方で，第三勢力の中心の一つとしても活動して，1961年9月に非同盟諸国首脳会議をベオグラードで開催した。

【４】(1)　ア　マカオ　　イ　生糸　　ウ　マニラ　　エ　ポトシ
(2)　①　　(3)　交鈔　　(4)　靖難の役　　(5)　対モンゴル戦争への必要性から，銀に依存する性格を強めていたから。　　(6)　民間海上貿易の禁止　　(7)　倭寇の活動の活発化　　(8)　フェリペ2世
(9)　アカプルコ貿易　　(10)　16世紀のヨーロッパでは銀の流入により価格革命とよばれる物価騰貴がおこった。一方，中国では北方民族への対応や一条鞭法の実施により民間で銀不足がおこり，大きな米価の上昇はみられなかった。

〈解説〉(1)　ア　中国南部の珠江河口に位置する。1557年にポルトガルは明から居住権を獲得した。1887年に正式に領有したが，1999年に中国へ返還。　イ　国際交易が活発化した明代後半には，長江下流域の都市部では綿織物や生糸などの生産が進んだ。ポルトガルはマカオや，1550年に商館を開設した平戸を通じて日本と中国との貿易に参画し，中国の生糸や石見銀山などの日本銀などを扱った。日本との交易は

1639年の鎖国令まで続いた。　ウ　1565年にフィリピンはレガスピによってスペインの植民地となり，1571年にマニラに総督府が設置され，交易のために中国人も進出して中国人町が建設された。1834年に外国船に開放されるまでは，スペインが交易を独占した。　エ　1545年にスペイン人によってセロ＝リコ銀山が発見された。この鉱山町としてポトシが発展した。ミタ制と呼ばれる先住民の徴用制のもとで莫大な量の銀を生産した。　(2)　燕では刀銭が用いられた。刀銭は他にも斉で用いられるなど，中国北部の国で流通した。趙では布銭が用いられた。農具の形をした青銅銭で，韓や魏などの華北の国々で流通した。秦では円銭(環銭)が用いられた。斉や魏でも用いられたが，前221年に秦が中国を統一すると円銭をもとに半両銭が発行された。なお，蟻鼻銭は江南の楚で流通した。　(3)　元が発行した銀との兌換紙幣である。納税や俸給などに使用が限定されていたため，国庫に常に還流して乱発による価値の下落を防いだ。しかし元代後半には乱発されて価値が下落した。中国における紙幣には，宋の交子，南宋の会子や明の宝鈔がある。　(4)　建文帝が推進した諸王削減政策に反発して，北平(北京)に封じられていた燕王朱棣が1399年に反乱を起こした。1402年に南京を落として，朱棣は永楽帝として即位した。ちなみに鄭和の南海諸国遠征には，行方不明の建文帝の捜索という目的もあった。問題文の「難を靖んず」がヒントであり，金によって(北)宋が滅ぼされた靖康の変との混同に注意。　(5)　永楽帝は1410年にモンゴル遠征を実施するなど，北元の末裔のタタール(韃靼)やオイラト(瓦刺)との抗争を続けた。1421年には長城に近い北京に遷都するなど，行政・軍事の中心が北部へ移った。一方で，穀物生産は長江流域の南部に依存しており，北部に駐留する軍や官僚のための食糧確保が必須となった。物納による納税は重量のある穀物を南部から北部へ移す手間がかかるため，食糧購入費にあてる銀での納税が求められるようになった。この結果，銀への経済的依存が強まった。　(6)　明では民間貿易と私的な海外渡航を禁止する一方で，貿易量や旅程を厳しく規制した朝貢貿易のみを許可した海禁を政策とした。16世紀後半の隆慶年間に海禁は緩和された。

(7)　倭寇は朝鮮半島から中国沿岸部で14世紀以降に活動した海賊・私貿易集団である。特に明の海禁政策に反発して，16世紀中頃に活発化した後期倭寇の主体は中国人であった。五島列島などを根拠地とした王直が代表的である。　(8)　1556年にスペイン国王に即位した。父カルロス1世からネーデルラントやスペイン本国とその植民地などを受け継いだ。1580年にポルトガルを併合し，ポルトガルの植民地と合わせてアジアからアメリカ大陸に及ぶ領土を支配した。当時スペインは「太陽のしずまぬ国」と称された。　(9)　スペイン支配下のラテンアメリカでは，ポトシ銀山をはじめとする多くの鉱山開発を通じて，レアル銀貨，特に8レアル銀貨が鋳造された。スペインは，太平洋航路を開拓するとメキシコのアカプルコから銀貨を，マニラに大量に持ち込んだ。そして中国商人がマニラに持ち込んだ絹・陶磁器と交換するアカプルコ貿易を行った。　(10)　ヨーロッパでは，アメリカ大陸からもたらされた大量の銀によって銀価が下落して，物価が2～3倍に跳ね上がる物価騰貴(価格革命)が生じた。これにより，グラフのような小麦価格の高騰がイギリスで生じた。他方で，中国では海禁政策下で輸入が制限される一方で，永楽帝以降に税の銀納化が事実上進行していたなかで銀不足が問題となった。16世紀後半に海禁政策が放棄されると，日本銀や墨銀が大量に流入した。しかし租税を銀で納付する一条鞭法が正式に施行された結果，依然として銀の不足が民間では継続し，納税のために穀物を安価で手放して銀を購入せざるをえない状況が続くとともに，グラフが示す様に中国では穀物価格が低調かつ安定的に推移した。

【5】(1)　ア　ヘブライ　　イ　ヤハウェ　　ウ　シオニズム
(2)　前586年にユダ王国が新バビロニアに滅ぼされて，住民の多くがバビロンに連れ去られた事件。　(3)　1073年に教皇に即位したグレゴリウス7世は，司教の叙任権の帰属をめぐり，ドイツ国王ハインリヒ4世と対立した。ハインリヒ4世がグレゴリウス7世を廃位したことに対し，グレゴリウス7世はハインリヒ4世を破門した。王位の維持が

困難となったハインリヒ4世は，1077年カノッサ城でグレゴリウス7世に謝罪した。　(4)　1303年に教皇ボニファティウス8世はフランス王フィリップ4世の家臣によって捕らえられるというアナーニ事件がおこった。その後，フランス人司教が教皇に即位し，フランス国内の教皇領アヴィニョンに居を定めると，70年近くものあいだ教皇庁がローマを離れる事態となった。77年，教皇庁はローマに帰還するが，まもなく選出されたイタリア派の教皇がローマに，フランス派の教皇がアヴィニョンにたつ教会大分裂という状態におちいり，ヨーロッパ全体が二つの陣営に分断されることとなった。　(5)　イブン＝ルシュド

(6)

(7)　第一次世界大戦中に，イギリスはフサイン・マクマホン書簡によって戦後のアラブ独立を約束していた。一方，イギリスはバルフォア宣言によって，パレスチナにおけるユダヤ民族の「ナショナル＝ホーム」建設の支持を表明すると，ヨーロッパ各地に住んでいたユダヤ教徒の移住が加速した。戦争が終わると，大戦中の英仏間の密約に従ってパレスチナはイギリスの委任統治領となり，アラブ系住民とユダヤ系住民のあいだで紛争がたびたびおこった。第二次世界大戦前から大戦中にかけて独立をはたしていたアラブ諸国は，1945年にアラブ連盟を設立した。国連は，アラブ地域の一部であったパレスチナをユダヤ人国家とアラブ人国家に分割する案を決議した。パレスチナにはユダヤ人難民が大量に流入してきており，すでにアラブ人との対立が激化していた。48年5月，ユダヤ人はイスラエル建国を宣言したが，アラブ諸国はこれを承認せず，第一次中東戦争が勃発した。

〈解説〉(1)　ア　イスラエル人が自称であるのに対して，ヘブライ人は他称である。元来は貧困層を指す言葉であった可能性が指摘されてい

る。ユダヤ教成立以後はユダヤ人と呼ばれた。　　イ　ヤハウェとは
『旧約聖書』の神の名である。唯一神で，無から世界を創造した。自
己の意志によって宗教的・倫理的義務を課し，イスラエル人と契約を
結んだ人格神でもある。出エジプト時にシナイ山でモーセに十戒を授
けた。　　ウ　1894年にフランスで反ユダヤ主義の冤罪事件であるドレ
フュス事件が生じた。この裁判を傍聴して衝撃を受けたヘルツルは，
97年にユダヤ人国家の樹立を目標とするシオニズムを提唱した。なお，
シオンはイェルサレムの別名。　　(2)　新バビロニア(カルデア)の王ネ
ブカドネザル2世が，前586年にユダ王国を滅ぼしてユダヤ人を都のバ
ビロンに連行した事件がバビロン捕囚である。苦難の中でユダヤ人は，
唯一神ヤハウェへの信仰を守り，神からの救済を約束された民族であ
るという選民思想や，イスラエル国家を再興する救世主(メシア)の誕
生を待望する思想を生み出した。前538年にアケメネス(アカイメネス)
朝のキュロス2世によって解放されたユダヤ人はパレスチナに帰国す
ると，イェルサレムに神殿を再建してユダヤ教を確立した。　　(3)　こ
の対立の背景には，10世紀以降に教会の世俗権力からの独立を主張す
るクリュニー修道院運動が高揚して，世俗権力の介入によって生じた
聖職売買や聖職者の妻帯の禁止を説く教皇グレゴリウス7世が，聖職
叙任権を皇帝から取り上げようとしたことにある。　　(4)　1303年のア
ナーニ事件から1417年に終結する教会大分裂(大シスマ)の経過を説明
する。聖職者課税問題で教皇ボニファティウス8世と対立した仏王フ
ィリップ4世は，1302年に三部会を開催して自己の主張に対する同意
を取り付けた。1303年にボニファティウス8世の監禁事件(アナーニ事
件)を起こし，09年に教皇クレメンス5世を南仏アヴィニョンに移した。
これ以降1377年まで7代にわたる教皇がアヴィニョンに居を構えて，
フランス王の支配下に置かれた。教皇庁がローマに帰還すると，1378
年にイタリア人の教皇ウルバヌス6世が選出された。反発したフラン
スはアヴィニョンに対立教皇クレメンス7世を選出したことで，教会
大分裂(大シスマ)が生じた。1409年に大シスマ解消を目的に開かれた
ピサ宗教会議では対立が解消されず，アレクサンドル5世が擁立され

て3人の教皇が鼎立する状況となった。　(5)　イブン＝ルシュドは1126年にイベリア半島のコルドバに生まれた。ムワヒッド朝に法官・医官として仕え，『医学大全』を著した。『政治学』を除くアリストテレスの著作全てに注釈を施し，その注釈書の大半が13世紀にラテン語に翻訳された。ラテン名アヴェロエスとしても知られる。　(6)　アウシュヴィッツはポーランド南部に位置する。ポーランド語名はオシフィエンチム。1940年にナチス＝ドイツによる強制収容所が建設され，ユダヤ人やロマなどが収容された。1979年に世界遺産に登録された。(7)　イギリスは，第一次世界大戦中にオスマン帝国の背後を攪乱するために，1915年7月にアラブ民族運動を利用し，その指導者のフサイン(フセイン)との間にアラブ地域の独立を約束するフサイン・マクマホン協定(書簡)を結んだ。その一方で，ユダヤ人に対しては，アラブ人の住むパレスチナにユダヤ人の民族的郷土を設定することを認めるバルフォア宣言を1917年11月に出した。1920年8月のセーヴル条約によってパレスチナはイギリスの委任統治領となったが，世界各地からユダヤ人がパレスチナへと移住したことで，現地のアラブ人との間に摩擦が生じるようになった。アラブ人は戦間期に次々と独立を達成し，1945年3月にアラブ連盟を結成して，政治的影響力を強めた。他方で，1935年9月にドイツでニュルンベルク法が成立し，ユダヤ人迫害が始まる。ナチス＝ドイツの領土拡張や1939年9月から始まった第二次世界大戦による迫害・虐殺から逃れてパレスチナへ移住するユダヤ人が増加した。ユダヤ人とアラブ人の対立が深まる中で，1947年11月に国際連合でパレスチナ分割案が採択され，翌1948年5月にイスラエルが建国される。これに反発したアラブ諸国は第1次中東戦争(パレスチナ戦争)を起こすが，イスラエルが勝利して大幅に領土を拡大した。この過程で多くのアラブ人が難民(パレスチナ難民)となり，現在へと続くパレスチナ問題が生じた。

【6】

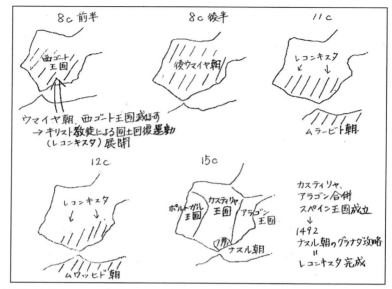

〈解説〉「8世紀〜15世紀」までの「イベリア半島におけるイスラーム支配」
の変遷を5つに分けて説明することを求めているので，5つのイスラー
ム勢力別に図にするのが適切である。始まりとして8世紀のウマイヤ
朝，8世紀後半の後ウマイヤ朝，11世紀のムラービト朝，12世紀のム
ワッヒド朝と15世紀のナスル朝である。661年に成立したウマイヤ朝
は，711年にイベリア半島の西ゴート王国を滅ぼした。しかし732年の
トゥール・ポワティエ間の戦いでフランク王国に敗れて西ヨーロッパ
への進出は阻止された。750年にウマイヤ朝が滅び，アッバース朝が
成立すると，ウマイヤ家の末裔アブド＝アッラフマーン1世がコルド
バを都に後ウマイヤ朝を建てた。929年にはアブド＝アッラフマーン3
世がカリフを称して強盛を誇った。しかし11世紀に入ると内戦状態と
なり，1031年に後ウマイヤ朝は滅亡した。キリスト教国家によるレコ
ンキスタ(国土回復運動)が本格化し，1035年にはカスティリャ王国と
アラゴン王国が成立した。他方で，1056年に北アフリカに成立したベ

ルベル人のイスラーム王朝であるムラービト朝がイベリア半島に進出した。しかしレコンキスタは進行し，1085年にトレドや1118年にサラゴサがキリスト教勢力の手に落ちた。1147年にムラービト朝は同じく北アフリカを本拠とするベルベル人のムワッヒド朝に滅ぼされた。同じ年にリスボンがポルトガル王国によって奪還され，ムワッヒド朝は1212年のラス＝ナバス＝デ＝トロサの戦いでキリスト教徒連合軍に敗北して以降は退潮を余儀なくされた。1236年には後ウマイヤ朝の都であったコルドバがキリスト教勢力によって占領された。1238年にバレンシアや1248年にセビリャなどの主要な海港都市もキリスト教勢力の支配下に組み込まれた。1269年にムワッヒド朝は滅亡するが，イベリア半島には1232年に南東部のグラナダを都に成立していたナスル朝だけがイスラーム勢力として残された。外交を駆使して生存を図るが，1479年にカスティリャ王国とアラゴン王国が統合して成立したスペイン(イスパニア)王国の攻撃によって，1492年にグラナダが陥落してイベリア半島からイスラーム勢力は一掃された。

【日本史】

【1】 (1)　ウ　　(2)　①　歴史的過程　　②　地域的特色
　　　(3)　①　イ→ア→ウ　　②　世界の中の日本　　③　地域の文化遺産
　　　④　公正

〈解説〉(1)　合計2科目・4単位以上が必履修である。平成30年告示の学習指導要領の各教科・科目の履修についても確認しておこう。

　　　(2)　地理歴史科の目標は頻出であり，基礎的なところであるので，しっかりと押さえておきたい。「世界の形成の歴史的過程」については，諸地域世界の歴史と相互の交流・結合の歴史を通じて大きな流れを理解させるとともに，それと我が国の歴史との結び付きを考えさせ，これらを通して歴史的思考力を培おうとするものである。また，地理の学習内容に関して，世界の人々の生活・文化に関する地域的特色と共通の課題などを理解させ，これらを通して地理的な見方や考え方を培おうとするものである。こちらも平成30年告示の学習指導要領で地理

歴史科の目標を確認しておこう。　(3)　①　(1)　私たちの時代と歴史，(2)　近代の日本と世界，(3)　現代の日本と世界，の順である。したがって，イ→ア→ウが正解となる。　②　「日本史A」では近現代の歴史と文化の展開を多面的・多角的に扱うことが重要とされている。その際，「世界の中の日本」という視点から考察することが求められる。③　「地域の文化遺産，博物館や資料館の調査・見学を取り入れる」ことで，歴史の考察を深めることが求められる。「世界史A」「世界史B」と異なり，「地域の」が加わっていることに注意したい。　④　近代以前に比べて歴史的判断の難しい近現代の学習に当たっては，相異なる価値観や対立する立場の一方に偏しない客観性の高い資料に基づいて，事実の正確な理解に導くように留意し，史実の認識や評価に慎重を期する必要がある。

【2】(1)　太安万侶(安麻呂)　(2)　六国史　(3)　朝貢形式に反対したから。　(4)　前に関白であった人。　(5)　300歩　(6)　埴輪　(7)　追葬が可能である。　(8)　年貢の徴収・納入　(9)　京都大番役の催促，謀叛人の逮捕，殺害人の逮捕　(10)　B，E

〈解説〉(1)　『古事記』は元明天皇が太安万侶に命じて稗田阿礼(女性説もある)に誦習させた神話・伝承・歴史を筆録したもので，序文と上・中・下の3巻からなる。奈良時代の初めの712年に完成した。　(2)　奈良〜平安時代前期に編纂された，『日本書紀』(720年完成)・『続日本紀』(797年完成)・『日本後紀』(840年完成)・『続日本後紀』(869年完成)・『日本文徳天皇実録』(879年完成)・『日本三代実録』(901年完成)の 6つの正史の総称を六国史という。　(3)　足利義満は日明貿易を積極的に推進したが，義満の死後の1411年，4代将軍足利義持は将軍が「日本国王」として明の皇帝に臣従し，貢物を贈る朝貢形式を嫌って中止した。義持の死後，弟の6代将軍足利義教によって再開された。(4)　太閤とは主に前の摂政・関白を指す。豊臣秀吉は1585年に関白となったが，1591年に甥の秀次に関白を譲って以降は太閤と呼ばれ，「(豊)太閤」は秀吉の代名詞化したため，秀吉が行った検地はのちに太

閣検地と呼ばれるようになった。　(5)　太閤検地では6尺5分(約197cm)四方を1歩，360歩を1段，10段を1町としていたそれまでの単位を改め，曲尺1尺(約30.3cm)の検地尺を基準として，6尺3寸(約191cm)四方を1歩，30歩を1畝，300歩(10畝)を1段，10段を1町とする新しい単位を採用した。　(6)　埋葬者への供え物を載せた器台で墓域の境界を示したと考えられる円筒埴輪と，家・人物・動物などの形をした形象埴輪がある。『日本書紀』によると，人物埴輪は殉死に代えるものだった。　(7)　古墳の埋葬施設は，古墳時代前期・中期には埋葬後に土で覆う竪穴式石室で，追葬はできなかったが，中期の4世紀末に朝鮮半島から九州北部に追葬が可能な横穴式石室が伝わり，後期の6世紀には全国に広がった。　(8)　1185年，源頼朝の弟義経は壇ノ浦の戦いで平氏を滅ぼしたが，頼朝に無断で朝廷から官位を受けるなどしたため，頼朝と対立した。頼朝は義経の逮捕を名目として，国ごとに軍事・警察の仕事をする守護を，荘園・公領ごとに土地の管理，治安維持のほか，年貢の徴収・納入を行う地頭を置くことを朝廷に認めさせた。　(9)　1232年に執権北条泰時が制定した御成敗式目(貞永式目)によって成文化された守護の基本的な権限である大犯三カ条とは，大番催促(国内の御家人に対して京都大番役への勤仕を催促すること)，謀叛人の逮捕，殺害人の逮捕である。　(10)　Aは712年(『古事記』)と720年(『日本書紀』)なので古代，Cの太閤検地は近世初期，Dは古墳時代なので古代である。

【3】(1)　ア　己酉約条　　イ　朝鮮通信使　　ウ　謝恩使　　エ　慶賀使　　(2)　回答兼刷還使

〈解説〉(1)　ア　江戸時代初期，徳川家康は朝鮮との国交を回復した。対馬藩主の宗氏は1609年に朝鮮との間に己酉約条(慶長条約)を結び，朝鮮との貿易を独占するとともに，朝鮮使節の派遣の際には先導役を務めた。　イ　朝鮮からの使節は4代将軍徳川家綱から11代将軍徳川家斉の時代までは(7代将軍徳川家継は短命で派遣せずに終わる)将軍就任の慶賀を目的に，江戸時代を通じて12回派遣されたが，4回目から

は「信(よしみ)を通じる使節」という意味で通信使と呼ばれた。

ウ・エ　琉球王国は江戸時代初期の1609年に薩摩藩の島津家久が派遣した軍に征服されたが，その後も形式的には独立国で，中国(明のちに清)とも朝貢貿易を行う両属関係を保っていた。琉球から幕府へは国王の代がわりごとに即位させてもらったことを将軍に感謝する謝恩使，将軍の代がわりごとにこれを祝う慶賀使と呼ばれる琉球使節が，薩摩藩に引率されて派遣された。　(2)　初期の3回の使節を，朝鮮側では徳川家康からの国書(対馬藩が偽造したもの)に回答し，朝鮮出兵で連行された捕虜を連れ帰る，回答兼刷還使ととらえていた。1607年の第1回の際には1400人余りの捕虜を連れ帰った。

【4】(1)　ア　富突　　イ　庚申　　(2)　19世紀　　(3)　寺の秘仏などを開扉して公開すること。　　(4)　菅江真澄

〈解説〉(1)　ア　江戸時代中期以降，幕府は財政難で寺社の造営や再建・修築の費用を出すことが困難となったため，大寺社に富くじの興行を許可するようになった。これを御免富という。抽選は箱に入った木札の富札を小穴から錐で突く方法が一般的だったので富突と呼ばれ，1842年に天保の改革で禁止されるまで，一獲千金を夢見る民衆の人気を集めた。　イ　江戸時代後期の文化・文政期，五節句や彼岸会・盂蘭盆会などの行事や日待・月待・庚申講などの集まりが民衆のあいだでさかんに行われるようになった。庚申講は庚申の日に飲食しながら寝ずに語り明かす集まりで，古代から公家のあいだで行われていたが，この時期に庶民にまで広まった。　(2)　文化時代は1804～18年，文政時代はこれに続く1818年から天保に改元される1830年までで，19世紀の前半にあたる。11代将軍徳川家斉(在職1787～1837年)の時代の中後期で，この時期を中心に栄えた文化を化政文化という。　(3)　その寺で行う場合は居開帳，他の場所に出張して行う場合は出開帳と呼ばれた。本来は仏法と縁を結ぶ結縁が目的だったが，修築などの費用を得るために行事化し，拝観のために奉納する金銭は開帳銭と呼ばれた。　(4)　三河出身の国学者菅江真澄は1783年から東北地方を巡歴し，

1801年から没する1829年までは主に秋田藩内にとどまり，藩主の依頼で出羽国の地誌を編纂した。巡歴中の日記『菅江真澄遊覧記』は貴重な民俗資料で，自筆本は国の重要文化財に指定されている。

【5】(1) ア　高野房太郎　　イ　労働組合期成会　　ウ　工場法
(2) 桂太郎　　(3) 職工事情　　(4) エ　犬養毅　　オ　日満議定書
(5) 衆議院で多数の議席を占める政党が内閣を担当すること。(26字)
(6) カ　新体制　　キ　隣組　　ク　大日本産業報国会　　(7) ①

〈解説〉(1)　ア・イ　　長崎出身の高野房太郎は1886年に満17歳でアメリカに渡り，サンフランシスコ・シアトル・ニューヨークなどで働きながら労働問題・労働運動を学んで1896年に帰国した。翌1897年に東京で職工義友会を結成，まもなく労働組合の結成を目的とした労働組合期成会に改組した。幹事長は高野，幹事には片山潜らが就任した。しかし，1900年に治安警察法が施行されると急速に衰退し，翌1901年に消滅した。　　ウ　15人未満の工場には適用されないなど不十分な内容で，しかも紡績・製糸業の資本家の反対により施行は延期され，1916年，第2次大隈重信内閣の時にようやく施行された。　　(2)　明治時代末期はいわゆる桂園時代で，1911年は8月に第2次桂太郎内閣から第2次西園寺公望内閣に代わった。この年1月，大逆事件の被告の幸徳秋水ら12名の死刑が執行され，2月には日米通商航海条約に調印(関税自主権を回復して条約改正を達成)。　　(3)　農商務省は工場法の制定に向けて1900年に商工局内に臨時工場調査掛を設置して全国の工場労働者の労働時間・賃金などの実態調査を進め，1903年に『職工事情』全5巻として刊行した。しかし，発行部数は少なく閲覧は困難で，横山源之助の『日本之下層社会』(1899年刊)のように労働運動・社会運動に影響を与えることはなかった。　　(4)　エ　1931年9月，満州事変がおこり，満州の主要地域を占領した日本軍は，翌年3月に清朝最後の皇帝溥儀を執政(元首)とする満州国を建国させた。立憲政友会の犬養毅首相は満州国の承認に反対したことや，世界恐慌による不景気が続き，政治政党への不満が民衆の中に広がっていたことが引き金で軍部

の反感が強まり，翌1932年5月15日の五・一五事件で海軍将校らに暗殺された。　オ　犬養首相が暗殺されたのちに発足した斎藤実内閣は，1932年9月に満州国の首都新京(長春)で日満議定書を取りかわし，満州国を承認した。その第1条で満州国は日本が同国内に持つ既得権益を認め，第2条では日本軍の駐屯を承認した。　(5)　1912〜13年の第1次護憲運動で護憲派がスローガンの一つとしたことに始まる。大日本帝国憲法には政党内閣を否定する条文はなく，そのために衆議院で多数の議席を占める政党が内閣を担当する政党内閣こそが「憲政の常道」と主張された。　(6)　カ　1940年6月，近衛文麿は枢密院議長を辞職し，新体制運動に乗り出すとの声明を発表した。これはドイツのナチ党やイタリアのファシスト党にならって一国一党の指導的政党を樹立して，日本のあらゆる制度の大変革をめざした革新運動だった。翌7月，「親英米的」と批判されていた米内光政内閣は総辞職に追い込まれ，第2次近衛内閣が発足した。　キ　1940年9月，内務省は国民統制のために隣組を組織するよう各道府県に通達した。5〜10戸を1組として，直後に結成された大政翼賛会の末端組織として位置づけられ，上意下達と防空演習などへの動員，スパイ摘発などのための相互監視などの役割を担った。　ク　1938年7月，産業報国運動の中央指導機関として産業報国連盟が結成され，各工場・職場ごとに産業報国会が組織された。これにより労働組合運動は事実上消滅し，1940年11月には産業報国会の全国組織として大日本産業報国会が組織された。

(7)　1941年4月，第2次近衛内閣の外相松岡洋右がモスクワを訪れ，日ソ中立条約を締結した。有効期間は5年で，これにより北方の脅威がなくなった日本は7月に南部仏印に進駐するなど南進政策を進めてアメリカとの対立を深めた。なお，②の「国民政府を対手とせず」は1938年に第1次近衛内閣が発した第1次近衛声明，③の日独防共協定は1936年の広田弘毅内閣，④の張作霖爆殺事件は1928年，田中義一内閣の時におこった。

【6】(1)　人物…吉野作造　　考え…国家の主権の活動の基本的の目標は政治上人民に在るべし　(2)　治安警察法　(3)　中央公論　(4)　若槻礼次郎　(5)　d　台湾銀行　　e　鈴木商店　(6)　枢密院　(7)　池田勇人内閣は「所得倍増」をスローガンに，高度経済成長をさらに促進する経済政策を展開した。政経分離の方針の下，国交のない中国との貿易拡大をめざし準政府間貿易を行い，1964年にはOECDに加盟し，資本の自由化を実施した。また，1961年には農業所得の安定をめざし，農業基本法を公布した。(143字)

〈解説〉(1)　1916年，東京帝国大学教授の政治学者吉野作造は史料Aの論文「憲政の本義を説いて其有終の美を済すの途を論ず」でdemocracyの訳語として民本主義を提唱した。天皇主権は否定しておらず，「『国家の主権は人民にあり』といふ危険な思想と混同され易い」ので，民主主義とは訳さなかったのである。　(2)　1901年，社会主義協会の片山潜・安部磯雄・木下尚江・幸徳秋水・河上清・西川光二郎らによって，日本初の社会主義政党の社会民主党が結成された。人類平等・軍備全廃・階級制度廃止などの綱領を掲げたが，結成届を提出した翌日に，前年に制定された治安警察法の第8条に基づき，「安寧秩序に害ある結社」と見なされ，内務大臣から解散を命じられた。　(3)　大正デモクラシーの論壇の中心となった総合雑誌は『中央公論』と『改造』だが，『改造』は1919年創刊で，大正5年(1916年)1月号で吉野の論文を掲載したのは『中央公論』。1899年に『反省雑誌』から改題された月刊誌で，1920年代には『改造』とともに大きく部数を伸ばした。(4)　史料B中の「銀行破綻」や「恐慌」から，昭和が始まって間もない1927年3月，第1次若槻礼次郎内閣の時におこった金融恐慌とわかる。片岡直温蔵相の衆議院予算委員会での「渡辺銀行が破綻した」という失言がきっかけだった。　(5)　若槻内閣は経営破綻した鈴木商店(第一次世界大戦中の大戦景気で急成長した総合商社)に対する巨額の不良債権を抱えた台湾銀行(台湾の中央発券銀行)を緊急勅令によって救済しようとしたが，了承を得られずに総辞職した。代わって成立した田中義一内閣(蔵相高橋是清)は3週間のモラトリアム(支払猶予令)を発し，

日本銀行が20億円近い巨額の緊急融資を行うことによって金融恐慌を鎮めた。　　(6)　史料Bの『伯爵伊東巳代治』は，枢密院の中心人物だった伊東巳代治の伝記である。枢密院は1888年に憲法草案を審議するための機関として，議長・副議長と顧問官(当初は12名)を構成員として設置された。憲法発布後は天皇の最高諮問機関となり，1947年に廃止されるまで権力を持ち続けた。　　(7)　1960年，日米相互協力及び安全保障条約(新安保条約)の批准とともに総辞職した岸信介内閣のあとを受けて発足した池田勇人内閣は「寛容と忍耐」を唱え，10年間で国民所得を倍増させる史料Cの国民所得倍増計画を発表した。また，中華人民共和国との貿易拡大をめざし，1962年に準政府間貿易(交渉担当者の高碕達之助と廖承志の頭文字からLT貿易と呼ばれる)の取り決めを結んだ。1961年には農業の所得格差是正や合理化をめざした構造改善事業のため農業基本法を制定し，1964年には発展途上国を援助するOECD(経済協力開発機構)に加盟して，名実ともに先進国の仲間入りを果たした。

【7】

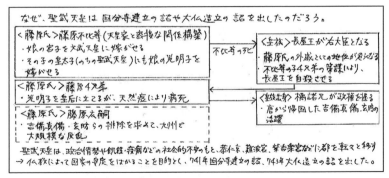

〈解説〉①藤原不比等が藤原氏の権力基盤を固める。②不比等の死後，長屋王が右大臣となって政権を握るが，729年に不比等の子の4兄弟(藤原四子)の策謀によって自殺(長屋王の変)。③藤原四子は聖武天皇の后の光明子を皇族以外では初の皇后とするが，737年に天然痘のため相次

いで病死。④翌738年，皇族出身の橘諸兄が右大臣となって政権を握る(740年，藤原広嗣が重用されていた吉備真備・玄昉らの排除を求めて九州で反乱を起こす)。⑤政治的・社会的不安のなか，聖武天皇は恭仁京・難波宮・紫香楽宮など都を転々とし，仏教の力によって国家の安定をはかろうとする鎮護国家思想に基づき，741年に国分寺建立の詔，743年に大仏造立の詔を出す。以上のような流れを，解答例のような板書計画にまとめればよい。

【地理】

【1】(1)　ウ　　(2)　①　歴史的過程　　②　地域的特色　　(3)　位置や空間的な広がりとのかかわり　　(4)　①　学校所在地を中心とする通学圏など日常生活圏の範囲　　②　地形図やハザードマップなどの主題図の読図

〈解説〉(1)　合計2科目・4単位以上が必履修である。平成30年告示の学習指導要領の各教科・科目の履修についても確認しておこう。

(2)　地理歴史科の目標は頻出であり，基礎的なところであるので，しっかりと押さえておきたい。「世界の形成の歴史的過程」については，諸地域世界の歴史と相互の交流・結合の歴史を通じて大きな流れを理解させるとともに，それと我が国の歴史との結び付きを考えさせ，これらを通して歴史的思考力を培おうとするものである。また，地理の学習内容に関して，世界の人々の生活・文化に関する地域的特色と共通の課題などを理解させ，これらを通して地理的な見方や考え方を培おうとするものである。こちらも平成30年告示の学習指導要領で地理歴史科の目標を確認しておこう。　(3)　どこに，どのようなものが，どのように広がっているのか，諸事象を位置や空間的な広がりとのかかわりでとらえ，地理的事象として見出すことが「地理的な見方」の基本とされる。平成30年告示の学習指導要領における「地理的な見方・考え方」についても押さえておきたい。　(4)　①　ここでいう「生活圏」とは，学習者が高校生であることを踏まえ，「(おおむね生徒の)学校所在地を中心とする通学圏など日常生活圏の範囲」のことであ

る。　②　地理的技能を身に付けさせ，防災意識を高めるよう工夫することが求められている。地形図やハザードマップなどの主題図の読図は，実際に自分が被害にあう可能性を認識する点で，防災意識を高める学習活動として有効であるとされる。

【２】（1）　④

（2）

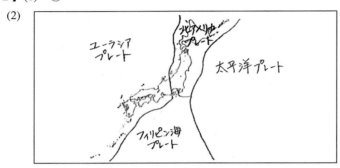

（3）　気候区分　Ａ　Cfa　　Ｂ　Dw　　場所　Ａ　オ　　Ｂ　エ
（4）　①　BS　　②　ワガドゥグーは赤道低圧帯が北上するために夏が雨季になるのに対して，トリポリは亜寒帯低圧帯が南下するために冬が雨季となる。　（5）　①　ごま　　②　なつめやし　　（6）　①　ブラジル　　②　ランドラッシュ　　③　大豆　　④　食用，飼料用，油脂用，バイオエタノールなど　から2つ以上　　（7）　①　高収量品種の導入などによる米・小麦の自給率向上を目指した変革　　②　インド国民に牛肉を食物禁忌とするヒンドゥー教徒や菜食主義のジャイナ教徒が多いことから，乳製品を行き渡らせることが重要であった。③　灌漑の普及した地域で穀物の単収が多く，普及していない地域で少ない。「緑の革命」によって灌漑施設や農薬・肥料を導入した地域とそうでなかった地域との格差が拡大したことが挙げられる。
〈解説〉（1）　①のアルタイ山脈，②のエルツ山脈，③のウラル山脈は古期造山帯。　（2）　日本の周辺は北側から北アメリカプレート，日本海溝を挟んで東側に太平洋プレート，南側にフィリピン海プレート，西側にユーラシアプレートがある。北アメリカプレートとユーラシアプ

レートの境界はフォッサマグナの西端の延長から日本海に伸びる。フィリピン海プレートの東は伊豆・マリアナ諸島から，西は南海トラフ，南西諸島海溝およびフィリピン海溝にわたる範囲を占める。　(3)　Aは1年を通して降水があり夏は暑く冬は寒いことからCfa(温暖湿潤気候)で地域は東アジアでオが該当する。Bは夏は比較的暖かいが冬の寒さが厳しく，年間を通して降水量が少ないのでDw(亜寒帯冬季少雨気候)でロシア東部のウが該当する。　(4)　①　2つの都市はともにBS(ステップ気候)である。　②　リビアの首都のトリポリは亜寒帯低圧帯で，上昇気流が発生して温帯低気圧となる。気流は南下して冬に雨季となる。アフリカ西部の内陸部のワガドゥグーは熱帯収束帯(赤道低圧帯)で，上昇気流が発生し低圧帯となり，気流が北上するために夏が雨季になる。　(5)　①　ごまの主な産地は熱帯の砂漠や海岸に分布する。　②　なつめやしは乾燥地域で外来河川や湧水などから水を引くことによって農地をうるおす灌漑を行う西アジアのオアシス農業に多い。　(6)　①　アルゼンチンはブラジルの農地取得が多く，ブラジルの外国への投資は少ない。中国はアルゼンチン，ブラジル，コロンビアに対して多くの農地を取得している。またブラジルには日系人も多く日本とのつながりが強い。　②　海外農業投資による大規模土地集積のことであり，多国籍アグリビジネスを筆頭に，企業，政府，ファンドが途上国の農地を争奪する様相をみせたため，ランドラッシュおよびランドグラブと表現される。2000年代後半に発生した食料価格の高騰を契機に，食料・農業生産に関する資源の確保と競合が世界的に加速し，より有限性の強い土地が争奪の対象となった。　③　中南米における農地取得に関して，その主な対象作物は大豆，とうもろこし，さとうきび，油やしである。　④　食用，飼料用，繊維用，油脂用，バイオ燃料用などがある。　(7)　①　高収量品種の導入，化学肥料の使用などによる穀物収穫量の飛躍的な増大を指す。　②　ヒンドゥー教徒は牛肉を食べず，生乳や乳製品の消費が多いため，ミルクの生産が増加したことによる対応が必要。　③　図4から，灌漑設備の充実や灌漑設備の導入有無によって穀物の単収に大きな影響があるこ

とが読み取れる。

【3】(1)　石炭火力(発電所)　　(2)　記号…④　　道県名…長崎県
(3)　最も増加…ナイジェリア　　理由…医療，衛生状態の改善によっ
て死亡率が低下したため。　　最も減少…フィリピン　　理由…教育
による家族計画の普及によって出生率が低下したため。　　(4)　村落
は人口密度が疎らで，主に農林水産業を営む第一次産業を行う場であ
るのに対し，都市は人口密度が密で，主に工業，商業などの第二次・
第三次産業を行う場である。(77字)　　(5)　3区の昼夜間人口比率は著
しく減少した。理由は都心地域の地価が下落し，都心周辺の高層マン
ション等の居住者が増え，都心回帰と呼ばれる現象が進んだためと考
えられる。　　(6)　中心都市の人口に大きな変化がないのに比べて，
郊外地区の人口は大きく増加した。都市地域以外のその他の地域が都
市化・郊外化に組み込まれ，郊外地区として膨らんだことが理由であ
る。　　(7)　①　　(8)　①　A　スペイン　　B　アラビア
②　C　フランス　　D　カトリック

〈解説〉(1)　企業のESG(環境・社会・企業統治)活動を重視する傾向が強
　　まり，投資家や銀行が石炭火力発電所への投融資を取りやめる動きが
　　相次いでいる。　　(2)　人口の自然増加率＝出生率－死亡率。社会増加
　　率＝人口増加率－自然増加率。表中の①は北海道で－1.4％，②は宮城
　　県で－0.8％，③は三重県で－2.4％，④は長崎県で－4.6％。北海道と
　　宮城はそれぞれ政令指定都市の札幌と仙台があり，三重は名古屋や大
　　阪のベッドタウンといった要素があり減少率は低めだが，長崎ではそ
　　れらの要素がなく減少率は高めである。　　(3)　日本－15.9％，ナイジ
　　ェリア＋10.7％，フィリピン－17.5％。ナイジェリアの増加の理由は
　　死亡率の低下したことが影響している。これは，衛生状態の改善，医
　　療の普及，寄生虫の駆除などによって，出生率が高いまま死亡率が下
　　がったことによる。フィリピンの減少の理由は出生率が半分以下にな
　　ったことが影響している。これは，出産する数や時期を計画的に調整
　　する家族計画を政策的に奨励し，教育による普及により出生率が下が

ったことによる。　(4)　村落では，都市部への人口の移動が多く過疎
化が進み，人口密度が低い。主に農林水産業の第一次産業に従事して
いる。一方，都市では，政治や経済，文化など人間の活動が活発で，
人々の雇用機会も多いため，人口密度が高い。第二次産業に含まれる
工業や，第三次産業に含まれる商業・サービス業の中心に発展してい
る。　(5)　3区の昼夜間人口比率はすべて著しく低下した。これは，
主要都市圏で見られる現象で，1990年代のバブル崩壊などの影響によ
る地価の下落で，新築のマンションや一戸建てなどの供給が都心寄り
のエリアに移行したため，中心部の人口の回復・再成長が見られるこ
とや，住居だけでなくかつて首都圏郊外にキャンパスを置いていた大
学も都心に回帰する動きが見られることによる。　(6)　郊外地区の中
心には，高い地代を負担できる集合住宅や高級住宅が増加する。その
外側には，住宅の中でも地代の負担力が低い一戸建てやアパートが立
地したことで人口が大幅に増加したと考えられる。　(7)　②はキウイ
フルーツや肉・乳製品類からニュージーランド，④は天然ガスや原油
からオマーンとわかる。③のオーストリアは自動車産業が盛んであり，
①のイスラエルは工業国である。　(8)　①　Aは中南米に多いスペイ
ン語，Bは中東・アフリカ北部に多いアラビア語。　②　ハイチが該
当する。17世紀末にフランスの植民地となったことからCはフランス
語，Dはカトリックが入る。

【4】(1)　①　ウルドゥ語　②　ベンガル語　(2)　COMECON
　(3)　ワルシャワ条約機構(WTO)　(4)　スロベニア　(5)　エ
　(6)　A　ポーランド　B　ハンガリー　C　モルドバ
　(7)　ア　ドナウ　イ　プスタ　ウ　カルパティア　(8)　イ　ベ
　ルギー　ウ　イタリア　(9)　①　オランダ　②　フランス
　③　ドイツ　(10)　エ　(11)　アイスランド，ノルウェー
〈解説〉(1)　①　パキスタンの国語であるウルドゥ語。　②　98％を占
　めるベンガル人が使用するベンガル語。　(2)　経済相互援助会議は，
　1949年にソ連の提唱により，社会主義諸国間の経済協力機構として発

足したCOMECONである。　(3)　ソ連を中心として東欧諸国の政治的・軍事的統一を保障することを目的に結成された政府間国際機構をワルシャワ条約機構(WTO)という。　(4)　2004年にはキプロス，チェコ，エストニア，ハンガリー，ラトビア，リトアニア，マルタ，ポーランド，スロバキア，スロベニアが加盟した。　(5)　フィン＝ウゴル語派のエストニア語を公用語とする。　(6)　A　スラブ語族のうち，約9割がカトリック教徒であるポーランド。　B　ウラル語族のウゴル語派に属するハンガリー語を公用語とし，約52％がカトリック教徒のハンガリー。　C　ラテン語の口語が変化したロマンス語派のモルドバ語を公用語とするモルドバ。　(7)　ア，イ　ハンガリーは，国土のほぼ中央をドナウ川が南流し，ドナウ川の東側はハンガリー盆地のプスタになっている。　ウ　ルーマニア東部から南西部に至るカルパティア山脈が入る。　(8)　各国と旧植民地国の関係を考えると，アはスリナムがあるのでオランダ，エはインド・パキスタンがあるのでイギリス，オはエクアドルがあるのでスペインとわかる。イのベルギーは次の間にあるようにフランス語とオランダ語が公用語であり，またモロッコ人の移民が多い。ウのイタリアはルーマニア人の移民が多い。

(9)　①　国民は約60％がキリスト教のカトリック。南東部(③，L3)にドイツ語を話す人々が少数(約1％)いるが，おおまかに分ければ，南部(②，L2)にはフランス語(→ワロニー方言)を話すワロン人(約35％)，北部(①，LR1)にはオランダ語(→フラマン語)を話すフラマン人(約55％)が住む。　(10)　宗教はスロベニア，クロアチアではほとんどカトリック信者，ボスニア・ヘルツェゴビナ(40％以上)やコソボ(80％以上)では多数のイスラーム教徒がおり，セルビアとモンテネグロ，マケドニアでは圧倒的に正教会の信者が多い。　(11)　EFTA加盟国は，スイス，リヒテンシュタイン，アイスランド，ノルウェーでリヒテンシュタインはNATOに加盟していない。

【5】(1)　①　$\dfrac{31}{400}$　②　ア　③　低平な土地のため河川の氾濫によって浸水することを防ぐため，江戸時代に新しくつくられた人工的な

放水路　　④　なだらかに傾斜する砂地を利用した野菜栽培が，砂丘地やハウス栽培によって行われる。　　(2)　自然災害伝承碑の地図記号であり，太平洋に面したこの地域にかつて起きた津波被害の伝承を残し，現代の減災のために設置されている。

〈解説〉(1)　①　内野駅と内野山手の三角点までの距離が400m，内野駅付近の標高が7.2m，三角点が38.2mのため，標高差は31となる。傾斜は$\dfrac{標高差}{距離}$で求められるため，$\dfrac{31}{400}$。　　②　地図上にイの砂洲，エのリアス海岸はなく，砂浜の海岸で風に吹飛ばされた砂が堆積した小高い丘で，普通海岸線にほぼ平行か，やや斜めに細長く延びている海岸砂丘が該当する。海岸段丘は過去の海底が相対的に隆起して形成された，階段状の地形。海岸線に沿って分布するものである。　　③　信濃川と交差している新川は，江戸時代に新田開発，潟湖や低地の排水改良のため，人工的に作られた放水路である。　　④　地形図上に多くみられる斜線部分は，農地ではビニールハウスと想定され，緩やかな傾斜の砂地で野菜などの畑作が行われている。　　(2)　地図記号は自然災害伝承碑で，過去に起きた津波，洪水，火山災害，土砂災害等の自然災害の情報を伝える石碑やモニュメントを表す。地図記号は，記念碑の記号に碑文を表す縦線を加えた形で，記念碑より1.5倍の大きさがある。

【6】

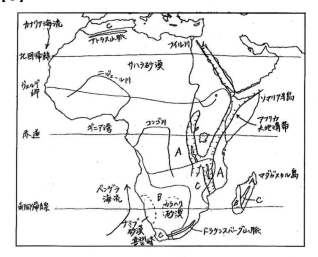

〈解説〉アフリカ大陸の輪郭に対して，陸地は，北部から西側にアトラス
　山脈。右側に地中海に注ぐナイル川。その南に大きくサハラ砂漠。そ
　の南西部にコの字形でギニア湾にそそぐニジェール川。西端の岬はヴ
　ェルデ岬。中央部の東に突き出した半島はソマリア半島。コの字形の
　コンゴ川は，大西洋に注ぐ。南部の南アフリカ共和国やその周辺は，
　西部にナミブ砂漠。中央にカラハリ砂漠。南東部にあるドラケンスバ
　ーグ山脈はインド洋に沿って月形。大陸最南端は喜望峰。アフリカ大
　陸の南東部の島としてマダガスカル島を描く。海流は，北西部に南下
　するカナリア海流，南西部で北上するベンゲラ海流。アフリカ大地溝
　帯を大陸の東部に描く。気候帯のうち，Aは赤道の北側と南側。Bは，
　サハラ砂漠とナミブ・カラハリ砂漠付近。Cは北部のアトラス山脈の
　北側と喜望峰付近に描く。マダガスカル島の気候帯は，内陸部に細長
　くC，北東部にA，南西部にBを描く。赤道は，中央部から少し南でコ
　ンゴ川を通る。北回帰線は，サハラ砂漠の中心か少し北側を通る。

●書籍内容の訂正等について

　弊社では教員採用試験対策シリーズ（参考書，過去問，全国まるごと過去問題集），公務員試験対策シリーズ，公立幼稚園・保育士試験対策シリーズ，会社別就職試験対策シリーズについて，正誤表をホームページ（https://www.kyodo-s.jp）に掲載いたします。内容に訂正等，疑問点がございましたら，まずホームページをご確認ください。もし，正誤表に掲載されていない訂正等，疑問点がございましたら，下記項目をご記入の上，以下の送付先までお送りいただくようお願いいたします。

① 書籍名，都道府県（学校）名，年度
（例：教員採用試験過去問シリーズ　小学校教諭 過去問　2025年度版）
② ページ数（書籍に記載されているページ数をご記入ください。）
③ 訂正等，疑問点（内容は具体的にご記入ください。）
（例：問題文では"ア～オの中から選べ"とあるが，選択肢はエまでしかない）

〔ご注意〕

○ 電話での質問や相談等につきましては，受付けておりません。ご注意ください。

○ 正誤表の更新は適宜行います。

○ いただいた疑問点につきましては，当社編集制作部で検討の上，正誤表への反映を決定させていただきます（個別回答は，原則行いませんのであしからずご了承ください）。

●情報提供のお願い

　協同教育研究会では，これから教員採用試験を受験される方々に，より正確な問題を，より多くご提供できるよう情報の収集を行っております。つきましては，教員採用試験に関する次の項目の情報を，以下の送付先までお送りいただけますと幸いでございます。お送りいただきました方には謝礼を差し上げます。

（情報量があまりに少ない場合は，謝礼をご用意できかねる場合があります）。

◆あなたの受験された面接試験，論作文試験の実施方法や質問内容

◆教員採用試験の受験体験記

| 送付先 | ○電子メール：edit@kyodo-s.jp
○FAX：03-3233-1233（協同出版株式会社　編集制作部 行）
○郵送：〒101-0054　東京都千代田区神田錦町2-5
　　　　　協同出版株式会社　編集制作部 行
○HP：https://kyodo-s.jp/provision（右記のQRコードからもアクセスできます） | |

※謝礼をお送りする関係から，いずれの方法でお送りいただく際にも，「お名前」「ご住所」は，必ず明記いただきますよう，よろしくお願い申し上げます。

教員採用試験「過去問」シリーズ

鳥取県の
社会科 過去問

編　集	ⓒ 協同教育研究会
発　行	令和6年1月10日
発行者	小貫　輝雄
発行所	協同出版株式会社
	〒101-0054　東京都千代田区神田錦町2 - 5
	電話　03－3295－1341
	振替　東京00190－4－94061
印刷所	協同出版・POD工場

落丁・乱丁はお取り替えいたします。